■ 大学公共课系列教材

普通话与教师口语训练教程

PUTONGHUA YU JIAOSHI KOUYU XUNLIAN JIAOCHENG

主　编◎王　莉　赵　玲　卜晓梅
副主编◎温延玲　孙红梅　孙　霄
编　委◎杨　乐　肖晓珍　邵　晶
韩佳蔚　霍小芳

图书在版编目（CIP）数据

普通话与教师口语训练教程/王莉，赵玲，卜晓梅主编. —北京：北京师范大学出版社，2012.4（2024.1重印）

（大学公共课系列教材）

ISBN 978-7-303-14091-6

Ⅰ.①普… Ⅱ.①王…②赵…③卜… Ⅲ.①教师-普通话-高等学校-教材②教师-口语-高等学校-教材
Ⅳ.①H193.2

中国版本图书馆 CIP 数据核字（2012）第 018406 号

图书意见反馈 gaozhifk@bnupg.com 010-58805079

出版发行：北京师范大学出版社 www.bnupg.com
北京市西城区新街口外大街 12-3 号
邮政编码：100088

印　　刷：天津中印联印务有限公司
经　　销：全国新华书店
开　　本：730 mm×980 mm 1/16
印　　张：26
字　　数：335 千字
版　　次：2012 年 4 月第 1 版
印　　次：2024 年 1 月第 24 次印刷
定　　价：35.00 元

策划编辑：马佩林 杨 帆　　责任编辑：杨 帆
美术编辑：陈 涛 李向昕　　装帧设计：陈 涛 李向昕
责任校对：李 菡　　责任印制：马 洁

目 录

第一章　语音概说

第一节　什么是语音

语音是由人的发音器官发出的具有一定意义的声音。自然界的风声、雨声以及动物的声音都不是由人的发音器官发出来的，不是语音；气喘声、打喷嚏声虽然是由人的发音器官发出来的，但那只是人的生理反应，并不具有意义，不起交际作用，所以也不是语音。

语言是人类最重要的交际工具，它通过语音来传递信息进行交际。语音是语言的物质外壳，没有语音这种物质材料，语言就无法存在和发展。每一种语言都有自己特有的语音系统和语音结构。因此，学习任何一种语言首先要从语音学习开始。

第二节　语音的性质

一切语音都具有三方面的性质：生理属性、物理属性、社会属性。

一、语音的生理属性

语音是由人的发音器官发出来的，因而具有生理属性。发音时发音器官活动的部位不同，发音的方法不同，发出的声音也不同。人所以能发出各种不同的声音，是发音器官各部分协同动作产生的。人类的发音器官可以分为三大部分：肺（动力器官），声带（发音体），口腔、鼻腔、咽腔（共鸣腔）。

(1)肺。肺是重要的呼吸器官，它通过吸气和呼气为发音提供原动力。

(2)喉头和声带。喉头由软骨组成，呈圆筒形，下接气管，上通咽腔。声带是两条有韧性的肌肉，前后两端粘附在软骨上，中间的通路是声门，可以打开或闭合。如果气流冲击声带，使它发生振动，就可以发出响亮的元音或浊音；如果气流是从声门中自由通过，声带没有振动，发出的就是不够响亮的清音。

(3)口腔、鼻腔和咽腔。这几个腔体是人类发音最重要的共鸣腔。发音时，气流从肺部呼出，通过喉头到达咽腔、口腔和鼻腔，形成共鸣，然后从唇部或鼻孔发出我们听到的声音。气流在口腔共鸣形成的音叫口音；通过软腭和小舌的活动，使气流在鼻腔共鸣形成的音叫鼻音。

1上唇　2上齿　3齿龈
4硬腭　5软腭　6小舌
7下唇　8下齿　9舌尖
10舌面　11舌根　12咽腔
13咽壁　14喉盖　15声带
16气管　17食道　18鼻孔

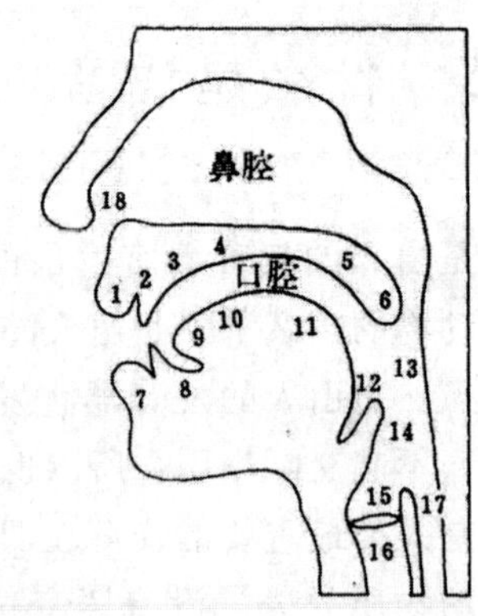

发音器官示意图

(一)发声训练

发声训练包括用气发声、共鸣控制和吐字归音三个内容。通过训练，发声能够持久、稳定、通畅，吐字能够正确、清晰、圆润、悦耳。

1. 用气发声

呼吸是发声的动力，掌握科学的呼吸方法，是发声训练的根本。

科学的呼吸方式应是有控制的胸腹联合呼吸方式，其特点是吸气量大，便于控制，调节自如。

训练要领：吸气要深，扩展两肋，小腹内收；呼气要稳，要有控制，要有变化。通过训练，学会有控制的胸腹联合式呼吸，从而使声音丰满圆润、刚柔相济。

训练方法：

(1)吸气时，扩张两肋，小腹微收，后腰部撑开，将气吸入肺底。

辅助练习：

到室外闻花香，寻找沁人心脾的感觉。

闻饭菜香味，寻找吸入肺底的感觉。

向上抬较重物体，寻找后腰与小腹用力之处。

(2)呼气时，要平稳、持久、均匀，要有控制。

辅助练习：

吹蜡烛，让火焰尽可能小而又不熄灭。

一口气从1数到30。声音要规整、圆润，不感到挤压、力竭。

慢慢吸好气后，蓄气，保持气息片刻，嘴微张开，上下开一点小缝，发出“嗞——”声，要细要匀，坚持用一口气，或用耳语声音数数，看谁延续时间长。气快用完时，要自然放松，不要紧张，这样便可使呼气的控制力量大大增强。

2. 共鸣控制

气息是发声的动力，也是共鸣的基础。声带本身发出的声音是很微弱的，必须借助共鸣器官，才能扩大音量，美化音色。

共鸣器官包括喉腔、咽腔、口腔、鼻腔、胸腔等。在口语表达中，人们主要运用的是以口腔为主，口腔、鼻腔、胸腔三腔共鸣的方式。利用口腔共鸣发出的声音坚实、丰满，利用胸腔共鸣发出的声音浑厚、结实、有力，利用鼻腔共鸣发出的声音高亢、明亮。

3. 吐字归音

吐字归音是我国传统说唱理论中提及咬字方法时所用的一个术语。从汉语音节特点出发，把一个音节的发音过程分为出字、立字和归音三个阶段。吐字归音对每个发音阶段都提出了具体的要求，以取得字音清晰、声音饱满、弹发有力的效果。

出字是指声母和韵头的发音过程，即“咬字”阶段。咬字要求干净利落，弹发有力，并迅速与韵头结合。要有叼住弹出的感觉。它是整个音节力度的体现。

立字是指韵腹的发音过程。要求响亮悦耳，有拉开立起之势。拉开，指发音时间长；立起，指打开口腔的状态比较充分。这样，音节才能坚实稳定。

归音是指音节发音的收尾过程。归音趋向要鲜明，干净利索。口腔由开到闭，肌肉由紧渐松，声音由强到弱，字尾要弱收到位。

吐字归音训练中应尽量避免“吃字”“倒字”“丢字”的现象。“吃字”即吃了字头，出字不好；“倒字”即韵腹发音不到位，字没立住；“丢字”即归音不到家，丢了字尾。

(二)口部训练操

与方言比较，普通话的发音特点是：开口度大、舒展、响亮。要克服旧的发音习惯，改变旧的发音口型，就要做口型操，训练口腔内部发音器官的灵活度和力度。就像李阳的疯狂英语一样，张大嘴、大声地、有力地、夸张地进行发音练习。只有通过这种夸张的强化训练，才可以改变原来的发音口型，改变发音器官的习惯动作。因此，在发音练习的过程中，应始终以“准确、清晰、响亮”为标准。

1. 打开口腔

打开口腔的基本状态是：向上提颧肌，打开牙关，挺起软腭，轻收下巴。

(1)张嘴像打哈欠(打开后槽牙，挺软腭)，闭嘴如啃苹果(松下巴)。

(2)发腹韵母“ao”(狮吼练习)。

2. 唇部训练

(1)基本唇形：向上提颧肌，上唇大致成“一”字线，下唇自然张开，就是自然微笑的感觉。

(2)发音节“ba”或“ma”，双唇打响，要有力度。

(3)撮拉双唇。

(4)双唇闭拢向前后左右上下转圈。

3. 舌的训练

(1)舌尖顶下齿，舌面逐渐上翘。

(2)舌尖在口内左右顶口腔壁(顶腮)，在门牙上下转圈，或伸到口外转圈。

(3)舌尖与上齿龈接触打响，与硬腭接触打响。

(4)舌根与软腭接触打响。

4. 咀嚼练习

(1)张口咀嚼与闭口咀嚼结合进行，舌自然平放。

(2)叩齿练习，即上下牙齿碰撞。

二、语音的物理属性

语音跟自然界的一切声音一样，是一种物理现象，具有物理属性。我们可以从音高、音强、音长、音色四个要素去认识分析语音。

(一)音高

音高指声音的高低，是由发音体振动的快慢来决定的。声波每秒振动的周期次数就是声波的频率。振动的次数多，频率就高，声音就高；振动的次数少，频率就低，声音就低。人类的嗓门发出的声音的高低同发音体——声带——的长短、薄厚、松紧都有关系。一般来说，儿童和女性的声带相对较短、较薄，发音时单位时间内颤动次数多，所以声音高；成年男子声带相对较长、较厚，发音时单位时间内颤动次数少，所以声音就低。人发音时能通过肌肉控制声带的松紧，形成不同的音高。音高在汉语中占有特殊的位置，汉语的不同声调，主要是由音高变化决定的。

（二）音强

音强指声音的强弱，是由声波振幅的大小决定的。振幅大，声音就强；振幅小，声音就弱。音强有时可以用来区别意义，汉语中的轻声就是以音强作为主要特征来区别意义的。例如，“东西”读作重轻式，意思是“各种具体或抽象的事物”；而读作中重式，则指“从东到西的距离”。

（三）音长

音长指声音的长短，是由发音体振动时间的长短决定的。发音时间长，音长就长，反之则短。普通话一般不用音长作为区别意义的手段，但它是构成重音和轻声音节的一个因素。

（四）音色

音色指声音的特色，是由声波振动的形式决定的。不同的音色是由于不同的发音体、发音方法和共鸣器的不同形状造成的。语音中不同音素的差异或不同人声音的差异，就是音色上的区别。音色是区别意义最重要的因素。

三、语音的社会属性

语音是人类最重要的交际工具，具有社会性。语音同其他声音最本质的区别在于，它表示一定的意义。一个语音表示什么样的意义，则是由使用这种语言的人群约定俗成的。所以，同样的意义可以用不同的语音形式表示，比如“妻子”，汉语方言中有“婆姨”“婆娘”“堂客”等多种叫法；同一个音也可以表示不同的意义，如“yǔ”，汉语中表示“语”“宇”“雨”“羽”等多种意义。这些用法一旦被人们使用后，任何人都不能随意改动，否则就无法和别人交流。这是语音社会性的一个表现。

我国方言复杂，每一种方言都有自己独特的语音系统。比如，有的方言前后鼻音不分，有的方言平翘舌音不分，有的方言 n、l 不分，等等。这些主要不是由语音的物理性质和生理性质决定的，而是由语音的社会性质决定的。由此看来，不同方言区的人，在普通话学习过程中，并不存在生理上的优劣之分，之所以会觉得某一个音容易发，某一个音发音困难，往往是发音习惯造成的。只要坚持训练，一般人都可以掌握普通话的发音。

第三节 语音的基本概念

一、音节、音素

音节是语音的基本单位，是听觉上最容易分辨的语音片断，是最自然的语音单位。一般说来，一个汉字就是一个音节。如“书”是一个音节，“长江”是两个音节，“图书馆”是三个音节，“春暖花开”是四个音节。只有儿化词例外，如“花儿、眼儿”都写成两个汉字，可是读成一个音节“huār”“yǎnr”。

音素是从音色角度划分出来的最小语音单位。对音节进行分析，就可以得到一个个音素。例如，“fēng tiáo yǔ shùn”(风调雨顺)是 4 个音节，各音节所含音素分别是 3 个、4 个、1 个、3 个。汉语音节中最多有 4 个音素。普通话常用的基本音节有 410 多个，音素有 32 个。

二、元音和辅音

音素可以分为元音和辅音两类。

元音发音时气流振动声带，在口腔中不受阻碍而形成的响亮的声音。普通话有 10 个元音音素。

辅音发音时气流多数不振动声带，在口腔中受到阻碍而形成的声音，大多不响亮。普通话有 22 个辅音音素。

三、声母、韵母、声调

一个完整的音节包括声母、韵母和声调三个部分。

声母，是音节开头的辅音；如果音节开头没有辅音，就是零声母音节。

如“弹琴”(tán qín)，其声母分别是“t”和“q”；而“安”(ān)这个音节开头没有辅音，是个零声母音节。

韵母，是音节中声母后边的部分。如“唱”(chàng)这个音节的声母是“ch”，韵母是“ang”。

声调，是音节的高低升降变化形式。

普通话有 21 个声母、39 个韵母、4 个声调。

第二章　普通话语音知识及训练

第一节　普通话概说

一、普通话和方言

普通话是以北京语音为标准音，以北方话为基础方言，以典范的现代白话文著作为语法规范的现代汉民族共同语。方言是民族语言的地域变体，是局部地区人们使用的语言。共同语和方言是一对相互依存的概念，一种语言有方言的分歧，才需要共同语的存在，没有方言，也就谈不上共同语。共同语来自方言，根植于方言，常常是以一个方言为基础而建立起来的。无论方言还是共同语，都是从古代汉语发展而来的，它们的语音系统、词汇系统、语法系统都和古代汉语有着直接的血缘关系。因此，方言和共同语、方言和方言之间的关系可以用“同中有异、异中有同”来概括。

我国方言比较复杂。1988 年，方言研究学者将汉语方言划分为十大区：官话区、晋语区、吴语区、徽语区、赣语区、湘语区、闽语区、粤语区、平话区、客家话区。

汉语十大方言区概况

<table>
<tr><th colspan="2">方言区</th><th>代表点</th><th>使用人口</th><th>主要分布地区</th></tr>
<tr><td colspan="2">官话区</td><td>北京话</td><td>7 亿</td><td>东北、华北、西北、西南、江淮一带</td></tr>
<tr><td colspan="2">湘语区</td><td>长沙话</td><td>3100 万</td><td>湘(西北角除外)、粤北</td></tr>
<tr><td colspan="2">赣语区</td><td>南昌话</td><td>4000 万</td><td>赣(除东北沿长江一带及南部以外)的大部分地区</td></tr>
<tr><td colspan="2">客家话区</td><td>梅州话</td><td>3500 万</td><td>粤东和粤北、闽西、赣南、广西东南部及川、湘、台部分地区</td></tr>
<tr><td colspan="2">吴语区</td><td>上海话</td><td>7000 万</td><td>上海、江苏、长江以南镇江以东地区、浙江大部</td></tr>
<tr><td colspan="2">粤语区</td><td>广州话</td><td>8000 万</td><td>粤中和西南部、广西东部和南部、港、澳地区</td></tr>
<tr><td rowspan="2">闽语区</td><td>闽东方言</td><td>福州话</td><td rowspan="2">6000 万</td><td rowspan="2">闽、海南大部、广东潮汕地区与雷州半岛、浙南温州地区一部分、台湾大部</td></tr>
<tr><td>闽南方言</td><td>厦门话</td></tr>
<tr><td colspan="2">晋语区</td><td>太原话</td><td>4600 万</td><td>山西大部、陕西北部、内蒙古西部、河南北部、河北北部及南部</td></tr>
<tr><td colspan="2">徽语区</td><td>歙县话</td><td>320 万</td><td>安徽、浙江</td></tr>
<tr><td colspan="2">平话区</td><td>南宁话</td><td>200 万</td><td>广西壮族自治区</td></tr>
</table>

汉语自古以来有方言同时也有共同语。方言的历史悠久，普通话也是在历史中形成的，是政治、经济、文化发展的必然产物。在我国各个历史阶段都有对共同语的不同需求。孔子时代就有雅言，是通行于黄河流域诸夏的共同语；汉朝有通语、凡语，也是以秦晋、燕赵等北方方言为基础；魏晋以后，北方汉人大批南迁，将当时的汉语带到南方各地；到唐宋时代，产生了白话；到元代，共同语的作用已很明显，当时的音韵学家就已明确指出："天下通语，则天下尽通，后世易晓。若为市语方言，则虽便捷一时，称快一地，要无以明天下后世。"于是很快又出现了白话作品，从"话本""元曲"到明代的《水浒传》《西游记》《三国演义》和"三言""二拍"，以及清代的《儒林外史》《红楼梦》。明清时称共同语为官话。到20世纪初，特别是五四运动时代，"白话文运动"和"国语运动"互相推动，交互影响，使书面语和口语接近起来，逐步形成了现代汉语普通话。最终在1955年中国科学院召开的现代汉语规范问题学术会议上确定了普通话的标准。

二、学习普通话的意义

普通话是我们国家和民族通用的语言。大力推广和积极普及普通话，是我国长期以来坚持的基本语言政策，我国《宪法》明确规定："国家推广全国通用的普通话。"2001年1月1日，《国家通用语言文字法》在全国正式施行。它规定普通话是中华人民共和国通用语；国务院语言文字工作部门颁布普通话水平测试等级标准；公民有学习和使用国家通用语言的权利；国家为公民学习和使用国家通用语言文字提供条件。

《国家通用语言文字法》第十九条还规定："凡以普通话作为工作语言的岗位，其工作人员应当具备说普通话的能力。以普通话作为工作语言的播音员、节目主持人和影视话剧演员、教师、国家机关工作人员的普通话水平，应当分别达到国家规定的等级标准；对尚未达到国家规定的普通话等级标准的，分情况进行培训。"

的确，语言文字的规范统一与社会发展关系重大。在政治上，它有利于维护国家的主权和尊严，有利于民族团结，没有任何一个国家和地区不重视自己的语言文字政策；在经济上，有利于全国统一大市场的形成，消除方言隔阂，促进市场经济的健康发展；在文化上，有利于继承和弘扬民族传统文化，增强民族凝聚力；在科技上，它直接促进了计算机、通信等信息产业的发展，并影响到其他一些高新技术的应用推广；在教育上，有利于培养高素质人才，为社会发展和进步提供必要的人力资源。

(一)学习普通话是国家经济发展的需要

语言的使用和发展跟社会的发展、跟社会经济体制的建立和变革是密切相关的。列宁说:"语言的统一和语言的无阻碍的发展,是保证贸易周转能够适应现代资本主义而真正自由广泛发展的最重要条件之一。"可见,建立和推广规范的全国通用的语言,是经济和社会发展的需要,是任何一个要实现工业化的国家所必须完成的社会历史任务。我国的共同语,从雅言到通语、凡语、官话、白话、国语,直到现在的普通话,经过漫长的历史发展过程,只有在当今社会普通话才得以大力推广普及,是因为只有在当今经济迅猛发展的中国对语言规范统一的需求最强烈。

(二)学习普通话是适应基础教育改革与发展的需要

语言文字能力是文化素质的基本内容,推广普及普通话是素质教育的重要内容。推广普及普通话有利于贯彻教育面向现代化、面向世界、面向未来的战略方针,有利于弘扬祖国优秀传统文化和爱国主义精神,提高全民族的科学文化素质。

叶圣陶先生早就提出语文教学要发展口头语言能力和书面语言能力,但这两者一直以来都没有得到很好的兼顾。现在,为适应社会发展,为提高学生的综合素质,学校已经明确将使用普通话列入语文教学大纲之中。

《九年义务教育全日制小学语文教学大纲》中要求:

口语交际要讲究文明礼貌。听人说话能领会主要内容。坚持说普通话,能用普通话清楚明白地表达自己的意思。

《九年义务教育全日制初级中学语文教学大纲》中要求:

口语交际要讲究文明和修养,态度自然,尊重对方,注意对象和场合。

耐心专注地倾听,了解对方的意思,领会意图,抓住中心和要点。

讲普通话,做到语音清晰,语句连贯,条理清楚,能准确表达自己的想法与心情,并努力使对方理解。

复述转述,力求完整准确;讨论发言,围绕话题,简洁明了;讲述见闻,内容具体,语言生动。

《全日制高中语文教学大纲》中要求:

自信负责地表达,文明得体地交流,善于倾听,敏捷应对。

养成说普通话的习惯。表达简洁明了,力求流畅、生动,体现口语特点。

能根据不同的交际场合，借助语调、语气和表情、手势，提高口头表达的效果。

在讨论中能尊重理解他人，有自己的主见，并能条理清楚地加以陈述。

具有一定的演讲和辩论能力，力求观点鲜明，理由充分，有风度，有说服力和感染力。

(三)学习普通话是提高全民族语言素质的需要

首先，学习普通话有利于师范生形成合理的知识结构和能力结构，有利于上岗后的继续发展。国家规定：普通话是教师的职业语言。事实上，早在1991年国家教委522号文件已经规定：各类各级师范院校都要开设普通话课程。现在，教育部门也对教师的普通话等级有了明确的要求：教师必须持普通话等级证书上岗，语文教师要求达到二级甲等，其他学科教师要达到二级乙等以上水平。

其次，学习普通话是提高个人能力、适应社会的需要。口语表达水平与一个人的文化素养、道德修养、心理素质以及思维品质等有着十分密切的联系。实践证明，母语口语表达训练不仅可以促进人们进一步学习和获取更多知识，不断开阔视野，提高专业水平和政治理论修养，同时对一个人的心理、思维、仪表乃至人格都会产生积极的影响，使其整体素质不断得到提高。俞吾金教授曾这样说："一个人具有口才，从外在形式看，有一口流利的，而又符合逻辑的生动形象的话，但从深层次看，应该具有广博的知识和驾驭这些知识的能力。"所以说，一个知识渊博的人未必有好的口才，但是口才好的人应该是有一定的知识储备的。

三、学习普通话的方法

大学生学习普通话不同于其他语言学习。作为学习者，大学生是已经掌握了一定语言能力的成人；作为学习目标，普通话是汉民族共同语，不同于外语学习，应该是第一语言的口语学习。这种语言学习最大的难点在于，改变旧的发音习惯，通过大量听说练习培养普通话语感，最终形成普通话口语表达习惯。

首先，学习普通话要树立社会语言学的观念。语言的社会功能就是交际，普通话和方言不过是不同的交际工具而已。推广普通话并不排斥方言，而是要帮助人们掌握和使用全国通用的语言，以利于社会交际。原来只会说方言的人掌握了普通话，是语言能力和个人素质的提高、交际手段的增强。在方言区，人们的母语是方言，普遍存在方言情结，这是很自然的社会心态。但是不应该由此产生方言优越的错觉，更不应该拒绝学习和使用普通话。

语言不仅是社会的资源，也是个人的资源和权利。在社会竞争日趋激烈的现代社会，一个人掌握的语言越多，竞争能力和适应能力也就越强。在方言区放弃使用方言的机会和权利，以及在公共场合不能使用普通话进行沟通，都不是明智之举。

方言是一种社会历史现象，它随着一定的社会条件而产生，也只能随着社会条件的变化而变化。正是由于方言的存在，为了适应社会发展的需要才产生推行共同语的要求。

其次，学习普通话需要坚强的意志。这样才可能排除母语方言的干扰，改变旧的发音习惯。以方言为母语的人学习普通话最大的障碍在于从小形成的发音习惯，也就是发音口型。由于长时间处于方言的环境中，他们习惯了母语方言特有的发音方法，发音器官也已经形成了一套习惯动作。这样，他们说方言时无须考虑每个音节的语音形式，自然会发得“准确无误”。说普通话时则需要有意识地努力排除母语方言的干扰。由于普通话与方言的血缘关系，必然导致方言对普通话学习有着强烈的干扰。要排除这种干扰，就必须做大量的语音强化训练。发音人应仔细体会发音器官活动方式的不同、发音部位的不同，发音器官才会变得灵活、敏感。

更重要的是，学习普通话需要科学的练习方法。语言能力的核心是语感能力。学习普通话的最终目标就是形成普通话语感。

那么，如何培养普通话语感呢?

1. 从听力训练开始，培养对语音的敏感度

在听的实践中将普通话语音规律转换为自己的内在模式，这是语感形成的基础。听力训练的目的是在学习者心中建立一个“标准”，在学说普通话的过程中，它可以对发音起到监督和校正的作用。

比如陕北话中前后鼻音不分，在学习普通话过程中，单纯地练习前后鼻音的发音，效果并不理想，因为多数陕北人从听力上就不能区分前后鼻音，发音练习中也就无法判断自己发音的准确性，更不能校正自己的发音了。因此，对陕北人来说，学习前后鼻音，首先要从听力训练开始。

2. 语音训练和思维训练相结合

传统的普通话教学，都是以语音教学为主，针对方言与普通话的对应规律做正音练习，这无可非议。但是单纯的语音训练，只能使大学生的普

通话水平停留在辨读字词的阶段，一旦说起话来，就不能应付了，必然出现“卡壳”的现象。因为这些仍以方言为内部语言的学生，在说普通话时，内外部语言的转换过程中就多了一道“翻译”的手续。“翻译”过程中，不仅要考虑表述内容，还要想每一个音节的读音，思维负担过重，语言与思维不能同步进行。语言教学的根本目的是使学习者获取语言能力，而语言能力的最佳获得途径是语言运用。因此，语音训练必须与思维训练结合起来。在做语音基础训练的同时就让学生多做朗读和说话训练，在语流中纠正发音，在语流中锻炼思维，在语流中培养语感。口语语感正是实现口语和思维同步化的阶梯。

有目的、有计划地进行朗读和说话训练，能让普通话学习收到速效。训练过程中，学生不得不克制用方言想话、说话的老习惯，由此逐渐建立用普通话想话、说话的新习惯，缩短内外部语言的转换过程。能够用普通话思维才是真正掌握了普通话。

在普通话学习过程中，会出现一种现象，就是“地方普通话”。学习者使用的语言，既不是标准的普通话，也不是纯粹的方言，而是介于普通话与方言之间的一种语言，即“地方普通话”。很多人认为这种地方普通话是一种语言错误，其实它有一个内在的语言系统。它不是任意的，是遵循一定规则而形成的系统。不同的方言与普通话接触会产生不同的地方普通话。正确看待地方普通话最关键的一点就是正确对待学习者所犯的错误。一般来说，我们对儿童语言学习中所犯的错误有较高的“容错性”，而对成人说话时出现的错误总是要一一指出。实际上，地方普通话是一种中介语，是介于母语和目标语之间的一种语言，是学习者达到目标水平前的必经之路，尽管它有着各种各样的错误，但是这些错误都是发展中的错误，学习者正是在这些错误中不断向普通话的正确形式靠拢。对地方普通话的错误不必大惊小怪，不必将它们视为洪水猛兽，大加防范，强行纠正。若是这样，则有可能挫伤学习者的自尊，打击他们的积极性，从而造成普通话学习过程中的情感障碍。

当然也要注意防止地方普通话的僵化。使用地方普通话的学习者，如果不再继续学习，这种地方普通话就会僵化，很难纠正，很难进步。

最后，不可忽视语言环境对普通话学习的重要作用。在全国范围内推广普通话，使普通话成为全国通用的语言，必须首先把工作的重点放在普及方面，使群众普遍能听会说普通话，基本上满足一般社会交往的需要。这就需要一个好的语言环境。在普通话普及的初级阶段，国家推行“四用语”的使用，对形成普通话的语言环境是有积极作用的。

任何语言学习都是在语言环境中进行的。语言学习环境对于语言输入、内化、语言输出、语感的形成等各个环节都会产生相当大的影响，制约着语言学习的速度和质量。处在汉语的环境中，自然会说流利的汉语；处在外语的环境中，学习外语就很容易；处在方言的环境中，自然满口方言。母语习得的成功之处就在于有非常优越的语言环境。这样的环境可以给学习者创造出很多学习时间和练习的机会，时刻都在接受母语的大量输入和及时反馈，非常容易形成母语语感。

目前，全国各地都在大力推广普通话，广泛开展普通话水平测试工作，普通话意识得到普遍提高。为了营造更好的语言环境，我们应该“人人为环境出力”，积极主动地学习、使用普通话，从课堂到宿舍到操场，随处都可以听到普通话，这样才可能“人人从环境受益”，把普通话说得更标准、更流畅。

第二节　普通话声调及方音辨正

一、普通话声调

声调是音节的高低升降变化形式。在汉语里，一个音节一般就是一个汉字，所以声调也叫字调。声调是汉语音节中不可缺少的组成部分，具有重要的区别意义的作用。例如“事实”和“实施”、“教师”和“教室”等，这些词语声母和韵母相同，意义的不同主要靠声调来区别。

对于不同方言区的人来说，声调也是一个显著的区别性特征，是互相交流中的主要障碍。虽然普通话只有四个声调，但是声调出现的频率比声母、韵母都多，声调不准确会直接影响到普通话语调。如果有一个声调读不准，就可能有四分之一的音节都读不准，那会给人一种满口方言的感觉。所以说，声调是形成普通话语感的重要内容。

调值是声调的实际读音，也就是音节的高低、升降、曲直、长短的变化形式。普通话有四种基本调值，分别是：55、35、214、51。用五度标记法表示如下：

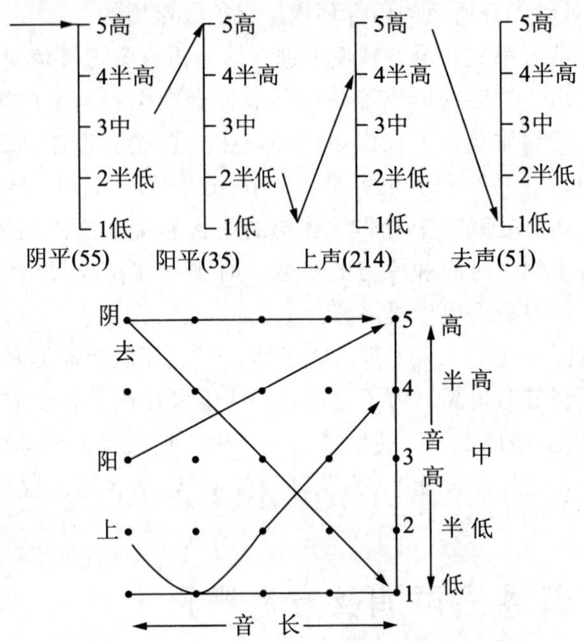

调类是指声调的种类。是按照声调的实际读音归纳出来的类别。一种语言或方言有几种基本调值，也就有几个调类。普通话有四种基本调值，因而有四个调类：阴平、阳平、上声、去声。教学上常称为第一声、第二声、第三声、第四声。

普通话声调表

调类	调值	调型	调号		例字
			拼音标调法	记音标调法	
阴平	55	高平	ˉ	˥	光 guāng
阳平	35	高升	ˊ	/	明 míng
上声	214	降升	ˇ	V	磊 lěi
去声	51	全降	ˋ	\	落 luò

普通话四个声调的发音特点：

1. 阴平：调形为高平调，调值为55。发音时，声带绷到最紧，始终没有明显变化，保持音高。例如：

chūntiān　　huākāi　　gōngsī　　tōngzhī
春天　　花开　　公司　　通知

2. 阳平：调形为高升调，调值为35。发音时，声带从不松不紧开始，逐渐绷紧，直到最紧，声音由不高不低升到最高。例如：

rénmín　　yínháng　　liánnián　　hépíng
人民　　银行　　连年　　和平

3. 上声：调形为降升调，调值为214。发音时，声带从略微有些紧张开始，立刻松弛下来，稍稍延长，然后迅速绷紧，但没有绷到最紧，发音过程中，声音主要表现在低音段1—2度之间，这成为上声的基本特征。上声的音长在普通话4个声调中是最长的。例如：

lǐxiǎng　　měimǎn　　yǒngyuǎn　　yǒuhǎo
理想　　美满　　永远　　友好

4. 去声：调形为全降调，调值为51。发音时，声带从紧开始，到完全松弛为止，声音由高到低，去声的音长在普通话4个声调中是最短的。例如：

bàogào　　shènglì　　chuàngzào　　lìrùn
报告　　胜利　　创造　　利润

声调训练中经常会出现这样的情况，在做四声顺序练习时，我们一般都可以把声调读准，但是，一旦把顺序打乱，或在语流中时，就会频频出错。这还是因为单音节声调练习没有做好，对每一个声调的音高以及声调之间音高的差异没有掌握好。这个道理很简单，就像每个人都会按顺序唱出1、2、3、4、5、6、7几个音符，但并不是每个人都会拼简谱。因此，在做声调练习时，一定要仔细体会声调之间的音高差异，然后找出普通话与方言之间声调上的差异。

在实际的语流过程中，音节的实际调值会受语流音变规律的制约，很少读得完足，但初步练习声调，一定要把调值读得充分、完足，而且不妨“矫枉过正”，这样才可能起到改变发音习惯的作用。

二、声调辨正

现代汉语普通话及各地方言的声调都是从古代汉语声调演变而来的，但在各地的演变规律是不一样的，尤其南方方言的声调要比普通话复杂得多。因此，学习普通话声调，首先要找出普通话声调与方言声调的对应规律。

汉语方言区声调对照表

方言区	古调类	平声		上声			去声		入声				声调数
	例字	天	平	古	老	近	放	大	急	各	六	杂	
	地名	调值和调类											
北方方言区	普通话（北京）	阴平 55	阳平 35	上声 214		去声 51			入声分别归阴、阳、上、去				4
	沈阳	阴平 44	阳平 35	上声 213		去声 41			入声分别归阴、阳、去				4
	济南	阴平 213	阳平 42	上声 55		去声 31			同上				4
	滦县	平声 11		上声 213		去声 55			入声分别归平、上、去				3
	烟台	平声 31		上声 214		去声 55			同上				3
	徐州	阴平 313	阳平 55	上声 35		去声 51			入声分别归阴、阳				4
	南京	阴平 31	阳平 13	上声 22		去声 44			入声 5				4
	成都	阴平 44	阳平 41	上声 52		去声 13			入声分别归平				4
吴方言区	苏州	阴平 44	阳平 13	上声 52	归阳、去	阴去 412	阳去 31		24 阴入 5		阳入 2		7
	无锡	阴平 55	阳平 14	阴上 324	阳上 33	阳去 35	阳去 213		阴入 5		阳入 2		8
	上海	阴平 54	阳平 24	上声 33		归上声	归阳平		阴入 5		阳入 2		5
湘方言区	长沙	阴平 33	阳平 13	上声 41		阴去 55	阳去 11		入声 24				6
赣方言区	南昌	阴平 43	阳平 24	上声 213		阴去 55	阴去 31		入声 5				6
客家方言区	梅县	阴平 44	阳平 11	上声 31		去声 42			阴入 21		阳入 4		6
闽方言区	福州	阴平 44	阳平 52	上声 31		阳去 242	阴去 213	阳去 242	阴入 23		阳入 4		7
	厦门	阴平 55	阳平 24	上声 51		阳去 33	阴去 11	阳去 33	阴入 32		阳入 5		7
粤方言区	广州	阴平 55 53	阳平 21 11	阴上 35	阳上 13	阴去 33	阳去 22	上阴入 55	上阴入 33		阳入 22		9
	玉林	阴平 54	阳平 32	阴上 33	阴上 23	阴去 52	阳去 21	上阴入 55	上阴入 33		上阳入 12	下阳入 11	10

陕西方言的调值和普通话差别较大，而且陕西方言区内调值也很难统一。陕西方言基本可以分为三大块：陕北方言、关中方言和陕南方言。

陕北方言声调比较表

方言点＼声调	阴平	阳平	上声	去声	入声	
	刚天山	人唐穷	手老口	是放怕怒	急入麦食	
榆林、横山	33	213	213	51	3	
绥德	213	33	213	51	3	
府谷、神木	213	44	213	51	3	
靖边	33	212	213	51	3	
佳县、吴堡	213	33	412	51	3	
子洲、米脂	213	33	213	51	3	
清涧	213	35	52	44	阴入 3	阳入 43
延安	213	35	52	44	5	
子长	213	24	213	42	阴入 21	阳入 54
延川	213	35	52	52	阴入 3	阳入 54
延长	213	35	52	52	5	
安塞吴起	213	35	52	44	3	
志丹	213	24	42	44	3	
甘泉	213	35	52	44	5	

关中方言与普通话声调对应表

调类	调值		例字
	西安	北京	
阴平	31	55	巴锋先西央淤
阳平	35	35	拔冯贤习阳余
上声	53	214	靶讽显洗养语
去声	55	51	爸奉现戏漾育

陕南方言与普通话声调对应表

调类	调值			例字
	西部话(汉中)	东部话(镇安)	北京	
阴平	45	31	55	妈依诗抽
阳平	21	24	35	麻移时仇
上声	44	53	214	马椅使丑
去声	213	44	51	骂意事臭

由以上各表可以看出各方言区声调发音的特点：

1. 陕北话有五个调类，阴平、阳平、上声、去声和入声；整体来看，陕北方言中的阴平调值都低，调型也几乎没有是平调的；榆林地区的阳平调值低、调型多为平调和曲调；延安地区的阳平调型大多为升调，个别地方调值不够高。这些特点在普通话学习过程中往往表现为：阴平、阳平不能区分，尤其是阳平字的调值特别低；入声字归派不知所向。

2. 关中方言的单字调和普通话一样多，也是 4 个。但是从调值上看，关中方言与普通话不尽相同，其中最大的差异是没有曲折调。在普通话学习过程中，尤其是在词语的变调上容易出错。

3. 陕南方言隶属北方方言西南官话区，根据内部差异又可以划分为两大片：西部方言片和东部方言片。东部方言片的语音特点与关中方言类似，西部方言片的语音特点较复杂。

正音方法：

1. 定调

普通话的阴平字调值是 55，陕北话的阴平字多为 33 或 213；普通话的阳平字调值是 35，而陕北榆林很多地方的阳平字多读做 213 或 33。于是，我们经常可以听到这样的陕北普通话：雷霆(* tīng)、岩石(* shī)、食(* shī)品、营(* yīng)养、调(* tiāo)理、寻(* xūn)求。听起来，阳平字的读音，错误非常明显，调值与调型都不对。实际上，这与阴平字的调值很有关系。陕北话的阴平字，33 也好，213 也好，调值都比普通话的 55 低，这就限制了阳平字的读音。因为调值太低的话，阳平调 35 调高升的幅度就很难体现出来，不是升不上去，而是低不下来了。所以说，陕北人学习普通话的声调，关键是提高调值，找到 5 的感觉，也就是要定调。

只要定好阴平字的 55 调，阳平字的 35 调就好读了。在四声顺序练习中，这种方法的效果非常明显。通常我们称之为“唱四声”，就是像唱歌一样，由第一声起调，四声连读，如 ā、á、ǎ、à，mā、má、mǎ、mà 。

2. 注意入声字在普通话中的发音

入声是古代汉语的一个调类，在普通话中全都归派到阴、阳、上、去四个声调中，在陕西方言中则有不同的归派。陕北方言保留了全部的入声，关中方言中入声归派到阴平和阳平中，陕南方言中入声也是归派到阴平或阳平声调中。这就要求方言区的人学习普通话时，应特别注意入声字在普通话中的读音。

练习题

1. 给下面的文字标声调。

望庐山瀑布(李白)

日照香炉生紫烟，遥看瀑布挂前川。
飞流直下三千尺，疑是银河落九天。

登鹳雀楼(王之涣)

白日依山尽，黄河入海流。
欲穷千里目，更上一层楼。

黄鹤楼送孟浩然之广陵(李白)

故人西辞黄鹤楼，烟花三月下扬州。
孤帆远影碧空尽，唯见长江天际流。

春晓(孟浩然)

春眠不觉晓，处处闻啼鸟。
夜来风雨声，花落知多少。

绕口令

李丽要用梨换栗，黎里要用栗换梨。
不知是李丽的梨换了黎里的栗，
还是黎里的栗换了李丽的梨。

校园早晨(歌曲)

沿着校园熟悉的小路，清晨来到树下读书，初升的太阳照在脸上，也照着身旁这棵小树。亲爱的伙伴，亲爱的小树，和我共享阳光雨露，让我们记住这美好时光，直到长成参天大树。

2. 拼读练习

(1)Jiào yù shì yī zhǒng zuì jiān jù de shì yè. Yōu xiù de jiào yù jiā men rèn wéi，jiào yù bù jǐn shì kē xué shì yè，ér qiě shì yì shù shì yè.

(2)Yǔ yán shì zhì huì de yào shi，zhēn lǐ de wǔ qì.

(3)Zhī shi xiàng yī zhāng yú wǎng，yú wǎng yuè kuān yuè láo，wǎng zhù de yú ér jiù yuè duō.

(4)Tiān cái de shí fēn zhī yī shì líng gǎn，shí fēn zhī jiǔ shì xuè hàn.

3. 字词练习

(1)单音节练习

bā	bá	bǎ	bà
巴	拔	把	爸
cāi	cái	cǎi	cài
猜	才	采	菜
fān	fán	fǎn	fàn
翻	凡	反	范
dī	dí	dǐ	dì
滴	笛	底	帝
tāo	táo	tǎo	tào
涛	陶	讨	套
huān	huán	huǎn	huàn
欢	环	缓	幻
shū	shú	shǔ	shù
书	熟	鼠	束

(2)双音节练习

阴平＋阴平

听说	穿插	出生	参观	丰收	刊登
参加	西安	播音	工兵	拥军	丰收
香蕉	江山	咖啡	班车	单一	发生
今天	沙滩	分钟	师专	哀伤	冰川

阴平＋阳平

加强	中国	天堂	清晨	收藏	发言
奔忙	高潮	鲜明	编排	签名	鸭绒
资源	坚决	飘扬	星球	休闲	新闻
安全	收容	迷茫	搜查	山崖	观察

阴平＋上声

歌舞	公款	签署	根本	方法	宽窄
思想	山谷	声母	艰苦	争取	听讲
批准	发展	班长	听讲	灯塔	生产
书法	新颖	千古	中午	商场	终点

阴平＋去声

夸耀	膝盖	加入	希望	登记	欢乐
风暴	拥抱	师范	专业	规范	单位
庄重	播送	音乐	通信	飞快	偏重
真正	中外	方面	失事	加快	听众

阳平＋阳平

直达	团结	人民	模型	联合	驰名
从容	寻求	怀疑	滑翔	排球	停留
临时	吉祥	儿童	豪华	盘旋	年轮
雷霆	岩石	灵活	学习	才能	仍然

阳平＋阴平

国歌	狂欢	营私	航空	黄山	雄心
茶花	明天	雄姿	华东	长江	农夫
联欢	革新	南方	国家	农村	围巾
泥沙	阳光	名家	群居	原封	图书

阳平＋上声

华北	黄海	遥远	泉水	勤恳	民主
条理	描写	情感	游览	言语	长远
节选	宏伟	难免	即使	营养	没有
迷惘	平坦	旋转	民主	鼻孔	食品

阳平＋去声

豪迈	辽阔	模范	林业	盘踞	局势
国策	雄壮	排练	情愿	决定	程序
革命	难道	雄厚	文化	球赛	闲置
游历	同志	于是	行政	实际	学校

去声＋阴平

卫星	认真	降低	特征	印刷	气温
信息	幸亏	创刊	爱惜	定居	至今
汽车	矿工	乐观	健康	贵宾	列车
下乡	大约	象征	地方	四川	事先

去声＋阳平

配合	未来	要闻	调查	辨别	碰头
乐园	帝王	大学	动人	断层	会谈
自然	测量	措辞	特别	电台	政权
化学	暂时	数学	不能	召集	适合

去声＋上声

耐久	大海	跳伞	历史	运转	外语
赞美	作品	父母	矿产	贷款	酷暑
办法	信仰	戏曲	电影	下雨	号码
探险	会场	剧本	木偶	彻骨	汉语

去声＋去声

示范	大会	快报	致意	建造	干部
热烈	目录	电话	建树	再见	浩荡
日月	大厦	破例	庆贺	宴会	画像
报告	现代	近代	庆祝	训练	判断

(3)对比练习

阴平与阳平对比练习

qī 欺人 — qí 旗人	hū 呼喊 — hú 胡喊	zhī 知道 — zhí 直道
bāi 掰开 — bái 白开	bāo 包子 — báo 雹子	guō 大锅 — guó 大国
pāi 拍球 — pái 排球	gē 大哥 — gé 大格	wā 小蛙 — wá 小娃
chū 开初 — chú 开除	mā 抹布 — má 麻布	chuān 大川 — chuán 大船

qīng qíng qiāng qiáng chōu chóu

放青 — 放晴 猎枪 — 列强 抽丝 — 愁思

chuāng chuáng

窗帘 — 床帘

阳平与上声对比练习

má mǎ féi fěi guó guǒ

好麻 — 好马 土肥 — 土匪 战国 — 战果

qiáo qiǎo huí huǐ hú hǔ

小乔 — 小巧 返回 — 反悔 老胡 — 老虎

tóng tǒng xué xuě jú jǔ

牧童 — 木桶 大学 — 大雪 菊花 — 举花

zhí zhǐ bái bǎi yáng yǎng

直绳 — 纸绳 白色 — 百色 洋油 — 仰游

qín qǐn qíng qǐng qí qǐ

琴室 — 寝室 情调 — 请调 骑马 — 起码

阳平与去声对比练习

má mà gé gè zhí zhì

大麻 — 大骂 小格 — 小个 正直 — 政治

chóu chòu wá wà qí qì

发愁 — 发臭 布娃 — 布袜 斗奇 — 斗气

qíng qìng jí jì cí cì

同情 — 同庆 荆棘 — 经纪 瓷碗 — 次碗

bái bài féi fèi xié xiè

白军 — 败军 肥料 — 废料 协议 — 谢意

fán fàn qián qiàn táng tàng

凡人 — 犯人 钱款 — 欠款 糖酒 — 烫酒

hú hù

壶口 — 户口

附：普通话阳平字表

韵母	音节	阳平字	韵母	音节	阳平字
a	ba	拔跋	uo	cuo	矬痤嵯
	cha	查楂猹察茶茬搽		duo	夺踱铎度
	da	达答(～辩)鞑沓		guo	国帼虢
	fa	乏罚伐阀筏		huo	活和
	ha	蛤虾		luo	罗螺萝锣箩骡逻
	la	拉(～口子)		nuo	挪娜
	ma	麻(～包)		tuo	陀驼驮坨沱鸵
	na	拿		zuo	昨琢
	pa	爬扒耙		zhuo	着卓浊啄酌灼镯濯茁琢禚
	za	杂砸咱	üe	jue	觉绝决抉诀掘倔崛爵嚼珏矍攫厥镢蹶蕨角
	zha	炸(～丸子)闸轧扎(挣～)札铡		que	瘸
o	bo	博薄搏膊礴伯舶泊柏(～林)铂箔脖鹁勃渤驳帛		xue	学穴踅
	fo	佛	iao	jiao	嚼矫
	mo	磨(～灭)魔模膜摩摹谟		liao	聊嘹缭撩燎辽疗
	po	婆鄱		miao	苗瞄描
e	e	额鹅娥蛾峨俄锇讹		piao	嫖瓢朴(姓～)
	de	得(～到)德		qiao	桥乔瞧侨樵荞
	ge	革格(～调)骼隔镉嗝膈(～膜)阁		tiao	条调窕迢笤
	he	禾和何荷河核劾阂颌涸纥阖盍盒貉		xiao	淆崤
	ke	壳咳		yao	摇姚遥尧瑶窑肴谣爻垚
	she	蛇舌折佘	iou	liu	刘浏流硫琉鎏留瘤榴
	ze	则泽择责啧		niu	牛
	zhe	折哲辄辙蛰喆蜇谪		qiu	求球裘囚虬酋巯
er	er	而儿		you	由油游尤犹邮铀

续　表

韵母	音节	阳平字	韵母	音节	阳平字
i	bi	鼻荸	uai	huai	怀淮槐踝徊
	di	敌迪狄笛翟嫡获	uei	chui	垂锤捶陲棰鎚槌
	ji	及级岌极集急吉籍疾嫉棘辑亟即		hui	回蛔茴洄
	li	离漓璃篱黎梨犁厘狸鹂骊		kui	奎魁葵逵馗揆
	mi	迷弥谜靡縻		sui	随遂隋绥
	ni	尼泥妮倪霓昵		shui	谁
	pi	皮脾疲琵		tui	颓
	qi	奇齐骑旗琪琦崎祈祁祺歧棋脐岐麒畦芪		wei	为唯维惟围违帷桅闱
	ti	题蹄啼	an	can	残蚕惭
	xi	习席媳檄		chan	缠谗馋禅蝉婵蟾潺孱
	yi	宜移疑怡遗仪颐		fan	凡烦繁樊矾钒燔
-i(前)	ci	词辞磁慈茨瓷雌祠		han	寒汗邯韩函菡涵含晗颔焓
-i(后)	chi	持池迟驰弛踟		lan	兰栏拦岚蓝篮澜阑斓婪褴
	shi	时十食实石识蚀		man	蛮瞒馒埋
	zhi	值直职执植侄殖		nan	难男南楠喃囡腩
u	chu	除厨雏橱锄刍蹰		pan	盘磐蟠
	du	毒读犊牍渎椟黩独髑		ran	然燃
	fu	福服幅符浮扶伏弗拂佛芙孚俘凫桴氟蝠辐匐		tan	谈坛谭弹潭痰檀昙
				zan	咱
	hu	胡湖糊壶狐弧斛鹄葫蝴瑚囫	ian	lian	联帘怜连莲涟鲢琏廉镰
	lu	卢炉芦庐颅鲈鸬		mian	棉眠绵
	mu	模		nian	年粘黏
	nu	奴		pian	骈便
	pu	蒲仆葡菩莆脯濮蹼匍		qian	钱前乾潜钳黔虔
	ru	如茹儒濡孺洳蠕		tian	田填甜恬阗

续 表

韵母	音节	阳平字	韵母	音节	阳平字
	shu	熟孰赎塾		xian	闲贤嫌咸弦衔娴涎舷
	su	俗		yan	彦言严沿盐岩研延颜炎妍阎闫檐
	tu	图涂途徒	uan	cuan	氽
	wu	无吴芜梧蜈		chuan	传船椽遄
	zhu	竹逐烛竺		huan	还环桓寰鬟
	zu	足族卒		luan	栾鸾峦銮孪滦
ü	ju	菊橘桔焗		tuan	团
	qu	渠瞿衢		wan	玩完丸顽纨烷
	lü	驴闾	üan	quan	全权泉拳诠蜷醛颧
				xuan	玄悬旋眩璇
	xu	徐		yuan	元媛原员园圆缘源袁援垣猿沅辕塬
	yu	于鱼余於渔俞瑜渝愚逾虞娱榆舆愉馀	en	cen	岑涔
ai	ai	癌挨(～打)皑		chen	陈晨宸辰沉尘臣忱
	bai	白		fen	坟焚汾棼
	cai	才财材裁		hen	痕
	chai	柴豺侪		men	门扪钔
	hai	孩还骸		pen	盆湓
	lai	来莱徕铼		ren	人任仁壬
	mai	埋霾		shen	神什
	pai	牌排徘俳	in	yin	银吟淫寅垠龈
	tai	台抬苔邰		lin	邻临林琳淋霖磷麟嶙粼
	zhai	宅翟		min	民岷
ei	fei	肥腓		nin	您
	lei	累雷镭擂羸		pin	嫔频颦贫
	mei	没梅眉枚煤酶霉媒玫楣嵋莓		qin	秦琴勤禽擒噙

续　表

韵母	音节	阳平字	韵母	音节	阳平字
	pei	陪赔培裴	uen	chun	纯莼唇醇淳鹑
	zei	贼		cun	存
ao	ao	熬敖鳌獒遨鏊翱嗷螯鏖		hun	浑魂混馄
	bao	薄雹		lun	轮伦仑纶囵沦论
	cao	曹槽漕嘈艚		tun	屯囤臀
	chao	朝潮巢嘲晁		wen	文闻纹雯蚊
	hao	号毫豪壕濠嚎嗥	ün	qun	群裙麇
	lao	牢劳痨崂铹醪		xun	寻询循巡旬荀峋鲟
	mao	毛牦髦矛茅锚		yun	云芸匀昀耘纭
	nao	挠	ang	ang	昂
	pao	袍刨炮咆		cang	藏
	rao	饶娆		chang	长常尝肠偿嫦裳徜倘
	shao	勺韶芍苕		fang	房防坊舫妨肪鲂
	tao	逃陶桃淘萄		hang	航行杭吭
	yao	摇姚瑶遥尧窑谣窈垚		kang	扛
	zao	凿		lang	狼郎廊琅榔螂锒
	zhao	着		mang	忙盲芒茫氓邙
ou	chou	愁仇筹稠酬绸俦畴踌		nang	囊
	hou	侯猴喉篌		pang	旁庞彷磅滂膀
	lou	娄髅镂蝼楼		rang	瓤
	mou	谋眸缪		tang	唐糖堂塘棠膛镗搪螳瑭
	pou	抔	iang	liang	量凉良粮梁粱
	rou	柔揉糅蹂		niang	娘
	tou	头投		qiang	强墙蔷樯嫱
	zhou	轴妯		xiang	祥翔详庠降
ia	jia	颊荚		yang	杨扬疡阳羊洋佯烊徉

续 表

韵母	音节	阳平字	韵母	音节	阳平字
	xia	霞侠辖狭峡暇匣遐	uang	chuang	床
	ya	牙崖芽涯衙蚜玡		huang	黄璜簧磺潢皇惶煌蝗徨遑凰
ie	bie	别蹩		kuang	狂诳
	die	碟谍牒喋蝶耋叠迭		wang	王亡
	jie	节杰截劫竭洁结诘拮秸孑捷婕睫桀	eng	beng	甭
	qie	茄		ceng	曾层
	xie	鞋斜协携邪挟谐胁撷勰		cheng	成城诚呈程乘盛惩澄承丞
	ye	爷		feng	冯缝逢
ua	ua	娃		heng	衡珩恒横
	hua	划滑猾华哗骅铧		leng	棱塄
ong	cong	从丛淙		meng	蒙盟萌朦濛虻
	chong	重虫崇		neng	能
	hong	红虹鸿洪宏弘泓		peng	彭鹏朋棚蓬篷膨澎芃
	long	龙珑胧笼聋隆		reng	仍
	nong	农浓侬脓秾		sheng	绳
	rong	荣容融溶蓉绒熔榕戎茸嵘镕		teng	疼腾藤誊
	tong	同铜桐彤童瞳仝	ing	ling	伶翎玲聆羚零铃龄陵凌菱灵棂
				ming	明名铭茗酩鸣冥溟暝
iong	qiong	穷琼穹邛		ning	宁凝狞咛
	xiong	熊雄		ping	平凭评瓶屏萍坪苹
				qing	情晴擎黥
				ting	停亭庭廷婷霆
				xing	行刑型形邢荥
				ying	赢营迎盈莹萤蝇荧瀛萦嬴茔楹

第三节　普通话声母及方音辨正

一、声母

声母，就是汉语音节中开头的辅音。普通话辅音声母共有 21 个。因声母处于音节的开头，发声干脆利落，在汉语语流中能使音节界限区别明显，字字清晰可辨；同时，因为声母发音时蓄气充足，弹射有力，并与韵母开头的元音迅速结合，使整个音节的力度和亮度增强。

(一)声母的分类

由于辅音的主要特点，是发音时气流在口腔中要分别受到各种阻碍，因此可以说，声母发音的过程也就是气流受阻和克服阻碍的过程。声母的分类就是依据气流受到阻碍的部位(发音部位)和气流克服阻碍发出声音的方法(发音方法)这两大要素。

1. 按发音部位分类

发音部位，是指发音时气流在发音器官中受到阻碍的部位。上下两个部位接触或接近，就会形成阻碍。上位以上颚为主，是形成阻碍的被动或不动部分；下位以舌头为主，是形成阻碍的主动即活动部分。根据气流在口腔受阻的部位即发音部位，可将声母分为 7 类：

(1)双唇音：b、p、m；

(2)唇齿音：f；

(3)舌尖前音：z、c、s；

(4)舌尖中音：d、t、n、l；

(5)舌尖后音：zh、ch、sh、r；

(6)舌面音：j、q、x；

(7)舌根音：g、k、h。

2. 按发音方法分类

普通话声母的发音方法，可以从三个方面来分析。

(1)阻碍的方式：根据成阻和除阻的不同方式，可将 21 个声母分为 5 类。它们是：塞音 b、p、d、t、g、k；擦音 f、h、x、sh、r、s；塞擦音 j、q、zh、ch、z、c；鼻音 m、n；边音 l。

(2)声带是否振动：发辅音时，声带振动的、较响亮的声音是浊音，声带不振动的、不响亮的声音是清音。普通话 21 个声母中，m、n 、l、r 这 4

个是浊音声母，其余 17 个是清音声母。

(3)气流的强弱：根据除阻后呼出气流的强弱，可以把塞音、塞擦音这两类 12 个声母再分为送气音和不送气音两种。普通话送气音有 6 个：p、t、k、q、ch、c，是除阻后有较强的气流喷吐而出的音；不送气音有 6 个：b、d、g、j、zh、z，是除阻后呼出气流短促而微弱的音。

(二)普通话声母的发音分析

普通话声母发音要领表

发音方法 / 声母 / 发音部位	塞音		塞擦音		擦音		鼻音	边音
	清音		清音		清音	浊音	浊音	浊音
	不送气音	送气音	不送气音	送气音				
双唇音	b	p					m	
唇齿音					f			
舌尖中音	d	t					n	l
舌根音	g	k			h			
舌面音			j	q	x			
舌尖后音			zh	ch	sh	r		
舌尖前音			z	c	s			

b——双唇不送气清塞音

双唇闭合，软腭上升，堵塞鼻腔通路，然后突然打开双唇爆发成声。声带不振动。例如：

bìbào　bùbīng　bēnbō　bǎnbào　biànbié　bāobàn
壁报　步兵　奔波　板报　辨别　包办

p——双唇送气清塞音

发音状况与 b 大致相同，区别在于发 p 时，双唇打开后从肺部呼出一股较强的气流成声。例如：

píngpàn　pǐpèi　piānpì　pápō　péngpài　pīngpāng
评判　匹配　偏僻　爬坡　澎湃　乒乓

m——双唇浊鼻音

双唇闭合，阻塞气流，软腭下垂，打开鼻腔通路，声带振动，气流从鼻腔透出成声。例如：

ménmiàn	míngmèi	mùmín	mámù	mímáng	máimò
门　面	明　媚	牧　民	麻　木	迷　茫	埋　没

f——唇齿清擦音

下齿向上门齿靠拢，形成间歇，软腭上升，堵塞鼻腔通路，使气流从唇齿形成的间歇摩擦通过成声。声带不振动。例如：

fēngfù	fēifǎ	fǎngfú	fángfàn	fēnfù	fǎnfù
丰　富	非　法	仿　佛	防　范	吩　咐	反　复

d——舌尖中不送气清塞音

舌尖抵住上齿龈，阻塞气流，软腭上升，堵塞鼻腔通路，然后舌尖突然离开上齿龈，使气流爆发成声。声带不振动。例如：

dàdì	děngdài	dāndú	dǐngduān	duàndìng	diāndǎo
大　地	等　待	单　独	顶　端	断　定	颠　倒

t——舌尖中送气清塞音

发音状况和 d 大致相同。区别在于 t 在发音时，从肺部呼出一股较强的气流成声。声带不振动。例如：

tuántǐ	tǎntú	tǐtiē	tiàotái	tàntīng	tuītuō
团　体	坦　途	体　贴	跳　台	探　听	推　托

n——舌尖中浊鼻音

舌尖抵住上齿龈，阻塞气流，软腭下垂，打开鼻腔通路，声带振动，气流从鼻腔透出成声。例如：

nánnǚ	nínìng	nǎonù	niúnǎi	niǎonuó	néngnài
男　女	泥　泞	恼　怒	牛　奶	袅　娜	能　耐

l——舌尖中浊边音

舌尖抵住上齿龈，软腭上升，堵塞鼻腔通路，声带振动，气流从舌头两边通过成声。例如：

lǐlùn	liúlì	liáoliàng	liánluò	lǚlì	lúnliú
理　论	流　利	嘹　亮	联　络	履　历	轮　流

g——舌根不送气清塞音

舌根上抬抵住软腭，同时软腭上升堵塞鼻腔通路，然后舌根突然离开软腭，使气流爆发成声。声带不振动。例如：

gāoguì	gěnggài	gāngà	guàngài	gǎigé	guānguāng
高 贵	梗 概	尴 尬	灌 溉	改 革	观 光

k——舌根送气清塞音

舌根活动与 g 大致相同，区别在于发 k 时，舌根离开软腭，从肺部呼出一股较强的气流成声。例如：

kāngkǎi	kāikěn	kùnkǔ	kēkè	kǎnkě	kuānkuò
慷 慨	开 垦	困 苦	苛 刻	坎 坷	宽 阔

h——舌根清擦音

舌根接近软腭形成间歇，同时软腭上升，堵塞鼻腔通路，气流从间歇摩擦通过成声。声带不振动。例如：

huānhū	huánghūn	huǎnhé	huǐhèn	hánghǎi	hènghuò
欢 呼	黄 昏	缓 和	悔 恨	航 海	横 祸

j——舌面不送气清塞擦音

舌面前部抵住硬腭前部，软腭上升，堵塞鼻腔通路，然后舌面前部离开硬腭前部，形成间歇，气流从间歇透出成声。声带不振动。例如：

jíjiàn	jiéjīng	jiājù	jiānjué	jīngjì	jiāojiè
急 件	结 晶	家 具	坚 决	经 济	交 界

q——舌面送气清塞擦音

发音状况和 j 大致相同，区别在于发 q 时，舌面离开硬腭，有一股较强的气流透出成声。例如：

qiānqiǎng	qīnqiè	qíqū	qiàqiǎo	qǐngqiú	qìquán
牵 强	亲 切	崎 岖	恰 巧	请 求	弃 权

x——舌面清擦音

舌面接近硬腭前部，形成适度的间歇，气流从空隙摩擦通过成声。声带不振动。例如：

xīnxiān	xiángxì	xìxīn	xiānxíng	xíngxīng	xiànxiàng
新 鲜	详 细	细 心	先 行	行 星	现 象

zh——舌尖后不送气清塞擦音

舌尖翘起抵住硬腭前端，同时软腭上升，堵塞鼻腔通路，然后舌尖离开硬腭前端形成间歇，使气流从间歇透出成声。声带不振动。例如：

zhuózhuàng	zhuānzhí	zhànzhēng	zhòngzhí	zhēnzhèng	zhǔzhāng
茁　壮	专　职	战　争	种　植	真　正	主　张

ch——舌尖后送气清塞擦音

发音状况与 zh 大致相同，区别在于 ch 在发音时，从间歇透出一股较强的气流成声。例如：

chāochǎn	cháchāo	chíchěng	chāichú	chēchuáng	chángchéng
超　产	查　抄	驰　骋	拆　除	车　床	长　城

sh——舌尖后清擦音

舌尖翘起接近硬腭前端，形成适度间歇，软腭上升，堵塞鼻腔通路，气流从间歇中摩擦通过成声。声带不振动。例如：

shìshí	shénshèng	shǎoshù	shùnshǒu	shānshuǐ	shèshī
适　时	神　圣	少　数	顺　手	山　水	设　施

r——舌尖后浊擦音

舌尖翘起接近硬腭前端，形成适度间歇，软腭上升，堵塞鼻腔通路，声带振动，气流从间歇中摩擦通过成声。例如：

réngrán	róngrǔ	ruǎnruò	rěnràng	rúruò	rěrén
仍　然	荣　辱	软　弱	忍　让	如　若	惹　人

z——舌尖前不送气清塞擦音

舌尖抵住上齿背，软腭上升，堵塞鼻腔通路，然后舌尖离开上齿背形成间歇，气流从间歇中透出成声。声带不振动。例如：

zìzūn	zǒngzé	zàngzú	zuìzé	zāizāng	zǒuzú
自　尊	总　则	藏　族	罪　责	栽　赃	走　卒

c——舌尖前送气清塞擦音

发音状况与 z 大致相同，区别在于 c 在发音时，从间歇透出一股较强的气流成声。例如：

cāngcù	cūcāo	cuīcán	cǎocóng	cuòcí	cóngcǐ
仓　促	粗　糙	摧　残	草　丛	措　辞	从　此

s——舌尖前清擦音

舌尖接近上齿背，形成间歇，软腭上升，堵塞鼻腔通路，气流从间歇摩擦通过成声。声带不振动。例如：

sǎsǎo	suǒsuì	sīsuǒ	sōngsǎn	sùsòng	sèsù
洒 扫	琐 碎	思 索	松 散	诉 讼	色 素

零声母——没有辅音声母的字音

例如下列音节：

ēn'ài	ǒu'ěr	yán'ān	éwài	wàn'è	wēiwàng
恩 爱	偶 尔	延 安	额 外	万 恶	威 望
yángyì	yùnyù	yǒngyuǎn	wěiwǎn	yǒuyì	yángyán
洋 溢	孕 育	永 远	委 婉	友 谊	扬 言
wéiwù	yōuyǎ	yǎnyì	yāyì	ángyáng	èyào
唯 物	幽 雅	演 义	压 抑	昂 扬	扼 要
wàngwǒ	wàiwéi	wúwèi			
忘 我	外 围	无 谓			

二、声母辨正

(一)平舌音 z、c、s 和翘舌音 zh、ch、sh 对比

普通话声母中有"平舌音"z、c、s 和"翘舌音"zh、ch、sh。大部分地区只会发平舌音，不会发翘舌音，或两组音混用，而普通话里是要分辨清楚的。所以，在学习普通话的过程中，不仅要掌握两组音的发音要领，也要记住哪些字发平舌音，哪些字发翘舌音。区别两组音主要从发音部位着手。平舌音 z、c、s 是舌尖向前平伸，抵住或接近上齿背；发 zh、ch、sh 时，舌尖要上翘，对着上腭的最前端，即上门齿背后上牙床稍后的部位。

初步练习翘舌音，可以使舌尖稍稍卷起，虽然过度些，但可以避免发音时舌尖向前平伸的老习惯。发粗舌音时，嘴可以微开，上下门齿可以稍稍离开，对着镜子，自己可以看见舌尖翘起后的底面；发平舌音，上下门齿闭住，不留缝隙。

zh—z 辨音字表

	zh	z
a	①扎(驻～)渣②闸铡扎(挣～)札(信～)③眨④乍炸榨蚱栅	①扎(包～)匝②杂砸
e	①遮②折哲辙③者④蔗浙这	②泽择责则
u	①朱珠蛛株诸猪②竹烛逐③主煮嘱④注蛀住柱驻贮祝铸筑箸	①租②族足卒③组阻祖

续 表

	zh	z
-i	①之芝支枝肢知蜘汁只织脂②直植殖值执职③止址趾旨指纸只④至窒致志治质帜挚掷秩置滞制智稚痔	①兹滋孳姿咨资孜龇甾辎③子仔籽梓滓紫④字自恣渍
ai	①摘斋②宅③窄④寨债	①灾哉栽③宰载④再在载(～重)
ei		②贼
ao	①昭招朝②着③找爪沼④照召赵兆罩	①遭糟②凿③早枣澡④造皂灶躁燥
ou	①州洲舟周粥②轴③帚肘④宙昼咒骤皱	①邹③走④奏揍
ua	①抓	
uo	①桌捉拙卓②着酌灼浊镯啄琢	①作(～坊)②昨凿(确～)③左④坐座作柞祚做
ui	①追锥④缀赘坠	③嘴④最罪醉
an	①沾毡粘③盏展斩④占战站栈绽蘸	①簪②咱③攒④赞暂
en	①贞侦祯桢真③疹诊枕缜④振震阵镇	③怎
ang	①张章樟彰③长掌涨④丈仗杖帐涨瘴障	①赃脏(肮～)④葬藏脏
eng	①正(～月)征争睁挣③整拯④正政症证郑帧	①曾僧增缯④赠
ong	①中盅忠钟衷终③肿种(～子)④中(打～)种(～植)仲重众	①宗踪棕综鬃③总④纵粽
uan	①专砖③转④传转(～动)撰篆赚	①钻③纂④钻(～石)
un	③准	①尊遵
uang	①庄桩装妆④壮状撞	

备注：表中的数字表示声调，①是阴平，②是阳平，③是上声，④是去声。

ch—c 辨音字表

	ch	c
a	①叉杈插差(～别)②茶搽查察③衩④岔诧差(～错)	①擦嚓
e	①车③扯④彻撤掣	④册策厕侧测恻

续 表

	ch	c
u	①出初②除厨橱锄躇刍雏③楚础杵储处(～分)④畜触矗处	①粗④卒(仓～)猝促醋簇
-i	①吃痴嗤②池弛迟持匙③尺齿耻侈豉④斥炽翅赤叱	①疵差(参～)②雌辞词祠瓷慈磁③此④次伺刺赐
ai	①差拆钗②柴豺	①猜②才财材裁③采彩踩④菜蔡
ao	①抄钞超②朝潮嘲巢③吵炒	①操糙②曹漕嘈槽③草
ou	①抽②仇筹畴踌绸稠酬愁③瞅丑④臭	④凑
uo	①踔戳④绰(～号)辍啜	①搓蹉撮④措错挫锉
uai	③揣④踹	
ui	①吹炊②垂锤捶槌	①崔催摧④萃悴淬翠粹瘁脆
an	①搀掺②蝉禅谗潺缠蟾③铲产阐④忏颤	①餐参②蚕残惭③惨④灿
en	①琛嗔②辰晨宸沉忱陈橙臣④趁衬称(相～)	①参(～差)②岑
ang	①昌猖娼伥②常嫦尝偿场肠长③厂场敞氅④倡唱畅怅	①仓苍舱沧②藏
eng	①称撑②成诚城盛(～水)呈和承乘澄惩③逞骋④秤	②曾层④蹭
ong	①充冲舂②重虫崇③宠④冲(～压)	①匆葱囱聪②从丛淙
uan	①川穿②船传椽③喘④串钏	①蹿④窜篡
un	①春椿②唇纯淳醇③蠢	①村②存③忖④寸
uang	①窗疮创(～伤)②床③闯④创(～造)	

备注：表中的数字表示声调，①是阴平，②是阳平，③是上声，④是去声。

sh—s 辨音字表

	sh	s
a	①沙纱砂痧杀杉③傻④煞厦(大～)	①撒③洒撒(～种)④卅萨飒
e	①奢赊②舌蛇③舍(～弃)④社舍射麝设摄涉赦	④塞(～责)瑟啬穑(稼～)色(～彩)涩

续　表

	sh	s
u	①书梳疏蔬舒殊叔淑输抒纾枢②孰塾赎③暑署薯曙鼠数属黍④树竖术述束漱恕数	①苏酥②俗④素塑诉肃粟宿速
-i	①尸师狮失施诗湿虱②十什拾石时识实食蚀③史使驶始屎矢④世势誓逝市示事是视室适饰士氏恃式试拭轼弑	①司私思斯丝鸶③死④四肆似寺
ai	①筛④晒	①腮鳃塞④塞(要～)赛
ao	①捎稍艄烧②勺芍杓韶③少(多～)④少(～年)哨绍邵	①臊骚搔③扫(～除)嫂④扫(～帚)臊(害～)
ou	①收②熟③手首守④受授寿售兽瘦	①溲嗖飕搜艘馊③叟擞④嗽
ua	①刷③耍	
uo	①说④硕烁朔	①缩娑蓑梭唆③所锁琐索
uai	①衰③甩④帅率蟀	
ui	②谁③水④税睡	①虽尿②绥隋随③髓④岁碎穗隧燧遂
an	①山舢删衫珊姗栅跚③闪陕④扇善膳缮擅赡	①三叁③伞散(～文)④散
en	①申伸呻身深参(人～)②神③沈审婶④慎肾甚渗	①森
ang	①商墒伤③晌垧赏④上尚	①桑丧(～事)③嗓④丧
eng	①生牲笙甥升声②绳③省④圣胜盛剩	①僧
ong		①松③悚④送宋颂诵
uan	①拴栓闩④涮	①酸④算蒜
un	④顺	①孙③笋损
uang	①双霜③爽	

备注：表中的数字表示声调，①是阴平，②是阳平，③是上声，④是去声。

(二)鼻音 n 和边音 l 对比

普通话的声母中有鼻音 n 和边音 l，但在很多方言区，两个音混用或只会读其中的一个。那么如何读准这两个声母呢？这两个音的发音部位相同，都是舌尖顶住上齿龈；但发音方法不完全一样。发音方法中相同的是：两个音的声带都要振动，是“浊音”；不同的是：发 n 时，舌尖及舌边均上举，抵住上齿龈，带动整个舌面的周围跟硬腭的周围密合，软腭下降，气流从鼻腔出来；发 l 时，舌尖前端上举，抵住齿龈(不顶满)，舌头两边跟硬腭的两侧保持适当的间歇，软腭上升，堵塞鼻腔通路，声带振动，气流从舌头两边通过。由于 n 发音时，气流从鼻腔通过，所以发出的声音带有“鼻音”；而 l 在发音时注意舌头的动作，即在发音前，舌头向上卷，发音时，舌头伸平，不带有鼻音，即使用手捏住鼻子也能发音。

对两个音的发音要领掌握后，就要知道哪些字的声母是鼻音 n，哪些字的声母是边音 l，这需要有个记忆的过程。

n—l 辨音字表

	n	l
a	①那②拿③哪④那纳呐捺钠	①拉啦垃③喇④辣剌瘌蜡腊
e	呢	①勒④乐了
i	②尼泥呢霓③你拟④腻匿	②离篱璃厘狸黎犁梨蜊③礼里理鲤李
u	②奴③努④怒	②卢庐炉芦轳颅③卤虏鲁橹④碌陆路赂鹭露(～水)录鹿辘绿(～林)
ü	③女	②驴③吕侣铝旅屡缕④虑滤律率(效～)氯绿
ai	③乃奶④奈耐	②来④赖癞
ie	③馁④内	①勒②雷擂镭③累(～进)垒儡蕾④累类泪肋
ao	②挠蛲铙③脑恼④闹	①捞②劳痨牢③老姥④涝烙酪
ou		①搂②楼喽耧③搂篓④陋漏露
ia		③俩
ie	①捏④聂蹑镊镍孽	③咧④列烈裂劣猎冽洌
iao	③鸟袅④尿	①撩②辽疗僚潦燎嘹聊寥③了④料廖了
iu	①妞②牛③扭纽④拗	①溜②刘流琉硫留榴瘤③柳绺④六镏陆
uo	②挪④懦诺糯	①啰(～嗦)捋②罗萝逻箩锣螺骡③裸④落洛络骆
üe	④虐	④略掠
an	②难男南楠④难	②兰栏篮蓝婪③懒览揽榄缆④烂滥
ang	②囊	①啷②狼郎廊榔螂琅③朗④浪
eng	②能	②棱③冷④愣

续 表

	n	l
ong	②农浓脓④弄	②龙咙聋笼隆窿③垄拢陇④弄（～堂）
ian	①蔫拈②年粘鲇③撵捻碾④念	②怜连莲联帘廉镰③脸④炼链练恋敛殓
in	②您	②邻鳞麟林淋琳临③凛檩④吝蔺赁
iang	②娘④酿	②良凉梁粮量③两④亮晾谅辆量
ing	②宁拧柠咛凝③拧④宁泞佞拧	②灵龄伶蛉凌陵菱③岭领④令另
uan	③暖	②滦孪③卵④乱
un		①抡②仑伦沦轮④论

备注：表中的数字表示声调，①是阴平，②是阳平，③是上声，④是去声。

（三）唇齿音 f 和舌根音 h 对比

普通话的声母中有声母 f 和 h，有些地区把两个声母混用。从发音方法来说，两个音是相同的，都是清擦音。区别在于发音部位：f 是唇齿音，发音时露出上齿，不张开嘴巴，上齿和下唇接近；h 是舌根音，发音时张嘴，舌头后缩，上齿下唇不能靠拢。同时，对应声母 f、h 的两组字，也要能准确认读。

f—h 辨音字表

	f		h
a	①发②乏伐筏阀罚③法④发（理～）珐	ua	①花哗（～啦）②华哗（喧～）划（～船）猾滑④化华（姓～）桦画话划（计～）
o	②佛（～教）	uo	①豁②和（～泥）活③火伙④或货祸霍惑获豁（～亮）
u	①夫肤敷孵②扶芙符浮俘蜉佛（仿～）弗拂袱伏服福幅辐蝠③府俯腐腑斧釜甫辅抚④付附咐赴讣负妇阜副富傅赋复腹覆缚	u	①呼乎忽惚②胡湖葫糊猢蝴弧狐壶囫斛③虎唬浒④户沪护戽扈互怙
		uai	②怀淮槐徊踝④坏
ei	①非菲啡扉绯飞妃②肥③诽匪菲（～薄）翡④肺费沸狒痱吠废	ui	①灰恢诙挥辉晖徽②回茴蛔③毁悔④会绘烩汇彗慧卉惠秽贿讳诲晦
ou	否	ou	②侯猴③吼④候
an	①帆番翻藩幡②凡矾烦繁蕃樊③反返④饭贩泛梵范犯	uan	①欢獾②还（归～）环桓寰③缓④换唤涣焕痪宦患幻豢浣

续　表

	f		h
en	①分吩纷芬氛②坟焚汾③粉④分(～外)份忿愤粪奋	un	①昏婚荤②混馄浑④混
ang	①方芳坊②房防妨肪坊(作～)③仿访纺舫④放	uang	①荒慌肓②皇惶凰徨蝗黄璜簧③谎恍晃(晃眼)幌④晃(～动)
eng	①丰峰烽锋蜂风枫疯封②冯逢缝(～补)③讽④奉俸凤缝(～隙)	ong	①轰烘哄(～动)②红虹鸿弘宏洪③哄(～骗)④讧(内～)哄(起～)

备注：表中的数字表示声调，①是阴平，②是阳平，③是上声，④是去声。

练习题

1. 字词练习

(1)双音节练习

b	辨别	摆布	步兵	宝贝	标兵	白布
	半边	卑鄙	奔波	病变	包办	壁报
p	批评	平铺	拼盘	偏僻	澎湃	乒乓
	评判	偏旁	琵琶	爬坡	皮袍	平盆
m	面貌	麻木	埋没	牧民	命名	美妙
	明媚	买卖	门面	茂密	弥漫	麦苗
f	仿佛	方法	防范	肺腑	非凡	丰富
	芬芳	犯法	吩咐	反复	纷飞	蜂房
z	自在	祖宗	自尊	总则	组织	藏族
	栽赃	造作	在座	自足	走卒	最早
c	层次	催促	猜测	草丛	苍翠	粗糙
	参差	措辞	从此	残存	仓促	璀璨
s	琐碎	色素	撕碎	思索	搜索	诉讼
	速算	松散	三思	洒扫	四散	笋丝
d	等待	当代	大地	顶端	单调	道德
	地点	到达	单独	电灯	断定	导弹
t	天堂	团体	体贴	铁塔	淘汰	忐忑
	探讨	贪图	铁蹄	推脱	跳台	梯田
n	南宁	牛奶	男女	恼怒	泥泞	能耐
	农奴	袅娜	牛腩	扭捏	难耐	奶娘

l	力量	留恋	理论	嘹亮	老练	连累
	玲珑	冷落	伦理	罗列	历来	勒令
zh	政治	战争	正直	茁壮	招展	住宅
	郑重	主张	转折	中专	真正	支柱
ch	长城	初春	车床	驰骋	出产	充斥
	沉重	惆怅	传承	铲除	乘车	出差
sh	事实	闪烁	身世	山水	生疏	施舍
	神圣	首饰	时尚	少数	赏识	设施
r	荣辱	柔韧	软弱	荏苒	闰日	仍然
	忍让	容忍	如若	柔软	热熔	扰攘
j	交际	讲究	经济	解决	积极	加剧
	基金	拒绝	艰巨	境界	简洁	倔强
q	情趣	确切	亲切	崎岖	秋千	牵强
	气球	轻巧	欠缺	侵权	窃取	娶亲
x	新鲜	喜讯	消息	习性	虚心	想象
	详细	显现	学习	新秀	休闲	叙写
g	改革	广告	规格	梗概	桂冠	巩固
	灌溉	骨干	高贵	公关	挂钩	亘古
k	宽阔	苛刻	困苦	空旷	刻苦	开垦
	慷慨	坎坷	口渴	亏空	可靠	开口
h	欢呼	浑厚	黄海	荷花	后悔	豪华
	航海	辉煌	黄昏	缓和	绘画	和好

(2)四音节练习

山穷水尽	支离破碎	同室操戈	入乡随俗	所剩无几
出口成章	赤子之心	自生自长	成竹在胸	大惊失色
尺短寸长	志大才疏	随时随地	超群出众	跋山涉水
博采众长	抛砖引玉	萍水相逢	满面春风	莫名其妙

2. 对比练习

(1)平舌音和翘舌音的对比练习

z—zh	尊—谆	增—争	则—哲
c—ch	苍—昌	草—吵	才—豺
s—sh	素—树	森—深	桑—赏
z—zh	作者	滋长	宗旨

zh—z 种族 正字 沼泽

c—ch 残春 操场 财产

ch—c 冲刺 揣测 陈词

s—sh 飒爽 私事 扫射

sh—s 哨所 世俗 深邃

z—zh 自立—智力 栽花—摘花 杂鱼—炸鱼

c—ch 粗布—初步 擦嘴—插嘴 八曾—八成

s—sh 死记—史记 三角—山脚 暂时—战时

(2)鼻音和边音的对比练习

l—n 老—脑 兰—南 留—牛 路—怒 类—内

n—l 能量 逆流 耐劳 年龄 努力 嫩绿

l—n 冷暖 老年 留念 两难 粮农 辽宁

n—l 女客—旅客 浓重—隆重 一年—一连 无奈—无赖

门内—门类 男女—褴褛 闹灾—涝灾 难住—拦住

(3)f—h的对比练习

f—h 发—哈 复—互 烦—寒 风—横 防—黄

f—h 仿佛—恍惚 飞机—灰鸡 公费—工会 发现—花钱

防虫—蝗虫 复员—互援 理发—理化 方地—荒地

3. 绕口令练习

红砖堆、青砖堆，砖堆旁边蝴蝶追，蝴蝶绕着砖堆飞，飞来飞去蝴蝶钻砖堆。

这是蚕，那是蝉。蚕常在叶里藏，蝉常在树里唱。

四是四，十是十，十四是十四，四十是四十，谁能说准四十、十四、四十四，谁来试一试。

大柴和小柴，帮助爷爷晒白菜。大柴晒的是大白菜，小柴晒的是小白菜。大柴晒了四十四棵大白菜，小柴晒了三十三棵小白菜，一共晒了七十七棵大大小小的白菜。

门口有四辆四轮大马车，你爱拉哪两辆就拉哪两辆。小罗要拉前两辆，小梁不要后两辆。小梁偏要抢小罗的前两辆，小罗只好拉小梁的后两辆。

路南住着牛小妞。刘小柳拿着红皮球，牛小妞抱着大石榴。刘小柳把红皮球送给牛小妞，牛小妞把大石榴送给刘小柳。牛小妞脸儿乐得像红皮球，刘小柳脸儿笑得像大石榴。

风吹灰飞，灰飞花上花堆灰。风吹花灰灰飞去，灰在风里飞又飞。

丰丰和芳芳，上街买混纺。红混纺，粉混纺，黄混纺，灰混纺。红花混纺做裙子，粉花混纺做衣裳。穿上新衣多漂亮，丰丰和芳芳喜洋洋。感谢叔叔和阿姨，多纺红、粉、灰、黄好混纺。

华华有两朵黄花，红红有两朵红花。华华要红花，红红要黄花。华华送给红红一朵黄花，红红送给华华一朵红花。

第四节　普通话韵母及方音辨正

一、韵母

韵母是指音节中声母后面的部分。它主要由元音构成，如“马”(mǎ)、“国”(guó)中的 a 、u、o；也有一部分是由元音加辅音构成，如“前”(qián)中的 i、a、n。普通话韵母共 39 个。

(一)韵母的分类

按韵母开头元音的发音口形，普通话韵母可分为开口呼、齐齿呼、合口呼、撮口呼四类，即“四呼”。

(1)开口呼：不以 i、u、ü 开头的韵母，如 a、o、e、ai、ou 等。

(2)齐齿呼：i 和以 i 开头的韵母，如 i、ie、ing 等。

(3)合口呼：u 和以 u 开头的韵母，如 u、ua、ueng 等。

(4)撮口呼：ü 和以 ü 开头的韵母，如 ü、üe、iong 等。

按韵母内部结构成分的不同，可以把韵母分为单韵母、复韵母和鼻韵母三类。单韵母由一个元音构成；复韵母由两个或三个元音复合而成；鼻韵母由元音和鼻辅音构成。普通话中单韵母有 10 个，复韵母有 13 个，鼻韵母有 16 个。

(二)韵母的结构

普通话韵母可分为韵头、韵腹、韵尾三个部分，有些音节的韵母没有韵头，有些音节的韵母没有韵尾，但任何音节的韵母都少不了韵腹。

韵头：韵母的起点，发音轻又短。由高元音 i、u、ü 来充当。

韵腹：韵母的主干，即主要元音，发音响亮而清晰。10 个单元音都可以做韵腹。

韵尾：韵腹后面的部分，发音比较含混。可由元音 i、u、o 和辅音 n、ng 来充当。

(三)韵母的发音

1. 单韵母的发音

发音过程中口型始终不变，没有动程，音色稳定。

根据发音时舌头的部位及状态，又将单韵母分为舌面元音、舌尖元音和卷舌元音三种。它们的发音主要是由舌位的前后、舌位的高低和唇形的圆展来决定的。

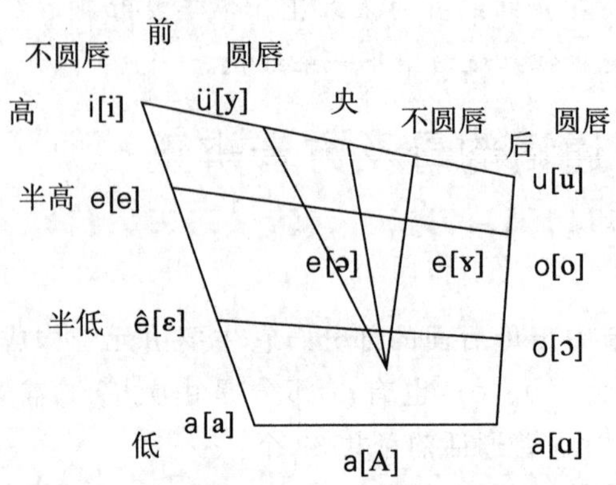

舌面元音舌位图

(1)舌面元音：发音时舌面起主要作用。普通话中有 7 个，它们是 ɑ、o、e、ê、i、u、ü。

ɑ——央、低、不圆唇元音

发音时，口腔大开，舌头居中，双唇自然展开。例如：

lǎba	dàmā	lāsà	fādá	chànà	dàshà
喇　叭	大　妈	拉　萨	发　达	刹　那	大　厦

o——后、半高、圆唇元音

发音时，口微开，上下唇自然拢圆，舌头略向后缩，舌位半高。例如：

bómó	pópo	bóbo	mómò	mòmò	mòmò
薄　膜	婆　婆	伯　伯	磨　墨	脉　脉	默　默

e——后、半高、不圆唇元音

发音时，口半闭，上下门齿稍微离开，上下齿都看得见，舌头向后缩，舌的后部升到半高，嘴角向左右微展。例如：

hégé	kèchē	tèsè	kělè	géhé	sèzé
合　格	客　车	特　色	可　乐	隔　阂	色　泽

ê——前、半低、不圆唇元音

发音时，口腔半开，舌位半低，舌尖抵在下齿背，双唇展开。韵母 ê 除语气词“欸”外，单用的机会不多，主要用途是与 i、ü 组成复韵母 ie、üe。

i——前、高、不圆唇元音

发音时，舌头前伸，舌尖接触下齿背，开口度极小，嘴角尽量向两边展开。例如：

qǐlì	bǐlì	jítǐ	bǐjì	qíjì	jīdì
起立	比例	集体	笔记	奇迹	基地

u——后、高、圆唇元音

发音时，舌头后缩，开口度很小，双唇拢圆，舌头后部升高接近软腭。例如：

pǔsù	shùmù	gùtǔ	gǔwǔ	túshū	hùzhù
朴素	数目	故土	鼓舞	图书	互助

ü——前、高、圆唇元音

发音时，舌头向前伸，舌尖接触下齿背，唇形拢圆。例如：

yǔjù	nǚxù	qūyù	lǚjū	xùqǔ	jùjū
雨具	女婿	区域	旅居	序曲	聚居

(2)舌尖元音：发音时主要是舌尖起作用。普通话中有两个，它们是：-i(前)、-i(后)。

-i(前)——前、高、不圆唇元音

发音时，口略开，展唇，舌尖前伸靠近上齿背。例如：

zìsī	cìzì	cìsī	zìcí	zìsì	zìcǐ
自私	刺字	刺丝	字词	恣肆	自此

-i(后)——后、高、不圆唇元音

发音时，口略开，展唇，舌尖上翘接近硬腭前部。例如：

zhǐchǐ	zhìshǐ	shìzhǐ	shíshì	zhīchí	zhìzhǐ
咫尺	致使	试纸	时事	支持	制止

(3)卷舌元音：普通话中只有一个 er。

er——央、中、不圆唇元音

发音时，舌位居中，舌尖上卷至硬腭，嘴唇展开。例如：

érgē	érqiě	ěrduo	èrhú
儿歌	而且	耳朵	二胡

2. 复韵母的发音

由于复韵母是由几个元音复合而成，发音时舌位、唇形、开口度都有变化，动程非常明显。

根据韵腹在韵母中位置的不同，可以将复韵母分为前响复韵母、中响复韵母和后响复韵母三类。

(1)前响复韵母：发音时，前面的元音清晰响亮，音值稍长，后面的元音轻短模糊，只表示舌位滑动的方向。

ai——发音时，先发 a，舌尖抵住下齿背，使舌面前部隆起与硬腭相对，然后舌位向 i 的方向滑动升高，但不到 i 的高度，唇形渐扁。例如：

báicài	hǎidài	mǎimài	cǎizhāi	kāicǎi	zāihài
白 菜	海 带	买 卖	采 摘	开 采	灾 害

ei——先发 e，但实际发音舌位要靠后靠下，舌尖抵住下齿背，然后向 i 的方向往前往高滑动。例如：

pèibèi	běifēi	hēiméi	féiměi	bèilěi	mèimei
配 备	北 非	黑 煤	肥 美	蓓 蕾	妹 妹

ao——发音时，先发 a(这里的 a 舌位靠后)，舌头后缩，使舌面后部隆起，接着舌位向 u 的方向滑动升高，唇形逐渐变圆。例如：

zāogāo	bàodào	chǎonào	cāoláo	zǎocāo	àonǎo
糟 糕	报 道	吵 闹	操 劳	早 操	懊 恼

ou——发音时，先发 o，但舌位略高、略前，舌位向 u 的方向滑动。例如：

hòulóu	shōugòu	lòudǒu	kǒutóu	chǒulòu	dǒusǒu
后 楼	收 购	漏 斗	口 头	丑 陋	抖 擞

(2)后响复韵母：发音时，前面元音轻短模糊，后面元音清晰响亮。

ia——发音时，i 发得轻短，很快滑向前元音 a，a 发得长而响亮。例如：

jiājià	jiǎyá	yāxià
加 价	假 牙	压 下

ie——发音时，先发 i，舌位逐渐降到半低，接着发 ê，前音轻短，后音响亮。例如：

jiéyè	tiēqiè	lièqie	jiějie	tiěxié	miēxie
结 业	贴 切	趔 趄	姐 姐	铁 鞋	乜 斜

ua——发音时，u 念得轻短，很快滑向 a，a 念得清晰响亮，唇形由圆逐步展开到不圆。例如：

huāguà　guàhuā　wáwa　shuǎhuá

花褂　挂花　娃娃　耍滑

uo——发音时，u 念得轻短，舌位高，唇形圆，接着舌位降低，发出 o，o 清晰响亮。例如：

guòcuò　huózhuō　kuòchuò　shuòguǒ　cuòluò　luòtuo

过错　活捉　阔绰　硕果　错落　骆驼

üe——发音时，先发高元音 ü，ü 念得轻短，接着唇形逐渐展开，舌位降低，发出 ê，ê 响而长。例如：

quèyuè　juéjué　yuēlüè　xuěyuè

雀跃　决绝　约略　雪月

(3)中响复韵母：普通话中只有四个中响复韵母，它们有共同的发音特点。发音时，中间的元音清晰响亮，前一个元音轻短，后面的元音含混，音值不太固定，只表示舌位滑动的方向。

iao——发音时，先发 i，紧接着发 ao，使三个元音结合成一个整体。发音过程中，舌位先降后升，由前到后，曲折幅度大。例如：

qiǎomiào　xiǎoniǎo　jiàotiáo　xiāoyáo　miàoyào　diàoqiáo

巧妙　小鸟　教条　逍遥　妙药　吊桥

iou——发音时，先发 i，紧接着发 ou，紧密结合成一个复韵母。发音过程中，舌位先降后升，由前到后，曲折幅度较大。例如：

yōuxiù　qiújiù　niúyóu　xiùqiú　yōujiǔ　jiǔliú

优秀　求救　牛油　绣球　悠久　久留

uai——发音时，先发 u，紧接着发 ai，使三个元音结合成一个整体。舌位动程先降后升，由后到前。例如：

shuāihuài　wàikuài　huáichuāi

摔坏　外快　怀揣

uei——发音时，先发 u，紧接着发 ei，紧密结合成一个整体。发音过程中，舌位先降后升，由后到前，曲折幅度较大。例如：

tuìhuí　guīduì　huíwèi　huīduī　chuíwēi　huìcuì

退回　归队　回味　灰堆　垂危　荟萃

3. 鼻韵母的发音

普通话韵母有两个辅音韵尾 n 和 ng，它们都是鼻音。根据鼻辅音韵尾的不同，鼻韵母可分为前鼻韵母和后鼻韵母两种。

(1)前鼻韵母：由元音和前鼻辅音韵尾 n 构成。普通话里有 8 个：an、ian、uan、üan 、en、in、uen、ün。

an——发音时，先发 a，口大开，舌尖抵住下齿背，舌位降到最低。然后舌位逐渐升高，舌尖抵住上齿龈，发鼻音 n。口形先开后合，舌位移动较大。例如：

gǎntàn　càn làn　tǎnrán　lànmàn　tánpàn　dànlán
感叹　灿烂　坦然　烂漫　谈判　淡蓝

en——发音时，先发 e，舌尖接触下齿背，接着舌位升高，舌尖抵住上齿龈，气流从鼻腔出来，发鼻音 n。口形由开到闭，舌位移动较大。例如：

rènzhēn　gēnběn　zhènfèn　rénshēn　shēnchén　fènhèn
认真　根本　振奋　人参　深沉　愤恨

in——发音时，先发 i，舌尖抵住下齿背，舌面抬起接近硬腭，接着舌尖向上齿龈移动，抵住上齿龈，发鼻音 n。开口度几乎没有变化，舌位动程很小。例如：

pīnyīn　jìnxīn　yǐnjìn　xīnqín　jīnyín　bīnlín
拼音　尽心　引进　辛勤　金银　濒临

ün——发音时，先发 ü，舌尖向上齿龈移动，抵住上齿龈，气流从鼻腔通过。与 in 的发音过程相比只是唇形变化不同。例如：

jūnyún　jūnxùn　yúnyún　qūnxún
均匀　军训　芸芸　逡巡

ian——发音时，先发 i，i 轻短，然后舌位逐渐降低发 a，再升高，最后舌尖抵住齿龈，气流从鼻腔出来发 n，i 与 an 结合得很紧密。例如：

piānjiàn　xiāntiān　qiǎnxiǎn　tiánjiān　jiǎnbiàn　xiānyàn
偏见　先天　浅显　田间　简便　鲜艳

uan——发音时，先发 u，然后舌位渐降发 a，再升高，最后舌尖抵住齿龈，气流从鼻腔出来发 n，u 与 an 结合成一个整体。例如：

guànchuān　zhuǎnwān　kuānhuǎn　zhuānduàn　chuánhuàn　wǎnzhuǎn
贯穿　转弯　宽缓　专断　传唤　婉转

üan——发音时，先发 ü，紧接着舌位降低发 a，然后再升高，发鼻音 n，

ü与an结合成一个整体。例如：

xuānyuán quánquán yuánquān yuānyuán yuánquán juānjuān
轩 辕 全 权 圆 圈 渊 源 源 泉 涓 涓

uen——发音时，唇拢圆，发出轻短的 u，接着舌位降低发 e，然后升高发鼻音 n，u 与 en 结合成一个整体。例如：

chūnsǔn wēncún kūnlún zhūnzhūn húntun lùnwén
春 笋 温 存 昆 仑 谆 谆 馄 饨 论 文

(2)后鼻韵母：由元音和后鼻辅音韵尾 ng 构成。普通话里有 8 个：ang、iang、uang、eng、ing、ueng、ong、iong。

ang——发音时舌头稍微后缩，先发 a，接着舌根抵住软腭，气流从鼻腔通过，发出鼻音 ng。例如：

chǎngfáng cāngsāng chángláng dǎngzhāng bāngmáng cāngmáng
厂 房 沧 桑 长 廊 党 章 帮 忙 苍 茫

eng——发音时，先发 e，舌根向软腭移动，抵住软腭，气流从鼻腔通过，发鼻音 ng。例如：

gēngzhèng shēnglěng dēngchéng fēngshèng shēngténg zhěngfēng
更 正 生 冷 登 程 丰 盛 升 腾 整风

ing——发音时，舌面接近硬腭，先发 i，接着舌头后缩，舌根抵住软腭，气流从鼻腔通过，发鼻音 ng。例如：

dìngxíng mìnglìng jīngyíng xìngmíng píngdìng níngjìng
定 型 命 令 经 营 姓 名 评 定 宁 静

ong——发音时，舌位半高，唇形圆，发出接近 u 的音，接着舌根抬高抵住软腭，气流从鼻腔通过，发鼻音 ng。例如：

gōngnóng hóngsōng hōngdòng tōngróng cōnglóng gòngtóng
工 农 红 松 轰 动 通 融 葱 茏 共 同

iang——发音时，先发出 i，接着发 ang，使二者结合成一个整体。例如：

liàngxiàng xiǎng xiàng liǎngyàng xiāng jiāng
亮 相 想象 两 样 湘江

iong——发音时，先发出 i，但受后面 o 的影响，唇形较圆，接着发音动作与 ong 相同，使二者结合成一个整体。例如：

xiōng yǒng　qióng xiōng　jiǒng jiǒng
汹 涌　穷 凶　炯 炯

uang——发音时，先发 u，接着发 ang，由 u 和 ang 紧密结合而成。例如：
zhuàngkuàng shuānghuáng kuáng wàng
状 况　双 簧　狂 妄

ueng——发音时，先发 u，接着发 eng，由 u 和 eng 紧密结合而成。例如：
lǎowēng　shuǐwèng　wěngyù
老 翁　水 瓮　蓊 郁

普通话韵母总表

<table>
<tr><th colspan="2">按口形分
韵母
按结构分</th><th colspan="2">开口呼</th><th colspan="2">齐口呼</th><th>合口呼</th><th>撮口呼</th></tr>
<tr><td rowspan="6">单韵母</td><td colspan="3">-i(前)(后)</td><td colspan="2">i</td><td>u</td><td>ü</td></tr>
<tr><td colspan="3">a</td><td rowspan="5">后响复韵母</td><td>ia</td><td>ua</td><td></td></tr>
<tr><td colspan="3">o</td><td></td><td>uo</td><td></td></tr>
<tr><td colspan="3">e</td><td></td><td></td><td></td></tr>
<tr><td colspan="3">ê</td><td>ie</td><td></td><td>üe</td></tr>
<tr><td colspan="3">er</td><td></td><td></td><td></td></tr>
<tr><td rowspan="4">复韵母</td><td rowspan="4">前响复韵母</td><td colspan="2">ai</td><td rowspan="4">中响复韵母</td><td></td><td>uai</td><td></td></tr>
<tr><td colspan="2">ei</td><td></td><td>uei</td><td></td></tr>
<tr><td colspan="2">ao</td><td>iao</td><td></td><td></td></tr>
<tr><td colspan="2">ou</td><td>iou</td><td></td><td></td></tr>
<tr><td rowspan="5">鼻韵母</td><td rowspan="2">前鼻韵母</td><td colspan="2">an</td><td colspan="2">ian</td><td>uan</td><td>üan</td></tr>
<tr><td colspan="2">en</td><td colspan="2">in</td><td>uen</td><td>ün</td></tr>
<tr><td rowspan="3">后鼻韵母</td><td colspan="2">ang</td><td colspan="2">iang</td><td>uang</td><td></td></tr>
<tr><td colspan="2">eng</td><td colspan="2">ing</td><td>ueng</td><td></td></tr>
<tr><td colspan="2"></td><td colspan="2"></td><td>ong</td><td>iong</td></tr>
</table>

第五节　韵母辨正

一、前鼻韵母和后鼻韵母对比

普通话韵母中有十六个鼻韵母，其中有八个是以前鼻音 n 做韵尾，叫“前鼻韵母”；还有八个是以后鼻音 ng 做韵尾，叫“后鼻韵母”。很多方言区对这两类鼻韵母的区分有困难，学习普通话必须分清这两组音。

分清这两类韵母的发音，关键在韵尾 n 和 ng。前鼻音 n，与声母 n 的发音部位相同，即舌尖抵满上齿龈；区别在于发声母 n 时，舌尖最后离开上齿龈，要除阻，发鼻音 n 时，舌尖向前用力抵住上齿龈，不得后缩或松动。后鼻音 ng，与声母 g、k、h 的发音部位相同，即舌根抵住软腭；区别在于发声母 g、k、h 时，要除阻，发鼻音 ng 时，舌头向后缩，把舌根用力抵住软腭，不得前移或松动。从口形上看，发前鼻音 n 时，口形较闭，上下门齿对紧；而后鼻音 ng 则相反，口形是微开的。

an—ang 辨音字表

	an	ang
ϕ	①安桉氨鞍庵鹌谙③俺铵④岸按案胺暗黯	①肮②昂④盎
b	①扳颁班斑般搬③阪坂板版钣舨④办半伴拌绊扮瓣	①邦帮梆浜③绑榜膀④蚌棒傍谤磅镑
p	①番潘攀②爿胖盘磐蟠蹒④判叛畔拚盼襻	①乓滂膀②庞旁膀磅螃③耪④胖
m	②埋蛮谩蔓馒鳗瞒③满螨④曼谩蔓幔慢漫	①牤②邙芒忙盲氓茫硭③莽蟒
f	①帆番蕃幡藩翻②凡矾钒烦蕃樊繁③反返④犯范饭贩泛梵	①方坊芳②防坊妨肪房鲂③仿访纺舫④放
d	①丹担单郸殚眈耽③胆疸掸④石旦但担诞淡惮弹蛋氮澹	①当铛裆③挡党谠④当挡档凼砀荡宕
t	①坍贪摊滩瘫②坛昙谈郯痰弹覃谭潭檀③忐坦钽袒毯④叹炭碳探	①汤铴镗②唐塘搪溏瑭糖堂樘膛螳棠③倘惝淌躺傥④烫趟
n	①囡②男南喃楠难③腩蝻④难	①囊囔②囊馕③攮
l	②兰拦栏岚婪谰阑澜斓蓝褴篮③览揽缆榄懒④烂滥	①啷②郎廊榔螂狼琅锒③朗④浪

续 表

	an	ang
g	①干杆肝竿甘泔柑尴③杆秆赶擀敢橄感④干赣	①冈刚纲钢扛肛缸罡③岗港④杠钢戆
k	①刊看堪③坎砍侃槛④看阚瞰	①康慷糠②扛④亢伉抗炕钪
h	①鼾酣憨②邗汗邯含晗函涵韩寒③罕喊④汉汗旱捍悍焊颔翰瀚撼憾	①夯②行吭杭航④巷
zh	①占沾毡粘旃詹谵瞻③斩崭盏展搌辗④占战站栈绽湛颤蘸	①张章彰獐漳樟蟑③长涨掌④丈仗杖账帐涨障瘴
ch	①掺搀②单婵禅蝉谗馋孱潺缠廛澶蟾③产铲谄阐④忏颤	①昌菖猖娼鲳②长苌肠尝偿徜常嫦③厂场昶惝敞④怅畅倡唱
sh	①山舢芟杉钐衫删姗珊栅跚苫扇煽膻③闪陕④讪汕疝苫钐单掸禅扇骟善缮膳擅赡蟮	①伤殇商墒③上垧晌埫赏④上尚绱
r	②蚺然燃髯③冉苒染	②瓤③壤攘嚷④让
z	①糌簪②咱③攒④暂錾赞瓒	①赃脏臧③驵④脏奘葬藏
c	①参骖餐②残蚕惭③惨④灿孱璨	①仓苍沧舱②藏
s	①三叁③伞散馓糁④散	①丧桑③搡嗓④丧

备注：表中的数字表示声调，①是阴平，②是阳平，③是上声，④是去声。

en—eng 辨音字表

	en	eng
ϕ	①恩④摁	
b	①奔③本④笨	①崩②甭③绷④迸蹦泵
p	①喷②盆④喷	①烹②朋棚硼鹏彭澎膨③捧④碰
m	①闷②门们④闷	①蒙②盟萌蒙檬朦③猛蜢锰④梦孟
f	①分芬纷吩②坟焚汾③粉④奋份粪忿愤	①风枫疯蜂峰丰封②逢缝冯③讽④奉俸凤缝(～隙)
n	④嫩恁	②能
l		②棱③冷④愣
g	①根跟②哏③艮④亘	①耕庚羹更③耿梗④更
k	③肯啃垦恳④裉	①坑吭铿
h	②痕③很狠④恨	①亨哼②横衡恒④横(～财)

续 表

	en	eng
zh	①真贞针侦珍胗斟③诊疹枕④振震镇阵	①争筝睁征正挣蒸③整拯④正政证症郑挣
ch	①嗔抻②晨辰沉忱陈臣尘③碜④衬趁称	①称撑②成城诚承呈程惩澄乘盛橙③逞骋④秤
sh	①申伸呻绅身深②神③沈审婶④甚慎肾渗	①生牲笙甥升声②绳③省④圣胜盛剩
r	②人仁壬③忍④任认刃纫韧	①扔②仍
z	③怎	①曾增憎④赠锃
c	①参②岑	②曾层④蹭
s	①森	①僧

备注：表中的数字表示声调，①是阴平，②是阳平，③是上声，④是去声。

ian—iang 辨音字表

	ian	iang
ф	①烟胭咽(～喉)淹阉②延筵蜒研檐严岩言炎阎颜盐沿③掩偃衍演俨眼④彦谚唁宴晏堰雁燕砚焰厌验艳酽	①央秧殃鸯②羊洋佯阳扬杨疡③养氧痒仰④样漾
n	①蔫拈②年黏③撵捻碾④念廿	②娘④酿
l	②连莲廉镰帘联怜③脸敛④练炼链恋殓	②良粮凉梁粱量③两俩(伎～)④亮辆晾谅
j	①肩奸间兼坚监艰菅煎歼尖笺③柬拣减碱俭检捡简茧剪④件间(～谍)涧建键健毽鉴见舰剑谏箭贱践溅饯荐渐	①江豇疆僵缰姜将浆③讲奖桨蒋④降酱匠
q	①铅牵谦千仟钎扦迁签②前钱钳黔虔乾潜③浅遣谴④欠谦纤(拉～)嵌堑	①腔枪呛锵戕②强墙蔷樯③强(勉～)抢襁④戗跄
x	①掀锨先仙鲜纤(～维)②弦舷闲咸嫌贤衔涎③显险冼④现陷馅宪限县线腺羡霰	①香乡相箱厢湘襄镶②降(投～)祥详翔③享响想④向项巷象像橡相(～貌)

备注：表中的数字表示声调，①是阴平，②是阳平，③是上声，④是去声。

in—ing 辨音字表

	in	ing
ϕ	①因姻殷音阴②银龈垠吟寅淫③引蚓隐瘾饮尹④印荫	①英应鹰婴樱缨鹦②营莹萤盈迎赢③影④映硬应
b	①宾滨缤彬④殡鬓	①兵冰③丙柄秉饼禀④病并
p	①拼②贫频③品④聘	①乒②平苹萍屏瓶凭
m	②民③敏皿闽悯泯	②名茗铭明鸣冥③酩④命
n	②您	②宁狞拧凝③拧④宁佞
l	①拎②林琳淋磷邻鳞麟③凛禀檩④吝赁蔺	②灵伶蛉玲零铃龄菱陵凌绫③岭领④另令
j	①今斤巾金津襟筋③紧锦仅谨馑④尽劲缙觐烬近晋禁浸	①京惊鲸茎经菁精睛晶荆兢粳③景颈井警④敬镜竟净静境竞径劲
q	①亲侵钦②勤琴芹秦禽擒③寝④沁	①氢轻倾青清蜻卿②情晴擎③顷请④庆亲
x	①新薪辛锌欣心馨④信衅	①星腥猩兴②形刑型邢行③省醒④幸姓性杏兴

备注：表中的数字表示声调，①是阴平，②是阳平，③是上声，④是去声。

uan—uang 辨音字表

	uan	uang
ϕ	①豌剜蜿弯湾②丸纨玩完顽③宛碗婉惋晚挽皖绾④万	①汪②王亡③往枉网罔惘④望忘旺妄
g	①关官倌棺观冠(桂～)③管馆④灌罐惯贯冠(～军)	①光胱③广犷④逛
k	①宽③款	①筐②狂诳④矿况旷眶框
h	①欢獾②还环寰桓③缓④换唤涣焕痪患宦幻豢浣	①荒慌育②皇凰惶徨煌蝗黄磺篁潢③谎恍幌晃(～眼)④晃(～动)
zh	①专砖③转(～移)④转(旋～)传(～记)	①庄桩装妆④壮状撞幢
ch	①川穿②船椽传③喘舛④串	①窗疮②床③闯④创
sh	①栓拴闩④涮	①双霜孀③爽

备注：表中的数字表示声调，①是阴平，②是阳平，③是上声，④是去声。

uen—ong 辨音字表

	uen	ong
d	①敦墩蹲吨③盹趸④炖钝顿沌囤盾遁	①冬东③董懂④洞恫侗冻栋动
t	①吞②屯臀	①通②同铜桐童潼瞳③筒桶捅④痛
n		②农浓脓④弄(玩～)
l	①抡②仑沦纶轮伦④论	②隆窿龙咙聋笼③拢垄陇④弄
g	③滚辊④棍	①工功攻公蚣弓躬供恭宫③拱巩汞④共贡供
k	①昆坤③捆④困	①空③孔恐④空控
h	①昏婚荤②魂浑④混	①烘哄轰②红虹宏洪鸿弘③哄④讧哄
zh	①谆③准	①中忠盅钟衷终③肿种④中仲种重众
ch	①春椿②唇纯淳醇③蠢	①冲忡充舂②虫重崇③宠④ 冲铳
sh	③吮④顺舜瞬	
r	④闰润	②容溶蓉榕熔绒荣融茸③冗
z	①尊遵樽③撙	①宗综棕踪鬃③总④纵粽
c	①村皴②存③忖④寸	①囱匆葱聪②从丛淙
s	①孙③损笋榫	①松嵩③怂耸竦④宋送颂讼诵

备注：表中的数字表示声调，①是阴平，②是阳平，③是上声，④是去声。

ün—iong 辨音字表

	ün	iong
ϕ	①晕(～了)②匀云纭芸耘③允殒陨④运韵孕蕴酝恽熨	①庸佣拥雍臃邕③永泳咏甬勇涌蛹踊俑④用
j	①军均钧君菌龟(～裂)④郡俊峻竣骏浚	③窘炯迥
q	①逡②群裙	②穷琼
x	①熏薰醺勋②循旬询荀巡寻④训驯讯迅汛殉逊	①凶汹匈胸兄②熊雄

备注：表中的数字表示声调，①是阴平，②是阳平，③是上声，④是去声。

ie—ian 辨音字表

	ie	ian
ϕ	①耶噎②爷③也冶野④业叶夜页液烨腋	①烟咽殷淹嫣阉②研言严延沿妍炎盐岩颜阎檐③奄衍掩眼偃演俨④厌艳燕彦验雁宴焰砚谚堰
b	①憋②蹩③瘪	①边鞭编砭③扁匾贬④变便遍辩辨辫
p	①撇瞥③撇	①篇偏翩②便(～宜)③谝④骗片
m	①乜④灭蔑	②棉绵眠③免娩勉冕缅④面
d	①跌爹②碟蝶谍叠迭	①掂颠滇③点典碘踮④店电甸佃垫淀惦奠殿
t	①贴帖③铁帖	①天添②田甜恬填③舔
n	①捏④聂涅镊孽	①蔫拈②年③捻碾撵④念
l	③咧④列裂烈猎趔冽劣	②连涟联炼廉镰帘怜③脸敛④练炼恋殓
j	①接街皆阶秸揭②节劫杰结洁诘捷睫竭截孑③姐解④介芥戒届界借诫	①间兼监尖坚肩艰歼煎缄奸笺③简茧剪减碱捡检俭④见箭件建健荐舰鉴渐涧贱践剑谏键溅
q	①切②茄③且④切窃妾怯趄	①千迁牵钎签铅谦悭骞②前乾钳潜黔钱③浅遣谴④欠茜嵌歉
x	①些歇蝎楔②协邪胁挟斜携鞋谐偕③写血④谢泄泻械卸亵懈蟹屑	①先鲜仙纤掀锨②贤弦咸涎闲嫌娴衔③显冼险④现陷馅县限宪羡献腺线

备注：表中的数字表示声调，①是阴平，②是阳平，③是上声，④是去声。

üe—üan 辨音字表

	üe	üan
ϕ	①约曰④月粤越乐跃悦阅岳玥	①冤渊鸳②元员垣园圆原源袁猿辕媛援缘③远④院愿怨苑
n	④虐疟	
l	④掠略	
j	①撅噘②决诀角觉倔掘绝爵蹶④倔	①捐娟绢③卷④卷倦眷圈

续 表

	üe	üan
q	①缺②瘸④却雀确鹊	①圈②全权泉拳痊诠颧③犬④劝券
x	①削靴薛②穴学③雪④血	①宣喧轩②玄旋悬③选癣④炫绚

备注：表中的数字表示声调，①是阴平，②是阳平，③是上声，④是去声。

二、齐齿呼和撮口呼对比

普通话韵母中的元音 i 和 ü，两音发音不同，但有不少方言区的人不会发 ü，而是发成 i。学习普通话必须分清这两个音。

这两个音的相同之处是舌位一样，都是舌尖下垂，舌面对着上颚高高抬起。不同之处是嘴唇的形状，发 i 时，嘴角向左右拉开，唇形扁平；发 ü 时，双唇撮圆。

i—ü 辨音字表

	i	ü
ɸ	①壹一医衣依②移彝宜颐遗仪疑姨倚③乙已以④意癔薏臆义议毅亿忆艺呓译驿异优益抑翼易亦屹逸肄谊疫役	①淤迂②于舆余鱼渔愉逾娱③雨予语羽宇与屿④遇预玉愈谕喻郁育遇寓浴欲裕御狱与豫尉驭
n	①妮②尼泥怩倪霓鲵③你拟④腻匿逆溺昵	③女④衄
l	②离篱漓梨黎厘狸鹂③礼李里理俚鲤④利俐莉痢例荔厉励丽吏隶力历沥雳立粒笠栗砾	②驴闾榈③吕侣铝旅屡缕褛履捋④虑滤律率(效～)绿氯
j	①跻机饥肌讥叽积击基激鸡缉畸犄稽②籍急疾嫉吉集及级极即棘辑瘠脊③挤济给几己④忌记纪伎季寂计继既寄祭济剂迹际绩	①鞠拘居②局菊橘③举沮咀矩④巨距据锯剧具聚惧飓句
q	①期欺栖凄蹊漆七柒沏②其奇棋旗骑崎歧齐脐祈③起岂企乞启④气汽弃契砌迄器	①趋区驱躯曲屈袪蛆②渠瞿③曲取娶龋④趣去
x	①西牺吸希稀夕矽奚溪膝犀悉蟋锡昔惜析嬉息熄②媳席习檄袭③喜洗铣④系戏细	①需虚须②徐③许④畜蓄叙序絮恤婿酗绪续

备注：表中的数字表示声调，①是阴平，②是阳平，③是上声，④是去声。

ie—üe 辨音字表

	ie	üe
ɸ	①耶椰掖②爷③野冶也④页业叶谒夜液腋曳(摇～)	①曰约④越月乐阅悦岳粤跃
n	①捏④聂蹑镊镍孽	④虐疟
l	③咧(～嘴)④列烈裂洌猎劣	④略掠
j	①接揭皆阶街结②节洁结拮截劫杰竭捷睫③解姐④戒借介界疥届	①撅噘②决廖觉绝掘崛攫角爵③蹶④倔
q	①切②茄③且④窃妾怯惬	①缺②瘸④确雀鹊
x	①些歇②鞋协胁谐携邪斜③血写④泻卸械泄谢屑懈蟹亵	①削薛②学穴③雪④血(～液)

备注：表中的数字表示声调，①是阴平，②是阳平，③是上声，④是去声。

ian—üan 辨音字表

	ian	üan
ɸ	①烟胭咽(～喉)淹阉②延筵蜒研檐严岩言炎阎颜盐沿③掩偃衍演俨眼④彦谚唁宴晏堰雁燕砚焰厌验艳酽	①鸳渊冤②元圆园原源垣员袁猿辕援缘③远④院愿怨苑
j	①肩奸间兼坚监艰菅煎歼尖笺③柬拣减碱俭检捡简茧剪④件间(～谍)涧建键健毽鉴见舰剑谏箭贱践溅饯荐渐	①捐鹃娟镌③卷④倦圈(羊～)眷绢
q	①铅牵谦千仟钎扦迁签②前钱钳黔虔乾潜③浅遣谴④欠歉纤(拉～)嵌堑	①圈悛②全权拳泉颧痊③犬④券(入场～)劝
x	①掀锨先仙鲜纤(～维)②弦舷闲咸嫌贤衔涎③显险冼④现陷馅宪限县线腺羡霰	①宣喧暄轩②旋漩悬玄③选癣④炫眩渲绚

备注：表中的数字表示声调，①是阴平，②是阳平，③是上声，④是去声。

in—ün 辨音字表

	in	ün
ɸ	①因姻茵音喑殷阴②银龈寅淫吟③引蚓隐瘾饮尹④印荫饮(～马)	①晕(～了)②匀云纭芸耘③允殒陨④运韵孕蕴酝恽熨
j	①今矜巾斤金筋禁(～不住)襟津③谨仅紧锦尽(～管)④近靳禁(～止)尽烬进晋浸	①军均钧君菌龟(～裂)④郡俊峻竣骏浚
q	①亲钦侵衾②琴勤禽擒芹秦③寝④沁	①逡②群裙
x	①欣馨心芯新薪锌辛④信衅	①熏薰醺勋②循旬询荀巡寻④训驯讯迅汛殉逊

备注：表中的数字表示声调，①是阴平，②是阳平，③是上声，④是去声。

ing—iong 辨音字表

	ing	iong
ϕ	①英应鹰婴樱缨鹦莺②营萤莹萦茔荧盈楹赢迎蝇③影颖④映应硬	①庸佣拥雍臃邕③永泳咏甬勇涌蛹踊俑④用
j	①京惊鲸经茎兢荆粳旌睛精晶③景颈警井儆阱④竟竞镜境敬荆劲痉胫净静靖	③窘炯迥
q	①轻氢卿倾青清蜻②擎情晴③顷请④庆亲（～家）	②穷琼
x	①兴星腥猩惺②形邢刑型行③省（反～）醒擤④幸杏兴（～趣）姓性	①凶汹匈胸兄②熊雄

备注：表中的数字表示声调，①是阴平，②是阳平，③是上声，④是去声。

练习题

1. 字词练习

(1)单韵母练习

ɑ—沙发　　砝码　　发达　　打靶　　麻纱　　拉萨

o—萝卜　　默默　　薄膜　　泼墨　　菠萝　　磨破

e—色泽　　客车　　特赦　　隔阂　　特色　　割舍

i—笔记　　霹雳　　地理　　集体　　利益　　奇迹

u—突出　　粗鲁　　瀑布　　鼓舞　　图书　　出路

ü—豫剧　　区域　　旅居　　聚居　　絮语　　序曲

-i(前)—子嗣　　此次　　私自　　字词　　刺字　　四散

-i(后)—支持　　日食　　制止　　知识　　食指　　咫尺

er—而且　　儿童　　然而　　耳朵　　儿歌　　偶尔

(2)复韵母练习

ɑi—海带　　白菜　　灾害　　拍卖　　晒台　　买卖　　彩排

ei—肥美　　蓓蕾　　配备　　黑煤　　北美　　妹妹　　贝类

ɑo—高潮　　逃跑　　号召　　草帽　　跑道　　报告　　操劳

ou—漏斗　　收购　　欧洲　　守候　　丑陋　　抖擞　　豆蔻

iɑ—假牙　　恰恰　　夏家　　加价　　假设　　下垂　　掐架

ie—趔趄　　结业　　贴切　　歇业　　铁屑　　借鞋　　节烈

uɑ—花袜　　挂花　　耍滑　　娃娃　　挂画　　夸奖　　瓜分

uo—着落　　蹉跎　　过错　　硕果　　国货　　阔绰　　哆嗦

üe—雀跃　　雪月　　月缺　　决绝　　乐章　　决策　　月亮

iɑo—小鸟　　教条　　疗效　　逍遥　　巧妙　　笑料　　苗条

iou—绣球　优秀　悠久　牛油　久留　舅舅　求救
uai—摔坏　外快　外踝　怀揣　甩卖　揣摩　外踝
uei—回归　摧毁　垂危　魁伟　归队　水位　追随

(3)鼻韵母练习

an—展览　漫谈　难看　安然　灿烂　橄榄　谈判
en—愤恨　沉闷　人参　根本　认真　深沉　振奋
in—亲近　濒临　殷勤　拼音　亲信　民心　金银
ün—均匀　逡巡　军训　芸芸　询问　熏陶　群体
ian—电线　牵连　减免　简练　偏见　鲜艳　连绵
uan—软缎　乱窜　宦官　贯穿　婉转　专断　宽缓
üan—渊源　全权　源泉　全员　圆圈　轩辕　涓涓
uen—混沌　温顺　昆仑　春笋　论文　分寸　滚滚
ang—沧桑　苍茫　长廊　厂房　螳螂　长江　昂扬
eng—风筝　猛增　丰盛　整风　更正　登程　鹏程
ong—隆冬　共同　从容　轰动　工农　总统　匆忙
ing—经营　倾听　英明　宁静　平定　命令　情景
iang—强项　两样　湘江　襄阳　响亮　奖项　香料
iong—汹涌　穷凶　熊熊　炯炯　永久　迥然　兄长
uang—光芒　汪洋　网状　装潢　狂妄　状况　双簧
ueng—老翁　渔翁　蓊郁　水瓮

2. 对比练习

(1)前鼻韵母和后鼻韵母的对比练习

an—ang　站—帐　看—抗　班—帮
ian—iang　坚—江　言—洋　念—酿
uan—uang　拴—双　晚—网　惯—逛
en—eng　盆—棚　门—萌　仁—仍
in—ing　亲—青　引—影　宾—冰
uen—ong　吨—东　村—聪　轮—笼
ün—iong　允—勇　群—穷　寻—雄
n—ng　坦荡　攀登　慎重　运动　宽广　神圣　新型　欢腾
ng—n　长远　精神　评论　工人　将军　青春　方针　农民

an—ang　开饭—开放　反问—访问
ian—iang　鲜花—香花　老年—老娘
uan—uang　木船—木床　专车—装车
en—eng　伸张—声张　陈旧—成就
in—ing　临时—零食　金鱼—鲸鱼
uen—ong　浑水—洪水　依存—依从
ün—iong　勋章—胸章　运煤—用煤

(2)齐齿呼和撮口呼的对比练习

i—ü　你—女　写—雪　进—俊　李—吕　晴—穷　线—绚
i—ü　异域　演员　解决　阴云
ü—i　语意　血液　确切　履历
i—ü　名义—名誉　潜力—权利　分期—分区
　　白银—白云　茄子—瘸子　通信—通讯

3. 绕口令练习

高高山上一根藤，青青藤条挂金铃。风吹藤动金铃响，风停藤静铃不鸣。

城隍庙里有两个判官，一个判官姓潘，一个判官姓关。潘判官不管关判官，关判官不管潘判官。

陈是陈，程是程，姓陈不能说成姓程，姓程也不能说成姓陈。禾旁是程，耳朵是陈。程陈不分，就会认错人。

东边一口井，西边一口井，井上一盏灯，灯下没有影。来了一个人，手提两木桶，东边打一桶，西边打一桶，从夏打到冬，水不满一桶。众人笑他痴，桶上净窟窿。

军爱民，民拥军，军民心连心，军民并肩进，军民鱼水情谊深。

山前有个阎圆眼，山后有个阎眼圆，二人山前来比眼，不知是阎圆眼的眼圆，还是阎眼圆的眼圆。

第六节　语流音变

日常交际中，很多人在说普通话时，我们听不出来某个音节有具体的声韵调上的错误，可就是感觉不自然，甚至感到生硬，不像纯正的普通话。这是因为人们说话时，并不是孤立地发出一个个音节，不是原原本本地读出每一个音节的声韵调，而是把音节组成一连串自然的“语流”。在连续发音形成的语流中，由于相邻音节的相互影响，有些音节的读音发生了一定的变化，于是产生了语流音变。掌握和运用普通话语流音变规律，可以使语音自然和谐而不生硬，有效克服语调当中出现的“方言味儿”，有助于普通话语感的快速形成。

普通话的语流音变现象主要包括变调、轻声、儿化、语气词“啊”的变读。

一、变调

语流中，有些音节的声调因相邻音节声调的影响会发生音高变化，这就是变调。变调主要有两种：上声的变调和“一”“不”的变调。

(一)上声变调

普通话上声是降升调，调值为214。上声在阴平、阳平、上声、去声前都会产生变调，只有在单念或处在词语、句子的末尾才有可能读完整的原调。上声的变调规则如下：

1. 上声与非上声相连时的变调

上声在非上声(阴平、阳平、去声、轻声)前，调值由214变为21。例如：

měitiān
每　天　(上声＋阴平)

měinián
每　年　(上声＋阳平)

měiyuè
每　月　(上声＋去声)

上声在轻声前调值也变成半上声21。例如：矮子、斧子、奶奶、姐姐、尾巴、老婆、耳朵、口袋、伙计。

2. 上声与上声相连时的变调

两个上声相连，前一个上声变成阳平，调值由214变为35。例如：

měihǎo　chǎngzhǎng　lǐngdǎo
美　好　厂　长　领　导

3. 三个上声相连的变调

三个上声音节相连，则按词语的结构进行变调：

(1)当词语的结构是“双音节＋单音节”(双单格)时，前两个音节调值变为35。例如：

手写体　展览馆　管理组　选举法　洗脸水
水彩笔　打靶场　勇敢者

(2)当词语的结构是“单音节＋双音节”(单双格)时，开头音节处在被强调的逻辑重音时，读作“半上”，调值变为 21，第二个音节则按两字组变调规律读为 35 调。例如：

党小组　　撒火种　　冷处理　　耍笔杆　　小两口

纸老虎　　老保守　　小拇指

(二)“一”“不”的变调

原调	单念或在末尾念原调	在去声前变阳平	在非去声前变去声
yī 一 (阴平)	一、二、三 统一 第一　三十一	一月 一日 一万	一天 一年 一起

原调	单念或在非去声前念原调	在去声前变阳平
bù 不 (去声)	bù　不！我不。 不说(阴平) 不来(阳平) 不好(上声)	不去 不对 不怕

二、轻声

普通话音节都有一个固定的声调，可是某些音节在词和句子中失去了它原有的声调，读成一种又轻又短的调子，这就是轻声。

(一)轻声的调值

轻声在非上声后，读短促的低降调，调值为 31。例如：

玻璃　　清楚　　折腾　　机灵　　头发　　粮食　　麻烦

活泼　　豆腐　　意思　　热闹　　应酬

轻声在上声后，读短促的微升调，调值为 34。例如：

眼睛　　耳朵　　体面　　指甲

(二)轻声的作用

普通话里有些词或词组靠轻声音节与非轻声音节区别意义和词性。

兄弟　xiōngdì([名]哥哥和弟弟)；xiōngdi([名]弟弟)

言语　yányǔ([名]指所说的话)；yányu([动]开口；招呼)

运气　yùnqì(武术、气功的一种炼身方法)；yùnqi([名]幸运)

(三)轻声的规律

普通话中多数轻声与词汇和语法有密切的联系：

1. 语气助词：是吗　他呢　看啊　走吧

2. 助词：看过　忙着　来了　我的　勇敢地　喝得(好)　朋友们

3. 名词的后缀：桌子　椅子　木头　石头

4. 方位词：墙上　河里　天上　地下　底下　那边

5. 叠音词和动词的重叠形式后面的字：

说说　想想　弟弟　奶奶　谈谈

6. 表示趋向的动词：出来　进去　站起来　走进来　取回来

7. 某些常用的双音节词的第二个音节习惯上读轻声：

明白　暖和　萝卜　玻璃　葡萄

知道　事情　衣服　眼睛

三、儿化

一个音节带上卷舌动作，韵母发生音变，成为卷舌韵母，即儿化韵。

儿化发音的基本规则：儿化发音取决于韵母的末尾音素是否便于发生卷舌动作。

(一)便于卷舌

便于卷舌，是指韵母的末尾音素是舌位较低或较后的元音 ɑ、o、e、u，舌尖有足够的空间卷起。儿化时原韵母不变，直接卷舌。例如：

hàomǎr	xiānhuār	shānpōr	shǒugǎor	fànhér
号码儿	鲜花儿	山坡儿	手稿儿	饭盒儿
táijiēr	shuǐzhūr	xiǎoniúr	fēngkǒur	
台阶儿	水珠儿	小牛儿	封口儿	

(二)不便于卷舌

不便于卷舌，是指韵母的末尾音素是前、高元音(i、ü)，舌尖元音(-i)，或鼻韵母(n、ng)，末尾音素的舌位与卷舌动作发生冲突。儿化时，发音规则如下：

1. 韵母是 i、ü，在后面加 er：

小米儿　有趣儿　鸭梨儿　金鱼儿

2. 韵尾是 i、n 的(in 、ün 除外)，丢掉韵尾，直接卷舌：

一块儿　树根儿　饭馆儿　冰棍儿　名单儿

男孩儿

3. 韵母是 in 、ün 的，丢掉韵尾，加上 er：

手印儿　花裙儿

4. 韵尾是 ng 的，丢掉韵尾，主要元音鼻化，同时加卷舌动作：

偏方儿　　胡同儿　　小熊儿　　板凳儿

5. 韵母是舌尖元音-i（前）、-i(后)的，丢掉韵母后加 er：

戏词儿　　果汁儿　　大字儿　　小事儿

四、语气词“啊”的音变

语气词“啊”在口语中经常附着在句子的末尾和句中停顿处，它会受到前面一个音节的末尾音素的影响而发生连读音变。我们把这种变化叫做语气词“啊”的音变。

在不同的语音环境中，“啊”的读音有不同的变化形式。它的音变发音取决于之前音节的末尾音素。

1. 前面音节的末尾音素是舌面元音 a、o、e、i、ü、ê 时，“啊”音变为“呀”(ya)。

快去找他啊(tāya)！

你去说啊(shuōya)！

今天好热啊(rèya)！

你可要拿定主意啊(yìya)！

我来买些鱼啊(yúya)！

赶紧向他道谢啊(xièya)！

2. 其他“啊”音变都是将“啊”之前音节的末尾音素作为“啊”的韵头或声母，连读成音。

(1)前面音节的末尾音素是 u(包括 ao、iao)的，连读为“哇”(wa)。

你在哪里住啊(zhùwa)?

他人挺好啊(hǎowa)！

口气可真不小啊(xiǎowa)！

(2)前面音节的末尾音素是 n 的，连读为“哪”(na)。

早晨的空气多清新啊(xīnna)！

多好的人啊(rénna)！

你猜得真准啊(zhǔnna)！

(3)前面音节的末尾音素是 ng 的，连读为“啊”(nga)。

这幅图真漂亮啊(liàngnga)！

注意听啊(tīngnga)！

最近太忙啊(mángnga)！

前面音节的末尾音素是的-i(前)的，读作“啊”(za)；前面音节的末尾音素是的-i(后)的，连读为“啊”(ra)。

今天来回几次啊(cìza)!

你有什么事啊(shìra)!

你怎么撕了一地纸啊(zhǐra)!

练习题

1. 上声变调

上声＋阴平	苦瓜	组织	口腔	等车	老师	主张
	剪刀	喜欢	展出	北方	小心	普通
上声＋阳平	手镯	偶然	羽毛	语言	祖国	考查
	指南	卷云	口才	草原	敏捷	果茶
上声＋去声	友善	朽木	努力	体育	美丽	等待
	笔画	丑恶	满意	好像	脚步	考试
上声＋上声	陕北	领导	所以	也许	可以	减少
	感慨	美好	手表	所有	引起	品种

上声＋上声＋上声	小老鼠	老保守	选举法	请允许
	纸老虎	小拇指	手写体	洗脸水
	蒙古语	展览馆	孔乙己	手写体

2.“一”“不”的变调

一一	一半	一定	一般	一起
一路	一天	一体	一行	一生
不好	不顾	不够	不屈	不能
不及	不想	不日	不拘	不适
一呼百应	一网打尽	一事无成	一朝一夕	一言为定
一毛不拔	一五一十	一针见血	一心一意	一往直前
一颦一笑	一表人才	一丝一毫	一粥一饭	一帆风顺
一盘散沙	一见如故	一成不变	一刀两断	一团和气
一念之差				
不偏不倚	不谋而合	不伦不类	不尴不尬	不分皂白
不知所措	不堪设想	不可思议	不即不离	不毛之地
不成体统	不干不净	不屈不挠	不见经传	不假思索
不寒而栗	不了了之	不速之客	不闻不问	不共戴天
不翼而飞				

3. 绕口令

进了门儿，倒杯水儿，喝了两口儿运运气儿，顺手儿拿起小唱本儿，唱一曲儿，又一曲儿，练完了嗓子我练嘴皮儿，绕口令儿，练字音儿，小快板儿，大鼓词儿，越说越唱我越带劲儿。

一个老头儿，上山头儿，砍木头，砍了这头儿砍那头儿，对面儿来了个小丫头儿，给老头儿送来一盘儿小馒头儿，没留神儿撞上一块大木头，栽了一个小跟头儿。

附1：普通话常用轻声词表

【A】

爱人

【B】

八哥	巴结	扒拉	爸爸	白净	摆布	扳手	棒槌
包袱	包涵	报酬	辈分	本子	蹦跶	鼻子	比方
比量	鞭子	扁担	辫子	便当	憋闷	别扭	拨拉
拨弄	伯伯	脖子	簸箕	补丁	部分	步子	

【C】

财主	苍蝇	差事	柴火	搀和	颤悠	长处	厂子
车子	称呼	尺寸	虫子	抽搭	抽屉	出落	出息
锄头	畜生	窗户	窗子	伺候	刺猬	凑合	村子
错处							

【D】

耷拉	答理	答应	打扮	打发	打量	打听	大爷
大夫	耽搁	耽误	胆子	担子	叨唠	刀子	倒腾
道士	灯笼	凳子	提防	嘀咕	底下	弟弟	弟兄
掂掇	点心	钉子	东边	懂得	动静	动弹	兜肚
斗篷	豆腐	嘟噜	嘟囔	肚子	队伍	对付	多么

【E】

恶心	儿子	耳朵

【F】

法子	房子	风筝	疯子	奉承	扶手	福分	福气
斧头	斧子	富余					

【G】

盖子	干巴	甘蔗	高粱	膏药	稿子	告示	疙瘩

胳膊　哥哥　个子　跟头　根子　功夫　勾搭　估摸
姑姑　姑娘　谷子　骨头　故事　寡妇　官司　棺材
管子　罐头　逛荡　归置　规矩　闺女　棍子

【H】
哈欠　孩子　害处　含糊　寒碜　行当　好处　合同
和气　和尚　核桃　盒子　后头　厚道　厚实　狐狸
胡琴　胡子　葫芦　糊涂　护士　花哨　坏处　黄瓜
晃荡　晃悠　活泛　活计　活泼　火烧　伙计

【J】
叽咕　饥荒　机灵　脊梁　记得　记号　记性　嫉妒
家伙　价钱　架势　架子　嫁妆　奸细　煎饼　见识
将就　缰绳　讲究　交情　娇嫩　搅和　饺子　叫唤
结巴　结实　街坊　节气　姐夫　姐姐　芥末　戒指
进项　镜子　舅舅　橘子　句子　觉得

【K】
考究　磕打　咳嗽　客气　窟窿　苦处　裤子　快当
快活　筷子　宽敞　宽绰　框子　亏得　困难　阔气

【L】
拉扯　喇叭　喇嘛　来路　篮子　懒得　烂糊　牢靠
老婆　老实　老爷　累赘　冷清　篱笆　里头　力气
厉害　利落　利索　例子　莲蓬　链子　凉快　粮食
铃铛　菱角　领子　笼子　萝卜　骆驼　落得

【M】
妈妈　麻烦　麻利　马虎　码头　买卖　卖弄　麦子
馒头　忙乎　帽子　玫瑰　眉毛　妹妹　门路　门面
眯缝　迷糊　密实　棉花　免得　苗条　名堂　名字
明白　模糊　磨蹭　蘑菇　牡丹　木匠　木头

【N】
那么　奶奶　难为　脑袋　脑子　闹腾　能耐　你们
腻烦　年成　年月　黏糊　念叨　念头　娘家　扭搭
扭捏　奴才　女婿　暖和　疟疾　挪动

【P】

拍打	牌楼	牌子	盘缠	盘算	炮仗	朋友	皮匠
皮实	疲塌	脾气	屁股	篇幅	便宜	漂亮	苤蓝
瓶子	婆家	婆婆	笸箩	铺子			

【Q】

欺负	漆匠	旗子	气性	前头	俏皮	亲戚	勤快
清楚	情形	亲家	圈子	拳头			

【R】

热乎	热和	热闹	人们	认得	认识	任务	日子
软和							

【S】

洒脱	嗓子	嫂嫂	嫂子	扫帚	沙子	山药	晌午
上边	上司	上头	烧饼	烧卖	芍药	少爷	舌头
舍得	身份	身量	身子	神甫	什么	婶婶	生分
牲口	绳子	省得	尸首	师父	师傅	师爷	狮子
石榴	石头	时辰	时候	拾掇	使得	使唤	事情
势力	收成	收拾	寿数	书记	叔伯	叔叔	舒服
舒坦	疏忽	熟识	属相	数落	刷子	摔打	爽快
顺当	说合	说和	思量	松快	俗气	素净	算计
随和	岁数						

【T】

他们	踏实	摊子	抬举	态度	太太	梯子	踢腾
嚏喷	添补	笤帚	铁匠	停当	亭子	头发	吐沫
妥当	唾沫						

【W】

娃娃	瓦匠	袜子	外甥	外头	晚上	王八	王爷
忘性	尾巴	委屈	位置	味道	温和	稳当	蚊子
窝囊	窝棚	我们					

【X】

稀罕	席子	喜欢	虾米	下巴	吓唬	先生	显得
箱子	响动	相公	相声	消息	小气	晓得	笑话
歇息	鞋匠	谢谢	心思	薪水	星星	猩猩	腥气
行李	休息	秀才	秀气	絮烦	玄乎	学生	学问

【Y】

鸭子	牙碜	牙口	衙门	哑巴	雅致	胭脂	烟筒
严实	阎王	眼睛	砚台	燕子	央告	秧歌	养活
痒痒	样子	吆喝	妖精	钥匙	爷爷	衣服	衣裳
姨夫	已经	椅子	义气	益处	意思	影子	应酬
硬朗	用处	油水	冤家	冤枉	院子	约莫	月饼
月亮	月钱	云彩	匀溜	匀实			

【Z】

杂碎	再不	在乎	咱们	早晨	早上	造化	怎么
扎实	咋呼	栅栏	张罗	丈夫	丈母	帐篷	招呼
招牌	找补	折腾	这么	针脚	枕头	芝麻	知识
直溜	指甲	指头	种子	主意	柱子	转悠	庄稼
壮实	状元	桌子	字号	祖宗	嘴巴	作坊	琢磨
做作							

附2：普通话常用儿化词表

【A】

挨个儿	挨门儿	矮凳儿	暗处儿	暗号儿	暗花儿
熬头儿					

【B】

八成儿	八字儿	疤瘌眼儿	拔火罐儿	拔尖儿	白案儿
白班儿	白干儿	白卷儿	白面儿	百叶儿	摆谱儿
摆设儿	败家子儿	班底儿	板擦儿	半边儿	半道儿
半点儿	半截儿	半路儿	帮忙儿	绑票儿	傍晚儿
包干儿	宝贝儿	饱嗝儿	北边儿	背面儿	背气儿
背心儿	背影儿	贝壳儿	被单儿	被窝儿	本家儿
本色儿	奔头儿	鼻梁儿	笔调儿	笔架儿	笔尖儿
笔套儿	边框儿	变法儿	便门儿	便条儿	标签儿
别名儿	鬓角儿	冰棍儿	病根儿	病号儿	不大离儿
不得劲儿	不对劲儿	不是味儿	布头儿		

【C】

擦黑儿	猜谜儿	彩号儿	菜单儿	菜花儿	菜籽儿
蚕子儿	藏猫儿	草底儿	草帽儿	茶馆儿	茶花儿

茶几儿	茶盘儿	茶座儿	差不离儿	差点儿	岔道儿
长短儿	长袍儿	敞口儿	唱本儿	唱高调儿	唱片儿
抄道儿	趁早儿	成个儿	秤杆儿	吃喝儿	吃劲儿
尺码儿	虫眼儿	抽筋儿	抽空儿	抽签儿	筹码儿
出活儿	出门儿	出名儿	出数儿	橱柜儿	雏儿
窗洞儿	窗花儿	窗口儿	窗帘儿	窗台儿	床单儿
吹风儿	槌儿	春卷儿	春联儿	戳儿	瓷瓦儿
词儿	葱花儿	从头儿	从小儿	凑热闹儿	凑数儿
粗活儿	醋劲儿	搓板儿			

【D】

搭伴儿	搭茬儿	搭脚儿	打蹦儿	打盹儿	打嗝儿
打滚儿	打晃儿	打价儿	打愣儿	打鸣儿	打谱儿
打挺儿	打眼儿	打杂儿	打转儿	大褂儿	大伙儿
大婶儿	带劲儿	带儿	单调儿	单个儿	单间儿
蛋黄儿	当面儿	当票儿	刀把儿	刀背儿	刀片儿
刀刃儿	道口儿	倒影儿	得劲儿	灯泡儿	底儿
底稿儿	底座儿	地方儿	地面儿	地盘儿	地皮儿
地摊儿	踮脚儿	点儿	点头儿	垫圈儿	电影儿
调号儿	调门儿	掉包儿	钓竿儿	碟儿	丁点儿
顶牛儿	顶事儿	顶针儿	定弦儿	动画片儿	兜儿
斗嘴儿	豆花儿	豆角儿	豆芽儿	逗乐儿	逗笑儿
独院儿	对过儿	对号儿	对口儿	对劲儿	对联儿
对门儿	对面儿	对味儿	对眼儿	多半儿	多会儿
朵儿					

【E】

摁钉儿	摁扣儿	耳垂儿	耳朵眼儿	耳根儿

【F】

发火儿	翻白眼儿	翻本儿	反面儿	饭馆儿	饭盒儿
饭碗儿	房檐儿	肥肠儿	费劲儿	坟头儿	粉末儿
粉皮儿	粉条儿	封口儿	风车儿	风儿	缝儿

【G】

旮旯儿	盖戳儿	盖儿	赶早儿	干劲儿	干活儿
高调儿	高招儿	稿儿	个儿	个头儿	各行儿

各样儿	跟班儿	跟前儿	工夫儿	工头儿	勾芡儿
钩针儿	够本儿	够劲儿	够数儿	够味儿	瓜子儿
挂名儿	乖乖儿	拐棍儿	拐角儿	拐弯儿	管儿
管事儿	罐儿	光板儿	光杆儿	光棍儿	鬼脸儿
蝈蝈儿	锅贴儿	过门儿			

【H】

哈哈儿	行当儿	好好儿	好天儿	好玩儿	好性儿
好样儿	号码儿	号儿	河沿儿	合股儿	合伙儿
合身儿	盒儿	黑道儿	红人儿	猴儿	后边儿
后跟儿	后门儿	胡同儿	花边儿	花卷儿	花瓶儿
花儿	花纹儿	花样儿	花园儿	花招儿	滑竿儿
话茬儿	画稿儿	还价儿	环儿	慌神儿	黄花儿
回话儿	回信儿	魂儿	豁口儿	火锅儿	火候儿
火炉儿	火苗儿	火星儿			

【J】

鸡杂儿	急性儿	记事儿	家底儿	夹缝儿	夹心儿
加油儿	价码儿	假条儿	肩膀儿	箭头儿	讲稿儿
讲价儿	讲究儿	胶卷儿	胶水儿	脚尖儿	较真儿
叫好儿	叫座儿	接班儿	接头儿	揭底儿	揭短儿
解闷儿	解手儿	借条儿	紧身儿	劲头儿	镜框儿
酒令儿	酒窝儿	就手儿	卷儿	诀窍儿	绝招儿

【K】

开春儿	开花儿	开火儿	开窍儿	开头儿	坎肩儿
开小差儿	靠边儿	磕碰儿	科班儿	科教片儿	壳儿
可口儿	吭气儿	吭声儿	空手儿	空地儿	空格儿
空心儿	抠门儿	抠字眼儿	口袋儿	口风儿	口哨儿
口味儿	口信儿	口罩儿	扣儿	苦头儿	裤衩儿
裤兜儿	裤脚儿	裤腿儿	挎包儿	块儿	快板儿
快手儿	筐儿	葵花子儿			

【L】

拉呱儿	拉链儿	拉锁儿	腊八儿	腊肠儿	来回儿
来劲儿	来头儿	篮儿	滥调儿	捞本儿	老伴儿
老本儿	老底儿	老根儿	老话儿	老脸儿	老人儿

老样儿	泪花儿	泪人儿	泪珠儿	累活儿	冷门儿
冷盘儿	愣神儿	离谱儿	里边儿	理儿	力气活儿
连襟儿	脸蛋儿	凉粉儿	凉气儿	两截儿	两口儿
两头儿	亮光儿	亮儿	聊天儿	裂缝儿	裂口儿
零花儿	零活儿	零碎儿	零头儿	领儿	领头儿
溜边儿	刘海儿	留后路儿	柳条儿	遛弯儿	篓儿
露面儿	露馅儿	露相儿	炉门儿	路口儿	轮儿
罗锅儿	落脚儿	落款儿	落音儿		

【M】

麻花儿	麻绳儿	麻线儿	马竿儿	马褂儿	买好儿
卖劲儿	满分儿	满座儿	慢性儿	忙活儿	毛驴儿
毛衫儿	冒火儿	冒尖儿	冒牌儿	帽儿	帽檐儿
没词儿	没地儿	没法儿	没劲儿	没门儿	没谱儿
没趣儿	没事儿	没头儿	没样儿	没影儿	煤球儿
媒婆儿	美人儿	美术片儿	谜儿	门洞儿	门房儿
门槛儿	门口儿	门帘儿	猛劲儿	米粒儿	蜜枣儿
猕猴儿	面条儿	面团儿	苗儿	瞄准儿	明理儿
名词儿	名单儿	名片儿	摸黑儿	模特儿	末了儿
墨盒儿	墨水儿	墨汁儿	模样儿	木头人儿	明儿

【N】

那会儿	哪儿	哪样儿	纳闷儿	奶名儿	奶皮儿
奶嘴儿	南边儿	南面儿	脑瓜儿	脑门儿	闹病儿
闹气儿	泥人儿	拟稿儿	年根儿	年头儿	念珠儿
鸟儿	牛劲儿	纽扣儿	农活儿	努嘴儿	挪窝儿

【O】

藕节儿

【P】

拍儿	牌号儿	牌儿	派头儿	盘儿	旁边儿
胖墩儿	刨根儿	跑堂儿	跑腿儿	配对儿	配件儿
配角儿	喷嘴儿	盆景儿	皮猴儿	皮夹儿	皮儿
偏方儿	偏旁儿	偏心眼儿	片儿	票友儿	拼盘儿
瓶塞儿	平手儿	评分儿	坡儿	破烂儿	铺盖卷儿
蒲墩儿	蒲扇儿	谱儿			

【Q】

漆皮儿	旗袍儿	棋子儿	起劲儿	起名儿	起头儿
起眼儿	气球儿	前边儿	前脚儿	前面儿	前儿
前身儿	钱串儿	钱票儿	枪杆儿	枪眼儿	枪子儿
腔儿	签儿	汽水儿	千层底儿	墙根儿	墙头儿
抢先儿	桥洞儿	瞧头儿	悄没声儿	巧劲儿	俏皮话儿
球儿	亲嘴儿	轻活儿	蛐蛐儿	取乐儿	曲儿
圈儿	缺口儿	缺嘴儿			

【R】

让座儿	绕道儿	绕口令儿	绕圈儿	绕弯儿	绕远儿
热门儿	热闹儿	热天儿	入味儿	热心肠儿	人家儿
人头儿	人味儿	人样儿	人影儿	人缘儿	日记本儿
日月儿	绒花儿	绒球儿	肉包儿	瓤儿	肉片儿
肉脯儿	肉丝儿	褥单儿	入门儿		

【S】

撒欢儿	撒娇儿	撒酒疯儿	撒手儿	塞儿	三弦儿
嗓门儿	沙果儿	沙瓤儿	砂轮儿	傻劲儿	色儿
山根儿	闪身儿	扇面儿	上班儿	上辈儿	上边儿
上火儿	上劲儿	上款儿	上联儿	上面儿	上身儿
上座儿	捎脚儿	哨儿	伸腿儿	身板儿	身量儿
身子骨儿	神儿	婶儿	实心儿	石子儿	使劲儿
市面儿	事儿	事由儿	是味儿	收口儿	收条儿
手边儿	手戳儿	手绢儿	手套儿	手头儿	手腕儿
手心儿	手印儿	书本儿	书签儿	书桌儿	熟道儿
熟人儿	树梢儿	树阴儿	数码儿	耍心眼儿	双料儿
双响儿	双眼皮儿	水饺儿	水牛儿	水印儿	顺便儿
顺道儿	顺脚儿	顺口儿	顺路儿	顺手儿	顺嘴儿
说话儿	说情儿	说头儿	说闲话儿	撕票儿	死胡同儿
死心眼儿	死信儿	四边儿	四合院儿	松劲儿	松紧带儿
松仁儿	松子儿	送信儿	俗话儿	酸枣儿	蒜瓣儿
蒜黄儿	蒜泥儿	算盘儿	算数儿	随大溜儿	随群儿
碎步儿	岁数儿	孙女儿	榫儿	锁链儿	丝儿

【T】

台阶儿 抬价儿 摊儿 痰盂儿 谈天儿 糖葫芦儿
趟儿 挑儿 桃仁儿 讨好儿 套间儿 套儿
蹄筋儿 提成儿 提花儿 替班儿 替身儿 天边儿
天窗儿 天儿 天天儿 甜头儿 挑刺儿 条儿
跳高儿 跳绳儿 跳远儿 贴身儿 帖儿 听信儿
同伴儿 铜子儿 筒儿 偷空儿 偷偷儿 头儿
头头儿 图钉儿 土豆儿 土方儿 腿儿 脱身儿
托儿

【W】

娃儿 袜套儿 袜筒儿 外边儿 外号儿 外间儿
外面儿 外甥女儿 外套儿 弯儿 玩儿 玩意儿
腕儿 围脖儿 围嘴儿 卫生球儿 味儿 纹路儿
窝儿 物件儿

【X】

西边儿 稀罕儿 媳妇儿 戏班儿 戏本儿 戏词儿
戏法儿 细活儿 虾仁儿 下巴颏儿 下半天儿 下边儿
下联儿 下手儿 弦儿 闲话儿 闲空儿 闲篇儿
闲气儿 显形儿 现成儿 线头儿 馅儿 香肠儿
香瓜儿 香火儿 香水儿 箱底儿 响动儿 相片儿
像样儿 橡皮筋儿 消食儿 小白菜儿 小半儿 小辈儿
小辫儿 小不点儿 小菜儿 小抄儿 小车儿 小丑儿
小葱儿 小调儿 小工儿 小褂儿 小孩儿 小脚儿
小锣儿 小帽儿 小米儿 小名儿 小跑儿 小钱儿
小曲儿 小人儿 小嗓儿 小舌儿 小市儿 小说儿
小偷儿 小性儿 小灶儿 笑话儿 笑脸儿 笑窝儿
楔儿 歇腿儿 邪道儿 邪门儿 斜纹儿 斜眼儿
鞋帮儿 蟹黄儿 心肝儿 心坎儿 心路儿 心窝儿
心眼儿 信皮儿 信儿 杏儿 杏仁儿 胸脯儿
袖口 袖儿 袖筒儿 绣花儿 旋涡儿

【Y】

鸭子儿 牙口儿 牙签儿 牙刷儿 芽儿 雅座儿
压根儿 烟卷儿 烟头儿 烟嘴儿 言声儿 沿儿

眼角儿 眼镜儿 眼皮儿 眼圈儿 眼儿 眼神儿
眼窝儿 羊倌儿 腰板儿 腰花儿 咬舌儿 咬字儿
药方儿 药面儿 药片儿 药水儿 药丸儿 药味儿
要价儿 爷们儿 页码儿 衣料儿 一半儿 一边儿
一道儿 一点儿 一会儿 一块儿 一溜烟儿 一溜儿
一气儿 一身儿 一手儿 一顺儿 一下儿 一些儿
一早儿 一阵儿 一总儿 音儿 因由儿 阴凉儿
阴影儿 瘾头儿 印花儿 印儿 应声儿 营生儿
迎面儿 影片儿 影儿 应景儿 硬面儿 硬手儿
油饼儿 油花儿 油门儿 油皮儿 邮包儿 邮戳儿
有点儿 有门儿 有趣儿 有数儿 右边儿 榆钱儿
鱼虫儿 鱼漂儿 雨点儿 原封儿 原主儿 圆圈儿
院儿 约会儿 约数儿 月份儿 月牙儿

【Z】

咂嘴儿 杂牌儿 杂耍儿 杂院儿 脏字儿 枣儿
早早儿 渣儿 栅栏儿 宅门儿 沾边儿 掌勺儿
掌灶儿 长相儿 账本儿 账房儿 找茬儿 罩儿
照面儿 照片儿 照样儿 这会儿 这儿 这样儿
针鼻儿 针箍儿 针眼儿 枕席儿 阵儿 整个儿
正座儿 汁儿 支着儿 枝儿 直溜儿 直心眼儿
侄儿 侄女儿 纸钱儿 指名儿 指望儿 指印儿
中间儿 盅儿 钟点儿 种花儿 重活儿 轴儿
皱纹儿 珠儿 猪倌儿 竹竿儿 主角儿 主心骨儿
住家儿 抓阄儿 爪尖儿 爪儿 转角儿 转脸儿
转弯儿 装相儿 坠儿 准儿 桌面儿 滋味儿
滋芽儿 字面儿 字儿 字帖儿 字眼儿 走板儿
走道儿 走调儿 走神儿 走味儿 走样儿 嘴儿
昨儿 佐料儿 左边儿 坐垫儿 座儿 座位儿
做伴儿 做活儿 做声儿

第七节　普通话音节结构

一、普通话音节结构的特点

普通话的音节由声母、韵母、声调三部分组成，韵母又可分为韵头、韵腹、韵尾三个部分。也就是说，一个结构完整的音节可以包括声母、韵头、韵腹、韵尾、声调五个部分。下表可以体现普通话音节结构的基本情况：

普通话音节结构模式表

结构／音节	声母	韵母				调类
		韵头	韵腹	韵尾		
				元音	辅音	
衣			i			阴平
叶		i	ê			去声
爱			ɑ	i		去声
游		i	o	u		阳平
安			ɑ		n	阴平
元		ü	ɑ		n	阳平
紫	z		-i[前]			上声
雪	x	ü	ê			上声
飞	f		e	i		阴平
球	q	i	u			阳平
香	x	i	ɑ		ng	阴平

从上表可以看出汉语的音节结构有以下特点：

1. 音节中最多可以有四个音素，最少只有一个音素。

2. 每个音节都有韵腹和声调。

3. 辅音只出现在音节的开头和末尾，充当音节的声母和韵尾。

二、普通话声韵调配合规律

普通话有 21 个声母，39 个韵母，4 个声调，音节却只有四百多个。因为普通话声母和韵母之间的组合具有严整的规律性，并不是任何一个声母都可以跟所有韵母拼合。声韵能否配合取决于声母的发音部位和韵母的四呼。

普通话声韵配合表

声母 \ 韵母		开口呼	齐齿呼	合口呼	撮口呼
双唇音	b p m	+	+	只限单元音 u	—
唇齿音	f	+	—	只限单元音 u	—
舌尖前音	z c s	+	—	+	—
舌尖中音	d t	+	+	+	—
	n l	+	+	+	+
舌尖后音	zh ch sh r	+	—	+	—
舌面音	j q x	—	+	—	+
舌根音	g k h	+	—	+	—
零声母	φ	+	+	+	+

由上表可以看出，普通话声韵调配合的一般规律是：

1. 开口呼韵母不能跟舌面音 j、q、x 相拼，可以和其他声母相拼。

2. 齐齿呼韵母可以跟 f、g、k、h、zh、ch、sh、r、z、c、s 以外的其他声母相拼。

3. 合口呼韵母除不能跟舌面音 j、q、x 相拼外，可以跟其他声母相拼（但 b、p、m、f 仅限于拼 u）。

4. 撮口呼韵母只能和 n、l，j、q、x 相拼。

第三章　常用口语表达形式

丘吉尔说过："一个人的口才能够影响多少人，他的事业就有多大。"教师口语承载着百年树人的重任，尤其重要。熟练掌握生活中几种常用的口语表达形式在教师口语的练习过程中会助大家一臂之力。

第一节　朗读与朗诵

一、朗读

(一)什么是朗读

朗读是把书面语言转化为发音规范的有声语言的一种再创造性活动。它要求朗读者在深入分析理解作品的基础上，通过富有感染力的声音，准确生动地再现作品的思想内容。

(二)朗读的作用

1. 朗读有助于提高普通话标准程度

朗读是普通话学习和训练的重要手段，是在有文字凭借情况下难度较大的一种训练方式。因为朗读训练不仅是训练单个音节的声母、韵母和声调的标准程度，还要训练连读中的音变、停连以及语调等方面的规范。因此，它既是字词训练的延续和深入，又为无文字凭借情况下的口语表达奠定了良好的基础。

2. 朗读有助于提高教师口语表达能力

朗读训练可以锻炼一个人的思维能力，思维与口语表达是紧密相连的。朗读者从准备朗读到熟悉作品，直到有声语言的最终完成，始终保持着积极的思维状态。在对作品的内容、结构、情感的理解和感受中，朗读者的理解力、分析力、判断力和逻辑思维能力都得到了很好的锻炼。在朗读过程中，作品中多姿多彩的情景描绘，丰富的人物内心刻画，严谨的谋篇布局等，无疑会对朗读者的记忆力、想象力和创造力的提高有所帮助。

朗读训练还可以使朗读者储存大量的词汇，积累丰富的语言素材，使表达的词语丰富生动；文章中精湛的句式，妥帖的修辞方法，还可以使表达畅达精练；朗读中语气语调的把握，可以使表达生动活泼，富于表现力。

以上这些，都是教师口语表达需要具备的能力。通过朗读训练，说话中的结结巴巴、语无伦次或呆板生硬、词不达意的现象，就会大为减少。所以，加强朗读训练，是提高教师口语表达能力的有效途径。

3. 朗读是语文教学的重要内容，有助于提高学生的语言鉴赏能力

朗读是语文教学中的重要手段。作为一名语文教师，在教学过程中应充分发挥朗读的作用。教师的范读不仅可以帮助学生理解作品的内容，还可以把学生带入作品的意境之中，体验作品的生活情景，感受其情感，在内心深处引起强烈的共鸣。同时，这些优秀作品中或华丽绚烂、或明快简洁的语言所呈现出的不同魅力，也有助于提高学生的语言鉴赏能力，进而丰富学生的语言表达方式。

（三）朗读的基本要求

朗读的基本要求是正确、流利、有感情地表达作品。也就是说，要用规范的普通话，自然流畅地进行朗读，通过富有感染力的声音，准确生动地再现作品的思想内容和情感。

1. 正确：朗读的正确主要是指普通话语音标准规范。包括声母、韵母和声调的标准以及语流音变、语调的规范，朗读中不错读、不添读、不漏读、不改读等。

2. 流利：朗读的流利是指在作品朗读中语句通畅。朗读中停连自然、得当，不重复，不颠三倒四，不结结巴巴，不出现长时间的停顿等。

3. 有感情：朗读中的有感情是指在理解作品的基础上，恰当地运用语言的表达技巧。如轻重格式的运用和语调、语速的变化恰当，既避免朗读的平淡无感情，又要做到感情流露自然，切忌装腔作势、华而不实。

（四）课堂朗读的方式与方法

1. 范读：示范性的朗读。范读的方式有两种。一种是教师读给学生听，然后由学生仿读；一种是由朗读得特别好的学生进行范读。范读可以读全文，也可以读一段或一句。范读主要是给学生示范，所以必须做到正确、清楚，流利而带有感情，追求“文读一遍，其义自现”。

2. 齐读：全班或全组学生同时齐声朗读。因为只求统一声调，因此往往容易变成唱读。同时，因为齐读不容易发现个别学生读音的错误，因此这种方式要尽量少用。

3. 伴读：是教师或优等生伴着其他学生读，学生可隐隐约约听出自己的毛病而有所改进。

4. 轮读：每个学生轮流读，这种读法有比赛的性质。低年级的课文

短，可以一个学生读完全文后，再请另一个读。

5. 接读：一篇课文分由几个学生接着读。教师可指定一个学生读，读到中途，再让另一个学生接着读下去。这种读法可随时唤起学生的注意力，同时充满趣味性。

6. 领读：由教师或朗读得特别好的学生带领大家朗读。教师或优等生先读一句，或先读一小段，其他学生跟着读一句或一小段。如此继续进行，直到全文读完为止。

7. 交互读：甲组读第一句，乙组读第二句，甲组再读第三句，乙组再读第四句，依次轮流，周而复始。

8. 分组读：分组、分行或分排读，并互相矫正错误。

9. 自由读：全班同学同时自由地低声朗读。由于不必与别人配合，速度不拘，可边读边思考。可使用快速读后复述课文、回答问题、提出问题等方式。

10. 指名读：由教师指名一个学生来读，读完了一段或两段以后，另请一个同学接读。

11. 表情读：课本如为韵文，可让学生依字句的长短和节奏，配合姿势、动作、表情等方法朗读。

12. 抽签读：在全体学生的名签中，谁被抽中，就由谁站起来朗读。

13. 对话读：小品、戏剧要用对话读，也就是分角色读，此方式较活泼而有助理解。

14. 高低音读：甲学生用高音朗读，乙学生用低音相和。声音高低产生变化，学生可在兴味盎然中变化音调朗读，感觉新鲜而有趣。

(五)朗读中常见的几种不良方式

1. 一字一顿式。这是一种单纯念字和词的朗读方式。这种方式读起来一字一顿，或一词一顿，语句不连贯，容易把文章读得支离破碎。而且字词的长度、音量的轻重读得差不多，声调也是平直的，没有任何感情色彩。

2. 念经式。这种朗读方式的特点是声音小，速度较快，没有明显的停连，语调平直，缺乏高低升降的变化。由于速度快，有时会听不清在读些什么。

3. 一成不变式。朗读中，没有深入地理解作品，一味从声音上刻意追求。尤其是腔调固定，或前高后低，或前低后高，一种模式，没有任何变化。

4. 表演式。朗读时，把自己当做表演者。朗读者的任务是用声音再现作品的内容和情感，强调的是作品“表达了什么”而不是去扮演角色。所以朗读要自然，不要太夸张。

(六)朗读中语言表达技巧的运用

从作品内容出发，在深刻理解作品的前提下，恰当地运用语言表达技巧，能更好地对作品进行再创造。语言表达技巧主要包括停顿、重音、语调、语速以及语气的运用。

1. 停顿

停顿是指词语或语句之间声音上的间歇。朗读中的停顿既是生理上的需要，也是表情达意的需要。一个较长的句子或一个意群，不可能一口气读完，朗读者需要有声音上的间歇，听者也需要一定的时间来理解所得到的语言信息。恰当地处理停顿，能使语言变得参差错落，间歇有序，语意层次分明，避免听者产生误解。例如：

咬死了猎人｜的狗。这句话的意思是猎人被咬死了。
咬死了｜猎人的狗。这句话的意思是狗被咬死了。

我看见他｜笑了。这句话的意思是“我”笑了。
我看见｜他笑了。这句话的意思是“他”笑了。

停顿有结构停顿、语法停顿、感情停顿。

(1)结构停顿

结构停顿是根据文章的段落层次所作的停顿。结构停顿的时值长短大致是“题目＞段落＞自然段＞层次＞句子”。例如：

朋友即将远行。｜

暮春时节，又邀了几位朋友在家小聚。｜虽然都是极熟的朋友，却是终年难得一见，偶尔电话里相遇，也无非是几句寻常话。｜一锅小米稀饭，一碟大头菜，一盘自家酿制的泡菜，一只巷口买回的烤鸭，简简单单，不像请客，倒像家人团聚。‖

其实，友情也好，爱情也好，久而久之都会转化为亲情。(《朋友和其他》)

(2)语法停顿

语法停顿是指有明显语法标志的停顿。语法标志主要是指文章中的标点符号。标点符号停顿的时值长短大致是“。?! ＞；＞，＞、”。一般说来，标点符号中的句号、问号和感叹号停顿的时间最长，顿号停顿的时间最短。冒号是一种运用比较灵活的标点符号，它所表示的停顿时间一般比分号长，比句号短。句中的省略号和破折号也表示一定的停顿。例如：

这些黑夜的火光的特点是：｜驱散黑暗，｜闪闪发亮，｜近在眼前，｜令人神往。｜乍一看，｜再划几下就到了……｜其实却还远着呢……(《火光》)

白天，｜它这样淘气地陪伴我；｜天色入暮，｜它就在父母再三的呼唤声中，｜飞向笼子，｜扭动滚圆的身子，｜挤开那些绿叶钻进去。(《珍珠鸟》)

当然，除有明显的语法标志的停顿外，词语间固定的语法关系也往往能作停顿。一般来说，主谓之间、动宾之间、修饰语与中心词之间等，都可以停顿。例如：

盼望着，盼望着，东风｜来了，春天的脚步｜近了。(《春》朱自清)

遇到｜这样的情况，公司、商店｜常会｜停止｜上班，学校｜也通过广播，宣布｜停课。(《课不能停》刘墉)

诗歌中的停顿一般按照“音步”即节拍群来停顿。例如：

水光｜潋滟｜晴｜方好，山色｜空濛｜雨｜亦奇。

欲把｜西湖｜比｜西子，淡妆｜浓抹｜总｜相宜。(《饮湖上初晴后雨》苏轼)

远远的｜街灯｜明了，　好像是｜闪着｜无数的｜明星。

天上的｜明星｜现了，　好像是｜点着｜无数的｜街灯。(《天上的街市》郭沫若)

(3)感情停顿

为强调某一特定的意义，表达某种感情，在句中没有标点符号的地方作适当的停顿，这种停顿叫感情停顿(也叫逻辑停顿)。例如：

春天到了，可是｜我什么也看不见！(《春》)

什么｜是永远不会回来呢？(《和时间赛跑》)

不过，语法停顿与感情停顿并不是截然分开的，有时候它们是重合的。例如：

他勇敢地战斗了一生，而现在，就这么安详而又和平地｜死去了。(《鲁迅先生丧仪散记》)

句中的停顿既是修饰语与中心词之间的停顿，又表达了不愿说出鲁迅先生死去的万分悲痛的感情。

2. 重音

重音是把词语或句子中的某些音节读得较重的语音现象。在朗读中，找准重音，读好重音，可以突出重点，使表达更加准确鲜明。重音可分为语词重音和语句重音。

(1)语词重音：单音词单念时没有词重音的讲究，在双音节和多音节词里，有几种不同的音量格式。

语词重音大体可分为五种格式：

中重式：国旗、电话、百姓、汽车、春天

重轻式：眼睛、桌子、麻烦、时候、木匠

中轻重式：世界杯、研究生、展览馆、奥运会

中轻中重式：武汉大学、东方时空、二氧化碳

重轻中轻式：讨论讨论、打听打听、学习学习

(2)语句重音：语句重音可分为语法重音和强调重音两种。

①语法重音。根据语法结构的特点，而把句子的某些部分重读的，叫语法重音。语法重音的位置比较固定，常见的有：

定语、状语、补语比它们的中心词读得稍重些。例如：

我常常遗憾我家门前那块丑石。(《丑石》)

雪纷纷扬扬，下得很大。

简而言之，幸福就是没有痛苦的时刻。(《提醒幸福》)

一般主谓结构短语或短句中的谓语常重读。例如：

风停了，雨住了，太阳出来了。

你是一根晃悠悠的扁担，挑起了彩色的明天！(《家乡的桥》)

疑问代词和指示代词常重读。例如：

谁能把花生的好处说出来？(《落花生》)

一个夏季的下午，我随着一群小伙伴偷偷上那儿去了。(《迷途笛音》)

用作比喻的词一般重读。例如：

春天像健壮的青年，有铁一般的胳膊和腰腿，领着我们向前去。(《春》)

②强调重音。为了表示某种特殊的感情或强调某种特殊意义而读得重一些的音，叫强调重音。强调重音没有固定的规律，重音位置不同，表达的意思也不同。例如：

他去过武汉。(回答“谁去过武汉了”)

他去过武汉。(回答“他去没去过武汉”)

他去过武汉。(回答“他去过哪里”)

强调重音常用来表示强调、夸张、并列、对偶等，能更好地表达感情，使语言表达充满生气，富有感染力。例如：

这里的荷花真好，你若来……(《态度创造快乐》)(表强调)

飞流直下三千尺，疑是银河落九天。（表夸张）

世上有预报台风的，有预报蝗灾的，有预报瘟疫的，有预报地震的。没有人预报幸福。（《提醒幸福》）（表并列、对比）

（3）显示重音的方法

重音并不是一味地加重声音，为了准确细微地表情达意，突出重音的方式是多种多样的。例如：

①加强音量，重音重读。即读得重一些、响亮些，以增强声音的气势。

朋友，你到过黄河吗？你渡过黄河吗？你看见过河上的船夫拼着性命与风浪搏斗的情景吗？

让暴风雨来得更猛烈些吧！（《海燕》）

②拖长音节，重音延读。

就是这篇文章，深深地打动了他的老师。（《一个美丽的故事》）

喝着这样的好蜜，你会觉得生活都是甜的呢。（《荔枝蜜》）

③语气平缓，重音轻读。

漓江的水真静啊，静得让你感觉不到它在流动；漓江的水真清啊，清得可以看见江底的沙石；漓江的水真绿啊，绿得仿佛那是一块无瑕的翡翠。（《桂林山水》）

周总理啊，周总理，全国人民都在哀悼您，都在呼唤您，都在想念您。（新闻纪录片《敬爱的周总理永垂不朽》）

重音与停顿往往是连在一起的。许多停顿前或停顿后的音节常常是重音，而有重音的地方一般都需要停顿。在朗读中，应注意重音与停顿的配合运用。

3. 语调

我们把一个汉字音高的升降变化称为声调，一句话的调子的高低升降变化称为语调。通过语调抑扬升降的变化，可以表达不同的思想感情和对事物不同的态度。

语调可以概括为平调、升调、降调、曲调四种类型。

（1）升调：语调前平后高，或句末上升，常用来表示疑问、反问、号召、呼唤等语气。

犯得着在大人都无须上班的时候让孩子去学校吗？↗（《课不能停》）

让我们高举起振兴中华民族的希望火炬，去奋斗、去开拓，去创造我们美好的未来。↗

（2）降调：语调先平后降，常用来表示肯定、感叹或请求等语气。

盼望着，盼望着，东风来了，春天的脚步近了。↘(《春》)

我们的祖国是多么美好呀！↘

(3)平调：语调平稳，变化不大，常用来表示庄重、严肃、平淡等语气。

因此，巨大的海洋就像是天然的“温箱”，是孕育原始生命的温床。→(《海洋与生命》)

烈士们的英名和业绩将永垂不朽！→

(4)曲调：调子前后低中间高，或前后高中间低，或呈波浪起伏状，常用来表示风趣、含蓄、双关、讽刺、夸张、反语等复杂的语气感情。

你本事可真不小啊，牛皮都吹到天上去了。

语调与语音的高低、强弱、轻重以及语言的停顿、速度等的变化有密切的联系，这些变化构成了语言表达中的抑扬顿挫。

4. 语速

语速是朗读和说话时的快慢缓急。语速的快慢是语言节奏的主要标志，也是朗读中表达情感的重要手段。语速大致可分为快速、中速、慢速。

(1)快速：可表现欢快、兴奋、激动、愤怒、申辩、急迫等。

春天是美好的，那蓝天白云，那绿树红花，那莺歌燕舞，那流水人家，怎么不叫人陶醉呢？(《语言的魅力》)

忽然，从附近一棵树上飞下一只黑胸脯的老麻雀，像一颗石子似的落到狗的跟前。老麻雀全身倒竖着羽毛，惊恐万状，发出绝望、凄惨的叫声，接着向露出牙齿、大张着的狗嘴扑去。(《麻雀》)

(2)慢速：可表现忧郁、悲伤、平静、思索、迟疑等。

那哀痛的日子，断断续续地持续了很久，爸爸妈妈也不知道如何安慰我。他们知道与其骗我说外祖母睡着了，还不如对我说实话：外祖母永远不会回来了。(《和时间赛跑》)

宁弯不折，不是无所作为的懦弱，而是一种审时度势的明智之举，一种力的积蓄；不是屈膝胆怯，而是一种新的追求，一种科学的选择。宁弯不折，是一道亮丽的风景，为岁月增添了动人的色彩。(《柔韧人生》)

(3)中速：可用于叙述、介绍、描写、说明、交代、过渡性的语言。

生命在海洋里诞生绝不是偶然的，海洋的物理和化学性质，使它成为孕育原始生命的摇篮。(《海洋与生命》)

生活对于任何人都非易事，我们必须有坚忍不拔的精神。最要紧的，还是我们自己要有信心。(《我的信念》)

5. 语气的运用

语气，从字面上理解，“语”是通过声音表现出来的“话语”，“气”是支撑声音表现出来的话语的“气息状态”。语气既有内在的思想感情的色彩和分量——神，又有外在的快慢、高低、强弱、虚实的声音形式——形，是神与形的结合体。

有什么样的感情，就产生什么样的气息；有什么样的气息，就有什么样的声音状态。语气运用的一般规律是：

喜则气满声高，悲则气沉声缓，爱则气缓声柔，憎则气足声硬，急则气短声促，冷则气少声淡，惧则气提声抖，怒则气粗声重，疑则气细声粘，静则气舒声平。例如：

小草偷偷地从土里钻出来，嫩嫩的，绿绿的。园子里，田野里，瞧去，一大片一大片满是的。(喜爱)

“不，不行!”女护士高声抗议：“我记得清清楚楚，手术中我们用了十二块纱布。”她几乎大声叫起来：“您是医生，您不能这样做!”(急促)

亲爱的狼先生，那是不会有的事，去年我还没有生下来呢。(惧怕)

就算这样吧，你总是个坏家伙，我听说去年你在背后说我的坏话。(发怒)

二、朗诵

朗诵，就是用清晰、响亮的声音，结合各种语言手段来完善地表达作品思想感情的一种语言艺术。朗诵是口语交际的一种重要形式。朗诵不仅可以提高阅读能力，增强艺术鉴赏能力，更为重要的是，通过朗诵，大者可以陶冶性情，开阔胸怀，文明言行，增强理解，小者可以有效地培养对语言词汇细致入微的体味能力，以及确立口语表述最佳形式的自我鉴别能力。因此，要想成为口语表述与交际的高手，就不能漠视朗诵。

(一)朗诵前的准备

朗诵是朗诵者的一种再创作活动。这种再创作，不是脱离朗诵的材料去另行一套，也不是照字读音的简单活动，而是要求朗诵者通过原作的字句，用有声语言传达出原作的主要精神和艺术美感；不仅要让听众领会朗诵的内容，而且要使其在感情上受到感染。为了达到这个目的，朗诵者在朗诵前就必须做好一系列的准备工作。

1. 选择朗诵材料

朗诵是一种传情的艺术。朗诵者要很好地传情，引起听众共鸣，首先要注意材料的选择。选择材料时，首先要注意选择那些语言具有形象性而且上口的文章。因为形象感受是朗诵中一个很重要的环节，即使具有很强感受能力的朗诵者也无法对干瘪枯燥的语言产生丰富的形象感受。其次，要根据朗诵的场合和听众的需要，以及朗诵者自己的爱好和实际水平，在众多作品中选出合适的作品。

2. 把握作品内容

准确地把握作品内容，透彻地理解其内在含义，是作品朗诵重要的前提和基础。朗诵中各种艺术手段的运用固然十分重要，但是如果离开了准确透彻地把握内容这个前提，那么艺术技巧就成了无源之水，无本之木，成了一种纯粹的形式主义，也就无法做到传情，无法让听众动情了。要准确透彻地把握作品内容，应注意以下几点：

(1)正确、深入的理解

朗诵者要把作品的思想感情准确地表现出来，需要透过字里行间，理解作品的内在含义。首先，要清除障碍，搞清楚文中生字、生词、成语典故、语句等的含义，不要囫囵吞枣，望文生义。其次，要把握作品创作的背景、作品的主题和情感的基调，这样才会准确地理解作品，才不会把作品念得支离破碎，甚至歪曲原作的思想内容。以高尔基的《海燕》为例，扫除文字障碍后，就要对作品进行综合分析。这篇作品以象征手法，通过暴风雨来临之前、暴风雨逼近和即将来临三个画面的描绘，塑造了一只不怕电闪雷鸣，敢于搏风击浪，勇于呼风唤雨的海燕——这一“胜利的预言家”的形象。这部作品诞生之后，立即被广大工人和革命群众在革命小组活动时朗诵，被视作传播革命信息、坚定革命理想的战歌。综合分析之后，朗诵时就不难把握其主题和基调——满怀激情地呼唤革命高潮的到来。

(2)深刻、细致的感受

有的朗诵听起来也有着抑扬顿挫的语调，可就是打动不了听众。如果不是作品本身有缺陷，那就是朗诵者对作品的感受还太浅薄，没有真正走进作品，而是在那里“挤”情、“造”性。听众是敏锐的，他们不会被虚情所动，朗诵者要唤起听众的感情，使听众与自己同喜同悲同呼吸，必须仔细体味作品，进入角色，进入情境。

(3)丰富、逼真的想象

在理解感受作品的同时，往往伴随着丰富的想象，这样才能使作品的内容在自己的心中、眼前活动起来，就好像亲眼看到、亲身经历一样。以陈然《我的自白书》为例，在对作品进行综合分析的同时，可以设想自己就是陈然(重庆《挺进报》特别支部书记)，当时正处在这样的情境中：我被国民党逮捕，在狱中饱受折磨，但信仰毫不动摇，最后，敌人把一张白纸放在我面前，让我写自白书，我满怀对敌人的愤恨和藐视，满怀革命必胜的坚定信念，自豪地写下了“怒斥敌酋”式的《我的自白书》。这样通过深入的理解、真挚的感受和丰富的想象，使己动情，从而也使人动性。

3. 用普通话语音朗诵

要使自己的朗诵优美动听，必须使用标准的普通话进行朗诵，因为朗诵作品一般都是运用现代汉民族共同语(即普通话)写成的，所以，只有用普通话语音朗诵，才能更好、更准确地表达作品的思想内容；同时，普通话是汉民族共同语，用普通话朗诵，便于不同方言区的人理解、接受。因而，在朗诵之前，首先要咬准字音，掌握语流音变等普通话知识。

(二)朗诵、朗读和演戏三者的区别

朗诵不同于朗读，也不同于演戏。

朗诵不同于朗读，朗读是用清晰、响亮的声音把文章读出来，以传达文章的思想内容。朗读的目的是讲解，教师朗读课文要达到“文读一遍其义自见”，使学生听后加深理解。朗读没有文体的限制。朗诵则是用清晰、响亮的声音把文章背诵出来，以传达文章的思想内容。朗诵的目的是感染听众，使听众听后思想感情受到影响，与朗诵者产生共鸣，属于表演。朗诵的文体一般都是文学作品。可见，朗诵的要求比朗读要高，它要求不看作品，面对观众，除运用声音外，还要借助眼神、手势等体态语帮助表达作品感情，要充分运用口语表达的技巧来引起听众的情感共鸣。

朗诵常常伴随有手势、姿态等体态语，但朗诵时的姿态或手势不能过多、过火。毕竟，朗诵不同于演戏。演戏时，演员不直接和观众交流，他扮演剧中人物，模仿剧中人物的语言、动作，他只和同台的演员进行交流；而朗诵者直接交流的对象是听众，他主要是通过声音把感情传达给听众，引起听众共鸣，手势、姿态等只不过是帮助表达感情的辅助性工具。

(三)朗诵训练

朗诵训练应采用循序渐进、由低到高的“五步法”有条不紊地进行。

第一步是基础训练。选用百字左右的文章朗读。要求是：发音准确，声音洪亮，吐字清楚，不添字，不丢字，不读错字，按标点符号要求进行恰当的停顿。

第二步是过渡训练。选用二三百字的文章朗读。在第一步训练的基础上，过渡到通顺流畅，且能读出陈述、疑问、感叹、祈使等几种句子的不同语气、语调。

第三步是巩固训练。选用五百字左右的文章朗读，重点练习朗读技巧，并结合听范读巩固前两步的训练成果。要求在前两步的基础上能进一步读出长句中的停顿和句中的轻重缓急，且依据文章的思想内容，恰当而自然地带着感情去朗读。

第四步是综合练习。选用八百字左右的文章朗读，将分项训练中得到的各种技巧综合运用到朗读中去。要求语言流畅，语气连贯，具有较强的感染力。

第五步是发挥训练。选用千字以上文章朗读。着重在感情运用上下工夫，感情表达准确丰富，声情并茂，使作品的深刻思想内容与朗读者的感情融为一体。

1. 朗诵语气训练

语气是体现朗诵者立场、态度、个性、情感、心境等起伏变化的语音形式，它是思想感情、词句篇章、语音形式的统一体。有了恰当的语气，才能讲出一连串声音符号，生动、正确地反映出朗诵者的本意。语气具有综合性，既包括声调、句调，也包括语势。语气是多种多样的，朗诵时要根据表情达意的需要来选择语气。

(1)从语句的句型来说，有陈述句、疑问句、感叹句、祈使句四大类。因而在朗诵时，相应有陈述语气、疑问语气、感叹语气、祈使语气的区分。例如：

我准备明天到北京出差。(这句话显然是个陈述句，读这句话，要用平铺直叙的陈述语气)

你怎么还没有去上班呀?(这句话是个疑问句，读这句话，要用疑惑不解、由衷发问的语气)

香港终于回到了祖国的怀抱!(这句话是感叹句，读这句话，要用带有真实情感、有感而发的感叹语气)

放下武器，把手举起来!(这句话是祈使句，读这句话，要用声色俱厉、命令的祈使语气)

(2)从语句表情达意的内容来说，有表情语气、表意语气、表态语气的区分。

a. 表意语气。通过这种语气，向听众表达自己的意见、意思。用这种语气讲话，句子中通常有相应的语气词，它或独立成小句，或用于小句末尾，或用于整个句子的末尾。例如：

对此，你的意见如何呢?(反问)

你真的事先一点儿也不知道吗？（质问）

你不要一意孤行，执迷不悟啊！（提醒）

排长，敌人上来了，打吧！（催促）

您把那本书借给我看几天吧。（请求）

站住！否则我就开枪了！（命令）

你上哪儿？（询问）

你昨天怎么旷课啊？（责备）

b. 表情语气。通过这种语气，向听众表达自己的某种情感。句子中通常也有相应的语气词。

哎呀，这下子可好了！（喜悦）

日本鬼子真是坏透了！（愤恨）

他这位才华横溢的作家死得太早了。（叹息）

这一仗打得真漂亮啊！（赞叹）

哦！我终于弄明白了。（醒悟）

呸！你这个无耻的叛徒！（鄙视）

c. 表态语气。通过这种语气，向听众表达自己的某种态度。句子中有时也用语气词。

他确实尽了最大的努力。（肯定）

这件事恐怕难以办到。（不肯定）

我不希望看到那样的结果。（委婉）

你认为这样做行吗？（商量）

这种意见是错误的。（否定）

此外，从表达方式来说，又有叙述、描写、抒情、议论、说明等不同的方式，它们各自的语气也不一样；从所表达的内容和其中蕴含的表达者的思想感情来说，更是千差万别，因而所用语气的平转急缓、张弛高低也各不相同，变化万千。

语气的内涵是多方面的，它具有多姿多彩的复杂形态。语气的多样性是语言本身丰富性的反映，也是语言能力强的一个表现。语气不同，表情达意也就有不同，其中声音和气息状态更为重要。朗诵者必须通过声音和气息将思想感情表达出来，不同的声音和气息表达不同的思想感情。请看下表：

气息	声音	给听众的感觉	表达的思想感情
气徐	声柔	温和的感觉	爱的感情
气促	声硬	挤压的感觉	憎的感情
气沉	声缓	迟滞的感觉	悲的感情
气满	声高	跳跃的感觉	喜的感情
气提	声凝	紧缩的感觉	惧的感情
气短	声促	紧迫的感觉	急的感情
气粗	声重	震动的感觉	怒的感情
气细	声粘	踌躇的感觉	疑的感情
气少	声平	沉着的感觉	稳的感情
气多	声撇	烦躁的感觉	焦的感情

可以说，有了恰当的语气，才能使朗诵者具有形象色彩、感情色彩、理性色彩、语体色彩、风格色彩；有了恰当的语气，才能增强语言的魅力，恰当地表达思想感情，调动听众的情绪，引起听众的共鸣。

语气是多种多样的，无论从表达主体和听众的关系来看，还是从表达主体的心境和思想感情来看，或者从表述内容和方式来看，它都是丰富多彩的，因人、因事、因时、因地而不同，变化多端，气象万千。在朗诵过程中，语气永远不会是单一的，常常出现几种语气交替出现或结伴而行的现象。不过，在综合运用多种语气的过程中，还是有主次之分的，主要的感情色彩造成主要的语气色彩，即语气的基调。所以，无论是朗诵诗歌、散文还是小说，都应该掌握一个基调。与此同时，又要适时根据内容、感情、对象等的变化，选择调控自己的语气，使之恰如其分。

总之，语气要服从内容，要看对象，要质朴自然，贴近生活。

2. 朗诵语速训练

朗诵的速度，是指朗诵中音节发音时间的长短，或者说单位时间里吐字的数量，大体分快速、中速、慢速三种情形。

快速，一般用于表示紧张、激动、惊奇、恐惧、愤怒、急切、欢畅、兴奋的心情，或者用于叙述急剧变化的事物与惊险的场景，或者用于刻画人物机警、活泼、热情的性格等。

中速，一般用于感情与情节变化起伏不大的场合，或用于平常的叙事、议论、说明、陈述等。

慢速，大多用于表示沉重、悲伤、忧郁、哀悼的心情，或用于叙述庄重的情景。

不论快速、中速、慢速，都有一个“度”。快速，也不能像放鞭炮似的，使人耳不暇接；慢速，也不能慢慢腾腾，半天一句，使人听起来十分吃力，等得不耐烦。一句话，就是快慢要得体。

朗诵的速度，主要取决于以下因素：

一是取决于内容和情节。从结构上来说，朗诵中一般既有快速，又有中速、慢速，有张有弛，起伏跌宕；从内容和情节来看，陈述速度慢于抒情速度，抒情速度慢于议论速度；情调低沉的叙述、人物对话应该慢些；急切的呼吁、愤怒的谴责、热烈的争辩、激昂的陈述、紧张的场景描述应该快些。内容和情节本身的客观要求，是决定表达速度的最主要依据。

二是取决于表达者的年龄。显然，朗诵同样的内容，少年儿童快于青年人，青年人快于中年人，中年人快于老年人。

三是取决于听众的年龄和接受能力。一般来说，对于老年人和少年儿童或接受能力相对较低的听众，或听众普遍对某些内容感兴趣，不少人都想将其记录下来的时候，应该把表达的速度放慢些。

快与慢都是相对的。无论是快还是慢，都须以表述得清晰明了，听众听得真切明白为基本出发点，要做到快而不乱，慢而不拖，快中有慢，慢中有快，快慢相间。

3. 朗诵节奏训练

节奏与速度有密切的联系，但又不是等同的。节奏不单是一个速度问题，节奏是一种有秩序的、有规律的、协调的变化进程。

在朗诵过程中，节奏的要素大体包括：结构的疏与密，内容的详与略，情节的起与伏，情感的激与缓，声调的抑与扬，音量的大与小，态势的动与静，速度的快与慢，语流的行与止，过程的长与短，等等。这些要素的综合运用，便会形成节奏，形成有声语言的乐章，激荡听众的情感，启迪听众的思维，引发听众的共鸣，鼓舞听众，感召听众。

这些要素有的前面已经讲过了，这里着重介绍一下语流的行止技巧，亦即通常所说的朗诵中的停顿与连续的技巧。

最基本的行止知识，是标点知识，根据标点符号、段落等区分停顿间隙的长与短。但语流的行止，远不止这些。停顿，既可以用来换气，又可以用来表示意义的区分、转折、呼应，还可以传达引起听众注意的信息；相反，当表述某种连贯的情节、景况时，或当表达者感情奔放，如行云流水，不可遏制时，则需要一气呵成，需要语句的连续不断。以下着重介绍一下有关停顿的知识。

停顿，就是指句子当中、句子之间、段落之间的间歇。常见、常用的停顿有以下几种：

(1)换气停顿

前面已经讲到，人的正常呼吸大约是4至5秒钟一次，由于换气的需要，在表达过程中必然要有停顿，这种停顿即换气停顿。特别是有些长句，中间没有也不应有标点符号，而一口气却无法说完，必须酌情进行换气停顿。比如这样的长句：

饮水思源，我们怎能不万分感激‖和无限缅怀伟大领袖毛主席‖和敬爱的周总理呢！

我祝愿全国的青少年‖从小立志献身于‖雄伟的共产主义事业……

标有“‖”符号的地方是指需要换气停顿的地方。事实上，这里的停顿，还不仅是为了换气，而且是为了加强语言的清晰度和表现力。倘若将上述的两个长句不停顿地一口气念完，既难做到清晰，又不可能有多大表现力，平淡得很，勉强得很。

换气停顿要恰当，必须服从内容和思想感情表达的需要。尽管换气停顿的具体方法每个人不尽相同，但也不能随心所欲，想在哪里停顿就在哪里停顿。比如：上例第一句如果按下述方法换气停顿，变成：“饮水‖思源，我们怎能‖不万分感激和无限缅怀伟大领袖‖毛主席和敬爱的‖周总理呢!”那就不能恰当地表达思想感情了，甚至会引人发笑，显得有些滑稽了。

并且，有些句子如果在不同的地方停顿，意义不同，甚至会完全相反。例如：“他望着我笑了起来。”若在“我”后面停顿，是指他笑了起来；若在“望着”后面停顿，是指我笑了起来。

(2)语法停顿

语法停顿是根据句子的语法结构所作的停顿。这种停顿，一般根据标点符号进行时间长短不一的停顿，凡有标点符号的地方都应有适当的停顿，停顿时间大体是：句号＞分号＞冒号＞逗号＞顿号。至于省略号、破折号、感叹号、问号等，要根据其使用的位置和表情达意的具体情况来确定停顿时间的长短。另外，章节停顿＞段落停顿＞句群停顿＞句子停顿。

(3)逻辑停顿

逻辑停顿，是指在朗诵过程中，有时为了表达某种感情，强调某一观点或概念，突出某一事物或现象，在句中没有标点符号的地方作适当的停顿。逻辑停顿不同于前两种停顿，它最小的停顿单位常常是一个词。例如：

我相信，‖我们的祖国‖一定会有自己的女宇航员。

这种逻辑停顿，虽然随着所强调的和突出的内容不同，停顿的地方可以有所不同，但是，它仍然要受语法停顿的制约，一般是在较大的主语和谓语之间、动词和较长的宾语之间、较长的附加成分中心词之间、较长的联合成分之间作逻辑停顿。

(4)心理停顿

心理停顿又称感情停顿，它没有固定的模式，既可以在句子开头停顿，也可以在句子中间或结尾停顿。前几种停顿，停顿的时间都较短，通常最长都只能是几秒钟。而心理停顿，可短亦可长，短则几秒，长则几十秒，甚至几分钟，由表达者根据所表达的内容或情感的需要，自行设计和掌握，运用得好，可以产生很强的艺术效果。

心理停顿主要用于以下场合：

第一，论理之后拟举例说明，需作停顿，举例结束亦作停顿。前者是为了引起听众注意你的“转折”之举，后者是为了引发听众联想，举一反三，触类旁通。

第二，设问之后回答之前需作停顿。如前所说，有些设问是不作答的，而有些设问是自问自答的，在设问后，自答前，应作停顿，既可使听众产生悬念，还可为后面出人意料的巧妙回答作出铺垫。

第三，感叹或感叹之余需作停顿。感叹之余，紧接着运用心理停顿，以加深听众的印象，引起听众的共鸣。

第四，话题转移或告一段落之际需作停顿。这是为了让听众将已讲完的话题暂时搁下，做好迎接新话题、新内容的心理准备。

4. 朗诵语调训练

语调，是语音、语气、速度、节奏的和谐统一，它好比乐曲的旋律，体现出语言的完美性。

语调的变化，主要反映在速度、节奏、重音、升降这四个要素上，下面对重音和升降这两个要素的运用技巧作些介绍，以助对其准确把握。

(1)重音技巧

这里所说的重音，是指根据表情达意的需要，有意加重音量与力度的某个或某些词。人们说话时，往往把主要的意思加重语气来表达，以引起听众的注意，重读的部分就是一句话里的中心和主体。

汉语中的重音有词语重音和语句重音两大类。

词语重音是比较固定的、有规律的，就读音轻重程度可分为重、中、轻三个等级。两个字的词语有“重轻”格式，如“中国、安徽、玻璃、白菜、高度”等，还有“中重”格式，如“改革、红旗、人民”等；三个字的词语中只有“中、轻、重”一种格式，如“北京站、辅导员、文化宫、国务院”等；四个字的词语的基本格式是“中轻中重”，如“自力更生、天经地义、刻苦钻研”等。

语句重音，常用的是语法重音。它是指句子中不同的语法成分读音轻重不一，其中有的句子成分要读得重些。谓语一般要比主语读得重些，如：“同志们辛苦了！”“中华人民共和国成立了！”“让我们一起干一杯！”

此外还有逻辑重音，又称作强调重音，是根据说话的目的和重点，有意将某些词或词组读得重些。如：“香港一定会回归祖国。”“我自豪，我是一个军人的妻子。”同一句话，重音不同，意思也就有所不同。比如：“我请你喝茅台酒。”如果重音是“你”，那是强调请客的对象；如果重音是“茅台酒”，那是强调喝的东西；如果重音是“我”，那是强调请客的主人。

重音的处理关键在于选择好重音词，一般是选在朗诵者着意强调、以示区别之处。

应当注意的是，重音切忌过多。重音过多一是显示不了孰轻孰重，二是会造成朗诵者与听众的双方疲劳。

(2)升降技巧

语调的升降，是指语调的高低抑扬变化。同一语句，往往因为语调升降处理不一样，而能表达出多种多样的意义。如：

这是一百万元。(一手交钱，一手交货，司空见惯)

这是一百万元！(强调金额很大)

这是一百万元？(怀疑，不相信有这么多)

这是一百万元？(惊讶，怎么这么多)

这是一百万元？(喜悦，为一下子有这么多钱而高兴)

这是一百万元！(后悔，不该错过赚大钱的机会)

从上例可以知道，语调的升降变化，在句末较为明显。语调可分为四种：高升调、降抑调、平直调、曲折调。

高升调：句子的语势由低到高。一般表示惊讶、疑问、反诘、呼唤、号召等。如：

近来你的学习成绩怎么下降了！

全世界无产阶级联合起来！

降抑调：句子的语势由高到低。一般表示肯定、感叹、恳求、自信、祝愿等。如：

我们的理想一定能实现。

请你帮我解决这个问题吧。

平直调：整个句子语势平稳舒展，没有明显的高低变化。一般用于陈述、说明、解释，表示严肃、庄重、平静、冷漠、悼念等。如：

我们面临着严峻的考验。

毛泽东永远活在我们心中。

曲折调：句子的语势曲折变化，有起有伏。一般用来表示夸张、讽刺、幽默等。如：

她太可爱了，连哭鼻子的样子也招人喜欢。

好个国民党的友邦人士！是些什么东西！

训练材料：朗诵叶挺同志的《囚歌》，注意句调的处理：

为人进出的门紧锁着，(→平调)(冷眼相看)

为狗爬出的洞敞开着(→平调)

一个声音高叫着：(↗曲调)(嘲讽)

——爬出来吧，给你自由！(↘)曲调(诱惑)

我渴望自由，(→)(庄严)

但我深深地知道——(→平调)

人的身躯怎能从狗洞子里爬出！(↑升调)(蔑视、愤慨、反击)

我希望有一天(→平调)

地下的烈火，(稍向上扬)(语意未完)

将我连这活棺材一齐烧掉(↓降调)(毫不犹豫)

我应该在烈火与热血中得到永生！(↓降调)(沉着、坚毅、充满自信)

第二节　演讲与论辩

一、演讲

演讲是就某个问题在一定场合发表见解、抒发情感以影响听众的特殊口语表达形式。

演讲的手段包括两个方面，一是“演”，二是“讲”。“讲”是主要手段，“演”是辅助手段，“演”要服从和服务于“讲”的需要。

（一）演讲的特点

1. 现实性

演讲虽然是一种特殊的口语表达形式，但它不属于艺术表演范畴。首先，演讲者是现实中的人物，走上讲台发表演说时仍旧是他自己，而艺术表演者一旦登台表演就不再完全是现实中的自己；其次，演讲内容一般是具有现实性的，演讲者通过摆事实，讲道理，帮助听众弄清复杂的社会现实问题或其他问题，引发听众对某一问题的关注或思考，或鼓动他们从事某一活动；最后，演讲者的目的或意图是借助语言手段和辅助手段直接进行现场表达，而不是通过塑造某种艺术形象间接传递。

例如著名演讲家李燕杰 1981 年在题为《国家、民族与正气》的演讲中，一开头就说：

每个青年都关心自己祖国和民族的命运。国家的正气、民族的正气，是团结鼓舞群众积极向上的巨大力量，是一个国家、一个民族兴旺发达的重要精神支柱。我今天就想以“国家、民族与正气”为题作一个发言。

这篇演讲的时代背景是 20 世纪 70 年代末 80 年代初，随着改革开放的深入，出现的社会问题越来越多，一些青年人迷失了前进的方向，如何引导他们走上健康正确的人生道路，是一个非常具有现实意义的问题。李燕杰的这次演讲，正是针对这个问题进行的，具有很强的现实性。

2. 艺术性

演讲虽然不是艺术表演，但它与一般的日常口头表达存在明显的差异，其中最重要的一点在于它是具有艺术性的口语表达活动。演讲的艺术性表现在：第一，它既追求有声语言的形式美，又追求辅助体态手段的视觉美；第二，它强调有声语言和体态语言的完美结合；第三，它还追求演讲内容的整体感和协调性。这些特性都不是一般口语表达所追求的。

例如曾在国内比赛中获得强烈反响的沈萍的《为了我们的父亲》，从罗中立的油画《父亲》谈起，描述了父亲的形象，回忆了亲眼所见的推车的父亲的背影，并由此联想到天下千千万万个父亲，勉励大学生要时刻不忘自己的历史责任，因为父亲的希望就是祖国和人民的希望。其中一段演讲词说道：

同学们，我们应该牢记父辈的欣慰笑容和期待的目光。当我们埋怨祖国的贫穷和落后，羡慕舒适安逸的生活时；当我们逃避学习的艰苦，随便浪费大好时光时；当我们为了个人的得失和苦恼迷失前进的方向和道路的时候，父辈期望的目光像皮鞭一样，狠狠地鞭挞我们无知和糊涂、懒惰和轻浮、私欲的污染和灵魂的癌变。让我们在鞭挞中清醒，在鞭挞中立志，在鞭挞中不懈地追求和勇敢地攀登吧！父亲欣慰的笑容和期望的目光，应该像光芒四射的明灯，永远照耀在我们的心头。在它的照耀下，我们不仅会看到青春的可贵和美好，更能看到生活的欢乐和幸福；在它的照耀下，我们不仅会看到前进的道路和方向，更能看到自己的使命和责任；在它的照耀下，我们更加清楚地看到自己、认识自己、掌握自己，使自己像父亲那样做事业的战士和开拓者。

这段话非常凝练，节奏感强，通过三个排比句加强了气势，文采斐然。这样的句子一般不会出现在日常口头表达中。

3. 鼓动性

演讲在古希腊被称为“诱动术”，是一种鼓动听众的方法或技巧。演讲的鼓动性表现在：第一，演讲者一般要运用多种语言手段晓之以理，动之以情，给人启示，引人思考，促人行动；第二，恰当协调的体态语的运用往往会加强演讲的鼓动性。没有鼓动性就不能称其为演讲。

例如沈萍的《为了我们的父亲》是这样结尾的：

革命先烈李大钊说：“无限的‘过去’都以‘现在’为归宿，无限的‘未来’都以‘现在’为渊源。‘过去’‘未来’的中间全仗有现在，以成其连续，以成其永远，以成其无始无终的大实在。”这话说得多好啊！革命先烈和我们的父辈英勇奋斗，苦而无怨，为的是我们年轻一代。实现四化，振兴中华靠的是我们年轻一代。我们是承前启后的一代，我们是继往开来的一代。革命先烈和我们的父辈用筋骨和鲜血凝成的精神财富，要在我们这一代人身上，化作永不枯竭的前进力量。

好好学习吧，同学们！为了祖国，为了人民，为了我们的父亲。

这是一种号召式的结尾。令人激动，催人发奋。这也正是这次演讲的目的所在。

（二）演讲的分类和要求

根据是否有充足的准备，可以把演讲分为备稿演讲和即兴演讲两类；从内容上分，还有礼仪演讲、竞选演讲、学术演讲、教学演讲，等等。

1. 备稿演讲

备稿演讲，人们往往称之为命题演讲或专题演讲，并将其与即兴演讲并列。其实命题（专题）演讲和即兴演讲的划分标准并不一致。即兴演讲也可以是临时给定一个命题的即兴发挥，命题（专题）演讲也可以是没有备好讲稿情况下的演讲，而即兴演讲则由于时间限制，不可能写好讲稿后再去演讲。根据是否有完备的讲稿，将演讲分为备稿演讲和即兴演讲是比较合适的。

备稿演讲的稿件应该符合以下基本要求：

(1)观点鲜明

有的演讲给定了一个主题，演讲者只需要围绕这个主题就自己的认识谈自己的看法。演讲比赛中通常采用这种方式。这样的演讲尤其要做到观点鲜明。在确定题目的时候，一方面要将论题和现实现象联系起来，文中引用的事例、名人名言等都要和当前的现实问题挂钩；另一方面，最好选择那些有切身感受、有独到体会的问题，讲这种内容容易做到形象生动，增强真实性和可信度。如果给定了一个题目，则同样要在如何提出问题、分析问题、解决问题上下工夫，做到主题明确，入题简洁，思路清晰。

(2)了解听众

人在社会中生活，分属于各行各业、各个阶层，人的文化程度、生活经历、性别、年龄、宗教信仰等各不相同。给传统农民讲股市财经，给企业家讲如何栽种马铃薯，给电脑程序员讲如何培植新的蔬菜品种，这些话题跟听众的需要南辕北辙，不大可能引起他们听的欲望。演讲就是要对症下药，犹如战国纵横家苏秦，对秦王一方说“连横”，对六国一方谈“合纵”，讲的是同样一件事情，听众不同，则说法不同。

(3)结构精巧

演讲稿一般分为导语、主体、结尾三个部分，这不是什么高深的体例，而是很实用的基本结构。但看似简单的三部分，如果不经过精心的设计，四平八稳，则可能使听众陷入审美疲劳状态，影响演讲效果。那么，如何做到结构精巧呢？

①开场白要有吸引力

“文似看山不喜平”，安排结构，首先得有一个新颖别致、有吸引力的开场白。

俗话说，“良好的开端是成功的一半”，一个新颖别致的开头，不但可以在短时间内控制听众的注意力，而且可以唤起听众对主体部分的心理期待，较长时间内聚拢听众的注意力，使听众加深对演讲内容的理解并留下深刻印象，以实现演讲的预期目标。

常见的开头有故事式、幽默式、悬念式、引用式、闲聊式、抒情式、开门见山式等。

下面仅以故事式、幽默式、悬念式为例，谈谈开场白的设计。

故事式：故事式一般是在演讲开头讲一个与演讲主题有关的简短的故事，并从对故事的简短评论中自然过渡到演讲的论题上。

例如在一个关于要重视孩子们独立生活能力的演讲上，有人是这样开头的：

有一个四年级的小学生，每天要带父母亲手剥光了壳的鸡蛋到学校吃。有一次，父母忘了给鸡蛋剥壳，差点儿憋坏了孩子，他对着鸡蛋左瞅右看，不知如何下口，结果只好原蛋带回。问他怎么不吃蛋，回答很简单："没有缝，我怎么吃？"

演讲者通过一个小学生自己不会剥鸡蛋壳的故事，既吸引了听众的注意力，又唤起听者的思考：这么容易的事情都不会做，看来我们教育孩子的方式真的有问题！

幽默式：幽默是和谐人际关系的润滑剂，它既可以活跃现场气氛，又能为切入正题找到一个不露痕迹的入口。而且，语言幽默，往往三言两语就能鞭辟入里，既让人忍俊不禁，又能发人深省。所以幽默的方式比直陈的论证更能起到启迪听众的作用。

1965 年 11 月，美国友人安娜·路易斯·斯特朗女士在中国庆祝她的 80 寿辰，周恩来总理特意在上海展览馆大厅举行了盛大的祝寿宴会。周总理的开场白是：

今天，我们为我们的好朋友、美国女作家安娜·路易斯·斯特朗女士庆贺 40"公岁"诞辰。（参加宴会的祝寿者对"40 公岁"这个新名词感到不解）在中国，"公"字是紧跟它的量词的两倍。40 公斤等于 80 斤，40 公岁就等于 80 岁。

周总理巧妙的解释在几百位祝寿者中激起了一阵欢笑，斯特朗女士也高兴得流下了眼泪。

悬念式：悬念式能引发听众的好奇心，如果是提问式的悬念，也能集中听众的注意力。

例如在一个有关心理健康问题的演讲中，有人设计了这样一个开头：

我是一个由七个字母构成的单词。我破坏了友情、亲情、邻里之情、同学之情。我是当今青少年中最大的杀手。我并非酒类，也并非可卡因，我的名字叫自杀。

这个独特的开场白激起了听众的好奇心，促使他们继续听下去以便找到答案。

值得注意的是，一些常见的套话最好不要用。如“我没什么要讲的，只因为……”，“我不善于演讲，可是……”。实在想不到更精彩的开场白，就开门见山直接切入主题，如“我今天要讲的题目是……”，“我今天和大家谈谈……”，“关于……我赞成这样的说法，理由如下……”，“我不同意那样的观点，我的看法是……”。

总之，不论什么样的开头，都是要为主体部分搭建一个良好的平台，既要引起听众的注意，又要避免拖沓、啰嗦。

②主体要有说服力

主体部分的说服力主要通过材料体现出来。再好的开头，如果没有主体部分恰当材料的有力支撑，也难免成为空洞无物的噱头。所谓材料，指的是一切可以说明主题的事实、道理、言论、数据，等等。典型详实的材料对演讲的说服力来说，犹如房屋的钢筋、水泥、砖瓦一样重要。用事实说话，寓理于事，既可以增强吸引力，又可以增强说服力。

要做到主体部分的说服力强，应该高度重视材料的准备工作。搜集材料时一般遵从如下原则：

首先，服从主题需要。生活千头万绪，书籍浩如烟海，我们不可能做到有见必记，有闻必录，所以必须把握住方向，有针对性地搜集。例如关于“如何成才”这样一个主题的演讲材料，不妨把目标锁定在以下范围：名人名言的论述，教育学、社会学关于人才的理论，历史上一些典型的成才故事，现实生活中特别是身边鲜活的事例。方向明确，范围既定，搜集的材料就能最大限度地满足主题的需要。

其次，充分占有材料。在可能的情况下，围绕一个主题搜集的材料，越丰富越好。所谓丰富，指的是要了解每项材料出现的起因、经过和结果。如果是理论性的材料，最好还要了解其出现的背景等因素。既要详尽地占有正面材料，还要充分地掌握反面材料，以便多角度、全方位地分析比较，避免只见树木不见森林，以偏概全。避免认识上的片面性，降低认识上的主观性。材料越充分，思路越开阔，运用起来越能游刃有余，信手拈来，纵横捭阖，皆成文章。

再次，精心选择材料。材料固然多多益善，但在具体运用时应该做到典型性材料有限利用。典型的材料能深刻揭示事物的本质，起到事半功倍的效果。要做到材料典型，首先要做到材料充分，只有占有的材料多了，才能在比较中见出高下。比如关于“人生价值”问题的演讲，就可以选取一些优秀大学毕业生放弃都市的优越工作，而选择去贫困地区支教的事例，如“感动中国2004年度人物”徐本禹的生动事迹，还可以选取全国道德模范、企业家陈光标的感人事迹。

最后，合理安排材料。主体部分的材料不是毫无讲究地堆积在一起，而是要做到条理清楚、逻辑严谨；既要层层深入，又要注意多角度、多侧面进行论证说明。

③结尾要有感召力

演讲的结尾，也是不可或缺的有机组成部分。一个干净利落、深刻有力的结束语，能给人留下回味无穷的感受。结尾的方式有归纳式、画龙点睛式、畅想式、号召式，等等。归纳式是把演讲的主要内容提纲挈领地回顾一遍，使听众加深印象；画龙点睛式的结尾是把演讲的重点和精华进行概括，使听众印象更清晰；畅想式的结尾是根据内容引导听众进一步遐想；号召式的结尾则是直接呼告听众在听完演讲后立即行动起来，投入某项工作或活动中去。

结尾的时候，既忌讳拖泥带水，也要避免仓促落幕，应该做到轻松结束，不让听众感到突兀，否则，可能会影响演讲的整体美。

2. 即兴演讲

即兴演讲是演讲者事先未做充分准备，临场有感而发的演讲。它是能反映一个人思维的敏捷程度和口语组织能力的口语表达方式，如答记者问、活动结束的评论、赛场辩论的自由发言等。即兴演讲水平高的人，常被视为能力强的人。

即兴演讲的构思方法：

(1)思维模块，组接成篇

横式与纵式“思维模块”不是分散的，它们都大致围绕一定话题意向按照一定的规律组合、展开。这些表达意向作为“模块”归纳起来就是：

“是什么”：摆出所要议论的现象；

“作判断”：对现象作出分析判断；

“正面说”：正面提出自己的观点；

“反面议”：如果不这样就会如何；

“为什么”：列举所持观点的理由；

“怎么做”：应该从哪几方面去做；

“找证明”：用事例对观点作实证；

“驳异议”：反驳与之相反的见解；

“作归纳”：全面总结，回应论题；

"作预示"：展现持某主张的前景。

(2)悬念切入，优化成篇

例：理查德"结构精选模式"与常见模式之比较

美国一个高速公路边的小城镇经常出现交通事故，死伤情况日益严重。交通局长召集市民开会，他用"理查德模式"发表即兴讲话。下面的即兴讲话是理查德的"结构精选模式"与常见模式即兴成篇的比较。

即兴话题：保障生命安全，减少交通事故

	喂，请注意	为何要费口舌	举例子	怎么办
理查德模式	上星期四我们特地购买的250具崭新发亮的棺材已经运到我们的城市，现在放在仓库里……	我们是给谁订购了那么多棺材？给谁睡？难道给你睡？给我睡？给亲人睡？哎呀，这就很难说了……	通过一个个鲜活的事例，说明每日每时都存在使我们在马路上突然送命的、潜在的高危交通因素。	下面我告诉大家，当……时应当……；当……时应当……；当……时应当……这样，咱们就暂时不用睡那些棺材了。
常见模式	今天我要给大家讲的内容是保障行人生命安全，减少交通事故的问题……	交通安全是很重要的，不可大意，所以不是一个可讲可不讲的问题……	造成交通事故的原因有如下几点： 1.…… 2.…… 3.……	下面我提出几点原则性意见供大家参考： 1.…… 2.…… 3.……

美国公共演讲专家理查德先生认为，即兴演讲应当记住四句话，这四句话是表述中四个步骤的提示信号。它们是：

喂，请注意！(开头的悬念就激起听众的兴趣)

为什么要费口舌？(进而强调指出听演讲的重要性)

举例子。(形象化地将一个个论点印入听众脑海)

怎么办？(具体地讲清大家该做些什么或怎么做)

理查德的"结构精选模式"以"耸人听闻"的悬念开头，诱导听众的注意，并用鲜明警醒的议论"勾"住听众的感知兴趣，几部分衔接紧凑，表述通俗生动。虽然这个讲题并不新颖，但精选模式句句都切中要害，打动人心。而另一种讲法却给人以"老生常谈"之感，让人听了不耐烦。

(3)散点聚合，连缀成篇

①控制稍纵即逝的"思维点"

②注意“思维点”的选择和组配

训练材料：三句话说哭常香玉

在著名表演艺术家常香玉舞台生活50周年庆祝宴会上，著名演员谢添要考考作家李准是不是称得上所谓“语言大师”，他提议请李准用三句话“说哭常香玉”。在这样喜庆的场合，几句话就要把喜笑颜开的老演员说哭，确实是高难度的即兴讲话。李准摆摆手，皱皱眉，显得很为难。

最后，在包括常香玉在内的众多来宾“不依不饶”“穷追不舍”之后，他缓缓站起来(在这个延宕的时间里，也许他正作思维点的选择和连缀)说：

“香玉，咱们能有今天，不容易啊！论起来，您还是我的救命恩人哩！您听我说——我10来岁那年，一家人跟着逃荒的难民跑到西安，没吃没喝、头晕眼花，眼看快要饿死了，晕晕乎乎听有人喊：‘大唱家常香玉放饭了！河南人都去吃吧！’大伙儿一下子都涌过去了。我捧着一大碗粥，眼泪直往心里流。想，日后若见了这个救命大恩人，我得给她叩个头……唉！哪里想得到，早几年文化大革命，您蒙冤挨整，我看到您被押在大卡车上五花大绑游街，造反派卡着您的脖子让您‘坐飞机’！我站在街边，心里在滴泪、在滴血。我真想喊一句：让我替她站吧，她是好人，是我的救命恩人哪……”

李准还没说完，常香玉已捂着脸，转过身，潸然泪下了。

(4)片言居要，扩句成篇

什么是“片言居要，扩句成篇”？它是“立片言之居要”的即兴讲话的技法。这类即兴讲话，先开门见山，用直言肯定句式提出见解或主张，比如“国外有些人对我们抱有偏见不是坏事”，“我觉得上网有瘾不必大惊小怪”。“扩句成篇”是以一句话为发端，围绕这句话用一组句群所作的表述。因此，这一组句群要时时紧扣“居要”之“片言”，据此确定表达的“意核”。“意核”确定后需要作联想，作全方位的意核分解，这样才能做到言之有物，句句话都“粘”在“意核”上。

(5)挂挡起步，神侃成篇

①快速捞到“抓手”

②撒得开，聚得拢

③表达与讲述同步

例：著名指挥家李德伦侃足球(节选)

20世纪80年代，首都文艺工作者出于对中国足球的关心，开了个推动中国足球“冲出亚洲、走向世界”的座谈会。著名指挥家李德伦先生也应邀赶来参加。但他迟到了，大家“罚”他立即发表“高见”。

李德伦先生当仁不让，张口就说了起来：

“好，就说我自己吧，我今年71岁了，刚才我上五楼啊，基本上是一口气跑上来的。到最后一层我怕进来喘，不好说话，就稍等了一下。我体重116公斤，您来试试看，您能背一个100来斤的口袋上来，爬五层楼，你怎么着，有我这么快吗？不见得比我快。我靠什么呢？是靠踢足球。小时候我就是个球迷。上学时，每逢下了课，俩书包地上一摆，当球门，就开始踢。

“我的球踢得怎么样呢？不怎么样。不灵是不灵，可身体踢出来了。我是抗日战争那年才不踢球的，日本人把我们球场给占了，没法踢了。那年我才20岁。所以，我呢，虽然没踢出什么出息来，可把身体踢出来了。

“……从那以后我就觉得球员文化修养十分重要。我小时候，北京有好多球队，踢得好的还是清华。清华大学的球员文化水平高，球也就踢得好。文化水平高的人，他的思维能力强，头脑就比较清楚，球踢得也有个准儿。刚才有同志是搞京剧的，会说运动员应该听京戏，应该看话剧，应该听相声……

（姜昆插话：“还应该听音乐。”众笑）

“对，也应该听听音乐，听音乐很重要，而且应该听交响乐。你想想，交响乐几十个人一起演奏，前一段开的交响音乐会，有96个人，我们是‘散装乐队’（众笑），都是从各个单位临时凑集起来的。这96人能够搞到一个节奏里头，一个音高里头，相互配合。该你振作起来了，我们这儿就压下来了；等我上来了，你又给我伴奏，相互协调，浑然一体。我觉得，这些不仅在音乐上，足球也是如此。足球和音乐一样！有节奏感，有整体感，要相互配合。

“所以，踢足球听音乐是有好处的！

“别的，我也没说的了。不过顺便说一下，我过去踢球是踢大门，当守门员敢抢敢摔，不过，都是球进了门才扑过去——白摔了一个。”

（众大笑）

借物发挥。在上海市“钻石表杯”业余书评授奖会上，《书讯报》主编将“钻石”“表”与“读书”联系在一起，来了一段即兴演讲，既有贴切的象征和准确的推理，又揭示了读书求知、读书成才的道理，也切合会议宗旨。请设计一下，这个即兴演讲该怎么说。

借名发挥。一位叫李怀争的学生，在学生会干部竞选时发表讲话，从自己的名字说起："……我的名字叫李怀争。我不安心无声无息的生活，不安心死水一潭，'怀'着'争'的热情，想创造一个丰富多彩、无限美好的生活……"你能借你的名字，作一段即兴讲话吗？

借境发挥。设想你为了一件忍无可忍的事发了一通脾气。有人批评你说，虽然"理"在你一方，但不该发脾气。于是，你在这个特定的语境中，以"人不能没有一点儿脾气"作即兴讲述。

(6)言为心声，直表成篇

所谓"直表"就是"直白"，就是直截了当、要言不烦地把问题说得清楚明白。孔子说："信言不美，美言不信。""美"是修饰的意思。坦诚可信的话语是质朴的，不需要任何的修饰。这就是直表。

例：杨澜的直表

早年杨澜竞选《正大综艺》节目担任主持人，最后虽然胜出，央视内部却仍存有一些异议，主要是有的人觉得她还"不够漂亮"。后来开始新一轮竞选，从文艺院校挑出了一位漂亮的选手与杨澜竞争。

那天，她被带入央视外宾接待室，台领导和主管部门负责人以及正大集团的制片人、导演都到了，还有不少"看客"。

杨澜看到竞选对手，觉得她也确实漂亮。但她想，即使最后不选择我，我也要把握机会，坦率地说出我的见解，证明自己的实力。

评委出的演讲题是：介绍自己，并说说你将如何主持这个节目。

杨澜说：

"我叫杨澜。父母给我起'澜'为名，就是祝愿一个女孩子能有海一样开阔的胸襟，自强自立。我相信自己能够做到这一点……

"我认为，节目主持人的首要标准不应该是容貌，而是要看他是不是有强烈的与观众沟通的愿望。我希望做这个节目的主持人，因为我特别喜欢旅游。人与大自然相近相亲的快感是无与伦比的，我要把这些感受讲给观众听……"

现在已经很难找到杨澜竞选演说的全文了，但她确实直截了当地给有偏见的人"上了一课"。据杨澜说，她站在偌大接待室的正中间，一口气讲了半小时，她感觉全场异常安静。她觉得，她的气度和素养、她的坦率与真诚可能已经证明，这个机会应当是我的！所以后来她的对手讲完出来，当她再次被单独叫进去，听到自己竞选获胜，立即上岗与相声演员姜昆搭档主持《正大综艺》时，她一点儿也不觉得惊讶。

(7)意象组合，点染成篇

“意象”，“意”即观点，“象”即物象、事件。“意象组合”即用能说明观点之“象”表达自己的见解(即“意”)。

意象组合并非对现象的随意罗列，要根据题旨作精心筛选和加工。平时注意积累，丰富表象储备，对有价值的意象素材，留心观察、捕捉，并将其浓缩简化，储存于记忆，这样在表达时才会有较好的点染性的表述。

(8)意随情遣，融情成篇

①“意随情遣”前提是思想感情处于运动状态

②“融情成篇”用“情”打开思路和言路

例：演员赵子岳在北京监狱的即兴讲话

电影演员赵子岳是老共产党员，某年春节前，他接到通知，要求他到北京监狱代表政府和首都人民看望正在服刑的青少年犯人。

下面是他的即兴讲话：

“各位干警，各位失足的孩子们：今天我和你们一起参加除夕之夜的活动。离开家的时候，我的儿子和我的孙子都一再挽留我。原因是什么呢？他们说你今年已经是81岁的老人了，应该在咱们自己家里过个团圆年。我说不行。因为咱们家里只有一个儿子、两个孙子，可是在那里，在大墙里面有许许多多青年。我就这样来了，不但我来了，我的老伴也跟我一起来了。(掌声)

“我来看望你们，要和你们一起来辞旧迎新。我们辞旧迎新就是总结过去，展望未来。希望你们辞旧迎新要树立新的‘我’，甩掉旧的‘我’。要做到这一点，首先要正视旧的‘我’，只有这样，新的‘我’才能树立起来……

“我今年来看你们，说不定明年这个时候我还来看你们，可是我希望明年来看你们的时候，你们都有一个新的‘我’!”(掌声)

(三)演讲的体态语

体态语就是演讲者的神态、身姿、手势等表演活动，这些活动和有声语言一起构成演讲表达体系。体态语具有空间艺术的某些特点，具有独特的感染力和审美价值。

常见的错误的体态语与正确的体态语比较如下：

1. 错误的体态语

(1)整体体态

行姿：上台扭扭捏捏，步履迟缓；下台慌慌张张，仓皇逃跑。

站姿：重心不稳，身体前倾后仰或侧向一方；身体左右摇晃，脑袋摇摆不定；两腿轮流抖动，双手不知放在哪里好；脚尖在地上划来划去。

服饰：不修边幅，过于随便；浓妆艳抹，修饰过度；服饰和演讲内容、场合、时令不协调。

(2)局部体态

手势：手势过于频繁、单调、多余；手势的含义不明确；手势动作范围和表达的褒贬意义不符；拽衣角或辫梢，绞手绢，抠指甲等。

眼神表情：目光低垂，看天花板，看窗外；目光呆板、游移不定；只看几个熟悉的听众；表情死板，没有感情色彩。

2. 正确的体态语

(1)整体体态

行姿：步伐稳健、轻捷、速度适中。

站姿：肩平、腰直、身正、立稳。自然式，两脚基本平行，相距与肩同宽；前进式，两脚一前一后，相距适中，或者站成丁字步。

服饰：符合 TPO 衣着原则。“T”(time)指时间、日期、季节、时代；“P”(place)指地方、场所、位置、职位；“O”(object)指目的、目标、对象。

(2)局部体态

手势：按动作含义分，可分为情绪手势、形象手势、指示手势、象征手势。按动作范围分，可分为上区、中区和下区。上区为肩部以上，表示积极、振奋、肯定等褒义；中区为肩至腰部，表示坦诚、平静、和气等中性意义；下区为腰部以下，表示憎恶、鄙视、压抑、否定等贬义。按动作方式分，可分为掌式、拳式、指式。

眼神：正视、斜视、环视、点视、仰视、俯视、凝视、漠视。

表情：明朗、真挚、有分寸。

例：名人演讲如何备稿

法国总统戴高乐发表演讲从来不用讲稿。1969 年，他在为来访的美国代表团举行的国宴上，即席发表了流畅热情的祝酒词。尼克松的秘书对此次演讲大表赞叹。戴高乐坦率地说：“这没什么，把讲稿写了记在脑子里，然后把稿纸扔了。”

有人将它归纳为备稿演讲三部曲：写、记、扔。

关键是“扔”。扔掉讲稿，就是既依据演讲稿又不受制于讲稿，用自己的现场语言作详细复述，并根据现场需要作适度调整，这样效果更佳。

美国前总统布什有一次到匈牙利访问，按照日程安排要发表广场演讲。

演讲那天雨下个不停，国会大厦前的广场已是一片伞的海洋。布什走上讲台，先挥手致意，然后从衣袋里掏出讲稿，双手举过头顶，嚓嚓几下撕成碎片。他说讲稿太长了，为让大家少淋雨，讲短些，不按讲稿讲了。他这一“扔”，人群中爆发出热烈的掌声和欢呼声。

名人演讲备稿非常认真，有时到了字斟句酌的地步。1863 年，美国总统林肯要在葛底斯堡国家烈士公墓落成典礼上发表演讲。尽管他的演讲只有 10 个句子，600 余字，2 分多钟就可以讲完，但他准备了很久。先是构思，起草以后几经斟酌，还念给白宫里的佣人听，请他们提出意见。直到演讲前一天晚上，住在葛底斯堡的旅馆里，他又作了仔细的修改。

林肯的这篇演讲被后人评价为一次“完美无缺的演讲”，他的讲稿堪称“一篇誉满全球的演说词”。林肯在葛底斯堡国家烈士公墓落成典礼上发表的演讲手稿，现在仍珍藏在美国国会图书馆，而且讲辞被铸成了金字文，放在牛津大学，作为英语演讲的最高典范。

二、论辩

论辩也叫辩论，是指在两人或多人之间展开，双方就某个存在争议的话题进行论争，每一方都试图使对方放弃自己的观点而接受己方观点的过程。从某种意义上来说，这是一种特殊形式的演讲，只不过论辩的目的并不单单为了表明自己的立场和观点，还包括迫使对方改变对立的立场，从而接受自己的观点。论辩不仅可以提高人们的批判性思维水平，同时也为人类更加客观理性地认识世界，更加充分地论证以及决策，提供了一种有力的方法。

(一)论辩的基本特征

论辩是一种特殊形式的演讲，同时也是一种交谈，但论辩除具备这两者的一般特征，如表明并传达观点之外，还具有一些自身独有的特征。

1. 论辩双方的观点之间不具有相容性，己方论点的成立是以对方论点的错误为基础或前提的，双方观点存在非常强的对抗性；而演讲重在强调自己的思想和见解，它的立论和证据都是单向的；交谈则是双方就某一问题交换看法和意见，以期增进相互的了解。

美国历史上的著名总统林肯年轻时曾是一名律师。有一次，他受理了一件关于谋财害命的案子，为被告辩护。审讯中，证人一口咬定自己目睹了被告的犯罪经过，证词如下：

10 月 18 日晚 11 时，证人站在一个草堆后面，亲眼看到被告在草堆西边 20～30 米处的大树旁作案，因月光正照在被告脸上，所以他看清了作案人的面孔。

林肯听罢立刻指出被告无罪，此案纯属诬告，证词是编造的。因为：月亮在证人所提及的日期10月18日是上弦月，而晚11时，月亮已西沉，不应该有月光。即使证人记错了时间，把作案时间向前推，月亮也还是在西边，只能从西边照过来。假如照在罪犯脸上，则罪犯脸是向西的，而藏在树东边草堆后的证人是无法看到罪犯的面容的；假如罪犯面向证人，月光照在罪犯后脑勺上，证人又如何看清二三十米处的罪犯是谁呢？

2. 论辩双方进行激烈的观点争锋，其基本形式是对话式；而演讲则是一种独白式；虽然交谈也是对话式，但对“对”与“错”的问题没那么重视，其目的在于使双方达成一致。论辩双方在陈述观点的地位上可能是平等的，也可能是不平等的。当双方地位平等时，双方都有相同的机会表明立场，驳斥对方观点；当不平等时，一方可能会因为权势、地位等压制另一方而迫使对方就范。而在演讲中，演讲者占据了主导权，交谈则是以双方地位的平等为前提的。

3. 论辩的目的在于迫使对方放弃自己原有的观点而接受己方的观点；而演讲的目的在于向更多的群体介绍宣传自己的观点和主张，以期达到感染其他人的目的；一般性交谈的目的在于使双方达成一定的共识，在于求同存异，而不在于“征服”对方。

（二）论辩的功能

1. 论辩有利于普及科学知识，向大众传播真理，从而推动科学的发展。历史上，赫胥黎与宗教头目的论辩，伽利略在比萨斜塔上的论争，都极大地推动了科学的发展与普及。所以在科学中，论辩的目的是揭露谬误，摒弃谬误，从而树立真理在人们心目中的地位。现以关于“上帝万能论”的真实论辩来说明。

一位神学家又在鼓吹“上帝是万能的”，这时有一个人（即后来著名的无神论者布鲁诺）站起来，大声问道：“我可以问个问题吗？”“当然可以。”神学家故作大度。“上帝果真像你说的那样万能吗？”“那当然，这是毫无疑问的。”

“上帝能够创造一切吗？”

“是的。”

“那上帝能创造出一块连他自己也搬不动的石头吗？”

“当然可以。”神学家不假思索地回答道。

“那他岂不是举不动那块石头，而你怎么能说上帝是万能的呢？”

由此可见，科学上的论辩会使我们离真理更加接近。这种论争会产生规模效应，从而使越来越多的人认同真理，热爱真理，追求真理。

2. 论辩有利于我们做出更加科学合理的决策。如法庭论辩的目的就是为了不放过一个坏人，同时也不冤枉一个好人，如前文提到的林肯所做的无罪辩护就避免了一起冤假错案的产生。而政府就某一个问题进行论辩，则能够减少执政的失误。

在核电开发初期，人们对其是否安全存在很大的疑虑。反对核电的人士认为“一旦核电厂发生事故，立刻会造成成千上万人死亡”，这一观点在民众中引起了巨大的恐慌，反对核电的呼声日益高涨。而赞成核电的学者则从原子能发电和燃煤发电的试验出发，并换算出了用原子能发电生产一千亿瓦特的电只牺牲两个人，而燃煤发电生产同样千亿瓦特的电，却要牺牲179人。这些论据有力地驳斥了反对派的观点，从而使建造核电站成为了可能，继而核电事业出现了蓬勃发展的势头。

3. 论辩有利于人们分清是非，扶持正义，从而提高民族的整体素质。如在五四运动时期，左翼作家就和反动派进行了大量口头或书面的论辩，从而使国民更加清楚地认识到什么才是真正的善、真正的美，什么才是真正的民主、真正的共和。如梁实秋和鲁迅的一次交锋就是这样的。

梁实秋曾说，“一切的文明都是极少数天才的创造”，“好的作品永远是少数人的专利品，大多数人永远是蠢的，永远与文学无缘”。对于这种论调，鲁迅先生反驳说：“倘若说，作品愈高，知音愈少，那么，推论起来，谁也不懂的东西，就是世界上的绝作了。”鲁迅的反驳有力地说明了只有那些为大众所接受所理解的作品才是好的作品。

4. 对于个人来说，经常进行有意识的论辩，可以激发自己的潜能，培养批判性思维能力，从而提高自己的学识与才干，甚至有的时候可以挽救自己或他人的生命。如清代学者纪晓岚就因巧辩而免于一死。

一天乾隆和纪晓岚谈到了忠孝的问题，当然他们都认同“君要臣死，臣不得不死”的信条，乾隆有意刁难纪晓岚，就赐他投河而死，纪晓岚是何以脱身的呢？他到河边装装样子又回到乾隆这里复旨，说：“我走到河边，正要往下跳时，屈原从水里向我走来，他说：‘晓岚，你此举大错矣！想当年楚王昏庸，我才不得不死，你在跳河之前应该先回去问问皇帝是不是昏君，如果不是昏君，你就不该投河而死；如果说皇上跟当年楚王一样的昏庸，你再死也不迟啊！’”听罢，这乾隆还如何敢赐死纪晓岚呢？因为纪晓岚一死，他就要背上昏君的骂名，纪晓岚就此逃过一劫。

(三)论辩的类型

1. 根据论辩的目的不同，可以分为以下两种形式：

(1)应用型论辩

应用型论辩是在真实的工作或生活场景中，人们为了某种目的而就某一问题进行观点交锋和答辩的过程。这种论辩包括的范围比较广，小至个人的讨价还价，大到学者之间就某一观点的论争(如《一虎一席谈》曾有一期节目就是讨论转基因食品是否是安全的)，还有法庭辩护，甚至政府就某一政策(如计划生育政策、三峡工程的项目论证)而举行的决策论辩都属于应用型的论辩。从这个意义上来说，论辩是无处不在的，它与我们的生活休戚相关。

(2)赛场论辩

赛场论辩是为了提高人们的思维水平，培养人们全面看待问题的理念和应变能力的一种论辩。一般而言，此种论辩的题目都是精心设置或选择的，目的是能够让双方都有可能找到大量证据支持己方观点而驳倒对方观点。论辩中，双方的发言时间、方式、顺序等在事前就已经安排妥当，所以这种论辩的组织性和目的性都非常强，而且具有很高的观赏价值。

2. 根据论辩时破立论点的方式不同，可以分为以下四种形式：

(1)辩理

辩理是即通过立论的方式，申明自己的主张和见解，以达到说服对方的目的。如周恩来总理在亚非万隆会议上的讲话就表明了新中国在外交政策上“求同存异”的立场。在赛场辩论中，最初阶段基本上都是从辩理开始的，以使对方明了己方的基本立场和观点。

(2)辩驳

辩驳是通过对对方立论的反驳来达到说服对方的目的。如武汉大学与马来亚大学曾就“钱是否为万恶之源”进行过一场辩论。反方(马来亚大学队)观点的提出就是建立在批驳“钱乃万恶之源”的基础上的，其辩词摘要如下：

金钱不具有源的根本性：(1)钱起源之前的恶缘何而生；(2)恶的关键在于人的选择主动性；(3)钱的工具性亦可为善。

(3)辩解

辩解是在对方没有充分理解己方观点或反驳对方立论时，对己方观点做进一步的解释和说明，以达到驳倒对方的目的。如曾有一位外国记者不怀好意地问周总理：“在你们中国，明明是人走的路为什么却要叫‘马路’呢?”周总理不假思索地答道：“我们走的是马克思主义道路，简称马路。”这位记者意在把中国人比作牛马，和牲口走一样的路。而周总理的回答则从另一个角度对“马路”的含义进行解释，从而避免了尴尬和难堪。

(4)辩伪

辩伪是指出对方的论据有编造或虚假之处，从而使其立论丧失基础，不攻自破。如在《一虎一席谈》关于转基因食品是否安全的论辩中就有这么一次交锋：

反方(认为转基因食品不安全)：……但是美国的监管是非常严格的，如果你有转基因的成分在里头，但是你没有标识，它就要罚到你破产……

正方(认为转基因食品安全)：……美国对转基因的食品是不做任何标记的，它叫自愿标记原则……(并出示了文件证据)

正方对反方的反驳就是通过攻击其证据不实来实现的，从而赢得了观众的支持。

论辩还可以根据其他标准进行分类，如根据所用的媒介是纸质还是话语可分为口头论辩和书面论辩，根据观点的交锋存在于个体内部还是个体之间可分为自辩和他辩等。

(四)论辩的方法

1. 雄辩

雄辩以提出自己的论点为主，通过论据之间的逻辑关系层层深入、步步为营地向对方明确表达自己的立场和观点。雄辩意在从多个角度全方位论证己方观点，如交锋观点的前因后果、历史渊源、现状与未来等。雄辩法应有一泻千里、水到渠成之势，论据应充分翔实，论证应合理到位，让对方无懈可击。如同辩理一样，它也经常用于赛场论辩的初始阶段。

2. 诡辩

诡辩一直因其避重就轻、转换话题与偷换概念等而遭到很多诟病。然而诡辩无论对于个人还是群体来说都有一定的积极意义，尤其是双方地位不平等或在一些不便于正面交锋的场合，诡辩往往反映了人们的应变能力和思维水平，达到风趣幽默、化险为夷的效果。前文周总理对于马路的解释就不失为一个良好的例证。再如战国时期著名辩士公孙龙所提出的“白马非马”“离坚白”等命题也均具有诡辩的性质。由此可见，诡辩一方面是一种狡辩，使人们无法分清是非曲直，从而遭到人们的谴责；另一方面也体现了人类智慧之花，达到四两拨千斤的效果。

3. 悖论

悖论是从雄辩和诡辩中衍生出来的一种特殊的语言现象。它是指表面看起来合理，但本质上自相矛盾的观点、推理和论证。根据能否用一般的形式逻辑解决这类矛盾，我们可以把悖论分为雄辩式(真)悖论和诡辩式(假)悖论两种形式。前者中的矛盾通常无法消除，如“我在说谎”这句话到底为真还是假呢？为真，则我在说谎，那么这句话又变成了假话；为假，则我没有说谎，那么这句话又变成了真话。所以无论如何判断这句话均不能解决这一矛盾。而后者中的矛盾则是可以消除的，如可以用学费悖论说明这一点。

传说古希腊人爱瓦梯尔向普洛太哥拉斯学习辩术。他们的约定是：爱瓦梯尔先付一半学费，另一半学费等学成后在第一场辩护胜诉时再付，如果败诉，则学费不必再交。

但是爱瓦梯尔毕业以后，没有担任辩护工作，不打算交另一半学费。

普洛太哥拉斯准备告他收回学费，他说：“如果我胜诉了，法官会判你付我学费；如果我败诉，根据约定你还是要付我学费。总之要付。”

爱瓦梯尔一点都不慌，他对老师说：“如果我胜诉，法官也会判我不付学费；如果我败诉，按照约定我也不必付另一半的学费。总之不付。”

显然矛盾双方的陈词都是有道理的，但是否付学费并非以判决的性质(胜或负)为依据，而是以判决的内容为依据。所以此类悖论矛盾是可以解决的，故称假悖论。

在真正进行论辩时，还有许多具体方法，如顺水推舟、类比归谬等，可参见相关书籍。

(五)论辩训练方法

1. 逼问快答的训练

(1)限时答问：请按照下面的例题，设计一组常识性或“脑筋急转弯”的问题，双方限时作快速提问、快速回答的练习。100 秒为净答所需用的时间。问句语速稍快，以训练反应力。回答基本正确即可放行。(此为题例，可自编增加)

“雷鸣电闪”和“电闪雷鸣”哪个说法更合理？

什么动物代表澳洲？

处于困境又遇生路可用什么成语表达？

话不投机和投机取巧两个“投机”的意思相同吗？

鸟都是会飞的，马都是会跑的，对吗？

什么话说了自己不知道？

两个父亲两个儿子去打野兔，每人打了一只，怎么只有 3 只？

(2)限时快速接对相近或相反的成语。(此为题例，可自编增加)

“寸步不离”相反的成语是——

“阳奉阴违”相近的成语是——

“土崩瓦解”相反的成语是——

“不翼而飞”相近的成语是——

“门庭若市”相反的成语是——

“唯我独尊”相近的成语是——

“祸不单行”相反的成语是——

“时来运转”相近的成语是——

“不足为奇”相反的成语是——

2. 快问智答的训练

设计一组内容广泛、跨度跳脱的问题进行训练。

3. 快问快答，对答如流的训练

(1)请以“我说我”为内容快问快答，做到对答如流。

(2)接对成语。

这是思维和语言的反射性训练，方法是：先就某个成语的意思作简明概括的解释，然后要求对方快速说出相应或相近的成语。两个人一组，每组配一套题，互问互答。

题例：事物消亡前的表面辉煌。（回光返照）

按自己的需要引用别人的话。（断章取义）

在即将成功的时候失败了。（　　）

不需攻击，自己就失败了。（　　）

治平乱世，回复正常。（　　）

一下子解开心结，明白了某种道理。（　　）

以空想代替现实，以自我安慰。（　　）

羞愧得下不了台，就发脾气。（　　）

力量很小却想撼动强大的事物。（　　）

行动和目的相反，背道而驰。（　　）

行动出没无常，不可捉摸。（　　）

不管到什么环境，都安然自得。（　　）

(3)妙对成趣。

用对偶句训练择语反应力，是我国传统语言教学中行之有效的方法。对偶句也可以增添情趣。请快速完成下列民谚的接对。接对的评定尺度可放宽，不一定要工对，对已流行的俗语也可做改动，但要能自圆其说。

题例：虎不怕山高，鱼不怕水深。

嘻嘻哈哈喝茶，叽叽咕咕谈心。

粪堆里长不出灵芝草，狗窝里养不出金钱豹。

千军易得，________。

尺有所短，________。

鱼怕离水，草________。

滴水成河，粒米________。

抓鱼要下水，伐木________。

生姜老的辣，笋子________。

甘蔗老来甜，辣椒________。

明里一把火，暗里________。

敲锣敲锣心，敷药________。

路不走长草，刀________。

(4)巧接话茬。

先选定一个排比句式，由一人讲出排比句的前半截，另一人讲出后半截，构成一组并列句群。

金钱能买到纸笔，但不能买到__________；

金钱能买到伙伴，但不能买到__________；

金钱能买到权势，但不能买到__________；

金钱能买到服从，但不能买到__________；

金钱能买到躯壳，但不能买到__________；

金钱能买到奉承，但不能买到__________。

4.“变通顺承，机敏转移”的训练

请用“变通顺承，机敏转移”方式回应：

(1)“唉，我觉得自己很平庸，见人矮三分，什么都不行。”

于是，你劝他增强信心……

(2)天已很晚，你的朋友还在你家闲聊。

你碍于情面不好意思下逐客令。这时你看看表，打了个哈欠，说……

(3)“听说你发表了一篇小说，可不能飘飘然啊！”

其实自己没有“飘飘然”，于是这样回应……

(4)“我最近不是表现好点了吗？班长，这个月不会再扣我的奖金了吧？”

(其实仍表现不好)班长说……

(5)某青年在学校时担任过学生会宣传部部长。毕业后他到一家大公司递上求职报告，想应聘推销部经理。经理说："从您的简历看，担任过学生干部，择业方向最好是行政工作，当推销经理合适吗?"

青年觉得经理的说法欠妥，于是说……

(6)某中学一位优秀教师随中国文化艺术代表团访问日本。访问期间，他应邀到东京一所中学，见到了日方校长和老师，接过日方校长要这位优秀教师转交的礼物后，日本朋友说："我们学校希望和你所在的中学结为友好学校。"

面对这一友好请求，教师既不能擅自决定，又不便拒绝，该怎么说?

5."语言名片"的训练

求职应聘在自我介绍时可以在自己的名字上做点文章，有时比递上印刷的名片给人的印象更深刻。请参照下面题例设计自己的"语言名片"：

(1)我叫刘月琴。见过刘三姐在月下弹琴吗？没见过？我见过刘三姐在月下弹琴，我叫刘月琴。

(2)我叫晋群，"普"字上面去两点是"晋"，不过我觉得那两点还是该放在上面，因为我很普通，晋群，普群，普通的群众。

(3)我叫滕进，愿我们国家腾飞前进，我是滕进。

6."直觉思辨，速喻明理"的训练

魏晋时期刘劭说："善喻者，以一言明数事；不善喻者，百言不能明其意。"我们要重视比喻在即兴口语表达中的功能，力求做到以浅喻深，化深为浅；以简喻繁，化繁为简；以熟喻生，化生为熟。说话时，语出于口常常是一瞬之间，这时运用的比喻叫做"速喻"。古人说："能博喻然后为师。"教师应学会打比方，以适应各种现实的话题。

例：速喻明理语用案例

1920年9月，胡适在北京大学开学典礼上说，北京大学不要满足于低层次的"普及"，他说："北大师生需要做的是创造性的'提高'工作，满足社会上的智识饥渴，因为只有提高才有真正的普及。你看桌上的台灯决不如屋顶的灯照得远，屋顶的灯更不如高高在上的太阳照得远，就是这个道理。"

胡适用打比方的方法把抽象枯燥的道理讲得深入浅出、生动有趣，是一种直觉思辨的语言智慧。

白岩松这样说："有时我们会忽略日常生活中的那份幸福。其实幸福就是像水一样的东西，就在我们身边流过，好像是一杯好茶、亲人的一张笑脸、午后一抹温馨的阳光、半夜下班时万家灯火中为你点亮的那盏灯……”

水均益这样说：“波黑冲突就像一个久治不愈的病人，后来来了好多医生给病人会诊，但是病不见好转，于是人们对医生的处方和动机产生怀疑，医生之间也产生了分歧和争论……”

7.“迂回曲对，岔答诘难”的训练

如果对方用刁钻古怪的诘问使你猝不及防，这时权宜之计是突破问句的限制，将问句“岔”到有利的方面来。这只是应对策略，故意的曲解是为了摆脱被动的局面。多姿多彩的妙接妙对是高超口才的展现，更是睿智的语言艺术。许多著名人物给我们留下了不少精妙应对的语言精品。

例：著名人物的妙接妙对

(1)1979 年中美建交时，邓小平访问了美国，有记者提问。

记者：美中双方决定实现关系正常化，国内遇到政治上的反对派了吗?

邓小平：有反对派呀！我在中国一个省遇到很严重的反对，就是台湾。

(邓小平平静地对待不怀好意的诘问，用别解岔答的应对技巧让对方“扑”了个空，机敏地维护了国家的尊严。)

(2)威尔逊任美国新泽西州州长时，一位议员突然去世了，他取消一切约会，一个人待在家里。这时电话铃响了，里面传来一个人吞吞吐吐的声音：“州长，我……我想代替那位议员的位置。”

威尔逊答：“我想，如果那家殡仪馆同意的话，我本人是完全同意的。”

(这个岔题妙对，是对卑鄙者毫不客气的回敬。)

(3)俄国诗人普希金参加一位爵士的家庭舞会。他走上前邀请一位傲慢的漂亮小姐同他跳舞。小姐不屑一顾：“我不能同小孩子跳舞!”

普希金微微一笑：“对不起，小姐，我不知道您有孕在身。”

(这是剥离语意的自我防卫，带有冷峻顺贬之意。)

(4)鲁迅先生在原北京女子师范大学校董会上为爱国学生辩护，校长打断了他的话：“学校是有钱人办的，还是听听有钱人的高见。”鲁迅从兜里掏出一块银币，“砰”地放在桌上：“我有钱，我可以说话!”

(鲁迅顺势别解“有钱”，岔答对方的诘难，也是辛辣的讽刺。)

8.“以问制问，适度冲撞”的训练

例：赵本山巧答出场费

在一次联欢会上，有人突然向“小品王”赵本山“发难”。

女观众：听说现在你在全国笑星中出场费最高，一场好几万，是吗?

赵本山：你的问题很突然——请问您是哪个单位的?

女观众：我是大连电器经销公司的。

赵本山：你们经营什么产品？

女观众：有电视机、录音机、录像机……

赵本山：你们一台录像机卖多少钱？

女观众：至少4000元。

赵本山：那人家给你400元你卖吗？

女观众：不能卖，性能品牌不是那个价呀……

赵本山：那不就结了？

主持人：本山大叔，您吹拉弹唱无所不通，拍电视剧是自编自导自演样样在行，今天，本山大叔还有什么才艺给大家展示一下？

赵本山：还要展示才艺？再展示我就当主持抢你饭碗了……(鼓掌)

“急智”来自突破“定型思维”，一眼看穿对方“怪问”中某种隐含的荒谬前提，选准突破口，来个出其不意，攻其无备。要注意慎重处理顺贬和反诘的“冲撞效应”。

9.“突破惯性，语境生智”的训练

例：董卿语境生智一例

2009年春晚彩排前，央视主持人董卿在大理主持节目摔下石阶，后来她来到央视彩排现场，走路稍有些蹒跚，笑着自我解嘲说她“为大理的景色‘倾倒’，倒在了三塔寺下”。春晚彩排中，青年美声歌手王莉在上场的时候也不慎摔倒，单膝跪地。虽然没有影响到声音的效果，但现场气氛未免显得尴尬。面对王莉的摔倒，董卿说了这样一段话：“刚才歌手王莉不小心摔倒，好在没影响到她的演出。其实春晚就是这样一个舞台，能站在这里的都是最优秀的演员，大家都是摔倒了又爬起来才走到这里的！”

两个“摔倒”，语境不同，董卿运用幽默和“别解”巧妙化解尴尬气氛，这就是“语境生智”的功夫。

突破惯性需要语境生智。处变不惊，就可能说出几句奇智妙语。如果心情过于紧张，思维难以聚合，表达变得迟钝起来，就可能落入思维惯性的陷阱。“语境生智”就是让思维处于积极状态，来个“急中生智”。

10.“巧解妙释，反常合道”的训练

“反常合道”就是既违背常规又合乎情理的智慧。“反常合道”的思路是综合的，它造就出色的个性；智慧的思路是求异的，它可以创造新的思想。如果经常对一些固有观念作“反常合道”的思辨，不仅训练了语智，也有激浊扬清、革故鼎新的意义。

一个富有语智的人必须使自己的思维具有批判性、创造性。爱因斯坦说过："要是没有独立思考和独立判断的有创造力的个人，社会向前发展是不可想象的。"经常进行"反常合道"的思辨，有助于成为创造性人才。

11."据理力争，力排众议"的训练

"据理力争，力排众议"可以训练"语智"。在"唇枪舌剑"的论辩中，措词激烈但不能轻率，为了防止对方抓住把柄，语言分寸感的把握要很慎重，有时要达到字斟句酌的地步，所以"据理力争，力排众议"是"语智"的较量。思维的缜密程度和语言驾驭能力的高低，直接影响论辩的成败。

第三节　交谈与主持

一、交谈

(一)交谈的定义和分类

交谈也叫对话、会话，是人类最基本、最常见的口语交际活动，一般在两人或多人之间进行。交谈与其他口语交际活动的最大区别在于"双向交流"——交际双方的互动性比较强，双方一般没有主次之分。典型的交谈方式包括聊天、谈心、劝解、讨论等。

交谈活动主要包括以下几个要素：交谈者、交谈内容、交谈目的、交谈环境、交谈媒介、交谈方式等。我们可以根据这些要素对交谈作如下分类：

根据交谈双方的人数，可以分为一对一的交谈(例如谈心)、一对多的交谈(例如教师召集学生集体谈话)、多对多的交谈(例如会议讨论)等；

根据交谈内容，可以分为公事交谈和私事交谈；

根据交谈目的，可以分为有目的的交谈(例如谈判)和无目的的交谈(例如闲聊)；

根据交谈环境，可以分为偶遇性交谈、约会性交谈、拜访性交谈；

根据交谈媒介，可以分为面对面交谈、电话交谈、网络视频交谈等；

根据交谈方式，可以分为正式交谈和非正式交谈，前者一般是有准备的交谈，后者则是无准备的交谈。

(二)交谈的基本要求

上面说过，交谈是一种"双向交流"的口语交际活动，交谈双方交替充当说话者和听话者，二者相互依存，任何一方出现差错都可能导致交谈的中断和失败。因此在交谈中，应严格遵循以下基本要求：

1. 明确自己在交谈中的角色，用合适的方式说自己该说的话

所有的言语交际活动都离不开交际语境，语境因素对于交际效果具有十分重要的影响。交谈也不例外，对任何一个交谈者来说，要想实现交谈目的，绝对不能忽视交谈场合与交谈对象等语境因素，必须根据这些因素准确定位自己的角色，说出自己该说的话才行。这包含三个层面的意思：

第一，不应"越位"——说了该由别人来说的话。例如，某社区部分居民对社区旁小学扩建操场及学校喇叭声意见很大，于是社区邀请校方和部分居民代表开了一次协调会。在听取了居民代表和校方领导的陈述之后，社区的一位对学校根本没有领导权的干部对参加会议的校方书记说："今天的会议开得很好，社区和学校本是一家，我们应该建立和谐社区。刚才说的几个问题必须解决，社区让出了几十平方米给学校扩建操场用，是社区做出了牺牲；至于扩建的操场，必须资源共享，不能有异议；学校喇叭声也应该轻点儿，不能影响居民休息……你回去以后，应该召集班子开个会，立即讨论解决问题……"且不说这位社区干部说得是否在理，仅从他命令的口吻看，显然是超越了自己的角色权力。是否开放操场、资源共享，应由双方协商解决，社区干部没有权力向学校领导人发号施令。如此越位说话，即便说得有理，恐怕也无人理会。作为协调者，这位社区干部应该以商量的口吻来谈，才有可能说服大家。

第二，不应"失位"——没有说自己该说的话。例如，某单位有一个年轻但烧得一手好菜的炊事员，不安心于自己的工作，认为炊事工作没有出息，觉得年纪轻轻就加入"伙头军"很委屈，因此常常牢骚满腹，工作懈怠。于是，领导找他谈话，平易近人地说："小伙子，做炊事员有什么不好？很清闲也很自在。再说，你们还会尝到最先出锅的美味，有道是'一招鲜，吃遍天'，油水可比别人多得很呢！"该领导看似平易近人，没讲大道理，所说的话也容易让人接受，但从其身份来看，该领导所言则属角色失位。因为该领导只考虑交流对象的心理状态，只注意交流对象的利益所得，而忽略了自己作为领导应有的价值观和是非判断，他的那番话等于在鼓动下属占小便宜，挖集体的墙脚。他的话脱离了领导角色，对下属起了明显的误导作用。其实，站在领导的角度，他应该从劳动分工、个人与集体的关系、个人价值实现等积极方面来做好下属的思想工作，如此才不算失位。

第三，不应"错位"——在某个场合错误说出了适用于其他场合的话。

例如一位老干部在医院看病，不排队想直接挂号。一位年轻医生看不过去，便对他说："请您排队。"那位老者照样不排队，还很不高兴地说："当年我为国家干革命时，还没你呢，你算什么，倒管起我来了?"这位老者可能是为国家作过重要贡献，或许曾是某单位的重要领导，可是到了医院，他就是病人，应该以病人的角色语言来对待医生的建议才对。

总之，人们在交谈中必须注意交谈的场合与对象，并以此确定自己的身份和交谈方式。战国时期著名的纵横家鬼谷子曾经精辟地总结了与各种各样的人交谈的方法："与智者言，依于博；与拙者言，依于辩；与辩者言，依以要；与贵者言，依于势；与富者言，依于高；与贫者言，依于利；与贱者言，依于谦；与勇者言，依以敢；与过者言，依于锐。"这段话翻译成白话文就是说：与聪明的人谈话要有广博的知识，与笨拙的人谈话要清楚易懂，与善辩的人谈话要简明扼要，与地位显赫的人谈话要依靠宏大的气势，与富有的人谈话要高屋建瓴，与贫穷的人谈话要讲究实际利益，与卑贱的人谈话要谦敬，与勇敢的人谈话要果敢决断，与有过失的人说话要直率尖锐。可见，说话看场合、看对象是交谈的首要要求。

2. 适时掌控话题

话题即交谈的中心。人们的交谈活动总是围绕一定的话题展开的，交谈过程中话题的选择、深入或转换由交谈双方共同来完成。不过一个熟练的交谈者应该是话题的主导者，他能够主动、适时地提出、转移和结束话题。

(1)提出话题。交谈开始往往有一个寒暄的过程，这个过程既利于营造一种融洽的氛围，也可以自然引出交谈的话题。一般来讲，在寒暄时可以选择以下的话题作为开始：

①天气。天气几乎是古今中外任何场合都适用的话题，因为天气对于生活的影响太直接了。天气很好，不妨同声赞美；天气太热，也不妨交换一下彼此的苦恼；如果有什么台风、暴雨或是季节性流行病的消息，更值得拿出来谈谈，因为那是人人都关心的话题。

②时事。轰动一时的社会新闻也是常见的交谈话题，如果你知道事件的最新进展或对其有独到的看法，足可以把一批听众吸引在你的周围。

③健康。这也是人人都感兴趣的话题。有关食品营养，自己或亲友的养生经验，以及怎样可以增强体质，怎样可以减肥等这一类的话题，也许只是一家之言，但它能吸引人的注意力，甚至可能为他人提供有益的借鉴，所以这是一个很有意义的话题而常被人提及。

④近况。在中国，熟人之间往往可以谈些自己或对方工作、生活上的事，这既可以让对方感觉到你的关心，也可以进一步增进双方的了解。当然要避免谈及隐私或对方忌讳的事情。

(2)转移话题。同一个话题的延续和深入需要交谈双方共同感兴趣才行，如果有一方对正在谈论的话题不感兴趣，就需要适时转移话题。例如下面这段对话：

甲：这几天老下雨，真烦人。

乙：嗯。

甲：到处都湿漉漉的，也没什么地方可以去逛。

乙：是的。

甲：听天气预报说还要下一个星期呢。这天气真是的——

乙：其实也有地方去玩儿呀，比如可以去电影院看电影。上个周末我就看了一部很好看的电影《阿凡达》，你看了吗?

甲：看了，确实很好看。

乙：你也看的3D版吧?那场面真壮观、逼真啊，感觉故事就在眼前发生一样……

这段交谈中，甲开始总在谈论天气，但乙似乎对此不感兴趣，只是应付着回答，后来乙主动转换话题，从对方提到的“没有地方逛”自然过渡到“看电影”的讨论上，这个新话题看来甲也很感兴趣，于是他们的谈话又可以顺利地进行下去了。

在交谈中，假若自己对正在谈论的话题很感兴趣，但发现对方心不在焉或沉默不语，应该知趣地感受对方的暗示主动换另一个话题，免得使交谈变得僵化或不愉快。

(3)结束话题。结束话题可以是结束一个旧话题的同时开始一个新话题，也可以是结束对话。前者即上面提到的转换话题，这里说说怎样主动结束对话。一般有三种方式表明准备结束对话了：

①在交谈任务完成后说一些总结或感谢的话，例如“好，就这样吧”，“今天就聊到这儿吧”，“谢谢你跟我聊了这么多”，“不好意思，耽误你这么久的时间”，等等。

②提出自己还有别的事要做，必须中断交谈，例如“不好意思，十点钟我还有点事”，“哎呀，我要去上课了”，“对不起，我得去接小孩了，下次再聊吧”，等等。

③谈论时间，委婉暗示交谈该结束了，例如“哎哟，都十二点了”，“快

两点了，我们得去上课啦”，“时候不早了，你也该休息啦”，等等。

3. 听说兼顾

提起“交谈”，很多人只注意到里面的“谈”字，说起话来没完没了，让人插不进一句话；而有些人又不懂得掌控话题的艺术，只是一味地当听众。这些都不是正常交谈的方式。交谈在本质上是一个“交”的过程——说话人和听话人要不断交叉转换角色，进行双向互动，唯有如此才能完成“谈”的任务。因此，交谈双方应当做到听说兼顾。

首先，要学会倾听。

(1)倾听要专心，不仅要用耳，而且要用全部身心，去理解对方所说的内容。倾听过程中应注视对方，不时地点头或回应，表明自己对交谈内容感兴趣；倾听过程中不要打断别人的讲话，强行改变对方的话题。

(2)听话要抓住重点。当对方说话的内容较多时，应该抓住重点，必要的时候可以向对方说出自己的理解，寻求对方的肯定或进一步解释。

(3)会揣摩言外之意。人说话有时候直言不讳，言明意显，一听就懂；但有的时候却意在言外，把真实意图隐藏在话语表面意义的背后，让听者去猜测。如果是后面一种情况，就需要听话人能够结合具体语境去揣摩说话人的动机和言外之意。例如：上课铃响了，陈明同学才慢吞吞地往教室走，进了教室之后，依然不紧不慢地走到座位上。此时老师笑着说：“陈明同学真是一个讲风度的好学生，你们看，打了上课铃后他还这样稳重!”这里老师的话表面上是表扬陈明，言外之意却是批评他作风散漫。陈明应该能够理解这层言外之意，并道歉、改正才对。

其次，要适当地说。

(1)说话要有针对性。说话要切题，不可答非所问，东拉西扯；观点要鲜明，不应吞吞吐吐，含混不清；内容要实在，避免说假话和空话。

(2)说话要有吸引力。要使自己的话吸引人，应当充分考虑听者的需要，谈论对方感兴趣的话题。要增加自己说话的吸引力还可以锤炼自己的语言，使自己的表达富于变化，具备美感。

(3)说话要顾及听者的感受。当发现听者对自己所说的话不感兴趣时，应该及时转换话题；当发现听者对自己的话有困惑时，应向对方询问并作进一步的解释；当发现听者张嘴想表达什么时，应停下来或放慢说话的节奏给对方说话的机会。

总之，交谈是一个听说并重的言语交际活动，只听不说或者只说不听都会导致交谈失败，交谈者必须在关注对方的前提下把二者兼顾起来。

4. 语言实在、简洁、得体

在交谈中，语言是最重要、最直接的媒介，为了在有限的时间里达到更好的交谈效果，交谈者应该让自己的语言实在、简洁、得体。

(1)语言实在即言之有物。一般来说，只有内容实在的话才能更好地传递信息，而假话、空话和套话只会让人不知所云，浪费时间。请看下面一段对话：

记者：请问贵公司今年取得这么好的业绩有什么经验呢？

受访者：不敢当，不敢当。如果说有一点成绩的话，主要归功于上级部门的正确领导。

记者：你们自己是怎样做的呢？

受访者：全心全意为人民服务是我们公司的宗旨，上下团结、努力奋进是我们公司一贯的作风，我们正是靠着这种精神才有了今天的发展。

记者：能否说得具体一点呢？

受访者：遇到困难的时候不低头，取得成绩的时候不骄傲，永不退缩、永不满足是我们不断进步的根本动力。

记者：今后你们打算怎么做？

受访者：我们将再接再厉，为取得更大的成绩而努力奋斗。

这段对话中的受访者没有一句实在的话，全是套话、空话，虽经记者提醒，仍空洞无物，这正是毛泽东曾经批判过的“八股”语言，让人听起来乏味无比，在日常交谈中应当克服。

(2)语言简洁即思路清晰，化繁为简，不滥用语言，不堆砌辞藻。我们知道，邓小平就从不喜欢滔滔不绝的高谈阔论，他的语言常常是简洁精辟的，善于抓住问题核心，一语中的，传达出耐人寻味的深邃思想。据说他的女儿毛毛写《我的父亲邓小平》时曾问父亲：“长征的时候你都干了些什么工作？”邓小平的回答只有三个字——“跟着走”；当孩子们问起他在太行山时期都做了哪些事，邓小平只回答了两个字——“吃苦”；在评价刘邓大军的辉煌战史的时候，他也只用了两个字——“合格”；1973 年 2 月，邓小平从江西下放地回北京，毛泽东第一次召见他就问：“你在江西这么多年做什么？”邓小平仍只用两个字回答——“等待”；还有，加拿大总理特鲁多问他三落三起、终能重返政坛的秘诀是什么，他的回答还是两个字——“忍耐”。可见交谈的语言不在多，而在精，不在华丽，而在准确。

(3)语言得体即说话要符合交谈的场合与对象。关于这个问题，前面已经详细讨论过，这里不再赘述。

（三）交谈的技巧

1. 学会提问

在交谈中，恰当的提问不仅可以获得自己想知道的信息，还可以引导话题，掌控交谈过程。

(1)选择恰当的提问方式。问题分两种：封闭式问题和开放式问题。前者问题明确、答案固定，比如问“你见过那个人吗”，回答要么是“见过”，要么是“没见过”；而后者问题简洁、答案丰富，比如问“你觉得这个人怎么样”，回答就可能千变万化、因人而异。交谈中我们可以根据需要选择恰当的提问方式——如果想在较短的时间内获得确切的信息，可以问封闭性的问题；如果想知道更为丰富的信息，则应该问开放式的问题。当然，这两种问题应该变换着使用，不应单调。否则，密集的封闭式问题会让对方感觉你在盘问他，而过多的开放式问题又容易让对方的回答不着边际。

(2)提问应明确、具体。不管是封闭式问题还是开放式问题，所问的“点”都应该是明确的，不应含混不清，让人不明白你到底想问什么。比如有人向老师提问，问话中掺杂着老师讲课的内容和自己的一些理解，但说了半天却说不出到底哪个问题不懂，使老师不知道该回答些什么。另外，提问应该尽量具体，不应过于宽泛。比如小王每次见到朋友小李都会关切地问：“最近怎么样呀?”可每次得到的回答都是：“还不是那样!”我们设想一下，如果小王每次都换种方式问：“哟，又买了件新衣服呀?”“听说最近电影院正在热映一部进口电影，你看了吗?”小李的回答一定会包含更多的信息。

(3)利用提问引导话题。提问不仅可以获取新信息，还可以十分方便、自然地转换话题。例如陈明对李丽说：“我刚从伦敦回来。”李丽则可以用下列不同的问话引导出不同话题来：

“一定很累吧？都参观了哪些景点啊?”

“那里也像我们这儿这么热吗?”

“英国人给你的印象怎么样?”

“你是怎么和老外沟通的?”

“我也准备去英国，不知道签证是不是麻烦?”

“西餐吃得惯吗？伦敦的中餐馆多不多?”

……

这些问话可以分别引导出伦敦的景点、天气、英国人的性格、语言沟通、签证办理以及餐饮等完全不同的话题，提问人可以根据自己的需求决定话题的走向。

2. 注意细节

在交谈中，倘若能注意细节，定能增进人际关系，提升交谈效果。这些细节主要包括：

(1)让先。让别人先说，一方面可以表现你的谦虚；另一方面可以借此机会来观察对方，给自己一个揣测的时间和从容考虑的余地。

(2)避讳。不论与什么人交谈，都应对对方有所了解，聪明地避开某些对方忌讳的话题，如个人的隐私、疾病以及其他不愿提及的事情，否则会引起对方不快。交谈者要学会察言观色，一旦发现自己不小心触及了对方的忌讳，令对方不快或尴尬时，就应立即巧妙避开。

(3)谦虚。交谈中应避免过于显露自己的才学，尽量少说“我如何如何”，因为谦虚的人才更容易被接受。

(4)幽默。适当运用幽默，可为社交增添活跃愉快的气氛。但妙趣横生的谈话，来源于一个人修养和才华的有机结合，不可强求。千万不要为了追求风趣的效果，而讲些格调不高的笑话，甚至侮辱他人。

(5)口头禅。口头禅固然能体现个性，但多数是语言的累赘。比如在交谈中加上若干个“这个”“那个”“嗯”“啊”之类的口头禅，就如同在煮熟的白米饭中掺上一把沙子，令人难以下咽。所以要尽量改掉自己的口头禅。

(6)平衡。如果几个人一起交谈，应注意不要把注意力全部集中到某一个人身上而冷落了其他人。交谈中，除了你的对话者以外，还需要用目光偶尔顾及一下其他人。对于沉默者则应设法使他开口，如问他：“你对这事怎么看?”这样的做法便于打破沉默，让每个人都参与到交谈中来。

3. 重视体态语

体态语往往被人忽视，其实巧妙运用体态语可以补充自己的说话内容，仔细观察对方的体态语还可以帮助自己获得更多的交际信息，这两方面都有助于实现更好的交谈效果。

(1)巧妙运用体态语表达自己的意图

在交谈时，人们出于礼貌的考虑，有些话不太好意思直接说出，这时候可以巧妙运用体态语表达这些意图。比如，用不停看表来暗示想结束交谈，将目光斜视表明对谈话内容不感兴趣，把手指贴近嘴唇提醒对方降低说话声音，将眉头紧蹙表明对方的请求让自己很为难，等等，这些体态动作能够在不伤害对方自尊的情况下表达自己的态度和意图。

(2)仔细观察对方的表情动作获取更多信息

有个成语叫“察言观色”，指的是人在交际中能够通过观察言语、脸色来揣摩对方的心理。这说明，一个人的体态表情能够传达丰富的信息，我们在交谈中除了认真聆听对方的有声语言，还需要仔细观察对方的体态语。比如，看到对方东张西望、漫不经心，就知道他对正在谈论的话题不感兴趣，该转换一下话题了；看到对方面露难色，就知道自己的要求让对方为难了，最好收回请求或降低要求；看到对方正襟危坐、双手发抖，就知道对方比较紧张，需要及时安慰、鼓励对方；看到对方有困惑的眼神时，就知道自己说话没有完全让对方听明白，应该及时询问对方并作补充讲解……总之，交谈中除了“听”和“说”，还要注意“看”，因为观察到的信息有时候比听到的信息更有价值，它可以帮助我们作出更为全面和准确的判断，从而确保交谈的成功。

4. 学会和陌生人交谈

人们经常会有和陌生人交谈的需要，比如向陌生人问路，或者与陌生人搭讪等。与陌生人交谈的最大难题是如何在不了解对方的情况下找到对方感兴趣的话题。一般来说，天气、时事、健康、人情世故、说话时的周围环境等都是人们感兴趣的话题，如果不想有特别的表现，完全可以从这些“万能话题”开始你们的交谈。除此之外，还可以从对方身上寻找话题，比如对方的服饰、对方正在做的事情或者你觉得对方身上比较特别的地方，这些都很容易引起注意和兴趣。例如：

老张出差住在一家旅店，一个先他入住的人悠闲地躺在床上欣赏电视节目。老张放下旅行包，收拾好东西，冲了一杯茶，对那位先他而来的人说：“师傅来了多久啦？”

“没多大一会儿呢。”

“听口音是北京人吧？”

“噢，保定的！”

“啊，保定是个好地方啊！我在读小学时就在《平原枪声》的连环画上知道了。三年前去了一趟保定，还特意到白洋淀玩了一次呢，白洋淀雁翔队的故事我可喜欢看了！”

听了这话，那位保定的客人马上来了兴趣，两人从白洋淀和雁翔队谈开了，那亲热劲儿，不知底细的人恐怕会以为他们是一起来的呢。

老张同这个陌生人的交谈就是从对方的口音入手的，很快找到“白洋淀”“雁翔队”这些可产生共鸣的话题，使与陌生人的交谈变得顺利、自然。

5. 营造和谐的谈话氛围

和谐的氛围可以使交谈变得轻松、自然，为交谈奠定良好的基础。要达到这一目标需要交谈双方共同努力，以下是常见的做法：

(1)寒暄。不管是熟人之间还是陌生人之间，正式交谈之前的一段寒暄都有利于拉近双方的距离，营造一种友好的交谈气氛。

(2)适当的称赞和感谢。托尔斯泰曾经说过："就是在最好的、最友善的、最单纯的人际关系中，称赞和赞许也是必要的，正如油滑对轮子是必要的，可以使轮子转得快。"在交谈中适当地称赞对方可以使自己更容易被接受。当然，称赞必须发自内心，同时称赞应具体、适度，不可让人觉得你的称赞像讽刺。另外，如果在交谈中得到了帮助或启发，也应该明确说出你的感谢，这样可以让对方获得成就感，愿意和你进行更多的交谈。

(3)放宽心胸，求同存异。与人交谈要心胸开阔，不仅能够听得进相同的观点，还要能听得进不同的主张。营造和谐氛围的最好办法就是搁置争议，谈论大家都认同的话题。

(4)委婉表达不同意见。一般来说，在交谈中只要不是原则性的问题，都可以迎合对方，因为谁都会把赞同自己意见的人看做一个提高自身价值和增强自尊心的人，进而表示接纳和亲近。而假使我们非得反对某人的观点，也要尽量委婉，不可像辩论或争吵那样剑拔弩张、不留情面，否则很容易让交谈不欢而散。

(5)学会幽默。幽默是人际关系的润滑剂，它可以使人的交际活动变得轻松愉快。在交谈中偶尔讲个小笑话、自嘲一下或开个小玩笑，不仅可以给对方带去欢乐，也使自己放松神经，舒展情绪。当然幽默要自然，不应刻意去模仿或制造所谓的笑料，而开玩笑的时候更要注意，不可贬损或伤害别人。

(四)交谈的基本礼仪和禁忌

1. 交谈中的基本礼仪

交际礼仪往往和社会文化密切相关，与交际者的心理思想也有一定关系。下面简单说说交谈中值得注意的一些基本礼仪：

(1)称呼语。在交谈中，对熟悉的人称呼比较容易，而对陌生的人称呼却有很多讲究。一般来说，对一个不太熟悉的人，我们可以根据他的职业或职务去称呼，例如"老师""医生""警察同志""教授""局长"等。如果连职业、职务都不知道，只能用"伯伯""大爷""先生""小姐""阿姨"这样的泛称了。需要注意的是，称呼时选择哪个称谓要考虑对方的心理，假如自己是个 20 多岁的小伙子，遇到 40 多岁的男同志，可以称呼"叔叔”或“师傅”，但不宜称呼“兄弟”或“老爷爷”，因为称呼“兄弟”把别人的辈分降低了，而称呼“老爷爷”又让别人觉得叫老了；遇到40多岁的女同志，则可以称呼“大姐”却不宜称呼“阿姨”，因为女性一般不愿意别人把自己叫得太老。

(2)礼貌语。俗话说“礼多人不怪”，交谈中使用一些礼貌用语是必要的，比如“请”“麻烦”“谢谢”“多包涵”“对不起”“不好意思”，等等。不过在中国，这些礼貌用语主要用在不太熟悉的人之间，熟人特别是家人、密友之间是不能用的，用了反而让人觉得生分。

(3)体态语。体态语的礼仪特别丰富，不同文化背景会有不同的要求，不过也有一些在大部分国家都通行。比如第一次见面一般要握手，离别要挥手再见，点头表示赞同，摇头表示反对，微笑表示友好，鼓掌表示欢迎，正式场合较注重服饰仪表，交谈时眼睛要注视对方，不轻易打断对方说话等，这些都是在交谈活动中需要知道和遵守的。

交谈礼仪是一门内容丰富的学问，限于篇幅，上面仅作了简要介绍，要想成为一名成功的交谈者，还需要查阅更多的书籍和资料，并能在实践中不断积累经验，掌握更多的交际礼仪。

2. 交谈中的禁忌

在人际交谈中，有很多影响交谈活动正常进行的不良行为习惯需要避免。下面列出十种常见的交谈禁忌：

(1)背后谈论他人是非，说人坏话；

(2)打断别人的谈话或抢接别人的话头，扰乱别人的思路；

(3)口若悬河，喋喋不休，不给他人张嘴的机会；

(4)避实就虚，含糊其词，不着边际，令人迷惑不解；

(5)花言巧语，虚伪客套；

(6)信口开河，大话连篇；

(7)妄下断语，冒充内行；

(8)好胜争强，喜欢抬杠；

(9)态度极端，固执己见，目中无人；

(10)动作夸张，张牙舞爪，嗓门过大，唾沫四溅。

(五)交谈训练的方法

1. 交谈语的语用原则

(1)合作原则

(2)礼貌原则

(3)认同原则

(4)商询原则

例：杨澜的感受

在美国，我反复看了奥普拉·温弗里的谈话节目，觉得她成功的秘诀其实非常简单，那就是与观众真诚的感情交流，既敞开自己的心扉，同时设身处地体会他人的苦乐。有一次讨论关于美国少女被强奸的话题时，她竟和盘托出自己15岁时被摧残的亲身经历。这样的坦率和真诚怎能不打动观众的心呢？她曾经把自己的成功经验归纳为两个字——“分享”。

2. 交流语的话语形式

(1)用商询的方式交流，引起大家的思考

(2)运用“垫话”“补说”进行即兴交流

例：杨澜的“垫话”与“补说”

在中央电视台《正大综艺》节目中，有个“世界真奇妙”的猜谜环节。有一期节目里，大家对阿拉伯某小国的公园里常常见到武士模样的人摇着铃铛走东串西，作了许多猜测。最后揭开的谜底出乎大家的意外——卖茶水的人。这时主持人杨澜用“补说”和观众进行交流：“看来，这个地方的水是太宝贵了，卖茶水的人也穿戴得这么漂亮，所以把我们都搞迷糊了……”

接着，她在节目中用“垫话”为嘉宾化解尴尬和迷困：

杨澜：塞舌尔王国很有趣，到了这个国家，下飞机时，每个旅客都可以领到一块儿小木板。这是为什么？大家想一想，好，这位嘉宾说一说。

嘉宾：塞舌尔王国是印度洋的一个岛国，既然是岛国，那雨水一定很多，经常下雨，下了雨地上就很泥泞，那么脚下就……就……(语塞)

杨澜：是刮泥板，是吧？

嘉宾：(笑)是的……

(3)用“听”交流，用“回馈语”交流

(4)以“我”的介入实现“真情面对”的交流

3. 交谈语注意事项

(1)案头工作，是交谈的基础

(2)适度预热，可以创造语境

(3)准确定位，才能顺畅交流

(4)保留未知，就能广角提问

例：提问技巧：借问与激发

1996年3月，中央电视台记者水均益采访了当时的联合国秘书长加利，所采用的方式就是典型的“借问式”。他预备的第一个问题是：“秘书长先生，请允许我告诉您，今天在这里采访您的除了我本人以外，还有许许多多关心联合国、关心您个人的中国人，因为我也带来了一些我们观众的问题。现在我们是否可由一个北京的小学生的问题开始我们今天的采访呢？这个小姑娘请我问问您联合国有多大？秘书长的权力有多大？”

《东方时空》记者采访作家萧乾夫人文洁若女士时就曾经运用“激发式”提问：“1966 年萧老曾经自杀，当他醒来的时候，听说您并没有掉眼泪，而是用英文给他写了一句话？”这种有背景的提问，有效地激发了被采访者的情绪。于是，文洁若女士有了这样的回答：“我说，We must outlive them，就是我们要比他们活得都长。我说你要是自杀，我将来会告诉孩子们，你是一个怯懦的人。可是你要是不自杀，能挺过来，你将来还是孩子们可骄傲的父亲。”

(5)动态平衡，不断渗透推进

(6)话语操作，需要掌握规律

例：《实话实说》

主持人(和晶)：我听说很多单位不欢迎应届毕业生，说他们缺乏社会经验，不踏实，是这样的吗?

郑刚：应该说一个好的企业，都愿意用应届毕业生，而不愿意用已经在很多其他公司干过的人，很多企业是这样的。

主持人：你求职过多次，你说说看。

肖卫华：像我在深圳参加的招聘会，80%的企业绝对要求应聘的人是有两年以上工作经验的人。

主持人：你们两人传出的信息很不相同，我听谁的呢？好吧，你先说说，你在深圳求职遇到了什么情况?

肖卫华：……

主持人通过归并性议论提炼出矛盾之处，趁热加温以推动话题。

(7)以听代说，随时穿针引线

二、主持

一提起主持，我们就会想起那些风度翩翩、彬彬有礼、说话风趣幽默、思维机敏灵活的电视节目主持人。他们的节目主持使我们感到亲切，他们的语态气质令人久久难忘，甚至他们中的有些人会成为我们心目中的偶像，潜移默化地影响着我们的言语风格和社交风度的形成。其实这只是主持人的一种。主持是多种多样的，具体有电视节目主持、广播主持、会议主持、联欢会主持、仪式主持、演讲论辩活动主持，等等。其实教师的每节课就像主持一场活动，他们的工作和节目主持人有很多相似之处。

（一）主持的定义和分类

据考证，“主持”一词最早出现在《寄李本宁太史书》中，文中道：“必是主持定，而事仍可行。”说明“主持”是个能够管事、拍板的差使。“主持人”的雏形则可追溯到古代人类的各种文化、祭祀、娱乐、游戏等活动中。人们在劳动之余开展一些自娱自乐的文化娱乐活动时，就可能有一位“串场人物”出来“主持”活动的整个过程，那个人就是“主持人”。在宋代的演出活动中，就有一种叫做“竹竿子”的职位，开场时手持“竹竿拂子”上台“致语”，介绍剧情；演出过程中要和观众沟通，安抚秩序；表演结束时，还要“款步登台，赋诗一首”，最后以“歌舞既阑，相将好去”之类的套话告别。可见，当时“竹竿子”的出场一般与剧情无关，不属于剧中角色，带有串场、司仪的味道。“竹竿子”最早出现在堪称戏剧雏形的“参军戏”中。一场“参军戏”由类似现在的相声、小品、杂技组成，“竹竿子”也大多由教坊里的“参军色”担任。在这样一场演出中司掌串场之职，要求“竹竿子”不但要伶牙俐齿，还要会相机“插科打诨”。

在现代社会中，为了保障正常的工作秩序和生活秩序，交流信息、情况，需要开展各种形式的活动。开展活动就必须有人串联组织，充当主导人物，引领人们的话题。主持及主持人就是这样产生的。具体而言，主持人是指在传播活动的特定情境中，以真实的个人身份和交谈式言语行为，通过直接、平等的人际交流方式主导、推动并完成活动进程、体现活动意图的人。主持人在特定传播活动的情境中，通过直接平等的人际交流方式主导、推动并完成活动的过程和行为就叫做主持，主持的主要实施手段为交谈式言语行为。

依据不同的分类原则，可以将主持划分为不同类型。根据主持的内容，主持可分为社会活动主持和文艺活动主持。社会活动主持包括会议主持、庆典宴会主持、演讲辩论主持等，文艺活动主持包括舞会、文艺演出、联欢会的主持等。

根据主持人在活动中所起的作用，可分为报幕式主持和角色式主持。报幕式主持如主持报告会、新闻发布会等，主持人的职责是把会议事项和发言人介绍给与会者，宣布会议的开始、结束，没有太多其他的作用；角色式主持如文艺晚会、婚礼主持等，主持人在活动中担负一定角色，整个活动的进行都离不开他，否则活动就无法开展下去。

按照主持人的语言表达，可分为报道性主持、议论性主持和夹叙夹议性主持。报道性主持以叙述为主要表达方式，如新闻发布会，主持人一般只介绍发言人的姓名和发言题目等简单内容；议论性主持以评议说理为主体，如主持演讲和竞赛、广播电视评论节目、谈话节目等，主持人会不时穿插“我”的现场感受；夹叙夹议性主持是有叙有议、叙议结合，群众联欢、婚礼庆典活动往往采用这样的主持。

按照主持人的数量，可分为一人主持、双人主持和多人主持。一人主持前后一贯，多用于短小的活动或严肃的场合，如展览会、茶话会等；双人主持一般是一男一女，主持时男女声相互交叉，多用于文体活动，如庆典仪式、颁奖晚会等；主持者超过两人的叫多人主持，它气势盛大，热烈欢快，多在大型晚会、喜庆场合中使用，如春节联欢晚会、周年纪念晚会等。

总的来看，主持的对象、内容不同，职责、要求不同，主持的形式就有所变化。广播电视主持人要求十分专业，因为它们本身就是一种职业，形象、气质、专业背景、普通话水平等都有一定要求，一般人难以实现，仅作了解即可。会议和活动主持在我们的工作生活中会经常遇到，从班级联欢会到朋友的婚礼仪式，从主持班会、辩论赛到科室会议、单位小型晚会，主持其实离我们并不遥远。

（二）主持语言的功能

在人们的印象中，主持人一般都能说会道，这体现出语言表达在主持活动中的重要作用。确实，在主持活动中，主持语言是非常重要的，具体来看，其功能主要表现在以下几个方面：

1. 传递信息，表达主持人的观点见解。

在主持活动中，主持人作为活动的掌控者，要传达主办方的目的意愿，要表达自己的观点见解，要介绍活动各方面的信息，主要都是通过语言来进行的。没有语言，现场的各种信息都无法清晰地传达出来。

2. 串联节目，保持活动的顺利进行。

主持活动的顺利进行离不开各个环节的过渡、对接。在上一个环节和下一个环节之间，需要主持人用话语衔接过渡，让观众知道上一个环节的结束以及下一个环节的开始。主持话语的衔接过渡是串联节目、保持活动顺利进行的润滑剂，也是观众了解整个活动进程的重要信息源。

3. 沟通主持人与观众之间的思想感情。

主持话语是主持人与观众之间的情感纽带。通过主持话语，主持人向观众传递活动信息和自己的观点见解，展示了自己的风采；而观众则从中接收到活动的信息，领略了主持人的个性魅力。正是通过主持话语，主持人和观众之间的情感得以互动交流。

（三）主持语言的特征

1. 口语化

主持人的语言表达，就是用普通大众能接受的通俗语言来传递活动信息，表达思想感情。当然，这里的口语化表达不同于生活中不经加工的大白话，它应该比生活中的语言更加精练贴切、恰当准确，同时更加流畅生动、形象完整。口语化的主持语言源于生活但高于生活，在主持活动中显得朴实亲切、自然流畅、生动上口。这种说起来顺口、听起来悦耳的语言，能大大缩短主持人与观众之间的距离。

2. 交流感

主持活动绝不仅仅是“我说你听”的简单传播，主持人在活动现场要充分调动气氛，就要实现与观众之间的双向交流，拉近与观众之间的距离。在具体的主持活动中，主持人的语言方式常常会灵活多变，采用有问有答、多方设计和铺垫等方式实现与观众的互动。

3. 个性化

人们在说话时有语音、语速等方面的差异，这形成了语言表述中的多种风格，有的柔声细语，有的粗声大气，有的简洁明快，有的幽默风趣……每种风格都代表着一种个性。在主持活动中，主持人语言上的个性正是其区别于他人的根本标志。

4. 亲和力

主持语言是口语化的表达，这种表达追求通俗，但绝非粗俗、低劣，它是人们日常口头语言经过筛选加工后提炼出的结晶。对于观众而言，这样的语言亲切而不媚俗，自然而不随意，是源自生活但比生活用语更为精练规范的语言，是充满亲和力的语言。

（四）主持训练

1. 课前演练

值日生课前十分钟复述当天的几件新闻事件（范围不限）。每个值日生在值日之前搜集自己认为比较有益的国际国内新闻事件，自编自播学做新闻主持。

2. 轮流主持班会

每周一次主题班会。每学期开学后由班主任安排好主持次序，由学生自己策划主持班会，至少每人每学期有一次主持的机会。

3. 定期举行班级各种文娱活动

如果准备开诗歌朗诵会，建议你学着这样富有诗意地主持节目：

——新春伊始，万象更新，一场白雪，一串脚印，一鞭新柳，一苞花蕾，一声燕啼，一缕清风！大千世界啊，每每触动我们敏感的神经，我们都焕发出火热的诗情。于是你写、我写、他写，在座的各位都想写。可是，我们为什么要写诗呢？问你，问他，问我？不，我们还是问一问××同学：你为什么要写诗？（××同学朗诵《我为什么要写诗》）

——哦！我们要写诗，用诗歌写人生的美，写人生的丑，写男儿伤口渗出的血，写少女笑涡里溢出的酒，给怯懦者以眷顾，给虚伪者以嘲讽，给黑暗以光明，给痛苦以欢畅。我歌，我唱，我哭，我狂……这也是生活啊，不信，你问他。（××同学朗诵《这也是生活》）

——生活，没有固定的轨道；自然，也没有永驻的春光；世间万物处处给人以启迪，莽莽雪原也写下了精湛的诗篇！（××同学朗诵：《雪盼》）

——雪，覆盖了山，覆盖了地，淹没了河流，淹没了道路。它用严酷的寒冷冻结显赫，却以温柔的心潮孕育着希望。看哪，沃野冻土下颤巍巍萌动的春笋，不正是白雪创作的诗行吗？（××同学朗诵《春笋》）

——春笋给我们启迪，春笋给我们希望，尽管现在还是寒冬，但我们似乎已经看到了春光；尽管现在还是黄昏，但我们似乎已经看到东方冉冉升起的朝阳！（××同学朗诵《日出》）

……

4. 有意识地学习各种电视节目主持人的精彩主持

例：上海电视台《共度好时光·百年风流》节目终结语

曹可凡：这一期《共度好时光》节目已近尾声，在和朋友们说再见的时候，我们也将和1998年说一声再见了！

袁鸣：流光飞转，时间带领我们不断向前！回顾往日，我们有那么多的怀念，因为记忆里，有那么多真挚的笑脸。

曹可凡：时光荏苒，欢乐伴随着我们走向新的一年。我们《共度好时光》节目在过去一年里和观众相识，同乐同欢，就让这一年里我们共同拥有的美好时光，留在我们生命的记忆里，一起走向新的更加灿烂、更加辉煌的一年！

袁鸣：让真情和欢乐伴随我们一路同行，直到永远！

……

第四节 讲解与分析

一、讲解

讲解就是讲述加解说，用平实的语气语调给学生讲明白课程知识和其中蕴含的道理。新课程改革体现在教师“语态的变革”上，请老师走下讲台，即“从俯视语态改变为平视语态”。

（一）讲解需要增强“语体意识”

语体的分类，大的方面分为书面语体和口语体。口语体又分为日常口语体（亲切通俗易懂）、正规口语体（严谨而规范）、典雅口语体（凝练并富有文采）。语体不当是说话的大忌，有时会闹出笑话。

例：假斯文出洋相

古时候有个白面书生叫贾思文，肚子里有点儿墨水就爱咬文嚼字穷卖弄，常闹出笑话，大家索性叫他“假斯文”。有一次他进京应考，钱花光了，就写信给父亲要钱，又想显露一下文才，就这么写：“父亲阁下：值此应考之际，鉴于该生业已断银，兹责成其父速汇银20两，接函速办是荷……”假斯文的父亲见儿子用公文套语对他“打官腔”，气得七窍冒烟，三下两下把信撕得粉碎，一个子儿都不给。假斯文名落孙山，没钱回家，只得卖衣卖书作盘缠。一回到家，他又羞又怕又累，钻进被窝就蒙头大睡。睡到了半夜，一只蝎子把假斯文蜇醒了。他呼地坐了起来，摇头晃脑地说道：“贤妻啊贤妻，迅燃银灯，尔夫为毒虫所袭！”连说了几遍，可是这酸溜溜的文言八股腔他妻子一句也听不懂，只好看着他干瞪眼。最后，假斯文疼得实在受不住了，脱口大喊道：“哎哟哟，老婆子呀，快快点灯，我被蝎子蜇啦……疼死我啦……”

这位“假斯文”，地道一个“寻章摘句老雕虫”，说话不分场合卖弄文才，当然到处碰壁，出尽洋相了。

（据《笑禅录》改写）

平民的语言：百姓话语、市井话语，嵌入较多的惯用语。

调侃的语言：以嘲弄、揶揄的语调说话。

华丽的语言：典雅而富有文采，提供丰富的想象空间。

哲理的语言：惜字如金、字斟句酌地说话，给人以回味。

评话的语言：像说书一样，绘声绘色，娓娓道来。

自为的语言：即“关涉自我”的一种个性张扬的语言。

游戏的语言：讲究话语的趣味性，追求表达的快感。

边缘的语言：疏离主流，半遮半掩地对某些禁忌“打擦边球”。

……

语言的作用不仅是“表达思想的工具”，选择一种语言就是选择一种文化价值。日常口语与教师口语的基本差异：

教师口语	日常口语
传授知识的言语行为	人际交往的言语行为
表达对象的特殊性	表达对象的选择性
张扬个性受职业道德制约	张扬个性受交际语境制约
有时需带有书面语色彩	不能带有书面语色彩
强调语音规范，严控方言	方言交流不讲究语音规范
有准备的边想边说	无准备的边想边说
表达内容有严格规定性	表达内容无严格规定性
话语有一定的信息密度	话语不强调信息的密度

（二）讲解需要重视语境

1. 教师为何不能“口无遮拦”？

例：语境意识麻痹引风波

日本前首相麻生太郎在富山县高冈市发表演讲，说到日本大米与中国大米的差价时说：“日本一袋普通大米售价是1.6万日元，在中国要卖到7.8万日元。你说哪个更贵呢？即使是老年痴呆症患者都明白这一点……”

麻生太郎“老年痴呆症”之说遭到民众狂轰猛批。当天深夜，麻生上电视公开道歉：“我使用了一个不恰当的比喻，我对那些因此感到受了冒犯的人们道歉！”我们很难说这些领袖人物不善表达，或是有意冒犯公众，他们即兴讲述的“口舌风波”完全是语境意识麻痹造成的。

2. 警惕“弱语境文化”的隐蔽性

例：李咏掉进语境陷阱

2007年1月12日晚，央视《幸运52》节目进入擂台赛环节，主持人李咏现场出题：“唱秦腔时用的是真嗓，所以高亢粗犷，保持了原始的豪放风格。请问秦腔的别称是什么？”

这时李咏神秘地询问现场：“有没有陕西人？”见只有一位小伙子举起了

号牌，李咏大声说："俗话说得好嘛——八百里秦川尘土飞扬，三千万懒汉齐吼秦腔。"说完，情不自禁朗声大笑。

但是，"说者无心，听者有意"，场外很快出现对李咏的"声讨"。当天晚上互联网博客评论怒潮涌动，人们用陕西经济发展的"硬"指标反驳"懒汉"之说，用空气质量报告(西安 2006 年有 289 个蓝天)反驳"尘土飞扬"。虽有观众认为不必在意，但更多的陕西观众心里不舒服。他们说："这个笑话一点儿也不好笑！这是面对全国出陕西人的丑，听着特别刺耳。他应该道歉!"

3. 重视即兴口语的"语境化"处理

例：杨澜在《正大综艺》节目中的"语境化"处理

我觉得，教育小孩特别要顾及小孩子的自尊心。如果他很淘气，就不要当着其他小朋友的面批评他，那样他会觉得没有了面子。有个小女孩儿在她 4 岁的时候，有一次她尿床了。她害羞，就跟她爸爸说："你别把床单晾出去，就放在家里晾，行不行?"孩子的爸爸就按照她的要求做了，她就一辈子都感激她的爸爸，这个小女孩，就是我……

杨澜所言，在当时的语境中，作为一个刚刚走出校门的女大学生这样说是"适境得体"的。这就是即兴口语的"语境化"。中国人讲究"察言观色"，就是为了适应"语境"。即兴口语表达尤其讲究"上什么山唱什么歌"，注意"随机应变"。教师的课堂教学虽然没有主持人的语言传播范围那么大，但是说出去的话就像泼出去的水，覆水难收，会对学生产生潜移默化的影响。

(三)即兴讲解需要提升语质

1. 降低冗余度，控制话语"无限生成"

话语冗余产生的原因包括：讲话前没有想好，思维点聚集不起来就开始说，于是就"放野马"；讲话时思想不集中，随想随说，言不及义，于是随时再加上几句；过于追求面面俱到，追求严密，增饰不断，追加过多，终成累赘；习惯性附加语、口头禅，牢固扭结于个人的语言系统，已成痼疾。

2. 教师讲解：杜绝耍贫嘴

前年广州出现酷暑，热死了 20 多人，江苏某新闻主持人说道："广州热浪滚滚，酷热难熬，'酷毙'20 多人……"——信口开河，面目可憎。

有位打工青年被机器切掉了 9 根手指，辗转送到省城医院，匆忙之中将一根手指遗忘在事故地点。某新闻主持人如此戏说："话说手术即将开始，出现戏剧性场面：哦嗬，第 9 根手指忘带来了……”——冷漠调侃，令人厌恶。

3. 控制“会话附加语”的密度

(1)句首附加语。例如“这个嘛”“那么”“这个”“我不会讲话”“我随便说几句”“说起来”等。

(2)延宕附加语。例如“这个、这个”“呃”“好像”等，尤其是现在比较流行的“那么”“然后呢”“接下来”等，其中，使用频率最高当推“那么”“那个”“这个”“接下来”等。

(3)掩饰性附加语。例如“怎么说呢”“老实说”“或许是”“说不定”“反正吧”等。

(4)商询附加语。例如“好不好”“对不对”“行不行”“能不能”“可不可以”“至于不至于”“是不是”等。

(5)聆听附加语。聆听附加语是一种应答语，是交谈中表示呼应、礼貌或为了避免沉默而随口说的话。汉语中的聆听附加语一般是“啊”“后来呢”“还有呢”等。不同的国家或民族，聆听附加语各不相同。

4. 杜绝令人腻烦的“口头禅”

口头禅之所以令人厌烦，是由于它与某些会话附加语有所不同。口头禅是言语的累赘和痈疽，口头禅不表达任何有意义的主观信息。口头禅所表达的负面信息，大致可以分为三种：

(1)让听众看出表述者想掩饰表达的无能或焦虑。比如“怎么说呢”这个口头禅，就无奈地透露出“我下面的话一时出不来了”的信息。

(2)让听众看出表述者想掩饰语言的苍白。现场言语生成能力达不到要求，只能依靠高频率的口头禅填补不断出现的言语断档或间隙，这些被美其名曰“稀释”的表述，会令听众厌烦甚至不能忍受。

(3)让听众“读”出说话人的某种“人品信息”。比如“是不是”这个口头禅，人们会觉得是一种“作秀”的商询，故意表示谦虚；再如“老实说”口头禅让人感到此人一再强调“老实”，可能说话并不“老实”。

教师使用会话附加语要特别慎重，切忌“滑”向口头禅的泥沼。

(四)即兴讲解需要规避口误

有人说 2009 年是“口误年”。一开年，在全球电视直播的美国黑人总统宣誓就职的仪式中，一起“世界级口误”呈现在世界人民的面前——1 月 20 日，美国当选总统奥巴马隆重宣誓就职，场面宏大而肃穆，意想不到的是，这位久经沙场的演说家在说到“我将忠实履行美利坚合众国总统的职务”时

“吃螺丝”了：他在国名的表述中出现了不该出现的口误。为了确保就任总统的合法性，美国最高法院首席大法官约翰·罗伯茨于奥巴马宣誓就职的第二天傍晚悄悄来到白宫，为已经上任开始工作的新总统重新举行宣誓就职仪式。此事立即被载入史册。

《韩乔生语录》摘录：

——“各位观众，中秋节刚过，我给大家拜个晚年！”

——“如果你刚刚打开电梯，我把上半场情况给您介绍一下……”

——“只见他在离球门30公里的地方一脚远射……”

——“他在前有追兵后有堵截的情况下把球踢进球门。”

——“随着守门员一声哨响，比赛结束……”

2000年金鸡百花电影节开幕式彩排，面对广西市民，央视主持人口误连连。先是说“下面请少先队员向老导演敬献花……”“圈”险些出口，引起老导演愕然、观众哗然；接着将董文华演唱《秋天的诉说》，说成“春、秋天的诉说”，最后又追加了一句“我要非常地对大家说一句抱歉……”

2001年8月19日，中央电视台《午夜新闻》节目，播音员天亮在直播中出现口误：“中央气象台——呃，中央电视台……”

2009年，开年头两个月，有几起荒诞性口误在网上闹得沸沸扬扬：

(1)1月6日，凤凰卫视《时事直通车》播音员吴小莉直播出现口误：“各位观众，这里是‘时事直通天’……”

(2)在全球华人新春音乐会上，窦文涛主持介绍歌唱家廖昌永时差点说成“赖昌兴”，虽然“兴”险未出口，国家大剧院已满场哗然……

(3)央视春晚，主持人董卿在介绍相声大师马季的儿子马东出场时说：“让我们用热烈的掌声欢迎马先生的儿子马季和他的同伴共同为我们带来《五官新说》……”观众说这是央视牛年春晚最“牛”的一句口误了。

1.“口误”成因探究

(1)语音、词汇、语法形式的失误

(2)情绪过于亢奋，注意力过于集中

(3)“记忆残留”潜伏于潜意识的干扰

(4)惯性运行导致漫不经心和言语知觉麻痹

2. 即兴讲述中“口误”规避要则

(1)增强注意的稳定性

(2)增强注意的广泛性

(3)增强注意的发散性

(4)克服惯性运行的麻痹性

3."口误"出现后的紧急处置

(1)保持状态，"失语"不"失态"

(2)运用"智慧的坦诚"及时化解

(3)将错就错，自圆其说，力挽狂澜

例：袁鸣的"神来之笔"

曾在央视工作的主持人袁鸣应邀到海南省海口市主持"狮子楼京剧团"建团庆典，来得匆忙，准备不足，一上场就闹了个令人捧腹的笑话：

袁鸣：……现在我荣幸地向大家介绍光临"狮子楼京剧团"建团庆典的各位来宾——今天参加庆典的有……有海南师范学院党委书记南新燕小姐！

(台下缓缓站起一位白发苍苍的男性教授，全场诧异，一片哄笑……)

袁鸣：(歉然一笑)对不起，我这是望文生义了——不过，南教授的名字实在是太有诗意了。一见到南新燕三个字，我立刻想起两句古诗："旧时王谢堂前燕，飞入寻常百姓家。"这南飞的新燕是一幅多么美丽的图画！而且我觉得，今天我们这里也出现了类似的情景：京剧一度是清末的宫廷艺术，是流行于我国北方的戏曲，但是现在已经从北方流传到南方，跨过琼州海峡，飞到了海南，而且今天就要在这里安家落户了——这又是一幅多么美妙的图画呀……(掌声、欢呼声四起)

(五)讲解训练

1. 解说原则：诚信为本

(1)真实性原则

(2)科学性原则

(3)准确性原则

例：宋世雄解说中美排球赛

现在是第三局，场上比分是 4 比 2，中国队领先。现在梁艳发球，梁艳发勾手飘球，美国队打过来，单人拦网，好球，太漂亮了，美国队一传到位，排球比赛一传到位威胁很大，一传到位可以马上组织进攻。中国队预料到了，双人拦网拦住了，5 比 2……

现在场上比分是 7 比 6，中国队教练袁伟民要求暂停。这场比赛中国队开始是 4 比 2 领先，接着被对方连续追了上来。我刚才说了，这场比赛关键是网上的竞争，看谁能封住对方的进攻，削弱或堵截对方的进攻，并且突破对方的拦网，谁在这方面占优势，谁就能取得胜利。一传到位也很重要，一传到位才能组织快速进攻。这场比赛一传到位率，中国队已经达到60%，但是一传失误或无功较多。什么叫无功？无功就是对方球过来，二传不能组织进攻……

例：黄健翔的“疯狂解说”

2006年6月世界杯足球比赛期间，原中央电视台主持人黄健翔的“疯狂解说”引起轩然大波——意大利足球队在补时阶段获得了一个有争议的点球，黄健翔兴奋地高喊：“意大利不要给澳大利亚机会了，他们早该回家啦!”后来意大利球员托蒂将点球罚进，黄健翔立即用“海啸音”狂呼“伟大的意大利！意大利万岁……”后来据黄健翔说，他十分讨厌澳大利亚足球队。

当晚，互联网上烽烟四起，不少球迷对“名嘴”滥用话语权的“渎职行为”十分不满。虽然第二天黄健翔就向全国球迷道歉，但将国家媒介当做自我宣泄的平台，如此“自作聪明”的“恶劣的个性化”，在任何国家都是禁止的。

据报道，本次世界杯赛还出现了所谓“德版黄健翔”。在德国对阿根廷的比赛中，柏林奥林匹克球场解说员不停地重复：“女士们、先生们，德国需要你们支持……”以煽动现场气氛。虽然这样的“煽动”与黄健翔的“疯狂解说”不可同日而语，但是世界杯组委会立即提出严肃批评，因为国际足联早有明文规定：“球场播报员的解说立场必须是中立的。”第二天，柏林组委会新闻发言人召开记者招待会，宣布：“他将不再有机会在球场担任解说员了。”

2.“解说”可以从三个层面展开

(1)讲清“是什么”

(2)讲清“为什么”

(3)讲清“怎样做”

3. 增强即兴解说的易受性

(1)口齿必须清晰

(2)注意重音停顿

(3)把握解说节奏

4. 简约性解说

简约性解说是指用比较简洁的话语，要言不烦、言简意赅地说明事物，解释事理。简约性解说是有实用价值的口语表达方式。

例：简约性解说语用案例

例如1998年9月2日《焦点访谈》中，主持人专访时任国家发展计划委员会主任李融荣，主持人的提问切中要害："一般来说，要启动国家经济让它迅速发展的话有三个手段，一个是扩大出口，一个是扩大国内需求，还有一个是靠政府向基础建设投资来带动。那么在现在的经济环境下，这三个手段各自情况怎么样?"在这里，主持人用简约性解说清晰地说明国家经济建设发展的一般规律，不仅一开始就切入问题的症结所在，也体现出主持人扎实的功底。

再如"数学是什么"，这个话题可以写成一篇论文，但也可以用简约性解说说明："华罗庚说：'宇宙之大、粒子之微、火箭之速、化工之巧、地球之变、生物之谜、日用之繁……无一不可用数学来表达。'从这里我们知道，数学是科学的精灵，是科学王宫最神秘的宫殿。数学的内涵博大精深，数学的外延无所不在。数学是人们认识世界的工具、掌握世界的钥匙。在许多科学革命中，都是以数学为其先导，都是以数学理论为其支撑，都是以数学计算为其保障……"

再如，在说到缺水问题时："如果您听说北京市人均水资源只是国内人均水资源量的八分之一，缺水程度与沙漠地区的以色列相似，您会吃惊吗？如果您听说北京市去年洗车用水量相当于昆明湖蓄水量的总和，您会相信吗？节水和遏制北京市水资源的严重浪费是我们面临的迫切问题。"

"简约性解说"训练题

(1)请用一句话的简约性解说说明下列概念：

①什么是"幽默"?

②什么是"热泪"?

③什么是"偏僻"?

④什么是"警句"?

⑤什么是"绝招"?

(2)请用简约性解说，介绍夜景拍摄的方法。

(3)请用简约性解说，介绍汽车驾驶的要领。

(4)请用简约性解说，介绍外语学习的方法。

(5)形象性解说

形象性解说可以分为静态解说和动态解说两种。

"说球"是对眼前的球赛做生动传神的解说。在瞬息万变让人眼花缭乱的赛场，他边看、边听、边说，经常是看到即讲，分秒不误，句句紧扣、声声衔接，是一种高难度的即兴口语解说。

"形象性解说"训练题

(1)先想好自己要说的是什么(如排气扇、电熨斗等),然后作形象性解说,尽量少用体态语,解说以后请别人说说,你说的是什么。

(2)用形象性解说讲一讲随地吐痰的坏处、酒后驾车的危险。

(3)美景导游。导游员常常运用形象性解说引导游客游览美景,他们的导游词给人以美的享受。请选择一个景点,设计导游词,训练形象性解说。

训练题例:美景导游词辑录

在苏州石公山上——

"朋友们,我们已经来到仙山妙境,请大家看,我背后是蜿蜒葱翠的丛林,前边是广阔的太湖,青山绕着湖水,湖水托着青山,山石伸进了湖面,湖面咬着山石,头上有山,脚下有水,真是天外有天、山外有山,岛中有岛、湖中有湖,山如青螺伏水,水似碧海浮动……"

在苏州城外——

"苏州城内园林美,城外青山有雅趣。一座座山头活脱脱的像一头头猛兽,灵岩山像伏地的大象,天平山像金钱豹,金山像条卧龙,虎丘山犹如蹲伏的猛狮,那也是苏州一景,名叫'狮子回头望虎丘'……"

5. 阐明性解说

阐明性解说,是对一个解说对象作符合逻辑的言之成理的说明,它通过分析、判断和归纳、演绎,得出令人信服的结论。

"阐明性解说"训练题

运用分解、举例、比较等方法,对下列话题作阐明性解说:

(1)说说体育锻炼的好处

(2)怎样保护视力

(3)怎样学习外语

(4)减肥的重要性和主要方法

6. 纲目性解说

纲目性解说分为分列式解说、总分式解说、层递式解说三种。

纲目性解说,经常要对所说明的事物进行分解列举和分类列举,把解说对象的基本特点分类分项罗列并逐一说明,从而使人们对解说对象有完整清晰的认识。所谓分类,是通过明确概念外延来说明事物的方法,它适用于解说头绪纷繁的事物。分类可以一次划分,也可以连续划分。在纲目性解说中,因为一般不是十分精确的说明,划分的标准可以出现交叉。

例：纲目性解说语用案例

“如何解除婚内寂寞”这个复杂话题，有人开出这样的“良方”：

——我觉得可以偶然“小别”，短暂分离可以体验原先共处的愉快和相互关怀的必要；另外可以聆听倾诉，心里有什么话就说出来，这种沟通增加心灵接触的机会，增进感情，也有助于消除寂寞；最后是共同活动，一起参加各种公共活动，或者一起交流如何美化家庭，共同的活动可以产生共同的快乐……

再如“如何摆脱无聊的纠缠”，这个一时说不清的话题，有人这样说：

第一，对方迎面走来，不要主动同对方目光接触；

第二，坦白说你正忙着，手头事情必须立即完成，不能奉陪；

第三，对方不走，手上的事情千万别丢手；

第四，对方仍不走，可以说“你走以前，我想请你看一样东西”(如看花草、看小鸟)，看后就说“好，今天就到这里吧”，顺势送出家门；

第五，也不要总是拒人于千里之外，让人不愉快，可以先发制人，明知对方喜欢纠缠，可以随时主动找对方聊几句，适时结束，抓紧走人。

“纲目性解说”训练题

纲目性解说需要用语精确。试解说如下话题：

(1)介绍一种家用电器的使用和保养方法

(2)介绍某项体育运动训练时应该注意的问题

(3)主持人形象设计应该注意的问题

(4)我们求职应聘应该注意什么问题

(5)说说现在交通事故增多的原因

7. 平实性解说

平实性解说是朴实无华的解说。这样的解说极少修饰或描摹，用朴素平实的语言直截了当地把事物、事理讲清楚。

朴实无华是一种可贵的语言品格。现在广播电视节目创作崇尚纪实，崇尚“原生态”的表现风格，在这样的情况下，主持人语言表述朴实、平实，是符合大众审美期待的语用策略。

例：宋英杰说天气

……其实我们都经常同冷空气打交道，不过，冷空气有强有弱，范围有大有小，有的冷空气小得在我们这样的气象图上都难以看清，但有的冷空气却是真正的庞然大物。现在我们看到的这股冷空气，它们占据的范围足足有几百万、甚至几千万平方公里。在这样大范围的高气压控制之下，天气现象就比较单一，尤其现在北方地区基本上都是比较晴朗的天气，但是南方呢，还有一些地区是偏东风，能够吹来充分的水汽，所以通过今天的卫星云图我们就可以看到，南方地区上空还有一些降雨云系，不过以后这样的降雨将有所减少。

可能我们对温带气旋不是特别熟悉，但我们对它的同胞——热带气旋却是耳熟能详，因为热带气旋所带来的热带风暴、台风等都是我们经常说到的话题。热带气旋主要出现在夏季，而温带气旋是在春天活动……所以在春天，我们不妨记住这个名字——温带气旋。

“平实性解说”训练题

(1)如果你主持一个新产品推介会，向大家介绍一个新近推出的产品(产品自定)，为了获得大家的信任和青睐，请用平实性解说介绍此产品。

(2)假如面试应聘，招聘单位给你三分钟，如何作平实的自我介绍？

(3)训练题例：许××投标租赁××机械加工厂的自我介绍

我叫许××，是××工业大学机械加工专业1996届毕业生，2001年在省电大学习工业管理工程，获本科文凭。从1997年起在××汽车制造厂油泵车间当技术员，负责质量检验，1999年晋升为工程师。2003年承包厂服务公司汽车修配厂，直到现在。这些年，我一直注意研究国内外机械加工方面的先进技术，对汽车油泵的规格、品种、型号、质量、工艺流程、销售情况比较熟悉。这几年承包修配厂，也积累了一定的管理经验。我今年38岁，算是年富力强，很想干一番事业。我思想比较开放，能跟着形势朝前走，只要领导放心，大家给我机会，我一定会全力以赴。今天既然来了，就是愿意和大家相互学习、平等竞争。我这个人做事比较果断，只要给我10天的时间，我就能把厂里情况搞清楚，提出具体的办厂方案，提出上缴利润的指标。

8. 谐趣性解说

在说明一个问题或解说某个事物的时候，让话语蒙上一层幽默诙谐的色彩，会更有吸引力、感染力，这就是谐趣性解说。

谐趣性解说可以通篇妙趣横生，这样的解说是高妙的语言精品，但更多的是以点染成趣的方式出现，含而不露地让人们在联想中感受其兴味。

谐趣性解说启发思维，使枯燥乏味的分析说理成为愉快的接受过程，引起心理共鸣。当然，要做到这一点，首先自己要理解深入，积累丰厚，而且表达心理宽松豁达，这样择词用语才可能俏皮有趣。

例：毛泽东在井冈山讲游击战术(片段)

现在白军强大，红军弱小，我们以弱斗强，只能采取游击战术。什么叫游击战术？简单扼要地说，就是“敌进我退，敌驻我扰，敌疲我打，敌退我追”，十六个大字。从前井冈山有个山大王，叫朱聋子，他和当时的统治者斗了好些年，总结了一条经验：“不要会打仗，只要会打圈”，朱聋子前一句话不对，后一句是对的。我们改它一下好了：既要会打仗，又要会打圈，这样，才能歼灭敌人，使根据地不断巩固，不断扩大。打圈子是为了避实就虚，迷惑敌人。强敌来了，先领着他兜几个圈子；看出他的弱点，抓准了就打。要打得干净利落，要缴到枪炮、抓到人。打得赢就打，打不赢就走，赚钱就来，蚀本不干。(1928 年)

毛泽东妙趣横生地讲解游击战战术，先讲了一个有趣的故事，形象鲜明地证明了“兜圈子”的好处；接着讲怎么“兜”，用的都是通俗的习惯用语，说的都是短小俏皮的句子，透出了诙谐与自信，显得轻松活泼。

如今体育赛事中“谐趣解说”比较多见，许多体育解说将体育赛事讲解得很有趣味，那是一种语言的创造。但是在“娱乐至上”的潮流中，体育解说正在异化，这是值得注意的倾向。继“黄健翔疯狂解说”之后，中央电视台体育频道解说员韩乔生的口误频频，原先遭到观众猛烈批评，现在从嘲笑变为打趣和戏谑，而韩乔生也顺势“出位”，堂而皇之表白，他是以“口误”娱乐受众的，要给大家“带来快乐”，俨然以“娱乐人物”自居，这是角色错位，也是彻底放弃“体育解说员”面对观众应该坚守的职责，有愚弄受众之嫌。

“谐趣解说”的本位是“解说”，娱乐元素可以适度地介入，但“娱乐化”只是手段。体育解说的“谐趣”应该浓淡相宜，不可本末倒置、喧宾夺主。但是，这个起码的专业准则没有得到应有的重视和认真的执行，央视曾经出现的“疯狂解说”“意识流解说”正在被竞相仿效。他们之所以热衷于此，只是为了掩盖拙劣的专业功底罢了。

“谐趣性解说”训练题

(1)如果人类不控制生育，将会出现什么情况？

(2)失去地球引力，如生活在太空舱中，会遇到什么趣事？科学家如何解决宇航员太空生活的诸多不便的？

(3)假冒伪劣产品是怎样忽悠消费者上当的？

(4)刀叉的来历(参考语料：在古代，西方各民族都是使用金属做成的刀叉作餐具，那时候人们也确实尚武好战。可是在我们中国，用两根细细的竹棍或木棍作为餐具，不仅少了几分杀气，而且还十分轻便和文雅。有人说，筷子代表的是文化精英战胜了武士的长矛和利剑。)

二、分析

分析就是将研究对象的整体分为各个部分、方面、因素和层次，并分别加以考察的认识活动。分析的意义在于细致地寻找能够解决问题的主线，并以此解决问题。分析也叫分解辨析，把一件事物、一种现象、一个概念分成几个部分，找出这些部分的本质属性和彼此之间的关系。“分析”跟“综合”相对。

分析是一种科学的思维活动，这种分析活动当然是在感性认识所获得的大量经验材料的基础上进行的，但是，思维的分析活动并不是指感觉的分析活动。人的各种感觉器官都是一种分析器，每一种感觉器官都只能接受某一种特定的信号(刺激)。自然界各种事物的特性如颜色、气味、声响等都是密切联系在一起而呈现在人们面前的。人的感官将它们分析之后形成不同的感觉。科学思维的分析活动与感官分析器这种感性的分析活动是不同的，它是一种理性的认识活动。

分析是一种相对独立的逻辑方法，它既是为新的综合作准备，同时又在科学发现中具有独特的作用。分析又分为以下几种。

(一)定性分析

定性分析是为了确定研究对象是否具有某种性质的分析，主要解决“有没有”“是不是”的问题。我们要认识某个客观对象，首先就要认识某个对象所具有的性质，并把它与其他的对象区别开来。所以，定性分析是最基本和最重要的分析。

(二)定量分析

定量分析是为了确定客观对象各种成分的数量的分析，主要解决“有多少”的问题。客观对象的成分不仅具有质的区别，而且具有量的区别，有些客观对象因其成分在量上的不同而互相区别开来。

(三)因果分析

因果分析是为了确定引起某一现象变化原因的分析，主要解决“为什么”的问题。因果分析就是在研究对象的先行情况中，把作为它的原因的现象与其他非原因的现象区别开来；或者是在研究对象的后行情况中，把作为它的结果的现象与其他的现象区别开来。

因果性是自然界现象之间普遍的和基本的联系。虽然在宏观世界和微观世界，因果律的表现形式各异，但是因果律的存在是确定无疑的。古典归纳逻辑的“求因果五法”就是分析因果联系的最简单模式。

(四)可逆分析

可逆分析是解答下述问题的一种分析方法：作为结果的某一现象是否又反过来作为原因，从而产生原来是原因的那一现象呢？

自然界里有些现象之间的因果联系是不可逆的，例如太阳上出现黑子、耀斑的剧烈活动，会引起地球上短波通信突然中断、气候异常、心肌炎和血管梗死的发病率提高；可是，后者不可能又反转过来影响太阳黑子、耀斑的活动。然而，自然界有些现象之间的因果联系却是可逆的，而认识这种可逆性也是非常重要的。

(五)系统分析

系统分析是一种动态分析，它将客观对象看成一个发展变化的系统。系统分析又是一种多层次的分析，它把对象看作一个复杂的多层次的系统。比如，认识大气对流层系统、人体生理系统、工程技术系统、环境控制系统、交通运输系统、军事系统等，都要采用动态的、多层次的系统分析法。

从分析的对象角度来划分，分析法还可以分为概念分析法、文献分析法、调查分析法等。

(六)概念分析

概念分析法也称术语分析法，它是指研究确定术语所表示的概念的内涵和外延的研究方法。概念是思维的基本单位，其内涵是反映在概念中的对象的特有属性，其外延是指概念所反映的一切事物。概念分析法主要是基于概念之间的全同关系、种属关系、交叉关系、全异关系等各种关系及概念的内涵和外延来表示概念的。

1. 应严格区分某一概念(术语)的客观内容和可能出现的主观曲解。概念是客观性与主观性的对立统一，是抽象与具体的对立统一，是确定性与灵活性的统一。概念所反映的对象来自客观世界，它不依赖于人们的认识而存在。我们要用全面、发展的视角来看待概念(术语)。如“革命”一词，最初的解释是一个阶级推翻另一个阶级，而现在人们认为它是人类解放生产力、发展生产力的活动。又如“市场经济”原来被认为只是资本主义国家才有的，现在实践证明在社会主义国家也可以建立市场经济。

2. 应从历史的观点来分析概念的变化，准确把握其内容实质。由于人们对事物的认识水平要受到种种条件的限制，所以不同的时代对于事物的认识存在一定的差异。如在我国，对于情报的认识经历了一个“科技情报——经济情报——社会情报——大情报”的过程，把情报定义为一种信息、一种知识或者是一种智能等。由此可见，情报的概念处于一个不断变化的过程当中。我们要用发展的视角来对待事物的发展变化，准确地把握概念在不同时期的内在本质。

3. 应用简洁的语言准确表述有关概念或术语。概念作为反映对象本质属性的思想，作为认识的一定阶段的总结，它是概括大量个别现象的结果。概念的形成，标志着人的思维已从具体的东西上升到抽象的东西。概念的表述力求简明、准确，能充分反映事物的内涵和外延。如数学中的常量、变量、函数微分等，物理学中的力、功、质量、密度等，生物学中的物种、细胞、染色体、基因、突变等，都十分简洁和准确地表达了一定含义的概念或术语。

4. 应比较中外文相关概念或术语的异同点。比如图书馆学、情报学、信息管理学均起源于西方国家：20 世纪初图书馆学概念引入我国，20 世纪 50 年代情报学在国内出现。由于对于 Information，Intelligence，Library and Information 等在翻译和认识上的差异，情报学、图书馆学与信息科学等学科间的关系问题一直纠缠不清。《图书馆学、情报学与信息科学、信息管理学等学科的关系问题》对信息、知识、情报及图书馆等概念进行了比较分析，最终得出的结论是：信息科学是个大学科群，包括图书馆学、情报学、信息管理学等；信息管理学是信息科学与管理学的交叉学科；图书馆学与情报学基本重合。

（七）文献分析

文献分析法是指通过阅读、分析文献得出对主客观事物认识的研究方法。这种研究方法通常不与研究对象进行直接的接触，而是通过文献来间接地对研究对象的本质和规律进行研究。它包括文献计量学法、引文分析法等。

简单地说，文献是记录知识的一切载体（GB3792.1—83，文献著录总则）。它由文献信息、文献载体、符号系统和记录方式四部分组成。从不同的角度，可以将文献分为不同的类型：从出版或加工的形式，可以将文献分为图书、期刊、专利文献、标准文献、会议文献、产品样本、档案文献、“灰色”文献等；从文献加工的层次，可以将其分为一次文献、二次文献、三次文献。随着现代技术的飞速发展，文献的数量和质量都在不断提高，为人们利用这种方法展开研究活动提供了一个很好的基础。

文献研究方法有这样的优点：一是研究对象不易受影响；二是相对的低花费；三是保险系数大，无反应效应；四是适用于纵贯式分析；五是可使用大样本。其不足之处是：其一不准确性；其二不完整性及不可得性；其三抽样误差显著；其四语词行为的局限性及布局的不标准；其五编码困难。

1. 应适当选择所需的文献。现在是一个信息膨胀的时代，大量的文献都可以为我们提供相应的信息。我们要从大量的文献当中找到适合研究目标的文献，特别是要注意选取第一手的原始材料、相对权威的信息源、完整和系统的文献材料。对于历史文献要注重考据工作，要去伪存真，去粗取精，不能泥古守旧。如法国学者乔治·勒费尔(1874—1956)为撰写《法国革命时期的诺尔郡农民》一书，查阅了1066份公证人记录和大量的其他文献，编制了200多页统计图表，深入论证了大革命时代诺尔郡的农村状况。

2. 应恰当确定某类文献中所要观察的项目。文献中含有大量的信息，我们要确定所要观察的是哪些项目，这样才能避免其他信息的干扰。如我们要研究某类学术期刊的作者情况，只要从文献中找到相关著者的信息即可，没必要对其他的信息进行采集。这样可以提高研究工作的效率，保证想获得的信息不被其他的信息污染。

3. 应列出观察项目的分布表。为了在观察时做到心中有数，我们通常要在调研文献前确定一些标准，确定观察所要获取的项目，以此来指导以后的观察活动。如以与《红楼梦》相关的文献为对象展开研究，可以根据文献推出的年代作为总线，把各个时代文献的种类、作者、发表时间、主要观点、发文和语种、作者所在地区、作者所在的工作机构、文献的题名等项目作为观察内容，通过对信息的分类、汇总、统计，可以发现《红楼梦》的研究现状及其发展趋势。

4. 应归纳、统计和分析有关的事实、术语、数据等。由于人们研究的角度不同，研究者的认识不同，对于一些事物往往会有不同的解释，从而形成许多种概念。如对于某个概念，在不同的年代，由于人们认识水平的不同，各个学科的学者都会从各自的研究出发提出各种不同的定义。文献研究就是要以众多的定义作为研究的基础，对它们进行归纳、分析，找出其共同点。

5. 应在分析的基础上得出有关的观点、结论等。通过对大量文献的研究，我们可以得到许多目的性很强的数据。在这些数据的基础上，我们要利用类比、归纳、统计等方法，从普遍的事实和数据中找到共性的内容，然后运用逻辑的方法对其进行一定的抽象，最终形成一定的理论观点或结论。如《南京大学在西方图书馆学中国本土化过程中的贡献》这篇文章通过对大量文献的调研、分析和汇总，发现了南京大学在开设图书馆学相关课程、创办最早的图书馆学专业、创办最早的图书馆学期刊、筹建中国图书馆协会、培养图书馆学专门人才等方面都有很大的成就。它在西方图书馆学中国本土化的过程中起到了重要的作用。

（八）调查分析

调查法是指研究者通过实地面谈、提问调查等方式收集、了解事物详细资料数据，并加以分析的方法。这种方法通常用来探测、描述或解释社会行为、社会态度或社会现象，较多地被社会科学和人文科学研究人员大量使用。根据调查手段和方式的不同，可以把调查方法分为邮递调查、面谈调查、电话调查、网络调查等；根据调查对象的不同，又可以分为个案调查法、重点调查、抽样调查、专家咨询法（德尔菲法、头脑风暴法）等。

1. 应精选有代表性的调查对象，以此举一反三，推而广之。由于事物或调查对象的复杂性和各种条件的限制，毫无遗留地对研究对象的一切方面、一切过程进行调查是很困难的，也是没有必要的。因此，在全面性的基础上要坚持典型性的原则，要精选代表性的调查对象。如要调查一个城市的中学生上网现状时，可以从地域、年龄、性别、家庭特点、学校的现状等方面来选择一定的被调查对象，进行一个抽样调查，最后通过对数据进行科学的处理来得出一个合理的结论。

2. 应精练提问，不含糊，节省被调查者的时间。这主要是指对调查者的提问要求精练，这样既可以节省被调查者的时间，也有利于将产生含糊不清的可能性降到最低。问卷设计时应尽量运用通俗的语言，内容要单一。如被调查者的父母，一个是教师，一个是工人，而你的问题设计成“你的父母是工人吗”，会使他无从回答，从而导致结果不准确。

3. 应客观、诚恳、灵活地开展调查，不要具有故意的倾向性。人们对问题的回答在一定程度上要受问题措词所表现出来的诱导性的影响，这会影响被调查者的独立思考，进而会带来调查结果的失真。例如：

您不吸烟，是吗？

医生认为吸烟对身体有害，您认为呢？

您对吸烟这种不良现象怎么看？

在上面的例子中，第一种会让被调查者产生“是的，我不吸烟”的倾向；第二种同样会让被调查者回答“吸烟有害健康”；第三种情况已经对提问做出了价值判断。这样的话，调查对象回答问题时往往不会把自己的真实看法表达出来。

4. 设计的调查项目应能用来搜集所需的专门研究资料，不要列出与研究题目无关的问题。如果在调查项目中设计与研究目的无关的内容，既浪费被调查者的时间和精力，也会为以后的数据处理带来麻烦。

5. 在限制回答的调查表中，所列的选择答案必须是互相排斥、不重复、不交叉的。如果调查对象遇到互相排斥或交叉的情况就无法做出选择。例如：

请问你的年龄？

□20 周岁以下　□20 至 40 周岁　□40 至 60 周岁　□60 周岁以上

以上答案中，第二个答案和第三个答案、第三个答案和第四个答案明显存在重叠。应改为：

□20 周岁以下　□20 至 40 周岁　□41 周岁至 60 周岁　□61 周岁以上

6. 在问卷中，应从一般性的提问到具体的提问。在设计问卷时，要合理安排所提的问题，通常要有一个递进的过程，一般性问题放在前面，最重要的问题放在中间，后面放一些被调查者可以自由发挥的题目。这样比较符合被调查者的心理活动状况，进而增强调查的效果。

（九）比较分析

比较分析法是指对同类事物进行对比，分析其异同，进而判断其优劣的研究方法。在信息分析研究的过程中，比较分析法是研究一切事物生动有力的普遍的逻辑方法，是进行分析、综合和推理等其他方法的基础。它实质上是对事物的某些特征或属性进行研究，并且总是从剖析、对比事物的个别特征和属性开始。比较分析法可以分为纵向比较和横向比较两种，前者是对同一事物不同时期的特征进行比较，从而认识事物的过去、现在及发展趋势；后者是对不同国家、不同地区、不同部门的同类事物进行比较，从中找出差距，判断优劣。

比较分析法在科学研究中的作用是多方面的。首先，运用比较法可以揭示出不易直接观察到的事物的运动和变化。其次，比较分析法可以用来追溯事物发展的历史渊源并确定事物发展的历史顺序。如对生命起源和进化、天体演化史、海陆变迁、人类社会的变迁、社会制度的更迭等的研究，必须用比较分析法来找出事物发展的历史脉络。再次，比较分析法的运用可以对事物进行定性的鉴别和定量的分析。任何事物的质和量的确定都是以一定的参照物为基础的，只能通过比较才能对事物定性或定量。

1. 应选择真实可靠的比较性资料。现在，不同的信息传播渠道、不同的传播源为我们获得资料带来了极大的便利，但是也可能带来“信息污染”。我们在获取资料时，要尽可能取得第一手的资料，对于间接得到的信息要进行识别。大量的数据和相关材料是进行比较的基础，只有真实可靠的材料才可能保证最终结果的正确。

2. 应选择具有可比性的比较资料。对象的可比性通常包括时间可比性、空间可比性和范畴可比性。时间可比性是指所比较的数据、事实和情况应当是同时或同期的；空间可比性是指要注意到国家、地区、单位上的差别；范畴可比性是指比较事物的属性、层次和范围是相同的。如一个人与一头牛、一所重点大学与一般的中等职业学校、一个国家与一个地区等，都不具备可比性；而中国西部与美国西部在地理位置、地形、地貌、自然资源和人文情况等方面有许多共同之处，因此两者有很好的可比性。

3. 应确定统一的比较标准。不管是同类还是异类对象的对比都是有条件的，即要用同一种单位或标准去衡量。没有统一的标准，就无法比较，或者是无法确认比较的结果。如把自然界的各种事物从无机物、有机物、动物、植物、微生物的角度来比较就不能得出正确的结论；又如《信息检索导论》在研究 DC 与 USMARC 时，从著录格式、著录对象、著录主体、显示方式、产生途径等几个方面进行了比较分析，从中找出了两者的不同之处。

4. 应进行事物现象的比较，更要进行内容的比较。科学研究中的比较，关键是如何从表面上差异极大的事物之间找出其本质上的相同之处，在表面极为相似的事物之间找到其在本质上的不同，即异中求同，同中求异。黑格尔曾指出：假如一个能见出当下显而易见之异，譬如，能区别一支笔和一只骆驼，则我们不会说这个人有什么了不起的聪明。同样，一个人能比较两个近似的东西，如橡树与槐树，或寺院与教堂，而知其相似，我们也不能说他有很高的比较能力。我们要求的，是能看出异中之同或同中之异。

5. 应力求全面地进行比较。事物的存在和发展是由多种因素决定的。

要全面认识事物间的异同，需要通过多项指标的对比。如现在的一些科研部门或高校，只是通过发表文章的数量来评价科研人员的研究成果，而不是考虑发文的质量以及科研人员所在的科研领域的特点等其他因素。这种方式虽然操作性很强，但其结论很难令人信服。

概括分析的不同类型，相对说来还是不太难的，而探讨分析的原则，却是个更加艰难的问题。究竟如何进行分析才是合理的、有效的呢？我们认为应当注意以下原则：

1. 分析必须达到最基本的成分(或者说最简单的因素)

为了认识一个事物的复杂成分，必须将事物分析到构成它的最基本成分，然后分别加以考察。因为只有分析到构成事物的最简单因素，认识这些因素在质上和量上的不同以及它们之间的关系，才能使事物的复杂性充分暴露出来。所谓最简单的因素，这是相对的，它取决于研究的课题。如探讨微观世界，要分析到基本粒子或更深的层次，但是，如果我们所要分析的是宏观低速的现象，那么，分析微观基本粒子在一般情况下是不必要的。

2. 分析必须是对研究对象的重新认识

分析是在原有理论的指导下进行的，人们总是依据一定的理论去分析对象。但是，分析并不是已有理论的演绎，而是对研究对象重作具体深入的研究。比如，德国物理学家普朗克在分析黑体辐射问题时，是以经典物理学为指导的。普朗克为分析黑体辐射，经典物理学的所有理论和方法他都试过，但都失败了。这使他认识到，必须抛弃经典物理学关于能量是连续的传统观念。普朗克认为，物质辐射(或吸收)的能量只能是某一最小能量单位(能量子)的整数倍，因此，能量还是连续的。普朗克开创了量子论的历史。由此可见，普朗克如不以经典物理学作为指导，不可能开始黑体辐射的研究，也不能发现经典物理学的局限性而提出量子论。但是，从经典物理学是不可能演绎出量子论的。

第五节 叙述与复述

一、叙述

叙述就是将事情的前后经过说出来。而在理论研究中，叙述是把研究成果用一定的方法在理论上再现出来。

(一)叙述的特点

叙述的基本特点是在于陈述“过程”。人物活动的过程，事物发生发展变化的过程，前因后果，来龙去脉，构成叙述交代和介绍的主要内容。叙述是记叙性文章的主要表述方法，用它来展开情节，交代人物活动和事件经过。同时，议论说理的文章与应用性文体也离不开它介绍事实材料与交代写作经过。它一般包括时间、地点、人物、事件、原因、结果六个要素。叙述与时间关系最为密切。无论是人物活动的过程，还是事物发生发展变化的过程，都表现出一定的顺序性与持续性，即“过程”在一定时间条件下进行。语句一般按时间顺序排列。如果叙述有两个以上的头绪，也可以按并列顺序排列语句。叙述一般不用中心句。叙述的人称有：第一人称、第三人称、混合人称。叙述的手法有：顺叙、倒叙、插叙。

(二)叙述的视角与方法

一般认为，叙述是将人物事件本身及其原委陈述给读者或听众的一种表述方法。随着文学创作和研究的发展，人们对于叙述的认识有了很大变化。叙述已不仅是原来浅层次上的一种表达手段，它已发展深化为“作家们的一种艺术传达方式和艺术思维方式”。

1. 叙述的视角

叙述在选定其对象之后，要解决的首要问题是确定视角。对于视角，有人从外视角和内视角来分析，有人从固定视点和移动视点来把握，但最直接影响叙述效果的还是人称的选择。在叙事中，第三人称使用范围最广，其次是第一人称。第二人称是一种新的叙述方式，它在叙事功能上是多维的，最为灵活，但叙事的范围却最窄。

(1)第三人称

第三人称是一种最“古老”的叙事视角。它是指叙述者以局外人的口吻叙述“他”或“他们”的事情。第三人称是最自由灵活的叙述角度。它可以根据写作的需要，随意转换时间、空间。因而，它是多角度、多方位的。它可以对人物、场景作外部观察，也可以进入人物内心直接展示众多人物的心理。

(2)第一人称

第一人称叙述，是以“我”(或“我们”)的视角来观察和感受，并以“我”的口吻来叙述其所见所闻所思所感。它是一种单向视角。其中的“我”可以是作者，也可以是文章中的人物。第一人称叙述容易形成真实、亲切的格调，带有鲜明的主体特征和主观抒情意味。它既适合于内心独白式地呈现人物的内心世界，又适合于讲故事式地叙述事件，从而在组织篇章结构时显得自由洒脱，无所拘束。

(3)第二人称

第二人称叙述，是以“你”(或“你们”)为对象的叙述。因此，它自然具有一种双向交流的对话性质。有人把它叫做“对向视角”。这种视角能紧紧抓住读者，使之有一种参与感。第二人称的突出长处在于它的“透视性”。它便于作者挖掘人物的意识，也便于读者探究人物的内心世界。

2. 叙述的方法

叙述，从不同的角度有多种划分方法，而最通常的是按叙述的先后顺序，分为顺叙、倒叙、插叙、补叙、平叙。

顺叙：顺叙是按时间的推移、空间的自然序列、作者或人物的思想感情发展的进程、人物活动的次序或事件的始末进行叙述。这是一种最基本、最常用的叙述方法。它循着事物发展的程序，符合人们的接受心理和阅读习惯，便于把叙述内容表述得条理清楚，自然顺畅。运用顺叙要区分主次，讲究详略，注意疏密相间，防止平铺直叙。

倒叙：倒叙是先把事件的结局或事件发展过程中某个突出片段提到前边来写，然后再按事件的发生发展顺序展开叙述，传统上称为“倒插笔”。倒叙强调了事件结果或高潮，容易造成悬念，形成波澜，引人入胜。采用这种方法一定要根据表达的需要，不应强行运用。要注意起笔的“倒叙”与后文的“顺叙”部分的衔接，使之连接紧密，过渡自然。如沃勒在《廊桥遗梦》的开头即写道：“从开满蝴蝶花的草丛中，从千百条乡间道路的尘埃中，常有关不住的歌声飞出来。本故事就是其中之一。1989 年的一个秋日，下午晚些时候，我正坐在书桌前注视着眼前电脑荧屏上闪烁的光标，电话铃响了。”作品采用倒叙的笔法来叙述，先写叙述者的现在，然后再回忆故事主人公年轻时的一段恋情，使小说充满怀旧的色彩。

插叙：插叙是在叙述过程中，根据表达内容的需要，暂时中断主线，插入相关的事情或必要的解说。插叙结束后，仍回到叙述主线上来。插叙的内容可以是对往事的回忆联想，可以是对某些情况的诠释说明，还可以是对人物、事件、背景的介绍。插叙补充丰富了人物、事件及背景，使文章内容得以充实，叙述曲折，形成断续变化，使行文错落有致。

补叙：补叙是在叙述过程中对前文涉及的某些事物和情况作必要的补充、交代。它的作用在于对前文所设伏笔作出回应，或对前文中有意留下的接榫处予以弥合。补叙，可以使内容完整充实，情节结构完善，使记叙周严，不留破绽。

平叙：平叙也叫分叙，是对同一时间内发生在不同地点的两件或多件事情所作的平行叙述或交叉叙述。这也就是传统小说中常说的“花开两朵，各表一枝”。对那些紧系于同一主干事件中的分支进行叙述时，多采用交叉叙述，这可以把头绪纷繁的人与事表现得有条不紊，并且突出了紧张气氛，增强了表达效果；对那些联系不甚紧密，而又由同一主线贯穿的几个人、事、物进行叙述时，则多采用齐头并进的平行叙述，这可以把平行发展的事件交代得眉目清楚，显得从容不迫，而读者则可以同时看到平行的各个事件，从而获得立体的感受。

例：请原谅我的偏见和误解

毕业典礼上，一位老师在即兴讲话中叙述了自己思想的一段经历：

“……那几天在成教班上课，我又注意到这位心神不定的女同学——职业的直觉告诉我，其中必有隐情。果然，下课铃一响，她如释重负吁了一口气，站起身急冲冲赶在我前面离开了教室。我生气了：成教班混文凭，有这么混的吗？这是哪个‘白马王子’撩得我的学生没心思听课？不行，我要干预！

“我立刻尾随她下楼，她果然站在校门口，踮着脚翘首张望。不久，果然一位‘白马王子’骑着自行车笑嘻嘻地来了。腿一偏下了车，一转身，没想到他背后还背着个娃娃。透过传达室窗玻璃，我看到，她小心翼翼地从丈夫的背上卸下一个小脸烧得通红的孩子。我看到，她心疼地把自己的脸贴在孩子滚烫的面颊上，眼里涌出了泪花。

“同学们，我为我的粗率、多疑感到负疚，我没有想到，你们柔弱的双肩，原来是挑着繁重的学习、工作和哺育子女这几副沉重的担子呀……”

二、复述

复述是以言语重复刚识记的材料，以巩固记忆的心理操作过程。复述分为保持性复述和整合性复述两种形式。前者亦称简单复述或机械复述，对短时记忆中的信息只进行重复性的、简单的心理操作，使记忆痕迹得到加强，但不一定能进入长时记忆。后者亦称精细复述，通过复述使短时记忆中的信息得到进一步的加工和组织，使之与预存信息建立联系，从而有助于向长时记忆的转移。精细复述的加工水平较高，具有主动性。

(一)复述的分类

复述分为重复性复述和改造性复述两大类。重复性复述又分为详细复述和摘要复述两种。详细复述要尽量完整地保留原作的观点、情节或内容，不改变原作中材料的顺序。摘要复述要根据要求截取主要观点、主要情节或内容。复述性复述可以直接引用原作的语言，但不可避免要对原作语言做必要的调整。

改造性复述就是转述。转述是要求改变原作结构、顺序、角度或表现方法的复述。它可以分为不同的类型。一种是概括性转述，它要求删去次要的、解释性的和修饰性的内容，并要求对内容进行必要的抽象，再用自己的语言加以组织和概括；另一种是改编性转述。

（二）复述的要求

采用复述的方法，一方面可以进行记忆能力的训练，强化知识；另一方面，可以训练有序、有节、有理的表达能力。针对一些叙事性较强的文章，我们可以采取不同的复述方法，或简要复述，或详细复述，或创造性复述。不论哪种形式的复述，都要注意把握以下几点：

第一，把书面语转换为口头语。

第二，突出重点，准确地体现原材料的中心和重点。

第三，条理清楚，反映各部分内容的内在联系，如果叙述一件事情，复述时一定要交代清楚时间、地点、人物，事情的起因、经过、结果等。

第四，语言力求准确。

第五，必要时可以加入个人想象。

比如《手表和草帽》，这是一个关于劳力士起源的故事。故事非常简短，情节也很简单。上次课结束的一个技能训练上，两位同学的复述都很不错，第一位同学因为只听了一遍，所以在复述的时候有些细节没有把握好，第二位同学在复述的时候就要好很多。但是他们在复述的时候都基本把握住了复述的基本要求，按照时间、地点、起因、经过、结果等这样一个顺序来做的。也许这样一个技巧是很容易把握的，但是能否准确地把握所接触的语言材料的内容、重点、中心，尤其是听到的语言材料，也许还需要今后进一步的训练才行。

（三）复述的训练要领

复述，富有创造性，能把记忆、思考、表达三者有机地结合起来，使之融为一体。

1. 记忆。记忆是复述的基础。要想复述好，在阅读时，必须快速记住语言材料里的一些重要词语、结构层次，以及它的具体内容，边读边记，养成口脑并用的良好习惯。反复阅读的过程就是记忆的过程，记忆就是复述的准备，复述反过来又能进一步加深记忆。

2. 思考。复述不是照搬原材料，必须按照一定的要求，对原材料的内容进行综合、概括，适当取舍，并要认真选词，组织安排材料。这就是在记忆的基础上进行思考的过程。如《手表与草帽》，大家可以考虑一下：为什么威尔斯多夫要去找费尔德？为什么费尔德不愿意出售自己的技术？为什么威尔斯多夫要买费尔德的草帽？其他的情节尽量简化。(大家不妨在以后的学习中，尤其英语学习中也从这个方面训练一下)经常这样复述，不仅可以训练思维能力，也可以培养思考问题的习惯。

3. 表达。复述的特点就是要连贯地叙述原材料，无论口头还是笔头，都要围绕一定的中心内容去思考，然后准确而明晰地说出或写出来，这有利于培养和提高表达能力。

(如果你日后成为一名教师，也可以在工作中多对学生作一些这样的训练)

因此，成功的复述首先要对原材料进行认真阅读和理解，同时注意记忆的技巧，既有框架记忆，又要有细节记忆，留意能提示记忆的重点语句；为了疏通语流，可以先自言自语地试述一遍。如果是概要复述，要防止取舍不当，偏离中心。

(四)课文复述

课文复述就是学生在理解、熟悉课文的基础上，打破原来的知识体系，用学过的语言材料，按照一定的要求，通过口头或笔头把课文内容重新表达出来。它不同于简单、机械地背诵原文，也不是介绍课文大意。课文复述能有效地培养学生学习的兴趣，摆脱死记硬背的弊端，它能真真实实地在学生中形成知识和能力的同步发展。

在教学中如何开展课文复述？(1)复述是在理解吸收的基础上讲述和转述原文的内容，复述的训练乃是语感的训练，可以训练语言的张力。复述表达的过程是学用词语、修辞、句式等的过程，复述的过程也是对课文感知、体味、消化、理解、筛选、概括、归纳、表达的过程。(2)对学生的复述要给予引导，不能把复述搞成简单、机械的记忆性背诵。(3)语文的复述与心理学上的复述不一样，那就是语感的培养，这也是语文教学的核心；要转变为复述而复述的现状，要在字词理解、课文理解中复述，让复述真正生动起来。(4)应该常要求学生复述，培养学生良好的复述习惯，通过多种方式发展学生的复述能力。复述不是一两次训练、一两堂课就能完成的任务，它需要一个反复的过程。(5)对复述应有逐步提高的要求。复述不是平面的，复述要有层次、有梯级。笔者把复述理解为三个层次：第一层次——概要复述；第二层次——有感情地详细复述，“有感情地”，是与课文情感性强的特点相结合的；第三层次——创造性复述，让学生把自己摆进去，参与创造，进行想象。

(五)复述的训练方法

复述训练的较好方式之一是讲故事。

这里的“讲故事”指的是一种复现性的表达，即把看到的或听到的语言文字材料讲述给别人听。

讲故事可以不受原材料的束缚，有的地方可以详述，有的地方可以扩展，有的地方可以变序、变角度、变表达的形式。这样，对原材料的改变、加工就是一种再创作了。其一般规律是：

(1)根据需要，确定一个有积极意义的主题，确定故事的主要人物和情节主线。

(2)通过删节、充实、调整，使故事紧凑、生动，既有形神兼备的细节描述，又有反映人物性格的对话，并且要突出故事的高潮。

(3)故事要完整，设计一个有吸引力的开头，并要安排一个让人回味的结尾。

讲故事的语言要用通俗易懂的口语，尽量淡化书面语色彩，尤其要避用文言词汇。叙述时要从容不迫地把环境、情节、人物关系交代清楚；描述时要正确表达感情倾向；对话可适当运用拟声造型手段，做到“言如其人”。还要把握好语速、节奏的变化，并适当运用表情、手势、姿态辅助表达。

借鉴我国评书的讲述方式，讲故事也可有“文讲”“武讲”之分。“文讲”动作幅度小，语调适中，表情含蓄一些。这种讲法适合小学高年级和中学；“武讲”的表情、动作适度夸张，语气、语调及拟声造型都可以“火”一点，这种讲法适宜于低年级和幼儿园。

第六节　描述与评述

一、描述

描述运用的语言不是抽象语言，而是“显像语言”或曰“具象语言”。例如在魏巍的散文《谁是最可爱的人》的结尾中，有这样的句子：

当你坐上早晨第一列电车走向工厂的时候，当你扛上犁耙走向田野的时候，当你喝完一杯豆浆，提着书包走向学校的时候，当你安安静静坐到办公桌前计划这一天工作的时候，当你向孩子嘴里塞着苹果的时候，当你和爱人悠闲散步的时候，朋友，你是否意识到你是在幸福之中呢？你也许很惊讶地看我：“这是很平常的呀！”可是，从朝鲜归来的人，会知道你正生活在幸福中。请你们意识到这是一种幸福吧，因为只有你意识到这一点，你才能更深刻了解我们的战士在朝鲜战场奋不顾身的原因。朋友！你爱我们的祖国，爱我们的领袖，请再深深地爱我们的战士吧，他们确实是我们最可爱的人！

显像语言让我们耳闻目睹、身临其境，诱发我们的想象，刺激我们的“内视觉”，所以有很强的艺术感染力。

（一）描述：口头写生

例：自贡一条街

清晨，天蒙蒙亮，我在自贡一条普通的小街漫步。街两旁是独具四川特色的木房，黑黝黝的木梁、粉白的墙。街的中段有个小茶馆，两层小楼，一色红漆桌凳，一个镏金的“茶”字嵌在黑漆漆的木板上。晨雾还没散尽，临街的一口黑锅已经翻腾着热气。一把黑漆漆的大铁水壶比煮饭的锅还大，伙计提着它楼上楼下窜，黑布鞋踏得楼板噔噔地响，吆喝声却毫不打颤，依旧是热辣辣地道的四川话：“茶——来了！”

紧靠茶馆的是一排小吃摊。临街搭几张芦苇席，排几张桌子、几条长凳，架几口大锅就做起了买卖。热气腾腾的“抄手”（馄饨）一个个圆滚滚的，浇上一瓢红红的辣椒油，吃得人满头大汗。那砧板上的凉粉洁白如玉，厨子熟练地把它切成小丁，倒上酱油，浇上一瓢红辣椒，撒上绿油油的葱花，白、绿、红色彩相间，吃起来清凉爽口。

远远有个货郎挑卖担担面。扁担一头是小炉子和柴禾，一头是些小碗和佐料，还有细长细长的面条。货郎不吆喝，从小街刚走过，大人小孩一个个就跟了过来。货郎不慌不忙拣一处干净地停住，放下挑子，燃起炉子。一碗担担面不过一两多一点，大家却吃得津津有味。

“食在广州”？我看“食”也在天府。

（二）描述：追述示现

所谓“追述示现”，是指把过去经历过的事情描述得如眼前正在发生的事一样，属于回忆性描述。听的人虽然没有看到所描述的景象，但是由于生动传神的描绘诱发联想，调动了想象力，给人身临其境之感。

“追述示现”训练

这是想后就说的练习，将我们脑子里“库存”于记忆的事情说出来，以训练语流。请回忆最熟悉人、印象很深的事，要说得准确、完整、生动并富有感情，把听的人带进某种感人的意境中去。作追述示现的练习。

话题：1. 天下还是好人多

2. 人间自有真情在

3. 我的童年可真够淘气的

4. 那个地方的风俗民情很有趣

5. 远亲不如近邻

（三）描述：说×不用“×”字

我们说话时如果有意识地避开特定的惯用词或概念词，而用其他的同义、近义的词或短语去描述某一事物，比如说到“冷”偏不出现“冷”这个词，说到“热”偏不出现“热”这个词语，那样说出的话就会生动具体得多。我们将其简称为“说×，不用‘×’字”。

例：说冷，不用“冷”字

冬天一大早，西北风打着忽哨很刺耳，寒气凉飕飕扑面吹了过来，直往我衣领的缝隙里面钻，浑身感觉彻骨的寒。风吹在脸上，像针刺，像刀割。鹅毛大雪纷纷扬扬下个不停，雪末儿飘到我脸上，冰凉冰凉的。屋檐下面挂着一尺多长的冰锥子；公园里的湖面结了冰如同一面镜子，闪着寒光……四处静悄悄的，我觉得整个世界都像给严寒冻凝固了似的。我浑身打战，哈出的热气沾到眉毛上结了白花花的霜，眼睛冻得睁不开。地面到处是硬骨骨的冰凌冰碴，走在上面滑溜溜的，像踩上牛油一般——哎哟，一脚踩没留神儿，一个骨碌狗啃泥，我掉进了大雪坑，浑身颤抖，像泡进冰水，哎哟，我快成冰棍儿了……

“说×，不用‘×’字”训练

描述一个事实片段，尽量不用概述方式和惯用的概念化词汇，尝试用“说×，不用‘×’字”的方式，说一段话：

1. 说热，不用“热”字

2. 说好，不用“好”字

3. 说坏，不用“坏”字

4. 说苦，不用“苦”字

5. 说富，不用“富”字

6. 说穷，不用“穷”字

（四）描述：展说显像

“展说显像”是根据仅有的少量语言或文字材料，运用丰富的想象，把未见未闻的事物描述得如同眼前发生的一般。这是创造性的描述。

“展说显像”训练

你能把下面这两个故事扩展开来，说得哀婉动人吗？

故事1：一个阿根廷13岁男孩得了癌症，在家觉得寂寞就上街闲逛，见商店有个清纯的女孩，就进去买了张CD。后来他天天去，有一次给钱时将电话号码纸条给了女孩。不久男孩的母亲接到女孩电话，母亲哭着说男孩刚刚死去。她打开衣橱见大堆崭新CD，拆见里面有张纸条：“帅哥，愿意同我去树林玩吗？”

故事2：在一次战斗的间隙，一位军人到附近小镇的鞋摊修了一双鞋，后来他一双腿在激烈的战斗中炸断了，住在医院一个多月，他请战友去为他付修鞋的钱，战友去后付了钱，对鞋匠说，鞋子就不要了，他不需要了。

（五）描述：疏笔点染

“疏笔点染”存在于大量的即兴口语之中。1860年，林肯竞选总统，他的竞选词风趣地“交代”了自己的家财：

有人打电话问我有多少财产，我告诉他们，我是一个穷棒子，我有一位妻子和儿子，他们才是我的无价之宝。我租了一间房子，房子里有一张桌子和三把椅子，墙角一个柜子，柜子里的书不少，值得我读一辈子。我的脸又瘦又长而且长满了胡子，我恐怕不会发福而挺着肚子，我没有庇荫的伞，我唯一可以依靠的是你们……

“疏笔点染”的特点：

1.“疏笔点染”必须依附于朴实的叙述，是流畅叙述中的描述性穿插。

2.“疏笔点染”强调细节的捕捉，用传神的细节描述再现感人的瞬间。

3.“疏笔点染”排斥过度渲染和夸张，但不排斥运用比喻等修辞手段。

“疏笔点染”语用案例

《鲁豫有约》片段：“王军霞是一个喜怒哀乐都不写在脸上的人，对于曾经有过的辉煌和困难，如今提起来她显得非常平静，我知道她是一个很坚忍和承受能力很强的女人，只有在提起先生和孩子的时候，她才会变得眉飞色舞。采访结束以后，王军霞和战宇过马路去打车，我看到战宇的手，很自然地搭在王军霞的肩上，那一刻我真的很感动，我知道王军霞找到了自己的幸福。”

《面对面》片段（白岩松）：“幸福是什么，其实幸福就是像水一样的东西，就在我们身边流过，就像一杯好茶，亲人的一张笑脸，午后一抹温馨的阳光，半夜下班时万家灯火中为你点亮的那盏灯……”

新闻专题《医生们的困境》(水均益)：“波黑冲突就像一个久治不愈的病人，后来来了好多医生给病人会诊，但是，病未见好转，人们却对医生的处方和动机产生了怀疑，医生之间也产生了分歧和争论……”

《周末新闻杂谈》片段：“……在这个报道快要结束的时候，我的眼前又浮现刚才记者报道的场面：在长达 6 个多小时的庭审中，小尔特一直在打着吊针，他的母亲一直用双手举着一根粗糙的树枝，站在原告席的旁边为儿子输液。那弯曲的树枝上用破麻绳绑着两瓶小尔特的生命之水。观众朋友，我真希望这样令人心碎的场面，永远不再出现在中国法庭那神圣的国徽之下！”

“疏笔点染”训练

请用疏笔点染的白描方式作叙述练习：

1. 在叙述中用疏笔点染的白描手法介绍你的一位最敬佩的老师。
2. 在叙述中用疏笔点染的白描手法批评违背公共卫生的坏习惯。
3. 在叙述中用疏笔点染的白描手法强调遵守交通规则的重要性。
4. 在叙述中用疏笔点染的白描手法诉说一个难忘的瞬间。

(六)描述：仿说评话

评话又称平话、评书、评词，是一种只说不唱的曲艺形式。它有述有表，生动活泼。说书人不仅用动听的语言叙述故事情节，而且运用不同的语气、语调及拟声和表情动作，把故事中的人物、环境、情绪、气氛绘声绘色地表现出来。我们可用这种形式训练描述能力。

讲故事分为“文讲”和“武讲”两种。“文讲”动作幅度比较小，语调适中，表情含蓄一些；“武讲”动作夸张，语调表情也可“火”一点。

“仿说评话”训练

下面提供一个评书小段，供训练时使用。

训练材料：气死兀术笑煞牛皋

上回书说到宋兵大败金兀术的乌龙阵，蕃兵蕃将眼看大势已去，仓皇而逃，边跑还边喊：“哥哥兄弟哟，可了不得喽！越南蛮好厉害，快跑哇！”“哗——”，真是兵败如山倒！宋兵宋将勇气大振，一路奋勇杀来，直赶到松花江边。来不及上船的金兵，东倒西歪，被杀死无数。

花开两朵，各表一枝。却说那牛皋在阵地上东寻西杀，喀里咔嚓，砍瓜切菜一般。杀着杀着，迎面正碰上金兀术。牛皋大喊：“呔！金兀术，今天看你往哪里走!”金兀术大怒：“牛皋，你也来欺负我吗?”回身就战牛皋。金兀术一斧砍来。牛皋一手接住斧柄。丢了双锏，双手来夺斧。“撒手!”“你撒手!”牛皋一喊一叫不要紧，金兀术可受不了了。他身上负了伤，这时候伤口复发，身体往前一冲，掉下马来。那牛皋也一跤跌下，正好跌在了金兀术的背上。番兵正待上前，宋兵劫住乱杀一气。牛皋趁势翻身骑在金兀术的背上：“嘿嘿，金兀术，你也有被俺擒住之日!”金兀术回转身来瞪圆双眼，大叫一声：“气死我也!”怒气填胸，一口鲜血喷出，绝气身亡。牛皋一见，仰天长啸：“大哥，我可替你报仇了!”说完哈哈大笑，谁知笑得过猛，一口气没接上来，竟笑死在金兀术的背上。这一回便叫虎骑龙背，气死兀术，笑煞牛皋。

后人有诗笑金兀术：空图大业逞英雄，扰乱中原走几遭，今日英豪犹在否？竟将一命殉牛皋——欲知后事如何，下回接着说。

二、评述

“评”与“述”，二者珠联璧合，相辅相成。“评”与“述”的关系可以这样表述：

(1)述是手段，评是目的。

(2)述有选择，评有针对。

(3)述要具体，评有分寸。

(4)评述一致，评述相连。

(一)先评后述　先述后评

先评后述、先述后评是带有论证色彩的即兴评述方式，在即兴评述中，它以感人的叙述和逻辑的力量给人以启迪。

例：失恋是块磨刀石

对于坠入爱河的青年来说，失恋是一件痛苦的事情。但是，一失恋，情人成路人、仇人，有的甚至痛不欲生寻短见，这就很不好。相爱是两个人的事情，不能一厢情愿。对于清醒理智的人，可以把失恋看做磨刀石，越磨越有生活的勇气，越磨生活的意志越坚定——恩格斯就是这样的人。

1841年，20岁的恩格斯在不来梅商行当练习生时，同一位姑娘的恋爱失败了。这给恩格斯的打击很大，他翻越阿尔卑斯山去意大利旅行，向美丽的大自然倾诉失恋的痛苦。几年后，恩格斯又与一位姑娘恋爱了，可几个月后又一次失恋。这一回，恩格斯变得坚强了，他用近于“疯狂”的热情撰写《英国工人阶级状况》一书，给后人留下了一部经典之作。

像恩格斯那样从失恋的痛苦中站起来朝前走的人很多。柴可夫斯基失恋后写成《悲怆》，舒伯特失恋后完成了《未来交响乐》，罗曼·罗兰失恋后创作了《约翰·克利斯朵夫》，歌德失恋后写成传世名著《少年维特之烦恼》……

我们要珍惜自己，也尊重别人的选择。一时失去了爱，生命仍有光彩。在失恋这块磨刀石上打磨，人的生命可以迸发出更灿烂的火花！

"先评后述"训练

有人说聊天不好，浪费时间，说那是"闲得太无聊才干的事"。请以"聊天的好处"为话题，作"先评后述"的练习。

"先述后评"训练

话题："把话说得简练些"，运用下面材料作"先述后评"的练习。

评述材料：有人问美国第28任总统伍德·威尔逊，准备一份10分钟的演讲得花多少时间？他说，至少需要两个星期；问准备一个小时的演讲需要花多少时间？他说需要一个星期；那人问："那么，如果请你讲两个小时呢?"威尔逊立即回答："不用准备，马上就可以讲。"

（二）述中有评　评中有述

"述中有评，评中有述"舍弃大段的令人乏味的叙述或议论。将感性的讲述与理性的分析相互交织，容易引起共鸣。

例：《光明日报》2019年8月24日文章《回到傅雷的美术史》对傅雷先生的《世界美术名作二十讲》做了如下评述：

全书行文绝没有那种刻板的面目，对艺术家和艺术作品的历史认知就各有章法。如讲多那太罗的雕塑，就从艺术家一生几次重要的风格转型娓娓道来，主体强烈的创作理想成为叙事核心；而在详述波提切利之前，又先勾勒了当时佛罗伦萨艺术繁荣的盛况。叙事角度多样之外，语言的诗意化也是这部美术史著作的重要特色。优美的文学化的语言在书中比比皆是，如这段描述："在《维纳斯的诞生》中，女神的长发在微风中飘拂，天使的衣裙在空中飞舞，而涟漪荡漾，更打造了全画的和谐气氛，这已是全靠音的建筑来构成的交响乐情调，是触觉的、动的艺术，在我们的心灵上引起陶醉的快感。"这种行文风格让《世界美术名作二十讲》还具备了文学意义，它不仅使历史中的艺术作品有了鲜活的气息，同时还拉近了普通读者与艺术史之间的距离。这份洋溢的审美热情为这本书的"亲民"提供了契机，它超越了专业美术学习的圈子，为今天人们热切渴望的那种以完善人的修养和人格为重要目的的美育提供了养分。

(三)详述简评　详评简述

例：一个曾被讥讽的诺贝尔奖金获得者

英国的谢灵顿是一位荣获诺贝尔奖金的科学家。他出生在伦敦的贫民窟里，后来成为被人收养的孤儿。少年时代，他沾染了许多坏习气，人们说他“不是好种，长不成材”，以致他对别人的侮辱嘲弄习以为常。有一段时间，谢灵顿对一个挤奶女工产生爱慕之情。他向她求爱，女工说：“我宁愿跳进泰晤士河淹死，也不会嫁给你！”这一闷棍，把谢灵顿从荒唐的自暴自弃中打醒了。从此他一改恶习，发愤攻读，用行动彻底改变人们对他的看法。他的学问与日俱增，后来在研究中枢神经学方面做出了重大贡献，成为牛津大学教授，成为载入史册的伟大科学家。这说明看人得有辩证的观点，再落后的人，身上总有些美好的地方，我们要善于发现它，点燃它。

既然是集中评论，就需要花力气提炼观点。在提炼观点时，可以从不同的角度得出多个符合材料内容的观点。

“详述简评”或“详评简述”训练

对下面的话题作“详述简评”或“详评简述”的即兴评述练习：

1. 我所发现的“美”

2. 中国教育必须改革

3. 向中国的农民致敬

4. 不要崇洋媚外

(四)述中显评　评融于述

这种即兴评述，常常是转述过去发生的事情，它包含着人们的生活体验。有时描述可能出现的状况，虽不作任何议论，却明确无误地表明了自己的看法。这种以“述”代“评”的评述，不露痕迹地将自己的观点融于详细生动的叙述中，没有说教色彩，所以有潜移默化的说服力，被看做是高明的评述技巧。

“述中有评，评中有述”训练

1. 找几位朋友，就最近看的电视剧，或某位主持人的主持语言技巧，轮流作“述中有评，评中有述”的讨论。

2. 请以下列素材进行“述中显评、评融于述”即兴评述的续讲练习：

(1)你说春节多放鞭炮才热闹，大街小巷都噼里啪啦地放起来才显得红火，好，我来讲几件事情给你听……

(2)你说不要把煤气灶讲得那么玄乎，不要拿安全用气的框框条条吓唬人，好，不说不知道，说你吓一跳，有个人家……

(3)你说酒后驾车没啥，你别那么盲目自信，你听我说……

(五)语言通俗　语态亲和

即兴评述的表达应是口语化表达，口语化的表达易于理解。简明通俗，既容易入脑入耳入心，也有助于听众的理解和消化，有利于调动听众的心理参与。口语化表达要用精练简短的语言，语言表达要流畅、准确；另外，评论语言要干净，不要用太多口语助词、副词，语言要轻松幽默，不要危言耸听，不要上纲上线，要举重若轻；用事实讲道理，贴近听众。

例：刘元元评“队长他妈”

北京电视台主持人刘元元在《元元说话》中，对京郊某村的“队长他妈”以代收信件方式向收信人索取“手续费”的做法作了介绍，然后评论道：“这位老太太今年80多岁了，耳不聋，眼不花，身体特硬朗，我想，如果她不是队长他妈，她可能就是一个特慈祥的老奶奶，能教街坊的小媳妇做针线，能给孩子们讲故事……可当了队长他妈，怎么就这样？依仗家里人的权力就把便宜占尽了，这就真有些一朝权在手的感觉。今天说的是队长他妈，其实生活中不像话的干部又何止一个‘队长’？不像话的家属又何止‘他妈’？……”

节目播出后，当事人有抵触，元元在续集中继续评论：

“……上一集我说了这么一句话：说这位老太太要不是队长他妈，可能是一位特慈祥的老奶奶，如今做了队长他妈怎么就盛气凌人了。队长本人对我这句话有意见，他说，我妈怎么不慈祥了？如果我的话对老太太多有冒犯，还真要请老太太原谅；但是我觉得，自己的儿子越是干部，越要严于律己，不让别人戳脊梁骨，这才是对儿子最好的支持。自古就有岳母刺字的故事，岳飞的母亲在岳飞背上刺上‘精忠报国’，告诉他先保国家再保小家，保了国家才有小家，堪称所有母亲学习的典范。您看，我换个说法，可理儿还是这个理儿。”

“语言通俗，语态亲和”的训练

请以下列素材进行即兴评述练习：

1. 私家车太多交通阻塞，是否该控制
2. 爸爸妈妈，我们已经长大了
3. 家长用金钱鼓励儿女好好学习
4. 家长把中学读书的儿女送到国外留学
5. 年年“减负”，中小学学生负担没减少

(六)角度新颖　彰显个性

在即兴评述中，评述个性主要体现于思维个性和语言个性。随着我国

政治文明建设和民主进程加快，适度保护个性、体现个性的时代已经到来。

例：白岩松评中国队 6 比 1 胜越南

终于，终于在 2009 年 1 月亚洲杯预选赛上，中国队主场把越南打了个 6 比 1。仔细看来，这场比赛的价值也就如此，大家都很兴奋，甚至在天空中还燃起了礼花，很多人似乎认为这礼花是为中国足球而放。这里面也许有误会，一种我们心知肚明却非要自欺欺人的误会——没准儿那是浙江人民在旁边放礼花庆祝春节临近，但是呢？总有人非把这些自娱自乐和我们的国足联系起来。

帽子戏法，这些词很久都没有被用在中国足球的身上了，但是今天，郜林做到了，如一个英雄被评为本场最佳。但是，如果我是主教练，他进第一个球之后就会把他换下来，因为我实在不忍我们的球员又一次飘飘然起来。进球后，看看他的庆祝动作，把食指竖在嘴边，他要说什么？是让大家闭嘴吗？用北京一位广播人的话说：是让一段时间以来批评国家队和他本人的人们闭嘴。

这根竖起的食指似乎比中指更加让人难以接受，让人感到悲哀，让人感到我们球员的无知和幼稚——在中国足球添堵的时代，难道这场胜利就可以洗刷国足的一切罪过吗？难道就可以让一切声音消失吗？难道之前对中国足球以及国家队的批评是错的？难道有不足不可以批评吗？难道进了越南一个球，就有权利让大家闭嘴吗？越南是什么队，在世界足球版图上处于什么位置，球迷们都清楚，多年之前，就算是派个省队，都可以把亚洲杯预选赛轻松解决。但是我们的球员如果以击败这样的对手就肆意释放对外界的不满，那么中国足球就彻底没有了希望，如果是进了韩国或日本一个球，让人们闭嘴腰杆还硬一些；可赢了越南，居然就打算让大家不说话，你拿什么当封口费？

这就是中国足球悲剧性现状的最真实的反映。媒体有点儿怕闲，球迷却很烦，不管你媒体怎么给版面，体育场内照样空着的座位一大片，球迷清楚着呢。所以别因为赢了越南就把中国足球夸大发了，小心成为将来的笑话。是的，赢了越南，终于没给全国人民添堵了，但是，这就说明中国足球股触底反弹？其实中国足球的实质根本没有改变。几十年前，诗人食指在荒漠一般的年代，让人热血沸腾地写下四个大字：相信未来。几十年后的今天，我们的球员却用食指写下一种人们对中国足球的怀疑：未来，可以相信吗？

“角度新颖，彰显个性”训练

请用下面的素材进行即兴评述练习：

1. 1990 年 3 月 7 日，比利时布鲁塞尔一个警察局接到报告，在一幢标明“不能居住”的房屋里发现一具枯骨。司法部门查证，死者名罗莎丽，女性，死在此屋已经有 13 年了。

2. 同是布鲁塞尔，在某公园一棵树上贴有一张“寻狗启事”：

“本人不慎丢失爱犬一条，一岁两个月，毛棕黄色。走失一个多月，好不可怜！如有见者请电话联系。若领爱犬前来，本人当面酬谢 14 万比利时法郎，不胜感激。电话：××××××”

“综合性评述”训练

1. 上海市女工陈燕飞怀孕 5 个月时，有一天路过苏州河，见一妇女溺水，她奋不顾身跳下去将那位妇女救上来。别人采访她，她说：“这是做人起码的道德。见死不救，那是没良心……”

2. 广州市一个青年，从急于购买摩托车的农民手里花言巧语骗得 2600 元。未出 24 小时，他化名“王平”写了封痛切反省的信，将钱款全部寄给保卫部门。“王平”在信中写道：“……回到家里总觉得周身不自在，饭吃不下，觉睡不好，想到那个农民丢钱的苦脸，当然也想到监狱的铁窗，越想越害怕。良心的谴责使我万分悔恨自己的所作所为……”

3. 据报道：2007 年四川“竹之神韵”中国巨星演唱会，演员们被热情的观众追得无路可逃，某著名主持人嘴被撞肿了；同日，自贡体育场举行大型演唱会，某女歌唱家被歌迷强行拥抱，并发生十几个人相互踩踏受伤住院的惨剧；央视《同一首歌》光临潮州，演员被观众拉扯，差一点儿被扯下舞台……

思考与练习

1. 熟练掌握各种形式的口语表述方式，做一名合格的教学工作者。

2. 以下列话题或材料，进行演讲训练。

(1)人生处处是考场

(2)站在烦恼里仰望幸福

(3)有位哲人说：“真正让我疲惫的，不是遥远的路途，而是鞋子里的一粒沙。”体会其中的深意，并以此为话题演讲。

(4)曾经有这样一首小诗：

你不可以左右天气，但你可以改变心情；
你不可以事事顺利，但你可以事事尽力；
你不可以改变不公，但你可以展现笑容；

你不可以预知明天，但你可以把握今天。

针对此诗谈谈你的看法。

(5)我们所看的每场晚会都经历过了精心的彩排，然而人生却没有彩排，每天都是现场直播。请说说你对这句话的理解。

(6)谈一谈对“没有比人更高的山”这句话的理解。

3. 你坐车旅行时和周围的陌生人交谈吗？和同学交流一下你是如何与陌生人寒暄并延续话题的。

4. 假如你是班上迎新晚会的主持人，请设计一下主持的开场语、衔接语和结束语。

5. 自选下列辩题进行论辩练习，可以进行自辩，也可以组织人员进行他辩：

(1)大学生兼职利大于弊/大学生兼职弊大于利

(2)社会更需要专才而不是全才/社会更需要全才而不是专才

(3)生活的烦恼在于追求完美/生活的烦恼不在于追求完美

(4)逆境成才/顺境成才

(5)大学毕业后应先就业再择业/大学毕业后应先择业再就业

第四章　教师职业口语概说

第一节　教师职业口语的含义和特点

一、教师职业口语的含义

教师职业口语(教师口语)是指教师在日常工作中经常使用的行业用语，是用标准的或比较标准的普通话表达符合教育教学要求的教师工作用语。它包括教师在从教过程中使用的教学口语、教育口语，也包括与教学、教育相关工作的口语，即向学生进行教育、教学活动中运用的一系列口语表达方式与口语技能、技巧。

教师口语包含两层意思：第一，它是一个过程。这一过程包含三个要素，教师、学生和语言。教师在这一过程中通过负载着一定知识和思想教育信息的口语，对学生进行知识教育和思想教育。教师口语作为“传道、授业、解惑”的工具和主要中介，起着沟通教师和学生的桥梁作用。第二，教师口语是展示教师语言行为的规范。主要体现在教师口语必须符合教育教学的一般规律，符合学生个性心理特征与认知发展规律，符合特定的教育教学目标的要求。所有这些规律影响和制约着教师口语运用的策略、方向和技巧。

二、教师口语的基本特征

(一)口语语体与书面语体的结合

口语与书面语在语言学上是两个不同的概念。前者作用于人们的听觉，后者作用于人们的视觉；前者存在的方式是语音，后者存在的方式是文字。教师口语就是这两种语体特点的结合。

教师职业口语的表述内容里，占主体部分的是传授知识、讲授道理。教师职业口语能兼顾书面语体的规范性特点和凝练性特点，有助于提高教师在单位时间内的信息输出量，有助于学生简洁、明确地把握道理，接受知识。但教师口语又不宜过于“书面语”化，否则不便于学生理解。这就要求教师在其教学口语中，把握好口语特点和书面语特点交融结合的“度”，以使得自己既能在限定的教学时间内完成既定的教学计划，又避免学生在接受、消化知识时有过多的理解、记忆方面的困难。

（二）单向表述语言与双向交流语言的结合

单向表述语言与双向交流语言是教师职业口语的两种主要表现形式。一个合格的教师应当能自如地转换这两种语言表述形式。教师的单向表述语应该具有准确性、层次性，并且单位时间内信息含量较高。教师的双向交流语应该具有灵活性、敏捷性。如在教学口语中，教师在介绍背景知识、叙述某事件的原委、论证某结论时常进行大段大段的独白，而在进行提问和答疑时则常用到对话语体。按现代教学论来看，教师应多采取对话语体进行教学。有学生直接参与的具有双向交流特点的会话式教学过程必然会及时地向教师提供信息反馈，教师也会随时根据学生不懂和不清楚的问题进行针对性答话。

（三）预设语言与应变语言的结合

一般来说，教师的教学口语和教育口语是预设性的。即教师在说话前一定是经过精心准备的，课前已认真备课并反复熟悉教案，也清楚要讲的重点和难点。所以教师职业口语必须是正规的、有准备的，因而预设语往往是教师口语的主体。但是，教师职业口语也有随意的一面。随意的一面是指在按照准备好的教案或讲稿上课时，又不能拘泥于教案或讲稿，照本宣科，教学中教师往往会面临一些新情况、新问题，这就要根据课堂情境做随机性的变化，临场发挥，或调或改或增或减。特别是组织管理课堂的用语和教学的起承转合部分的用语，往往是无准备的、随意的。所以教师职业口语是正规的有准备的口语与随意的无准备的口语的结合。

如在教学中，学生针对教学内容提出了教师没有料想到的问题，而且必须正面作答，这时就需要教师快速判断问题的性质，针对学生的疑问作出现场解答，体现出极强的随机性和应变性。

三、教师职业口语特点

（一）准确而精练

教师职业口语是传授知识信息的媒介，与生活中随意性的口语表达有着本质的区别。授课时所说的语言必须准确而精练，用语合乎规范。

所谓正确，不仅指语音、语法合乎规范，更重要的是指用丰富多彩的语汇，表达出千差万别的事物，不能含糊其词，或者用老一套贴标签的方式，如语文教学中讲解课文总是用“中心明确”“结构清楚”，评价学生答语总是“差不多”“还可以”等。

所谓精练，是指用简洁的语句传达出丰富的知识，句句说在点子上，少说、不说废话。言简意赅的教学口语，有引发思维、拓展思路、开发智力的作用。精练并不是说话过于浓缩，也不是把话得深奥难懂，而是要把话说得严密、紧凑、干净利落。

（二）鲜明而生动

教师口语只有鲜明、生动，才有吸引力、感染力，给人深刻的印象。要做到鲜明而生动，应该注意以下几点：

1. 通俗

通俗就是根据学生已有的知识水平和现有的接受能力，选择通俗易懂的词、句，调动合适的说话艺术方式，传授知识。通俗不能庸俗。

2. 形象

形象就是运用直观形象的口语说话，运用意象，诱发学生产生联想，刺激其“内视觉”，调动其生活体验，使他们如见其人，如闻其声，如临其境。

3. 有感情

教学不仅是传授知识，也是与学生交流感情并引起共鸣的过程，有情才能动人。教学口语要尽量做到：声发于情，意寓于情，理融于情。

（三）制约与调控性强

教师职业口语受诸多因素的制约，像教材内容，学生认知心理，教学环境即教室大小、人数多少等，这些因素使得教师口语具有了特殊性。教师口语虽受诸多因素制约，但教师还是应积极主动地运用教师口语进行教学调控。教师不是“留声机”，照本宣科；而是“一心数用”，根据当前课堂的实际情况，运用教学教育口语，创造出有张有弛、意趣盎然的生动局面来。

（四）综合性强

教师口语是叙述、说明、描述、议论、抒情等多种表达方式的综合运用，这是由教学内容和教学方法的多样性决定的，也是由教育对象的认知心理特点决定的。过多的议论，学生感到乏味；过多的说明，显得枯燥；单一的叙述，流于平淡；一味的描述，不利于抽象思维。只有将各种表达方式综合在一起，才能取得良好的教学效果。

总之，教师的任务是教书育人，教师口语的表达内容和表达形式都必须受到教育教学目的的制约。

第二节 教师职业口语的基本要求

教师职业口语是教师在课堂教学中面向学生传授知识和培养能力最主要的手段，富于知识信息并具有极强表现力的教师口语是切实提高课堂教学效率的保证。作为在一般口语基础上经过认真加工和精心设计的言语形式，教师口语是教师在课堂教学中向学生展示的一种口语示范，是学生接受口语教育的最直接范本——学生口才的培养主要依赖于在校期间的训练及实践，具有很强智力品质的教师口语是学生学习口语的标本。

“教师的语言修养决定着学生在课堂上的脑力劳动的效率。”(苏霍姆林斯基)教师口语的基本要求表现在五个方面，即规范性、科学性、清晰性、生动性、启发性。

一、教师口语的规范性

教师口语的规范性，是指教师使用普通话的规范性。首先应注意普通话语音规范。课堂教学活动离不开听、说。教师要用话语来完成知识的传授，这要靠说；学生要从教师的话语中接受知识，这要靠听。会说普通话是合格教师必备的条件。中学教师应该能说标准的或比较标准的普通话，能熟练地使用普通话进行课堂教学，特别是语文老师，还应具备正音教学的能力，能胜任汉语拼音教学工作。使用普通话教学，能增强学生听课的吸引力，为学生学习普通话创建一个语言环境，同时这对学生来说，也是一种身教。

教师口语的规范性，首先要注意词的概念义应准确。例如下面一段教师口语：

1950 年，中华人民共和国刚刚成立不久，美帝国主义悍然发动了侵略朝鲜的战争，同时侵占了我国的神圣领土台湾省，妄图吞并朝鲜，侵犯中国。以彭德怀同志为司令员的中国人民志愿军，于 1950 年 10 月 25 日，跨过鸭绿江，同朝鲜人民一起打退了敌人的猛烈进攻，并发起了反击。经过多场激烈的战斗，最终迫使帝国主义于 1953 年 7 月同中方签订了停战协定。志愿军在赴朝作战初期，武器装备较差，敌人的严密封锁和狂轰滥炸，使我方补给线经常遭到破坏。志愿军在极其恶劣的条件下，同装备精良、武装到牙齿的敌人做殊死的斗争，表现出大无畏的英雄气概和强烈的爱国主义、国际主义精神。《谁是最可爱的人》以饱含深情的笔触，及时准确地报道了志愿军的英雄事迹，极大地鼓舞了全国人民的爱国热忱，在国内外产生了强烈的反响。自此，“最可爱的人”变成了“中国人民志愿军”的代称。

在这段教学用语中，几组词的准确使用，体现了这段教学用语的用词规范性。例如“侵略”“侵占”“侵犯”这组同义词，虽然都含有“用强力夺取或损害”的意义，但词义又各有不同，“侵略”指“一个国家用武力或用政治、经济、文化等方式夺取他国的领土或主权利益”，其后的搭配对象常常是国家；“侵占”着重指占有别国的领土或别人的财产；“侵犯”着重指威胁、触犯、危害，搭配对象常常是领土、边境、领海、领空、主权等。上面教学用语中分别使用的这组词是非常准确的。同样，“战争”“战斗”“作战”“斗争”一组词及“猛烈”“激烈”“强烈”一组词的使用也都恰到好处。

教师口语的规范性，还应注意词的色彩义，尤其是词的感情色彩。下面这段教师口语中的某些词就没有注意词义的感情色彩：

同学们，1890 年夏，八国联军在英国海军司令西摩尔率领下，从大沽经天津向北京进犯，沿途烧、杀、抢、掠，无微不至；在北京城，联军统帅瓦德西特许公开劫夺三天，把皇家宫殿苑囿的珍贵文物，洗劫一空。

“无微不至”的意思是没有一个地方不照顾到，形容关心照顾细心周到，含褒义，用在此处，显然不妥，应该用含贬义的“无所不至”才合适。

教师口语的规范性，也应该注意语法的规范。教师口语中出现的语法错误有各种情况，诸如词性误用、关联词语混用、句子成分搭配不当、句子成分残缺，等等。例如：

这是一篇介绍松鼠特点的科学小品文。通过对松鼠的生动细致的描述，使我们对松鼠这种小动物获得了清晰的印象。

上面这段教学用语的第二句使用了“通过”一词，造成了全句的主语残缺。本来，“对松鼠的生动细致的描述”可以做全句的主语的。这里，要么去掉“通过”一词，要么去掉“使”字，全句就通顺了。

二、教师口语的科学性

教师口语的科学性是指教师口语能准确无误地反映客观实际，教师口语的形式又能准确地表现思想内容。具体地说，教师口语必须能表现出正确的立场观点，所用语言材料必须确切、真实、可靠，从发音到用词，从概念定义的阐述到教学内容的分析，从课堂讲解到释疑，都能达到准确、科学。

（一）准确表述教学内容

要做到这一点，认真钻研教材，深刻把握教材本质，便成为一个不容忽视的关键。

例：对《春》这篇散文的分析摘录：

这篇散文以“盼春”(第一段)开头，以“赞春”(最后三段)结束，中间“绘春”是重点部分。

“一切都像刚睡醒的样子，欣欣然张开了眼。”用拟人的方法总写春回大地、万物复苏的情态。山“睡醒”的情态用“朗润”描绘：林木抽芽，山草变绿，使山色由暗淡渐渐明朗，由枯萎转为润泽。水“睡醒”的情态用“涨”描绘，再现了冰消雪化后春水涣涣的样子。太阳“睡醒”的情态用“红”描绘，表现出春日融融的暖意。作者抓住春山、春水、春日的特点，勾画了春景的轮廓，为具体描绘春草、春花、春风、春雨四幅图画，创设了广阔的背景。

“春草图”着力写春草勃发的景象。第一句从“点”上描绘，第二句从“面上”描绘，第三句用孩子们嬉戏衬托春草的可爱，第四句从感受的角度表现春草的可爱。

“春花图”着力写春花竞发的景象。“你不让我，我不让你”用拟人的手法描绘了各种花竞相开放的景象。“像火”“像霞”“像雪”三个比喻，描绘花色的艳、美。最后写野草，“遍地是”表现数量多，“杂样儿”写种类丰富，“像眼睛”“像星星”两个比喻描绘了阳光下闪闪烁烁、逗人喜爱的样子。

“春风图”描绘了春风的温暖、和煦。先从触觉角度写春风的和煦，再从嗅觉角度写春风特有的芳香，最后从听觉角度写春风吹送的悦耳声响。作者把难以捕捉的春风，描绘得有形、有声、有情。

“春雨图”描绘了春雨中的美景。“寻常”“一下就是三两天”写春雨之多。“可别恼”一句是写雨中美景的情趣。

第五幅图画是“迎春图”。人是画面的主体，人也充满了春意。写出春天给人们带来的活力。

这五幅画面，描绘了春意，融入了作者对春天的喜爱和赞美之情。在此基础上，结尾三段文字用三个比喻讴歌春天。这个结尾，正是对五幅春景图含义的概括，点明了全文的中心思想。

这段教学用语对《春》的分析，形象生动，具体细致，入木三分。教者把握住全文的精髓——对春的赞美，抓住文章“盼春”“绘春”“赞春”这条线，步步展开。尤其是用准确的语言把这篇优美的文字平铺为“春草图”“春雨图”“迎春图”等五幅画面，展现在学生面前，这种对教学内容的准确表述，正是教师口语科学性的体现。

下面一段教师口语在科学性方面就存在问题：

同学们，我们今天来学习短语知识。短语，就是词和词组合起来，成为短语。短语的构成方式，与合成词的构成方式是完全一致的。例如“花草”是有两个语素组成的并列式合成词，“花草与树木”是由两个词组成的并列短语。(板书：花草与树木。)由此可见，只要掌握了合成词的构成方式，就不难理解各种短语的构成。另外从形式上看，短语，顾名思义，都比句子短。

上面的教学用语中，有三处不准确：(1)“短语的构成方式，与合成词的构成方式是完全一致的”不准确，“完全一致”应改为“基本一致”。(2)板书的“花草与树木。”多了句号，短语是不带语气的，因此后面不能使用句末符号。(3)“短语，顾名思义，都比句子短”也是不准确的。由此看来，只有透彻理解，把握教学内容，才能做到对教学内容的准确表达。

(二)排除歧义

歧义，就是在语言表述中，说出的一句话，模棱两可，让人捉摸不定；或者本想表达这种意思，而让别人理解为另一种意思。在教师口语中，若出现这种有歧义的语句，必然会导致教学内容不能准确表达，以致影响教学效果。

请看一节数学课的教学实录片段：

师：由此，我们这个命题的结论就得到了证明。这是我们研究圆的一条重要性质，我们请一个同学回答这样一个问题：垂直于圆的直径，他有什么特点？

生：垂直于圆的直径，平分这条弦，并且平分弦所对的弧。

师：这位同学说得对不对？

生：(有的)不对！

师：这个同学的解释，有的同学说不对，我认为是有道理的。

“有道理的”究竟是谁？是指前面回答问题的那位同学，还是指说“不对”的同学？

(三)合乎逻辑

合乎逻辑是指教师教学用语要正确划定概念的内涵和外延，揭示事物的特征和本质，判断得当，推理严密。不能用想象和猜度去代替严密的推理和科学的论证。

下面的教学用语就出现了不合乎逻辑的现象：

同学们，读了《孔乙己》这篇小说，我们也是要笑孔乙己的。孔乙己给小孩分豆，眼看孩子们仍然不肯散，着了慌，“伸开五指将碟子罩住”，还摇着头直说“多乎哉，不多也”，我们都为他的迂腐而感到好笑。但是，我们的笑声与小说中的人们对孔乙己的笑声是完全不同的。作为社会主义时代的一个青少年，我们笑孔乙己是并无恶意的。笑过之后反而更能体会到封建科举制度的罪恶，更深刻地认识到是孔孟之道把孔乙己作为取笑的对象，对孔乙己的悲剧根本不寄予任何同情，反映出以前人与人之间关系的冷酷与残忍。

分析了这篇小说后，孔乙己这个人物，对于我们是比较了解了，小说对孔乙己的语言和行动的描写虽然比较简单，却都是性格化了的，具有特征性的。这正是这篇小说的主题能给我们留下深刻印象的原因。

这段教学用语在逻辑上至少有五处错误：

(1)“我们的笑声与小说中的人们对孔乙己的取笑是不完全相同的。”这里的“笑声”与“取笑”不好类比成“不完全相同”。

(2)“青少年”既包含“青年”又包含“少年”，既是“一个”，怎能同时包含两个概念？应单用“青年”或“少年”，或去掉“一个”。

(3)“反映出以前人与人之间关系的冷酷与残忍”这句话中“以前”概念模糊不清，可以说成“反映出旧社会人与人之间……”，这样就明确了。

(4)“孔乙己这个人物对于我们是比较了解了。”这句话主客倒置，不是“孔乙己了解我们”，而是“我们了解孔乙己”。

(5)最后一句的推论，理由不足，小说的主题给我们留下深刻印象的原因绝不会是因为“性格化了的”“具有特征性的”人物描写，充其量，这也只不过是“原因”之一。

教师教学用语中的逻辑错误主要表现在概念使用不当、判断不合情理、推理缺少根据。

三、教师口语的明晰性

教师口语的明晰性主要是指口语表达语脉相通，条理清晰。具体地说，在表达过程中，给听者以多种不同的感受：主次感——主要和次要的感受；并列感——先后次序的感受；递进感——推进和发展的感受；对比感——区别、比较的感受。综合这几种感受，也就形成了口语表达中明晰的语言链条。

让我们从明晰的角度分析下面这段教师教学用语：

杨朔的散文，《荔枝蜜》之所以让我们受到这样强烈的感染并引起我们丰富的联想，除了文章里意义深邃、意境幽美而外，还有一个很重要的因素，这就是结构上的精巧。作者在介绍散文创作体会时曾经说过：“动笔写时，我也不认为自己写的是散文，就可以放肆笔墨，总要像写诗一样，再三剪材料，安排布局，推敲字句，然后写成文章。”可见杨朔在构思散文时，惨淡经营，缜密思索，颇费斟酌。黄政枢在《杨朔的散文艺术》这篇文章里对杨朔的散文作出这样的评价：“杨朔的散文在篇幅上都是短小的，杨朔的散文在结构上都是精巧的。”他又说：“读杨朔的散文，像走进苏州园林，格局虽小，却峰回路转，境界深邃；读杨朔的散文，像观赏扇面画幅，咫尺之间，竟烟波云海，天地开阔。”这几句话的确很好地概括了杨朔散文结构的艺术特色。现在，就让我们走进《荔枝蜜》的艺术天地来欣赏他的结构技巧吧。

这段教学用语一开始就体现出层次感，用“除了……而外”，“还有一个重要因素……”等语句，不但论述全面、周密，而且重点突出、主次分明。

在谈到杨朔的散文结构特色时，教师引了两段话语，先引用杨朔本人的话，后引述别人对他的评论。而在引述别人对他的评价时，先引用的是抽象的评价，后引用的是具体、形象的评价。正是这样的次序安排，使语言的表达体现出递进感与总括感。

这段表述形成的这种清晰的语言链条，充分体现了教学用语的明晰性。

要达到教学用语的明晰性，可以从以下几个方面着手组织教学用语。

(一)多使用短句

短句往往结构简单，短小精悍，节奏紧凑，表意简洁，明快有力。教学用语大多采用短句的形式，组织方便，听起来省力，便于学生接受。请看高润华老师讲析的《荔枝蜜》这篇文章的一段实录：

师：对呀，所以他说很有点儿鲜荔枝的味儿，就是色、香、味都很好。所以他说，你喝到这样好的蜜呀，生活也是甜的呢。但是，我们不要忘记，吃到这样好的蜜就不要忘掉酿蜜者呀！酿蜜者是谁啊？

生(集体)：蜜蜂！

师：好！看看哪些字句是写蜜蜂的？划下来：蜜多好呀！稀罕物！能滋补身体，成色纯，养分多，又香甜，又清气，真好呀！但是，谁来酿的呢？这蜜蜂是怎么酿的蜜呢？把这些句子划下来。思维要敏锐，动作要敏捷。

这段话既有主谓句，也有非主谓句，又有省略句，但大都是短句。因而听起来自然、亲切、明了。

(二)使用明白易懂的词语

要做到教师用语的明晰性，使用明白易懂的词语是不可忽视的一个重要方面。陈波同志在《数学教材有些定义可浅显些》一文中，曾对数学用语的释义有一段阐述，摘录如下：

例：数列可看做一个定义域为自然数集的函数，当自变量从小到大依次取自然数时相应的一系列的数值，$a_1 a_2 a_3 \cdots\cdots a_n$——(高中《数学》第四册第 2 页)

自然数集，自变量、定义域等是高等数学用到的概念，把他们引进中学的教材，行文又这样艰深，结果是老师不好教，学生不好学，欲速则不达。为此，笔者曾请教一位数学专家，他认为这个释义完全可以改为：“设 f(n)为自然数的一个函数。当我们把自然数按大小次序排列，f(n)为自然数的一个函数。当我们把自然数按小大次序排列，f(n)的值就跟按相应的次序 $a_1 a_2 \cdots\cdots a_n$ 排列的相等，即 $a_n = f(n)$，这样排列的一系列函数值就叫做一个数列。”这样释义虽然比原来多用了一些词，但减少了一些高度抽象的术语，行文又比较接近口语，自然好懂得多。

这里虽谈的是数学教材的术语释义问题，但对各科教师在课堂教学用语的选用上，都有一定的启发性。

教学用语中有时会出现下面几个问题：

1. 生造词语

(1)这件衬衫，不仅凝聚着周恩来总理对普通工人的关护，而且也凝聚着人民群众对周恩来总理的崇敬。

(2)目不识丁的地主恶少张好古进京赶考，居然得中第二名进士，还点了翰林，最后连升三级，既让人捧笑，又耐人寻味。

上两例句中的“关护”“捧笑”都是生造的词，表义不明。“关护”可换为“关心”或“爱护”，“捧笑”可换成“捧腹”，这样，表达的意思才清楚明白。

2. 随意简缩

(1)本文是一篇思评。思评这种文体是在对社会生活深入细致观察的基础上写出的评论。文章明辨是非，评论优劣，赞扬好人好事，批评不良现象。

(2)作者竺可桢，浙江绍兴人。气象、地理学家，我国现代气象事业的创始人。他曾任中科院院士、中华全国科协副主席、中科院生地学部主任、中科院综考委主任等职。

这两段教学用语中就出现了随意简缩的现象。例(1)中的“思评”，应为

“思想评论”，例(2)中的“生地学部”应为“生物学地质学部”，“综考委”应为“综合考察委员会”。简缩往往是对某一较长词语，特别是表示事物名称的词语的简称。简缩后，其意义应该是一听就明的，符合既简又明的原则。上面的“中科院”“科协”等简称一听便知是“中国科学院”和“科学技术协会”的简称，而“思评”“生地学部”“综考委”则让人费解。有时随意简缩词语，还常常引起误解，像“电视大学”简缩为“电大”是可以的，这可以说是约定俗成了的简称，如果把“老年大学”简缩为“老大”则容易让人误解了。因而，在教学用语中随意简缩词语，就会影响教学用语的明晰性。

3. 滥用文言词

(1)同学们，今天我们学习《望庐山瀑布》，作者是唐代大诗人李白。李白一生中，写下了大量的诗歌，内容十分丰富。其中描写自然景物，抒发对祖国大好河山热爱的诗篇，是他的诗歌遗产中的重要部分。李白一生浪迹山水，祖国的大川名山留下了他的芳躅。壮丽山川的自然风光陶冶了诗人的性格，李白也以优美的诗篇歌颂了祖国山川的壮美。

(2)圆的对称性以及垂直与弦的直径这两个问题，我们皆给大家介绍过，也即“垂径定律”。“垂径定律”的题设部分条件是两个，讨论部分是三个，故叫“两因三果”。

例(1)中的“芳躅”一词较为冷僻，一般中学生如果不查词典，就难以确切理解它的意思，可以换为“步履”或“行踪”；例(2)中的“皆”“即”“故”这些文言虚词夹杂于课堂用语中也有些拗口，可分别改做“都”“就是”“所以”之类。总之，教学用语应尽量口语化，选用学生易于接受的词语来表达，才能提高教学效果。

(三)言简意赅，避免多余信息

言简意赅是教学用语清晰性的重要一环。言简意赅的教学用语本身具有一种特殊的魅力，因为它体现了语言的朴实美、洁净美。我们要求教学用语言简意赅，可以有效地集中学生的课堂学习注意力，引起学生的学习兴趣；同时，它能以准确精当的语言直接揭示事物的本质，在传授知识和训练学生思维能力上都具有重要意义。

1. 抓住教材内容的实质

要想做到这一点，就必须对教材内容有透彻的理解。一般说来，教师抓教材内容的实质要经历两个阶段：第一阶段是对教材内容各方面的体会较为零乱，还没有使之形成一个有机的整体；第二阶段是将各方面的体会联系起来加以分析，明确教材内容的主次，去粗取精，把精要之处贯穿起来。教师在课堂上应把握教材内容的主旨，简明扼要地交代清楚，并把自己经过反复思考才能理解透彻的地方作为难点，着重提出来引导学生思考，这便是“少而精”。

一位老师讲《桃花源记》，是这样开头的：

前几天，我和几位朋友去郊游，路过一个小山，忽然看见一片翠绿的水面上漂着几片竹叶，潺潺地流向远方，那古老而青绿的垂柳默默地低着头，弯下腰来，亲近着小河，表现出对小河的无限依恋。

看到这一动人的景色，几位朋友不禁脱口叫道：“啊，好地方，好地方，真是一个世外桃源啊!”同学们，什么叫世外桃源呢？请大家把书翻到170页，我们共同来读一读陶渊明的这篇《桃花源记》吧。

这段导入语前面一段的景物描写所用词语似乎很美，但这段景物描写对学生理解课文并没有什么帮助，可以说是多余信息。以教学用语的要求来看，不符合言简意赅的要求。如果把这段导入语说得更直接一点如何呢？

同学们，我们常常把风景美丽而人们又不常去的地方叫做世外桃源。“世外桃源”这个成语是怎样产生的呢？这个成语来源于陶渊明所写的一篇文章——《桃花源记》。这篇文章写了些什么内容？作者通过这篇文章说明了什么？现在就让我们一起来读一读陶渊明的这篇《桃花源记》吧。

这段导入语明确、精练、直截了当，可以说是言简意赅了，当然这并不仅仅是因为少说了几句话，而是抓住了实质，一语中的。

2. 力避无意义的重复

教学过程中，教师为了便于学生加深理解和记忆，或者对知识重点、难点重复讲解说明，或者对关键词句加以重复，这种重复起到了强调重点或加深记忆的作用，这是一种必要的重复。例如《最后一课》的课堂教学实录片段：

师：你们编了怎样的提纲呢？听了韩麦尔先生语重心长的、又柔和又严厉的话以后，小弗郎士怎么样？(学生举手)

生：小弗郎士开始觉醒了。

师：小弗郎士开始觉醒了。他编了一段，好。(学生举手)

生：他开始懊悔过去的事情。

师：他开始懊悔过去做的事情。哦——

生：小弗郎士开始悔悟了。

师：小弗郎士开始悔悟了。好。(学生举手)说。

生：小弗郎士开始清醒了。

师：噢，小弗郎士开始清醒了。好。我们可以注意一下。刚才同学们讲得都很好。集中到一点，他感到就要失去国土的痛苦。为什么今天老师是最后一次给我们上课呢？因为国土就要失掉了。为什么明天在阿尔萨斯和洛林的学校就只许教德语了呢？因为国土就要失掉了。为什么今天是最后一堂法语课呢？因为国土就要失掉了。为什么今天很多镇上的人都来听课呢？因为他们对就要失去的国土的敬意。所以我们说，小弗郎士开始感到失去国土的痛苦了。同学们刚才说得很好：他开始觉悟了，他开始悔悟了。——对了，因为他开始真正认识到失去国土该多么痛苦！

这里因为具体地讲述了小弗郎士在听到韩麦尔先生语重心长又柔和严厉的话语后，开始觉悟，开始悔悟，开始认识到失去国土的痛苦，充分利用重复的手段突出中心，强调重点，引起学生的注意。这种重复是积极的、必要的。

有一种重复是毫无意义的，它往往造成教学用语的堆砌、繁冗和臃肿，成为用语的累赘。毫无意义的重复有两种常见的情况。

一是相同词句的重复，这种重复十分明显。下面是旅游专业课上的一段教学实录：

同学们，上几节课，我们讲了服务姿态。从这节课开始，从这节课开始，啊，我们讲第二个问题，第二个问题：语言谈吐。(板书：二、语言谈吐)语言体现了一个人的道德、品质和文化素养。在我们的服务中，主要是服务员通过自己的语言，通过自己的语言来完成。在语言谈吐中应注意以下几点：

第一点，谈吐文雅，语调轻柔。这也就是我们前面所讲的，前面所讲的，微笑服务，服务员的微笑永远是顾客心中的阳光。也就是服务员说话时要注意自己的语调，要轻柔一些，轻柔一些，这是第一点，第一点。

第二点，第二点是语气亲切，语气亲切，语言准确精练。这也就是说，说话不要啰里啰嗦的，言简意赅，这是第二点。

这段教学用语所出现的重复，实际上表现了教者在讲话过程中思维的一种淤滞和障碍。对学生来讲，这是一种最令人不耐烦的单调的语言刺激。如果学生在课堂上多次接受这种刺激，很容易引起大脑的抑制作用，产生疲劳，形成一种抗拒心理，极易产生心理上的反感。

二是使用不同的词句重复表现一个相同的意思，这种不必要的重复不像前面那种重复容易察觉，它表现得较隐蔽，这也是一种多余的信息。让我们分析下面这段教学用语：

同学们，在当时那个势利、冷酷、黑暗的社会里，孔乙己的社会地位是多么的卑贱、低下。但是，孔乙己虽然处于这样卑贱、可怜的地位，却根本不觉悟。在孔乙己的心灵深处，“万般皆下品，唯有读书高”的封建思想和科举制度毒害了他，他反而把封建思想和科举制度看成是非常神圣的东西。等人们捉弄他时故意问他是不是真识字的时候，他就“看着问他的人，显出不屑置辩的神气”。当人们又捉弄他，问他为什么连半个秀才也没有捞到的时候，“孔乙己立刻显出颓唐不安的模样，脸上笼上了一层灰色”。这两种神气，两副模样，惟妙惟肖地表现出孔乙己尽管地位卑微但内心深处仍自命清高，并为自己没有顺着科举道路爬上去感到非常遗憾，这就更说明了孔乙己受到封建思想毒害太深了。

同学们，就这样，本身的地位的卑贱低下与内心深处的自命清高就这样很不协调地统一在孔乙己的性格之中，造成了孔乙己性格的畸形，也形成了孔乙己性格的喜剧性。如果孔乙己仅仅是地位卑微，那是不会使人感到可笑的。他地位卑微，但是他始终认为自己是个读书人，并且以此为满足，只可惜没能够出人头地。可见他在思想上、精神上受毒之深，这才形成他性格的喜剧性。

这段教学用语着重阐述了孔乙己的性格悲剧，为了突出这一点，反复强调他卑贱的社会地位和自身的不觉悟，例如开头的两句：“在当时那个势利、冷酷、黑暗的社会里，孔乙己的社会地位是多么的卑贱、低下。但是，孔乙己虽然处于这样卑贱、可怜的地位，却根本不觉悟。”前面说到了社会地位的“卑贱、低下”，接着又反复说明他“虽然处于这样卑贱、可怜的地位”，这里多次提到他的“地位卑微”，“地位卑贱低下”，这还不能说是语言的啰嗦、信息的多余。而值得讨论的是最后几句话：“本身的地位卑贱低下与内心深处自命清高就这样很不协调地统一在孔乙己的性格之中，造成了孔乙己性格的畸形，也形成了孔乙己性格的喜剧性。”请注意，这便是对孔乙己性格悲剧所下的结论。前面的反复说明、强调都是为了得出这个结论，而且前面的说明已经很充分了，可是接下来又对这个结论作了说明：“如果孔乙己仅仅是地位卑微，那是不会使人感到可笑的，他地位卑微，但是他始终认为自己是个读书人，并且以此为满足，只可惜没能够出人头地。可见他在思想上、精神上受毒之深，这才形成他性格的喜剧性。”这段内容，前面都已经反复说到了，而且说得很充分，没有必要再重复。硬加上去的这个尾巴破坏了语言的严整性，削弱了语言的力量。

由此可见，我们判断教学用语中的重复是有用的还是无用的，并不只是看是否出现了相同的语句。出现相同的语句，如果是为了达到强调重点、加深印象的目的，这个重复就是必要的；反过来即使不出现相同的语句，但在表意上并无新意，也达不到强调的目的，这种重复仍然是一种累赘。

3. 剔除口语杂质

教师口语中的口语杂质主要是指滥用语气词以及使用口头禅。请看历史课上一段教学用语：

很好，请坐下。啊，那么第二点呢，就是德国能成为新兴的强国。对不对啊。那么下面又一个问题，也是要回忆旧知识的。啊，是不是啊。在普鲁士的历史上呢，我们曾经学过，有一位国王统治时期，他的军费开支占国库支出的百分之八十，那么由此可见，这样的话，普鲁士有一个什么传统？（生答：军国主义）

上面的教学用语中，夹杂着某些既不表示语气，也不表示感情的“啊”“呢”之类的口头禅。这些多余的东西使教学用语松散、零乱，阻碍了信息的传递和思想感情的表达，无疑也就影响了课堂教学的效果。教师主要以口语作为向学生传授知识的手段，因此必须剔除口语中的杂质。

四、教学用语的生动性

教学用语的生动性是指在课堂教学过程中所使用的语言既不是枯燥呆板、机械老套的，也不是矫揉造作、华而不实的，而是妙趣横生、新鲜活泼、通俗质朴的。只有这样的教学用语才能吸引学生的注意力，活跃学生的课堂思维，调动学生的学习积极性，增强教学效果。

（一）用语形象直观，富于表现力

下面是《岳阳楼记》的一段教学用语：

作者描绘的又一幅图画是洞庭晴明图。风和日丽，景物鲜明，湖上微波荡漾，天空万里无云，绿水蓝天相照，上下一碧万顷，水中鱼儿嬉游，湖面水鸟成群，鱼儿往来翕忽，鸟儿或飞或停，岸上芳草茂密，浓郁馨香醉人。作者把水上、水下、湖面、岸边的景物信手拈来，组成画面。既有动物，又有植物；既有静态的景，又有动态的景。让你不仅用视觉，看到赏心悦目的景色，而且用嗅觉，闻到沁人心脾的清香。如果在夜晚，景色则更加迷人：清风徐来，烟雾全消；皓月如洗，一泻千里；湖面上泛着金色的涟漪，水底下嵌着皎洁的月影。

这段用语鲜活清新，绘声绘色，叙景状物，自然贴切，把课文中描写的这幅洞庭晴明图展示在学生面前。形象生动的用语，把学生带入洞庭美景，对学生理解课文，掌握知识，起到了很好的作用。

(二)用语深入浅出，具有可接受性

深入浅出是教学用语生动性的又一体现。通俗易懂、朴实无华的教学用语可以使抽象变具体，深奥变浅显，枯燥变风趣。深入浅出的教学用语对于增强教学效果具有重要的作用。

1928年5月，毛泽东同志在井冈山给红军讲解放路线政策问题时有这样一段话：

张果老下华山，去蓬莱朝圣，这个人不是凡人，是个仙家啊！他骑毛驴和我们不同，是倒着骑的。走着走着，遇到了吕洞宾，吕洞宾有点惊异地说："蓬莱在东，你骑驴向西，怎么能到？"张果老生气了，认为自己有理，反驳道："我的脸是朝着东方蓬莱啊！"即使革命的人，如果路线政策不对，革命还是不能胜利。张果老虽然面朝蓬莱，但方向错了，永远也到不了蓬莱。

毛泽东同志用比喻的手法，深入浅出的语言，把政策路线这一深刻道理讲得通俗明白，好懂易记，便于理解，印象深刻。同样，教师在给学生传授知识时，用深入浅出的语言，也会收到同样的效果。请看钱梦龙老师讲解《愚公移山》一课的实录片段：

师：……大家说说看，这个老愚公有多大年纪？

(学生纷纷回答，有人说"九十岁"，有人说"九十不到"。)

师：到底九十还是九十不到？

生：(齐声)不到。

师：不到？从哪里知道？

生："年且九十"，有个"且"字。

师："且"，对，有的同学看书仔细，有的同学就有些粗心。那么，那个智叟是个年轻人吗？

生：(齐声)老头。

师：怎么知道的？

生：(齐声)"叟"字呀！

师：啊，很好。愚公和智叟都是老头儿。那么，那个遗男有几岁了？

生：七八岁。

师：你又是怎么知道的呢？

生：从"龀"字知道的。

师：啊，"龀"这个字很难写，(生板书)写的很对。"龀"是什么意思？

生：换牙。

师：对，换牙。你们看是什么偏旁？（生答：“齿”旁）孩子七八岁开始换牙。同学们不但看得很仔细，而且都记住了。那么，这个年纪小小的孩子想和老愚公一起去移山，他爸爸肯让他去吗？

（生一时不能回答，稍一思索，七嘴八舌地说：“他没有爸爸！”）

师：你们怎么知道的？

生：他是寡妇的儿子。“孀妻”就是寡妇。

师：对！遗男是什么意思？

生：（齐声）孤儿。

钱老师在教学过程中，深入浅出地引导，由浅入深地讲解，在问答中启发学生联想，拓展学生思维，使字、词、句的教导具体扎实，学生领会深刻，掌握牢固。

（三）用语生动活泼，具有幽默感

生动活泼、诙谐幽默的教学用语，可以拉近师生的情感距离，达到教育学生的目的；可以创设活跃的课堂气氛，激发学生的学习兴趣；可以消除学生的紧张疲劳，诱导学生思考问题。课堂上教师的幽默用语，绝不是滑稽，也不是只为博学生一笑。幽默的教学用语必须根据需要，围绕教学目的，适时适度，意味深长，深刻委婉而含蓄。

钱梦龙老师在《故乡》一课中的教学片段可以说是幽默教学用语的一个范例：

生：小说写了闰土以后，为什么要写杨二嫂？

师：这个问题提得好。要反映广大农村萧条、破产的景象，写了一个闰土就够了嘛，为什么还要写那个杨二嫂？（学生没有很快作出反应，老师继续说）我们先明确这么一点：杨二嫂变了没有？（学生齐答：变了！）过去的杨二嫂，请你们给她的名字加个定语。

生：（齐）：豆腐西施杨二嫂。

师：对！（板书：豆腐西施杨二嫂）大概杨二嫂年轻时长得蛮漂亮的，注意打扮，豆腐店因为有了杨二嫂，生意特别兴旺。现在变得怎么样了？请你们给杨二嫂的名字也加个定语。

生：（齐）圆规。

师：豆腐西施杨二嫂变为圆规杨二嫂。（在“豆腐西施杨二嫂”边下板书“圆规杨二嫂”）作者为什么要写出杨二嫂的变化呢？

生：杨二嫂这样的人也破产了，更不要说闰土了。

师：讲得好！我很欣赏你说的那“更不要说”四个字。请你再说一说，杨二嫂现在变得贫困了，哪些地方可以看出来？

生：她向“我”要那些破烂木器。她拿了母亲的一副手套塞在腰里。

生：她还拿了碗碟。

师：拿了碗碟？

生：还有她拿了狗气杀，飞也似的跑了。

师：哈哈，对啦！她连狗气杀也要。碗碟是她拿的吗？

生：(看了看书)不是。

师：碗碟是她在灰堆里发现的。至于是谁放的碗碟，我们不知道，她说是谁放的？

生：(齐)闰土。

师：闰土会不会放？

生：(部分)不会！

师：怎么知道闰土不会放？

生：因为母亲让他挑东西，他只挑了几件东西：两条长桌，四把椅子，一副香炉和烛台，一杆台秤，还有草灰。他没有必要藏碗碟。

师：对！如果闰土要碗碟的话，他可以挑嘛。这个碗碟究竟是谁藏的，这是一个历史悬案，谁也搞不清楚。(学生大笑)总之杨二嫂以为发现了一些碗碟，便是立了大功，于是利用这件事，便拿了狗气杀。

从这里可以看出杨二嫂的性格怎么样？(生：自私贪小)不过，自私贪小的性格的，从侧面反映了她的破产，否则，她就不必要拿了个狗气杀，穿着这么高底的小脚跑得这样快，万一摔跤怎么办？(学生大笑)刚才一位同学说得很好，杨二嫂的贫困，那就更全面地反映了农村经济的破产萧条。

这段教学用语，紧紧围绕杨二嫂外貌的变化以及自私贪小的性格，从侧面反映杨二嫂的贫困，进而揭示当时农村经济的破产萧条这一主线。适时适度运用幽默语言，启发学生围绕主线思考回答问题，课堂气氛活跃，达到了教学目的。

五、教学用语的启发性

教学语言的启发性，是指教师的语言对学生能起到调动自觉性和积极性的作用。教师的语言是否具有启发性，在某种意义上来说，就是看他的语言是否拨动了学生的心弦，是否对学生产生了激励作用，达到了培养人才的目的。启发性有三重意义：启发学生对学习目的和意义的认识，激发他们的学习兴趣、热情和求知欲；启发学生联想、想象、分析、对比、归纳、演绎；启发学生的情感和审美情趣。

启发学生思维的方法很多，如理论联系实际，生动的语言描述，正确地运用直观教学手段等。创设情境“制造矛盾”不失为一种较好的方法。试比较有关家兔门齿特征的两个讲解：

甲教师这样讲：“家兔的门齿是由齿质和釉质所组成。齿质比较软，容易磨损；釉质特别硬，不易磨损，主要分布在牙齿的表面。家兔的门齿前面的釉质厚，后面釉质薄，所以后面的磨损比前边快些，这样，门齿便形成了凿形。此外，齿的基部不封闭，能终生生长，所以家兔经常咬硬的食物，门齿也不会变短。”

乙教师的讲解是：“在我们生活里经常看到，尖锐的东西经常触动坚硬的东西不久就会变钝；长的东西经常被磨，它的长度不变吗？（停一会）变的，变得越来越短了。现在我们看一看家兔门齿的情况，是很奇特的。它的门齿呈凿形，经常咬硬的食物，但是，门齿不仅不钝，反而更尖锐；不仅不短，而且经常保持原来的长度。为什么会有这样的反常现象呢？下边我们就来看看它的门齿的构造吧！”

甲、乙两个教师对教学内容的讲述都是正确的。但甲的语言给人以平淡无味的感觉，好像在答试卷，看不出对学生有何启发性。而乙的语言不但生动有趣，而且精心编制了“矛盾情节”，能吸引学生的注意力，启发他们去思维。

那么，如何才能使教学用语具有启发性？

(1)用语具有诱发和启示的内涵，以期形成学生的情感共鸣和心理震颤。

有位教师在给学生上“亲情之爱”这堂美育课时，首先给学生介绍了《母亲颂》这篇课文，又让全班同学齐诵了泰戈尔的小诗《仿佛》，教室里逐渐呈现出一种温馨的气氛。接下来教师忽然提出一个问题：“同学们，爸爸知道你的生日在哪一天吗？”回答：“知道的！”“当然知道。”继而教师又问：“那么，生日那天，爸爸妈妈向你祝贺了吗？”回答：“祝贺了！当然祝贺的！”教师说：“啊！凡是知道和祝贺的，请大家举起手来。”同学们一个个骄傲地举起了手，而且神气十足地左顾右盼。教师又说：“把手举高点，老师要点数了。”教师的情绪迅速感染了学生，许多学生随着教师一起点数，越点越多，越点越兴奋，几乎所有的孩子都在快乐地交谈，谈生日聚会，谈生日礼物，谈父母的祝福……学生们强烈地感受到了爱。就在这时，老师又说：“同学们，我可以再提一个问题吗？”学生们还沉浸在快乐、骄傲之中，他们点头，似乎在说：“你问吧，我们定会给您满意的答案。”教师便问道：“好。你们中间有谁知道爸爸妈妈生日的，请举手。”教室里一下子寂然无声。教师把问题重复了一遍，教室里仍然很安静，过了一会儿，几位女同学矜持地举起了手。“那么，向爸爸妈妈祝贺生日的请举手!”没有人举手，也没有人说话。

一分钟以后，老师瞥了一下这些可爱的像犯了大错的同学们，轻轻地问：“怎么才能知道爸爸妈妈的生日呢?”那一双双闪躲的目光又聚拢回来，先是怯怯的一两声，继而就七嘴八舌：“问爸爸!”“不，问外婆!”“自己查身份证!”教室里重新热闹起来。这时，教师又对同学们说：“同学们，我给你们提个建议好不好？为了给父母一份特别的惊喜，你们最好用一种不为父母觉察的方式了解他们的生日。而祝贺的方式是各种各样的，但记住一点，只要你表达了爱，再稚拙的礼物他们也会觉得珍贵无比的。”

至此，这堂“亲情之爱”的美育课结束了。

这堂美育课能够收到好的效果，靠的不是引经据典，高谈阔论，也不是靠咄咄逼人的粗暴训斥，而是动之以情，以真挚的情感去打动学生的心灵，用诱发和暗示性的语言，去引导启发，以心之意，去启动心之门户。正是这种具有诱发性和暗示内涵的教学用语，才形成了学生的情感共鸣和细腻震颤。

(2)用语引疑求趣，以形成对学生智力、智能的刺激。

李健强老师在他的《教海拾贝》中说：“善于启发的教师，让学生寻疑、找疑，即便无疑处也要生出疑来，释疑而不疑；不善于启发的教师，让学生疑处不识疑，不疑处就更无疑可引向纵深了。”同时他又说：“兴趣激起奋求，奋求引出成绩，成绩产生兴趣。这三者相依存，失其一便全部失去。”可见“引疑求趣”是教学用语具有启发性的重要途径，同时对学生智力、智能的刺激有着重要作用。

引疑可以是“有疑而疑”，也就是教学过程中，估计学生会在哪些地方不能理解或针对某些难点、重点而引疑，通过释疑而达到解决问题的目的。请看高润华老师讲析《卖炭翁》的实录摘要：

师：嗯，就是说卖炭得到的钱做什么用处呢？是要解决什么呢？——解决身上穿的，或是解决口中吃的。对不对？所以，他辛勤地烧炭，是为了维持最低生活。那么我们看，不仅是写他的外貌，而且写他的心理活动——卖炭老翁在烧炭时候的心理活动。在书上画画看，哪两个是写心理活动的动词，一面在烧炭，一面还在想——怎么想的呢？(学生举手)

生：一个是“忧”，一个是“愿”。

师：对了。一个是“忧”，一个是“愿”。把它划下来。哪个同学解释一下看，（朗读）“可怜身上衣正单，心忧炭贱愿天寒”这两句怎么解释？为什么一面在烧炭，一面还在想——还要“忧”，还有“愿”？

生：心里忧愁炭的价钱低，盼望天冷以后价钱会更高。

生：因为天冷了，买炭的人就多了。

师：嗯，好。因为天冷了以后，买炭的人多了，炭的价格就会高了。同学们，我们知道，在旧社会——在封建社会里，有钱的人天冷了要烤火，他们就要买炭了。于是炭的价钱就会高一些，卖炭翁卖掉了炭以后呢，他才能够来换“身上衣裳口中食”。所以，他情愿天气冷一点，卖掉炭以后，才可以维持自己最低的生活。是吗？

高老师详解“可怜身上衣正单，心忧炭贱愿天寒”这两句，这也是学生们不易理解的难点，抓住一“忧”一“愿”提出疑问，启发思考，逐步释疑，使学生能深刻理解课文，这对培养学生的智力、智能效果甚佳。

引疑还可以是“无疑而疑”，抓住教材中看似平淡，无足轻重，容易被学生忽视，但又对所教学内容至关重要之处，及时引疑。请看柳印生老师如何引疑：

《项链》的开头是：“她也是一个美丽动人的姑娘。”这貌似信笔写来，实际上是大有深意的。

教师问学生：这句话的关键词语是什么？有学生认为是“也”或“也是”。教师肯定了这种意见。再问：为什么“也”或“也是”最为关键？学生说不出所以然，似乎是凭一种朦胧的直觉做出的判断。教师进而启发学生：“也”表示同样。“同样”，就得有个比较的对象。可是这句话用在小说开头的第一句，可比的对象在何处？这一问似乎打开了学生思维的窗户。有学生认为，比的对象是佛来思节夫人。同是教会学校的同学，同样有美丽动人的风韵，但一贫一富，相差悬殊，并由此导致了小说主人公玛蒂尔德与佛来思节夫人的种种矛盾与纠葛。

教师启发学生深思：可比的是不是仅限在佛来思节夫人一人？教师将学生的视线引向整个19世纪后叶的法国社会。于是，学生进而体味到，小说开头第一句用一个“也”字，把小说主人公推上了当时追慕虚荣、贪图享乐、风靡一时的法国社会的广阔背景下，尖锐冲突中，典型环境里。这就为写她内心的种种苦闷，与丈夫多次冲突，受生活的几番愚弄，定下了基调，埋下了伏笔。

学生们认为：小说读了好多遍，就是没有留心这个“也”字。想不到，它在全篇小说里起着这样重要的作用。

柳印生老师的这段教学给我们很大的启示，教学过程中，要认真推敲，更要具有高度的语言敏感，去发现平中之奇，轻中之重，进而引疑求趣，吸引学生的注意力，在启发引导解决问题的过程中也就开启了学生的智力，培养了学生的智能。

引疑的方法是多种多样的，具体运用还在于教师对教材的理解，教学步骤的设计，课堂气氛的调控，教学用语的驾驭能力更是不可忽视的。

(3)用语符合学生的心理特点，以利于发展学生的想象力。

爱因斯坦说："想象力比知识更重要，因为知识是有限的，而想象力概括着世界上一切，推动着进步，并且是知识进化的源泉。"所以教师在教学过程中，应着力把握学生掌握知识技能的规律和心理特点，运用符合学生心理特点的语言，发展学生的想象力。这是启发性教学用语的一个重要方面。以语文教学为例，分析课文时可以启发学生的想象力，如：

同学们，先让我们读读这几句话："汽车的马达声清晰地传来。人们一齐转过头，望着大路，一辆吉普车转过山嘴，驰入机场。"这段话写的是机场送行时吉普车来到的情形，它写的是事物的动态，它有一个时间顺序的问题，这里是先闻车声，后见车来。我请同学们想个问题，这来的是同一辆车，对吧？那为什么说"汽车的马达声"，是汽车，而后又说"一辆吉普车转过了山嘴"，又是吉普车了？为什么不都说是"汽车"或者"吉普车"呢？

同学们可以想象当时的情景：送行的人群在机场上，一听到马达声，当时并不知道来的是什么车，因为只听到声音，看不到车，这时，只能想象到来的是汽车，对吗？大家转过头，望着大马路，但人们的视线被山嘴遮住了，等到汽车"转过山嘴"，这才看清楚是一辆吉普车，对吗？所以呀，这里先用"汽车"，后用"吉普车"两个不同的词，正反映了作者认识事物由概括到具体的过程。

这段教学用语把课文与实际生活结合起来，用符合学生心理特点的语言，引导学生展开丰富的联想，描绘出生活的画面，让具体的形象像放电影一样在学生脑海里过一遍，以加深对课文内容的理解。

第三节　教师职业口语的构成要素

一、语音

语音是语言的基本结构单位，是多种有意义音节信号的组合而构成的语言，才使得内部信息能以声音的形式发出和传递。因此，语音是信息的载体和符号。在教学中对语音的基本要求是发音准确、规范，即吐字清晰、响度适当、语流顺畅。

吐字清晰是发音的重要一环，只有通过吐字才能传情达意。要想使吐字准确、清晰、圆润、流畅，就必须努力锻炼自己的发音器官(唇、齿、舌)，使其发音到位。注意上下颌关节的运动，使口腔能开能合，增加或减少口腔的容积，从而带动齿的运动和舌的活动范围，保证音节的准确形成。为了使字音清晰圆润，要求舌的活动幅度比日常口语发音时要大，因此必须适当打开牙关。舌在发音中是活动最积极、影响最大的器官，在普通话所有声母中，除发唇音的 b、p、m、f 以外，几乎全都要靠舌的积极活动。舌的弹动力强，声母就会发音清晰准确。唇是字音的出口，对控制吐字的质量有明显的影响。比如，发音时唇向前突出，会使字音包在口中，给人以压抑沉闷的感觉；如果适当把唇收拢使唇齿相依，声音就会明朗许多。为使声音集中，还必须加强唇的收撮力，如果唇的收撮力弱，就容易使声音发散、不清晰。唇在控制普通话的吐字发音中具有特殊意义。同时我们要注意，唇、齿、舌在发音中是一个整体，这三者相互协调才能完成准确、清晰发音的任务。

流畅度指教师口语中语流顺畅的程度。教师在教学过程中，要尽量做到不绊嘴、不打磕，不沉吟时间过长，也不能有太多的口头禅，否则会让学生听不真切，影响教学效果。

二、语调

语调是指讲话时声音的高低、声调的升降及抑扬顿挫的变化等，是增强语言生动性、体现语言情感的主要因素。但语调的运用一定要从所表达的内容出发，自然适度才能起到应有的作用。

语调的抑扬顿挫和声音的高低在教学中具有重要的作用。平淡而低沉的语调易使教室里空气沉闷，学生振作不起精神，信息接收率低；声音过大，易使学生情绪烦躁或厌倦。正确的方法是，在讲解重点、难点和问题的承转处，在叙述概念、定义、公式、定理处，说话要慢些，语调要高些，以引起学生的注意并有思考、笔记的时间。同时要注意声调高低对关键词的强调作用。

语调的情感是随语言的抑扬顿挫而产生的，是教师对教学内容体验的自然流露，不是生硬的外加成分，也不是增加感叹词所能奏效的。情感的自然流露会使“淡语皆有味，浅语皆有致”，使学生喜欢听并受到鼓舞。教师的语言如果没有真情实感，只在形式上兜圈子，就会降低语言的表达力，也会倒了学生的胃口。

因此要控制好语调。其实每个人都是一样的，当讲到精彩的地方总免不了要声高 8 度，期望能以此来调动听众的积极性，这无可厚非。然而上课并不是简单的听与被听的关系，更重要的还是师生之间的互动。你讲得兴致高昂，语调“上”了却一直不“下”，时间一长，学生只觉得满耳都是噪音，很容易疲劳，根本无心听课了。相反，教师如果能够控制好自己的语调，使之抑扬顿挫，时而高昂，时而低沉，学生就会集中精神去听，当然就不会出现“左耳进右耳出”的现象了。

有一位教初中的历史老师，他的语调就让他的学生记忆深刻。因为在初中，历史课一般总是安排在下午，要知道下午总是容易让人昏昏欲睡的。但是，只要是上这位老师的课，全班不仅没有人趴在桌上偷懒，反而个个精神。原因并不是历史老师讲课特别精彩，而是老师的语调抑扬顿挫，把握得非常好。每当学生觉得自己要走神的时候，这位历史老师总是用突然的高昂，或者是突然的低沉把学生从走神的边缘拉回来，想不听都难。

三、节奏

节奏是教学成功的要素，主要包括语言、内容、时间三种。

语言节奏是指语调高低、快慢的变化。例如，讲到重要的地方提高声调放慢速度，讲到快乐的地方自然地露出微笑，讲到愤怒的地方显出激昂的情绪，讲到悲伤的地方声音变得低沉。这种语调高低、速度快慢交迭伴随着情绪的起伏，就形成了一种节奏，直接影响着学生的情绪和接收信息的效率。

内容节奏是指要讲究内容的布局。开头要醒人耳目，一下子把他们带入学习情境，引起兴趣和注意；中间论述要善于变化，使学生的有意注意和无意注意有节奏地交替转换；结尾要有余味，激起继续学习新知识的渴望。

时间节奏是指要合理地分配时间。不能前松后紧或前紧后松。因此，在课前必须熟悉自己的讲稿，对每个问题大致占多少时间要做到心中有数。

四、语速

语言的速度是指讲话的快慢。其快慢是否科学合理，对教学效果的好坏有直接的影响。

在日常生活中，每个人讲话的速度是各不相同的。但是教学语言是一门专门的工作语言，不应该用日常习惯的语言速度去讲课，而必须受课堂教学自身规律的制约，受与教学有关的诸多因素的支配，不得有任意性。电影、电视解说的速度为每分钟250至300字，课堂教学的语言速度还要慢一些，以每分钟200至250字为宜。

从信息加工的理论来看，学生接收的语言信息，首先是通过感官进入大脑的“临时储存器”，在这里经过选择或立即进行反馈，或再进入“短期储存器”，再经过选择加工，一部分进入“永久储存器”，于是形成了记忆。在这个信息输入的过程中，信息在“临时储存器”停留的时间约为6～8秒，在“短期储存器”中则可达20分钟左右。从这个信息传递过程可明显看到，教学语言的速度是否合理，对学生的学习效果有重要的影响。发送信息的频率太高，会使学生大脑对收取的信息处理不迭，势必会造成信息的遗漏、积压，而导致信息处理的障碍。如果信息发送得太慢，跟不上学生大脑处理的速度，不仅会浪费许多时间，而且会导致学生的精力涣散。因此，语言速度过快或过慢对学生的学习都会产生不良影响。

五、响度

响度指语音高低强弱的程度。教师口语必须有一个合理的响度，才能让学生听真切，听清楚。教师用自己的耳朵监听，并从中了解响度的效果，做到及时调控。在课堂上教师声音的高、低、强、弱，不仅对教学效果有影响，而且影响教师在学生心目中的形象。响度合理是理想教学语言的重要条件之一。

响度不宜过高。语声过高，学生反而听不真切，还容易造成听力疲劳。平时上课，宜以中音区发音为主，教师说得不吃力，学生听起来也轻松。但是响度也不宜过低。教师口语的响度，应根据教室的大小、学生的人数、有无扩音设备而异。教师口语的响度，应让最后一排的学生听清，又不会让前排学生感到震耳。讲课时应注意克服语声弱化、虚化、吞音等毛病。因此，教师口语的响度要有变化，要善于变化声音的音高、音强、音长，做到音声强弱得当，错落有致，低而不虚，沉而不浊，有内在的声音力度。

六、词汇

语言是语音、语义结合的符号系统，词是这一系统中最基本的构成单位，没有词就没有语言。因此，修辞在教学语言中就显得非常重要了。修辞是使语言表达得准确、鲜明、生动、得体的手段。在课堂教学语言中，对词的要求是规范、准确、生动。

(一)规范

用词规范不但能够正确地表达信息内容，而且能为学生做出示范。如果做不到这一点，语病百出，就会影响教学效果。能正确地使用专业词汇是用词规范的一个重要方面，另一方面，还要注意使用普通话词汇。有些教师爱用方言讲课，不使用普通话词汇，就难免不准确、不规范。

(二)准确

用词准确是对教学语言的基本要求，否则就不能正确地表达教师的意图。例如有个教师说："现在，打架骂人的现象比过去进步了。"学生听后不知所以然。教师无论是讲新课，还是复习旧课，无论是讲解基本概念，还是对课文进行分析、归纳，都应使用精确的词语进行表述，坚决杜绝似是而非、模棱两可的词语。

(三)生动

选词和用词要做到精选妙用，注意词的形象性、感染力和感情色彩。语言的生动不是靠辞藻的堆砌可以达到的。往往一个很平常的词由于用得精当巧妙而格外生动传神。语言的生动与教师的科学知识有关，也与教师的语文水平和讲话的技能技巧有关。通过学习和训练，是可以得到提高的。

七、语法

语法是遣词造句的规则，是某一民族的共同语言在长期发展的历史过程中形成的。按照这一规则进行语言表达，就能被人理解，违反这些规则，就无法进行交流。

课堂教学与一般讲演不同，它除了让学生听明白外，还必须使学生理解、掌握，即不但要知其然，还要知其所以然。因此，在教学中教师不仅应注意教材的内在规律，运用逻辑推理的方式进行教学，而且要注意语言的逻辑性。在已知的前提下，根据所学知识进行详细严密的论证，从而得出结论。这样才能使学生思路清晰地寻根求源，一环紧扣一环地剖析事物，从而达到理解、掌握的境界。

第四节　教师教学的体态语

体态语又叫态势语、身体语或行为语，它是交际过程中伴随言语交流或非言语交流时通过身体的行为动作姿态以及面部表情变化而完成交际的一种辅助工具。体态语是一种“无声的语言”，在教学中能辅助有声语言更准确、更形象、更直观地表达教师的意图和情感，对增强教育教学效果具有重要作用。教师体态语实际上是教师展现课堂教学艺术的有效手段，是实现教师教学意图的重要方式，是教师和学生交流的必要辅助手段。

一、整体体态语

教师的体态语包括整体体态语和局部体态语，当然，这两者也难以决然分开，因为整体体态是由局部体态的动静结合构成的，整体体态的表意作用也是由其他局部体态的配合完成的。整体体态语包括：

（一）身姿语

教师的身姿反映了教师的精神和情绪，学生也会经常观察教师的身姿体态，尤其是新教师。教师往前一站，就以身姿语首先向大家作了自我介绍，给了学生一个最初的而又是最深刻的第一印象。因此，教师进入课堂，行姿要稳健而轻松，站姿要端庄而自然。身姿不要太呆板，也不要太松懈，更不能动作拘谨、过火或挤眉弄眼、抓耳挠腮、啧啧有声、玩弄衣角、折玩粉笔等，不要长时间把双手撑在讲桌上，不要总是站在一个位置不动，也不要总是变换不定。根据教学的需要，教师可以在讲台上慢步行走，走的时候要平稳大方，脚步大小适宜，平缓而不拖沓，但绝不能快步频繁地来回走动。

巧妙地运用身姿语，大大提高了课堂教学的形象性和趣味性。例如，优秀教师陆红英在教授朱自清的《背影》这篇课文时，为了引导学生仔细理解“攀”“缩”“倾”“爬”等动词的准确用法，并让学生仔细体味其中所蕴含的父亲对儿子的浓浓的爱。陆老师竟然慢慢转过身去，双臂趴在讲台上，一条腿向上抬起，并努力向上爬。开始的时候，学生们在下面嗤嗤地笑，可是当陆老师真的爬上了讲台，教室里顿时静了下来。有的学生甚至喊出：“老师，快下来，我们懂了。”此时，学生们仿佛看到文章中那戴着黑布小帽的慈父，在铁栅栏上艰难地攀着，仿佛觉得眼前就是那高大的背影……这期间父亲的背影消失了，但陆老师的表演深深地刻在了学生们的脑海中。此时此刻，学生们已经完全理解了这四个动词的深刻含义，并从中体会出父爱的伟大。这真是巧用身姿语的最佳范例，不仅引导了学生对“攀”“缩”“倾”“爬”等动词的理解，还进一步加深了学生对“背影”这一主题的领悟，增强了课堂教学的效果。

（二）服饰语

教师的服饰是教师风度与气质的体现，教师服饰要整洁高雅、美丽大方、协调自然，不要过艳、过奇、过俏，要体现教师的职业特点，要与教师的沉稳性格、文化修养、为人师表的风范相吻合。教师的服饰又不能样式过于老化、色调过于灰暗。服饰是时代的象征，是文明与进步的标志，把握住这一点，就可以做到高雅、不俗。教师要以细腻的服饰语描写服饰文化，来展示教师的风度。

（三）界域语

与交际对象之间保持什么样的距离，表现了亲近、疏远、热情、冷淡等多种意义，因此这种根据交际对象和交流场合的不同而进行调控的距离叫界域语。课堂上，教师辅导或巡视要照顾到全班每一个同学，以表示关心和亲切。教师与学生的各种形式的谈话，要根据学生年龄与性别的不同调控好相处的距离。

二、局部体态语

（一）头语

头语又称首语，教师在课堂教学中运用的头语主要有三种类型，即点头、摇头和偏头。点头一般表示肯定意义，摇头则是否定意义，而偏头所表达的意义，就不是那么单一的了。如果教师在偏头时是面带微笑的，那么就是一种鼓励性、引导性的头语；如果教师在偏头时是不喜的神情或者还带有叹气，那么则是一种失望的、否定的头语。

在课堂教学中，最常用的是第一种类型：点头。时常向学生点点头，有助于提高学生学习的积极性，让学生进一步理解教师的教学意图，调节课堂教学氛围。

某位老师在讲授巴金的《给家乡孩子的信》时，向学生提问道：“课文中所说：‘我愿意再活一次，重新学习，重新工作。让我的生命开花结果。’其中‘生命开花结果’应该怎样理解？”开始时学生的表情有些犹豫，想说又害怕说错的样子，且带着点儿紧张的情绪，说话结结巴巴。老师面带微笑地点头，学生看到老师的表情后，情绪慢慢镇定了下来，说话也渐渐顺畅了。

学生的回答："课文说：'我们活着就是要给我们生活其中的社会添上一点光彩。这个我们办得到，因为我们每个人都有更多的爱，更多的同情，更多的精力，更多的时间，比维持我们自己的生存所需要的多得多。只有为别人花费了它们，我们的生命才会开花。'就是说要为社会和别人做贡献。"学生的回答出乎老师的意料，没想到班里一个平时不出众的孩子，会回答得这么好。原来只要教师给予机会和鼓励，每一个学生都是最棒的。又如，学生在回答教师提问时，答案总是不规范、不完整的。在这时，教师总是微微偏着头，这偏头实际上就是在"告诉"学生："对吗？是不是还有？""不对吧？再想想！"

（二）眼语

眼睛是心灵的窗户，一个人要传递信息除了声音就是眼神了。在课堂教学中，教师要合理运用自己的视线，以平视和环视为主，平均分配，尽可能使每个学生都能感受到教师的关注，用眼神和学生进行交流，加深师生感情。教师要使学生通过教师的眼语，感受到教师对自己的期待和热情，对自己的肯定和赞扬，提高学习的积极性。而且教师的眼神也要富于变化，随着讲课内容的变化而变化，这样更能提高课堂教学的生动性，提高课堂教学效果。

在课堂教学中，教师的目光一定要平均分配到每个学生的身上，不能有遗漏。

有一次教师在听课时发现，坐在后排的好多学生上课时注意力都不怎么集中，教师提问时也心不在焉。教师很奇怪，之后发现，原因竟是（询问后得知）："老师都不怎么看我，肯定也不会点我回答问题的。"由此可见，教师的目光对学生来说是多么重要，对课堂教学是多么重要。

（三）手势语

手势语是指通过手及手臂的动作变化表达出信息意义的体态语，教师的双手是体态语的重要组成部分，有手指、手及手臂的体态，可以变换出许多种意义。手势语不仅能表达思想，还能传递感情。例如：课堂教学中常见的，请同学回答问题时，教师会用单手，将手掌向上伸向某个同学并微微向上抬，示意学生站起来回答问题；问题回答完毕，单手向下轻轻一压，示意学生坐下。如果教师在以上情况下运用手语的幅度不是"微微的"和"轻轻的"，那么就很有可能是学生因为"开小差"被教师发现而点起来回答问题和教师不满意学生的回答了。教师的手势语不仅有以上的示意类型，还有象征类型。象征性的手势语是指用手的动作或姿态来描摹事物，帮助语言的进一步理解。

我国著名的小学语文教师朱雪丹引导学生辨别“披”“盖”“穿”的含义，便运用了象征性手势语。

师：（用卡片出示“披”字）

生：披着的“披”字。

师：什么意思？

生：盖在身上。

师：（用双手模拟盖的动作）

生：不对。“披”是放在身上。

师：放？（用一只手模拟把物体放在身上的动作）李明同学，你说。

生：就是穿在身上。

师：谁能做个“披”的动作给大家看看？（一个学生做了个“披”的动作）

师：嗯，对了。

近义词的区别和理解，既是语文教学的重点也是难点，往往很难用语言形容准确，表达清楚，只有配合具体的手势语加以描述，才能使学生直观地区别和理解。手势语既帮助完成了教学任务，又活跃了课堂气氛，还调动了学生学习的积极性。像这样的例子还有很多，如一位教师在讲授《大堰河——我的保姆》时，一边读着，一边用手势做抱在怀里抚摸着的情状，使学生在一阵阵赞赏、欢悦的笑声中获得强烈的印象，感受到了诗人对大堰河及大堰河对乳儿的爱。因此，教师在课堂上准确地运用手势语，会进一步增强教学内容的表达效果。

（四）脸语

面部表情是人们心灵的镜子，它能够表现个人情感的喜怒哀乐。例如：欢乐时，眉开眼笑；愤怒时，横眉怒目；哀伤时，泪涕涟涟，等等。人的面部表情是丰富多彩的，把它运用在课堂教学中不仅能更直观地传授讲课内容，还能让学生们迅速地了解自己回答的问题教师是否满意。如果满意，教师肯定是面带微笑和赞许；如果不满意，则就是面带否定、眉头紧锁的。所以，教师合理运用面语，可以有效地调节课堂氛围，增进师生交流。

在课堂教学中，许多教师尊崇的仍是“师道尊严”。讲课时不苟言笑，威严却显得有些冷漠。用冷漠来维护尊严，这是多么大的误区。教师的尊严应该是用自身渊博的知识、高尚的人格和专业的教学，来赢得学生的尊重和喜爱。例如：在一次课堂教学中，一位优秀的教师为了活跃气氛，给学生表演了一段精彩的“变脸”，赢得了学生热烈的掌声和真挚的喜爱。这既吸引了学生的注意，又顺利地过渡到了下一环节的教学。其实，在教学中教师最常用的一张脸，应是“笑脸”。教师的笑脸能使自己和学生都处在一种轻松愉快、和谐融洽的教学氛围中，它同有声语言及优美的动作相配合，会产生极佳的教学效果。

三、课堂教学体态语的特点

（一）辅助性

课堂教学体态语属于教学活动中的非语言因素，即无声语言。它是依附于课堂教学的有声语言，并与之共同构成教师和学生展开信息传播与交流的重要手段和途径。课堂教学体态语必须依附在口头语言上进行，发挥辅助的支持作用，补充和强化有声语言。课堂教学如果没有有声语言只有体态语，是很难向学生传递信息的；而只有有声语言没有无声体态语言，也不能取得较好的课堂教学效果。只有“有声”与“无声”相结合，教师才能完美地完成知识的传播。

（二）直观性

课堂教学体态语最明显的特征就是直观性。在教师运用体态语的时候，他的一举一动都呈现在学生眼前。学生能通过自己的眼睛，观察和理解教师的体态语。课堂教学的有声语言在传播信息时，只是作用于学生的听觉，具有不可感性，教学显得平淡、干巴、呆板。而且在有些情况下，教师很难通过有声语言进行充分描述，不利于学生准确地获取知识。利用简单有效的体态语，可以使教师的表达更加生动简洁，增强教学的生动性、形象性和表现力，有利于学生的理解，增强课堂的教学效果。

（三）模糊性

课堂教学体态语是在无声的情态中进行的，具有情境性、多义性、模糊性。一个表情、一个眼神、一个动作，可以表达多个含义，不同的学生往往有不同的理解。因此学生在理解教师的体态语时，可能只是一个大概的意义。即使有些体态语的意义是约定俗成的，但不同条件下的运用以及不同对象的理解差异，也会造成意义上的偏差。比如“点头”，在教师教学中，就可以表达多种意义——同意、肯定、承认、赞同、应允、满意、理解、认可等，所以教师在运用课堂教学体态语时，要准确，要有针对性。

（四）示范性

教师的言行是学生学习和模仿的榜样，影响学生为人处世的态度，对学生具有耳濡目染、潜移默化的作用。教师的谈吐、举止和修养，学生都看在眼里，记在心中。优雅的仪态、高尚的德行、渊博的知识，会使教师赢得学生的尊敬和喜爱，有利于教学的顺利开展。因此，教师在课堂教学中不仅是用有声的语言让学生获取知识，做到"言传"，还要运用无声的体态语，做到"身教"。

四、课堂教学体态语的功能

(一)传授信息功能

课堂教学体态语在以语言和文字为主的课堂言语交际中，处于支持和辅助有声教学语言的地位，但因它具有极强的可视直观性，能够将模糊、抽象的情感生动化、形象化，所以在课堂教学交流中能够强化语言传授信息的功能。

1. 补偿

补偿功能是非语言交流最基本的功能之一，也是体态语的最基本功能。体态语在课堂教学中常常起到补充作用。特级语文教师斯霞在向一年级小学生讲"衔"字时，用右手的拇指与食指相撮合代表鸟嘴向左手靠去，并轻轻地捏起左手的一根草，反复几次的手势补充了小学生对语言解释理解的不足。

2. 替代

尽管体态语在大多数情况下伴随教学言语进行，但有时它也可以替代有声语言以单独存在的形式，传授有关的教学信息。比如，一位教师在讲授"掰"这个字的意思时，他仅仅做了一个动作，做出"分开两半"的手势，学生们便一清二楚。

3. 强调

利用体态语，可以起到强调言语信息的作用。教师在讲到重点内容、重要部分时，使用手势，如伸手、握拳、瞪眼睛、面部肌肉变化、拍拍书本、指指黑板等，都是在告诉学生这里是重点。

(二)表达指示功能

像有声语言一样，课堂教学中用体态语表达教师的态度而影响学生的行为态度，可以起到指示命令的作用。教学中，处于主导地位的教师，要通过有声语言来影响学生的思想、道德、情感，指示学生的动作行为，同时也可使用体态语配合完成以上任务。

课堂教学中，学生大声读书时，教师可以用一个篮球运动中裁判的"暂停"手势指示学生安静下来，或者把手放在嘴边做一个"安静"的手势，都可以表达"读书停止"的意思。

（三）沟通、交流师生情感功能

在课堂教学中诱发学生的良好情感是教师的重要任务，体态语以它独有的鲜明的外显动作及直观形象的特点进入课堂教学后，可以激发学生的情感情绪活动，唤醒和引发学生的注意力，并引发现实的学习兴趣。所以课堂教学是一门学问，更是一门艺术。怎样才能调动学生学习的主动性和积极性，激发他们的学习热情呢？运用传统的“教师威严”是行不通的。当一位教师以昂扬的精神面貌讲课时，眼睛有神，目光灼灼，面部表情富有张力，一会儿激情洋溢，一会儿语调高亢，学生怎么会不受感染而产生一种昂扬的情感呢？因此科学运用教学体态语，创造和谐的课堂氛围，才能沟通师生感情，融洽师生关系。

当然，教师在课堂教学中所使用的体态语，一定要以诱发学生学习的积极情感为前提，即轻松、欢快、紧张、昂扬、喜爱等积极的良性情感。

（四）组织管理课堂的功能

教师往往通过自己的体态语来实施对教学过程的调控与管理。当发现个别学生在说悄悄话而不注意听讲时，一般有经验的教师不会直呼其名批评他，这会分散其他学生的注意力，而是好像不经意地停止讲课，用眼睛注视他，这样使他意识到自己犯错了。当有些学生上课说话影响他人时，教师不能提高声音与之竞争，最好是突然静下来，静静地、安详地注视说话的同学，此时无声胜有声。有经验的教师说：组织课堂教学，一流教师用眼神，二流教师用语言，三流教师用惩罚。可见，体态语是组织管理课堂教学的重要方式之一。

五、课堂教学中的学生体态

教师在课堂教学中，不仅要通过合适得体的体态语配合有声语言，完成教学工作，达到教学目标，还要注意学生的体态语以了解自己的教学效果。

（一）坐姿

课堂上学生的坐姿直接反映学生的听课状态，关注学生的坐姿不仅能提高课堂教学效率，也有利于学生的身心发展。“坐如钟”，坐姿已被列为学生健康教育的一项重要内容。正确的坐姿是背部和臀部平靠椅背，双手自然平放于双腿上。虽然教师教导过，也纠正过，但仍有许多学生上课时坐姿不正。有的学生喜欢单手支着脸撑在桌子上，肩膀歪斜着；有的双手向后撑着凳子，身体往后倾；甚至有的还跷起了“二郎腿”，外带“抖抖”。这样的坐姿，不仅会导致眼睛的近视，还有可能造成脊椎的弯曲，影响孩子的一生。身体上有多余的负荷，又会影响学生注意力的集中，降低教学效率。因此，学生坐姿并非小事。

（二）站姿

课堂上学生一般是坐多站少，通常是在教师提问时才需要站立一会儿，而这短短“一会儿”，也能反映出学生的精神面貌和综合素质。学生的正确站姿应是双肩平齐、舒展，双臂自然下垂，双手自然放在身体两侧，头正，两眼平视教师；不能将双手撑在桌子上，身体往前倾，或是眼神游离不定，驼背、塌腰、耸肩，双腿弯曲或不停颤抖等。教师应该及时纠正错误的站姿，做好正确的引导和示范。

（三）眼神

前苏联著名教育家赞可夫说：“对于一个有观察力的教师来说，学生欢乐、惊奇、疑惑、受窘和其他内心活动最细致的表现，都逃不过他的眼睛。”教师通过学生的目光，可以了解学生的内心变化，了解学生的接受程度。学生炯炯有神的目光才能体现教师教学的成功。如果教师发现不能使学生的注意力集中，就应该及时改变教学方法，调整教学进度。再者，课堂上学生的眼神应是随时跟在教师身上的，偶尔还能与教师视线交汇，互相示意，或者有时听从教师安排看书、看黑板、看教具等。

（四）小动作

小动作一般是指在课堂上学生在没有离开座位的前提下，做一些与学习无关的动作，如把玩一些小玩意儿，抠抠头，动动脚，左顾右盼，窃窃私语，等等。这些小动作看起来无伤大雅，其实对教师的教学和学生的学习都带来了极大的负面影响，而且这些小动作往往都是教师多次批评而学生又屡教不改的。在教学中对于学生的这些小动作光批评是行不通的，教师可以灵活地进行引导，吸引学生到课堂教学中来。

六、对待学生体态的基本原则

（一）时刻关注

在课堂教学活动中，教师不仅需要时常运用得体的教学体态语，还要时刻关注学生体态。心理学研究表明，人的心理同外部行动是统一的，人的思想、情感、意愿、态度，常常都会通过人的体态语有意识或无意识地表现出来。时刻关注学生在课堂教学中的体态，能够使教师了解学生对知识的获取状态，使教师及时调整教学方法和教学进度，提高教学效率。

(二)准确理解

不同的学生有不同的体态表现，同一个学生在不同的条件下，对不同的问题，体态的表现更是千差万别。这就给教师准确理解学生体态增加了难度。但在课堂教学中又要求教师必须对学生的体态进行准确的理解，这就需要教师在理解学生体态时注意方式和方法，要善于对学生体态加以理解、分析、综合，不能轻易、片面地判断，要做到正确识别学生体态。

(三)及时应对

在课堂教学活动中，教师对学生的体态，不论是好是坏，都要及时应对。好的要不吝表扬，鼓励学生的学习热情；不好的就要纠正，或是调整自己的教学进度、教学方法等，提高教学质量。应对学生体态时要注意恰当的方式，要尽可能不伤害学生的自尊心，不产生消极的影响。因此，可以采用体态对体态的方法，针对学生体态运用教师体态，进行“无声的秘密”的指正和交流，这样既能维护学生的尊严，又能使其改正错误。

第五节　教师口语语病探源

一、声响常见病

(一)由于生理原因造成的声响毛病

1. 声音过小

声音过于细弱微小，致使坐在教室中后部的学生听不清楚。这常见于年轻的新老师，原因是声带与发声缺乏训练，声音音量不够。

改进办法：喊嗓。

2. 声音浑重

声音浑浊粗重，发音部位过于靠后，给人感觉是在嗓子里咕噜，致使学生听不清楚。这常见于一些嗓音低沉粗重的男教师。

改进办法：喊嗓，或在嘴里含硬糖块练习说话，让发音部位提前。

3. 声音含混

声音忽高忽低，有吞音包音现象，或发音含糊，好像大舌头，致使学生听不清楚完整的句子或听不明白。

改进办法：练习朗读或慢读绕口令，注意发准每一个字音，做到字正腔圆，声音洪亮，不能忽略任何一个字音。

(二)由于说话习惯形成的声响毛病

1. 语速过快

讲课语速过快，像放连珠炮似的，让学生耳不暇接，致使学生听课疲劳且接受知识困难，没有思索的余地。常见于年轻教师。

改进办法：模仿播音员的播音速度，说话时有意放慢速度。

2. 语速过慢

语速过慢，拖音过长，停顿太多，时间太长，没有生气，让学生听课着急。

改进办法：反复熟悉教学内容。教学内容烂熟于心，语速则会加快，显得流畅。

3. 声音刺耳

嗓门非常大，而且声音刺耳，致使学生产生抵触情绪，影响学习效果。

改进办法：摆正心态，有理不在声高。

二、使用语言常见病

(一)话语重复

重复的言语易使学生心理产生厌倦。话语重复有两种表现：一是内容重复，相同的教学内容反复讲，颠来倒去讲。二是语言重复，总是重复某一个词或某一句话，即口头禅。常见的口头禅有词、短语和句子，如“嗯”“好”“这个”“如果说”“是不是呀”“你知道吗”“说句不好听的话”等。语言重复还表现为每说一句话之后再说一遍，也有的教师习惯重复前一句的最后一个词。

改进办法：认识这些语病给表达带来的不良影响，有针对性地进行克服。在反复练习、充分准备之后，讲一段课，或讲一段话，并进行录音，发现问题，引起注意，认真克服。

(二)语调单一乏味

有的人说话语调平直无变化，有的人说话总是上升调或降调，这两种情形往往使节奏也无变化，整个语调平庸无力。

改进办法：掌握轻重音结合、快慢结合、语调升降结合的技巧，做到讲话语调和谐、自如，说话抑扬顿挫分明。另外要自我录音，体会自己有什么不足。

(三)语脉不通

话语不流畅，吞吞吐吐，甚至卡壳。随意插说，颠三倒四，语意混乱。有些老师在上课时叙述混乱，语脉不畅；说明不准确，层次不清，越想表达得清楚却越是表达不清。比如，有一老师力图使用启发式教学法，故多用提问语，但是事先却没有仔细安排，于是提出的问题难易不当，数量失控，频繁地使用“为什么”“怎么”之类提问，学生根本来不及思考；又过多地使用“对不对”“是不是”等选择性问句，因为太容易，学生根本不用思考。有人调查过一些教师使用提问语的情况，发现一教师一节课竟提了多达117个问题，毫无意义的提问浪费了宝贵的教学时间，而且使学生晕头转向，一无所获。

改进办法：想好了再说，要有提纲进行约束，熟悉教案；对录音进行检查，看有无此类现象。

(四)话语枯燥无味

翻来覆去总是那几个词，总是那种叙述的口语形式，没新词，没有描述语，没有评述语。口语修辞水平低，不会通过词语的锤炼、句式的选择，来使口语表达具有生动性、形象性。

人们常说“台上一分钟，台下十年功”，要做到上课时语言的简明精练实在不是一件简单的事情。它要求教师在备课时考虑到每一个细节，对所说的每一句话仔细推敲，这是上好一堂课的关键。从课堂教学的效率来说，教师语言的简明是一个最基本的要求。我们常说要减负，向40分钟的课堂要效率。在这40分钟里只有用简明的语句扩大课堂的信息量，让学生学到更多的知识，才能真正提高效率。从学生本身的注意力特点来说，简洁的语言更容易让学生接受。通常来说，小学生的注意力集中的时间总是很短，而且容易被无意注意所左右。教师的语言如果用许多的修饰语、冗长的句式，那么语句中的重点、关键意思就被弱化了，也降低了课堂的效率。而简明的语言排除了注意对象以外的干扰，给出即时环境的主词，学生一听就明白了。

改进办法：努力增加自己的词汇量，学好修辞知识。这两者都需多读、多听、多记、多说，才能奏效。

(五)教态呆板

站在讲台中央一讲就是一节课，不走动，不辅导，不和学生交流。没有手势配合说话，表情呆滞。

改进办法：学习体态语知识，反复练习。

三、教学语言常见病

(一)啰嗦重复的教学语言——失却简洁性

有的教师说话喋喋不休、翻来覆去，总是担心学生听不清、学不懂；

有的教师说话时夹带着“嗯”“啊”“这个”“那个”等毫无意义的口头禅；还有的教师会在学生回答后附带“同意吗”“对吗”等暗示性话语。

教师教学语言啰嗦重复，容易使学生茫然，不能确定重点、难点；教师语言啰嗦重复，抢夺了本应由学生独立思考、自主探究的时间，容易使学生思维长期处于被动接受状态；教师语言啰嗦重复，最终导致教学效率低下，教学效果不佳，学生消极厌学。

改进办法：首先，“管住自己的嘴巴”，摒除教学的题外话、口头禅，在重复的地方要三思而后行，想想是不是重点或难点，想想这样的重复对课堂的进展和学生的发展有无负面影响。经验告诉我们，语言越是啰嗦，越是讲不清、道不明。其次，锤炼教学语言，做到惜墨如金、简约含蓄。一般的教师喜欢面面俱到，倾囊相授；而高明的教师则言简意赅、意味深长，用简洁明了的语言去点拨、启迪。具体做法有：年轻教师可以预先写出课上可能说的每一句话，然后在课后通过回忆比对，找出课上说了多少废话、套话；有条件的教师可以用摄像机拍下上课全过程，课后进行分析，找出自己教学语言的弊病；也可以请同事专门记录你的教学用语，对你进行语言会诊。

(二)模糊不清的教学语言——失却准确性

例如在“百分数的意义”一课的开始，某教师出示“绿峰林场去年种杨树100棵，成活了98棵；种杉树400棵，成活了380棵；种松树500棵，成活了485棵”，然后问：仔细观察，你认为选择哪种树比较好？问题一出，班里鸦雀无声，学生一个个低下头躲避教师期待而焦急的眼光。经历了一段令人窒息的冷场后，终于有一个学生及时“救驾”：只要求出每种树的成活率。该教师喜出望外，接着追问：那么，怎么求出这三种树的成活率呢？课堂似乎顺利地转入下一个预定的环节。

上例中的冷场是教师教学语言含糊不清而人为制造的尴尬——宝贵的教学时间在教师的焦虑和学生的不知所措中无情地流逝。“仔细观察，你认为选择哪种树比较好”这句话是让学生挑选自己喜欢的树呢，还是让学生根据成活率的高低来选择？如果是前者，则完全是一个非数学的问题，与本课无关；如果是后者，则学生还没有接触成活率的概念，他们很难从成活率的角度去思考。(那位“救驾”的学生是得到了教师的暗示，还是预先做了预习，就不得而知了)也许教师想抛出一个供学生探究的问题，然而学生缺乏相应的认知储备，也不知道探究的方向。教师倒不如问：请你先算算每种树的成活棵树占总棵树的几分之几？

改进办法：首先，教师要对一堂课的总目标和每个教学环节的分目标清清楚楚，才能在课中不随意拔高或降低提问的要求，提出的问题也才能紧扣目标。其次，教师要站在学生的立场来思考自己要说的每一句话，分析学生现有的认知水平和生活经验能否听懂教师所说的话。最后，教师要理清自己的思维，杜绝“口是心非”“言不由衷”的话不经意间从自己的嘴里溜出来。新教师也可预先写出课上要说的每一句话，反复练说，日久天长，就能心口一致了。

（三）信口开河的教学语言——失却严谨性

一位教师在“单式条形统计图”一课的结尾处，设计了这样一个教学环节：他先出示一幅统计图（见下图）：（金牌数 24 届 5 枚、25 届 16 枚、26 届 16 枚、27 届 28 枚、28 届 32 枚）

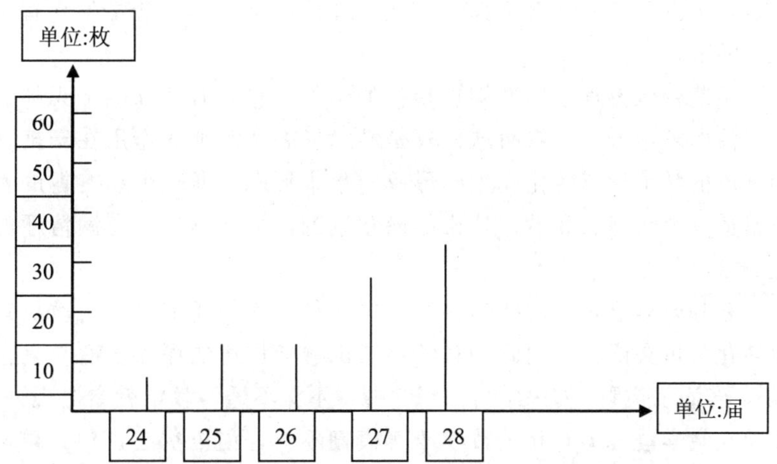

学生在观察并说出中国这五届奥运会金牌数后，教师就随口问了个问题：请猜测一下在第 29 届奥运会（2008 年的北京奥运会）上，中国可能获得多少块金牌？当时是在北京奥运会之前，有的学生猜 36 块，有的猜 40 块……在爱国热情的膨胀中，学生猜的块数越来越多。

这样的猜测能促进学生的数学发展吗？这样的猜测有依据吗？答案是否定的。制约一个国家获得金牌数量的因素很多，如综合国力、体育水平、参赛项目的选择、运动员的发挥、优秀运动员的数量，等等。仅仅依靠条形统计图让学生去猜测，那是没有科学依据的。另外，在小学阶段，能反映数据变化趋势和可能性的统计图应该是折线统计图，条形统计图仅仅反映各个数据的大小，教师这样信口开河的教学语言可能导致学生对条形统计图认识的模糊和误解。

改进办法：首先，教师要准确把握教学概念的本质属性，否则难免会犯“以其昏昏，使其昭昭”的毛病。其次，教师也要注意，学科间的融合要以不丢失科学性为前提。上例中的教师也许想把德育和数学有机融合在一起，但事与愿违，这样的融合让学生对条形统计图的特点和作用产生了错觉。最后，教师要处理好激情和严谨的关系。

（四）单调乏味的教学语言——失却趣味性

一些教师在平时的教学中，教学语言就像一杯白开水，单调乏味，对学生毫无吸引力。充斥于课堂的是“对不对”“好不好”“同意吗”“做对的举手”这种如机器程序控制的缺乏思维含量的问话，或者是冷冰冰的数字与数字之间的对话，或者是“你真棒”“你真聪明”等言不由衷、反复使用的评价语言。单调乏味的语言犹如一支循环播放的催眠曲，让学生昏昏欲睡，注意力涣散。

不能否认偏重于理性知识传授的学科，它具有严谨的知识体系、抽象而简洁的表达形式，然而这仅仅是学术形态。教师的作用在于把这种严谨而抽象的学术形态转化成生动形象的教育形态，通过生动有趣的教学语言来营造一个热烈、和谐、轻松的课堂氛围，引导学生在充满情趣的气氛中完成学习任务。

教师教学语言是传授学科知识的途径，教师要把自己对教材知识的理解转化为口头语言，因此，对学科知识融会贯通的深入理解与真正掌握是教学语言的前提。如果学科知识掌握得不深不透，教学就会出现许多毛病，反映在教学语言上，就是教学语言模糊不清，词语贫乏，句式单调，病句多，语言不严密、不准确。

改进办法：努力学好学科知识，认真准备教学内容，熟练掌握教案内容，理清教学思路，注重各个教学环节。

总之，教师深厚扎实而又渊博的知识是教学言语不出知识性错误的基本保障，同时又是教学言语清楚明白的基本保障。

思考与练习

1. 为什么说教师课堂上教学语言水平的高低决定着学生脑力劳动的效率？

2. 根据你的学习经验和体会，说说教师职业口语的特点。

3. 教师职业口语有哪些特征？请结合本学期或中小学某一门具体的课程，谈谈教师职业口语的特征和表现。

4. 有位语文教师在作文讲评课上对学生说："描写人物应该抓住他的外貌特征和性格特点以及习惯……"这时有位学生提出："老师，请您用一段话描写一下您自己可以吗?"如果你是这位教师，你将如何作出回答并较好地满足学生的要求呢?

第五章　教学口语

教学是一门艺术，在这艺术的殿堂里教学口语就是一朵奇葩。教师的职责是"传道、授业、解惑"，要完成这一职责，必须借助口语。当然教师在从事教育和教学活动时，可以利用多种信息传输方式，如书面语、体态语、教具，以及电化、音像等其他辅助手段，但最基本、最有效的还是口语。教师的教学目的和教学任务绝大部分是通过教学口语达到和完成的，教师的育人工作贯穿于整个教师工作始终，而教师口语则在教育活动过程中一直伴随着教师。可以说，教师口语是构成教师教育教学手段的第一要素，就如同绘画离不开线条和色彩，音乐离不开节奏和旋律一样。"工欲善其事，必先利其器"，从事教育教学工作的教师，就要不懈地追求和探索教师口语的表达艺术。

第一节　教学口语概说

一、教学口语的含义及特征

教学口语是教师进行课堂教学的工作用语。它是教师在课堂上根据一定的教学目标和任务，针对特定的教学对象，依据规定的教学内容，按照一定的教学程序和方法，在有限的时间内，为取得某种预期的效果而使用的语言。

教学口语是经过转化的书面语和经过优化的口头语的结合。它以有声语言为主，辅之以面部表情、手势、体态，具有口语的特点。但因为教学用语受到教学内容和教学任务的约束，比起一般口语来，随意性和灵活性更小，更显规范和严谨。此外，它又吸取书面语准确、精练、严密的特点，将书面语转化为口头语。因此，教学口语既具有口语通俗、流畅的长处，又具有书面语典雅、蕴藉的优点。具体来说，教学口语有以下几方面的特点：

（一）规范性

规范性即教师使用普通话的规范。"为人师表"，首先就是"言表"。课堂教学口语要求：一是语音方面，以北京语音为标准音，做到发音准确，吐字清晰，不用方音，不读错字。例如，不把"师范"说成"稀饭"，"头发"

说成“头花”，“牛料”说成“牛尿”等。二是词汇方面，要以北方方言为基础方言，不用或少用方言和古语词，不用生造词。例如，不把“公牛”说成“牛公”，“东西”说成“物事”等。三是语法方面，以典范的现代白话文为语法规范。无论句子或语段，语序或词语搭配，都必须符合现代汉语语法。例如，“你先走”不能说成“你走先”，“不知道”不能说成“知不道”等。

著名教育家夸美纽斯说过：“一个能够动听地、明晰地教学的教师，他的声音便像油一样进入学生的心里，把知识一道带进去。”规范的口语能够大大增强教师教学的魅力，提高教学的效果。

(二)准确性

准确、科学的教学口语是教师正确、完整地讲授教学内容的重要保证，这就要求教师的教学口语要用词准确，合乎逻辑。例如有的教师在评判学生的课堂答问时这样说：“基本上全答对了。”这句话中的“基本上”与“全”就形成了矛盾，因为“基本上”表示内容有偏差，而“全”字则概括了所有的，表示没有一点偏差，如果改为“基本上答对了”或“全答对了”就不存在矛盾了。又如，有的教师经常说：“只要同学们稍微深思一下，就会明白它的含义。”这里“稍微”和“深思”是矛盾的，如果把“深思”改成“想”就准确了。

不论哪一门学科，都有其内在的结构体系，这个体系是由基本概念、术语及相互之间的逻辑关系构成的知识系统。教师的“传道、授业、解惑”就体现着教学工作的科学性。如何“传”，如何“授”，如何“解”，必须遵循科学规律。所传的“道”，所授的“业”，所解的“惑”，更应该是科学的，而非谬误。具体而言，要求教师讲授知识必须概念准确，推理合乎逻辑，解说必须符合客观事物的实际，评判必须恰如其分，同时，还必须遵循恰当的教学方法，而不能望文生义，模棱两可，更不能用想象与猜测代替科学的推理与论证。例如，有一位地理老师在讲授我国降水的有关内容时说：“我国东南沿海靠海近，故降水多，西北地处内陆，故降水少。”作为我国降水分布的事实，即“我国东南沿海降水多，西北内陆降水少”这句话是正确的，但关于降水多少的原因的解释却不够准确。靠海近不一定降水多，如非洲西海岸的干旱地区、美洲西海岸的干旱地区等。科学的说法应该是：“我国东南沿海地区更易受到来自太平洋的暖湿夏季风的影响，所以东南沿海较西北内陆降水多。”又如，语文教师解释“言之无文，行而不远”时说：“只说出来，没有写下来，就不会流传久远。”这是望文生义，是不科学的。再如，政治课中把“货币”说成“钱”，把“大脑”说成“脑袋”，化学课中把“加热”说成“烧”，数学课中把“分子”“分母”说成“上边”“下边”，物理课中把“力”说成“劲儿”，等等，都是不准确的。

(三)形象性

教师口语的形象性主要表现为语言的生动鲜明，它要使学生如临其境、如闻其声，使抽象的道理具体化，使深奥的道理浅显化。使用汉语教学的教师，更要善于发挥汉语的优势，较为熟练地运用语言的整齐美、错落美等，力求做到抑扬顿挫、缓急适度。教师在运用有声语言的同时，再辅以优美而恰当的体态语，二者相得益彰，能使教师口语显得生动而富有感染力。

苏联著名教育家苏霍姆林斯基曾说：“所有智力方面的工作都要依赖于兴趣。”生动的教学口语是学生学习兴趣的调味剂。青少年时期学生的形象思维发展很快，生动的表达有利于语言信息在传输过程中发挥最佳效率。生动形象和富有情感的教师口语能激发学生的学习兴趣和上进心，有助于调动学生智力因素与非智力因素，从而大大提高教育教学的效率。因为在教学中，生动的教学口语能加强学生的无意注意，延长注意力集中的时间，也能使学生加深对知识的理解。

一位老师是这样讲解“点的轨迹”这个抽象概念的：他拿起手中的蓝色粉笔头，放低声音轻轻地说：“同学们，我这里有一个刚从墨水瓶里爬出来的小虫子。”同学们屏住呼吸，盯着他的手，好像在看一个魔术表演。“现在我们让这个‘小虫子’距离点 A 30 厘米爬行，它爬呀，爬呀，身后留下了点点墨迹，这就是‘小虫子’运动的轨迹。”“噢，原来这样！”同学们都会心地笑了。教师用形象化的口语毫不费力地把“具有某种性质的所有点组成的图形，叫做具有这种性质的点的轨迹”这个绕口令式的定义讲解得一清二楚。

(四)启发性

启发性是指教师的教学语言要能诱发学生的思考，使学生有所领悟。课堂教学除传授知识外，一个更重要的目的是通过知识的讲解，开启学生的智力。教学口语不仅仅是对有关知识精到细致的讲解，它还担任着启发学生思维、让学生有所领悟的任务。因此，教师在讲课时，讲课内容应当充实新鲜，言之有物，言之有理，既要语意明确，又要给学生留有思考的余地，适时点拨，循循善诱。

比如，在讲《孔乙己》一课时，老师问：“孔乙己的长衫又脏又破，这说明他怎样的性格和生活处境？”学生答道：“说明他爱摆读书人的臭架子，经常穿长衫。”这一回答只能触及表面，于是老师继续追问：“洗干净或补一补，更能显示臭架子，可他为什么不洗不补呢？”学生答：“他以劳动为耻，养成懒惰的习惯。”老师继续“追击”：“既然懒惰，又想摆臭架子，那就换一件新的，岂不更好，何必穿得又脏又破?”在老师的启发下，学生很自然地得出答案来。这样既抓住了学生的注意力，又提高了课堂效果。

（五）教育性

教书育人是教师的重要职责，这职责体现在教学的全部过程和每个环节之中。任何学科都充满着教育性。教师的全部活动都贯穿着明确的教育目的。因此教师在开口与学生讲话时，一刻也不能忘记自己是教师，担负着对学生进行言传身教的重任，要时时做到目中有学生，心中有学生。教师必须运用自己的语言，按照课程教学大纲的要求，向学生准确地讲授科学知识及所包含的思想意义。这种讲授，既不能脱离教材任意增加不必要的内容，也不能照本宣科生搬硬套。一个成熟的教师不应使教学过程纯知识化，而应熟练地运用教学口语，履行教书育人的神圣职责，将“育人”寓于“教书”之中。

例如，一位教师带着一群一年级的学生走在繁华的大街上，她指着一幢高大的楼房问：“盖起它需要什么?”“需要砖、瓦、水泥。”孩子们争着回答。“还有呢?”小家伙们支吾了。老师说：“还需要知识，要用许多知识。”学生说：“也需要我们学的数学吗?”老师说：“当然要用。离开它连楼房要建多高，多大也不知道，更不清楚要用多少砖瓦、水泥，怎能建好楼房?”这位教师看似在大街上与学生闲聊，可她的语言却蕴含了极为丰富的教学内容，而孩子们则在不知不觉中接受了她的教育。

此外，语言作为一种最重要的交际工具，要能有效地达到交际目的，还必须注意得体。语言不得体，交际活动必然失败。既然教学活动以学生为中心，那么，教师在组织教学口语的过程中，就必须充分考虑受众的身心特点及其需要，从能为学生所接受的角度出发，选择和运用教学语言。教师根据不同的教材运用不同的语言，根据不同的课型运用不同的语言，根据不同的学生运用不同的语言。总之，教学口语一般应该准确精练而不呆板机械，生动感人而不矫揉造作，幽默风趣而不低级庸俗。

按照在教学过程中的不同作用和不同方式，教学口语可以分为导入语、讲授语、提问语、小结语、过渡语、应变语等几种。这些种类将在本章各小节中逐一介绍。

二、教学口语的重要作用

在教学实践中，教育教学的任务主要是通过教师的语言来完成的。有人说，教师是“吃开口饭的”，此话道出了教师的职业特点。教学口语是帮助学生打开知识宝库的钥匙，是点燃学生智慧之光的火种，同时也是沟通师生心灵的桥梁。

古今中外教育家都非常重视教师语言的运用。我国古代教育典籍《学记》中说："善歌者使人继其声，善教者使人继其志。其言也，约而达，微而臧。罕譬而喻，可谓继志矣。"这告诉我们，良好的教师口语是使人"继志"的前提，也是"善教"的标志。苏联教育家马卡连柯说过："只有在学会用十五种至二十种声调说'到这里来'的时候，只有学会在脸色、姿态和声音的运用上能够做出二十种风格韵调的时候，我就变成一个真正技巧的人了。"我国杰出的教育家叶圣陶先生也曾说："凡是当教师的人绝无例外地要学好语言才能做好教育工作和教学工作。"当代的一些优秀教师如斯霞、于漪、钱梦龙、魏书生等，他们在教学中不断总结探索语言运用的规律，努力追求语言的艺术，从而形成各具鲜明特色的教学语言风格。他们在教学上的成功，在很大程度上取决于语言的运用。可以说，他们在讲究语言艺术方面为广大教师树立了典范。

但在教学实践中，教学口语仍存在一些问题：语音不纯，乡音难改；声音嘶哑，尖细；语调平直，缺乏节奏、情感等。在新教师中，更多表现为通读教案、讲义或书本；或卖弄学问，故作高深；或拖泥带水，主次不分；甚至存在讥讽轻视，恶语伤人等现象。这对于学生的发展极为不利，往往会导致恶性循环。要改变这些状况，必须掌握教学口语的特征和技巧，提高教师的语言素养。

优秀的教学口语在教学中有着不可替代的重要作用。

（一）教学口语是提高课堂教学效率的重要保证

于漪老师指出，讲课要有情趣。教学有了情趣，就能吸引学生产生一种孜孜不倦、锲而不舍的学习愿望，才能产生实效，而效果又会促使兴趣的巩固和发展。优美动听的教学口语是增强教学吸引力和感染力的重要保证。

请看著名特级教师霍懋征给低年级学生讲"聪明"一词的教学片段：

老师："你们愿意做个聪明的孩子吗？"

学生："愿意。"

老师："那为什么有的人聪明，有的人不聪明呢？"

有的孩子说："有人生来就聪明。"

老师："不对，一个人除非生理上有毛病，不然都可以变成很聪明的。关键是会不会用四件宝。你们想知道是哪四件宝吗？"此时，学生注意力高度集中，老师接着说：

“第一件宝：上边毛，下边毛，中间一颗黑葡萄。”

学生们立刻说：“眼睛。”

她说：“第二件宝：东一片，西一片，隔座山头不见面。”

“耳朵。”

“第三件宝：红门楼，白门槛，里面有个红孩儿。”

“嘴巴。”

“第四件宝：白娃娃，住高楼，看不见，摸不着……”

没等老师说完，学生抢着回答：“脑子。”

“这四件宝怎么用呢？”

她在黑板上先写出“耳”字，然后在“耳”字右边从上到下写出两点和“口”“心”(用心就是用脑)，耳、眼、口、心，合成一个聪字，他又在黑板上写了一个“明”字，然后说：“这四件宝不能只用一次，要日日用，月月用，天长日久就聪明了。”

霍老师通过引用谜语、妙释字形等语言技巧，既帮助学生有效地掌握“聪明”两字的形体结构，也使他们懂得了多听、多看、多问、多想与聪明的因果关系，语言通俗形象，生动有趣，富有启发性。在轻松活泼的言语气氛中，使学生对所学知识留下深刻印象。相反，如果教师不讲究语言艺术，就会影响教学效率和质量。苏霍姆林斯基在《给教师的建议》中曾说：“二十年前我去听一位老师的课，观察孩子们怎样感知新教材的讲解。我发现，孩子们听后很疲劳，下课时简直是精疲力尽了。我开始仔细听这位教师的语言(他教生物学)，使我大为吃惊。教师的语言是那样混乱，没有逻辑顺序，他讲的教材的意思是那么模糊不清，以致第一次感知这个、那个概念的孩子，不得不用全部力气，才能听懂一点点东西，孩子们感到疲劳的原因正在于此。”可见劣质的教学语言严重影响教学效果。

(二)教学口语是培养学生口语能力的重要途径

中小学阶段，正是学生学习掌握语言的重要时期。心理学家、语言学家研究认为，儿童学习语言，获得语言能力，大部分是在没有强化条件下进行观察和模仿，语言示范性对儿童语言发展具有重大的影响。古人云：“师者，人之楷模也。”在学校中，教师的语言无疑是学生模仿的对象、学习的楷模。学生对教师的一词一句一腔一调都非常敏感。可以说，不论是哪一学科哪一年级的教师，在教育教学的过程中，他们的语言客观上都在起示范作用，是儿童言语发展的最重要的因素，所以应该使每一堂课都成为言语训练课。我国许多优秀教育工作者也都非常重视这一点。特级教师斯霞曾说：“教师的语言应该成为学生的楷模，要使学生学会普通话，说话口齿清楚，咬字正确，声音响亮，语言完整，简短扼要，用词确切，那么教师首先要做到这些。”特级教师于漪说：“语文教师带领学生学习规范的书面语言，如果自己的口头语言生动、活泼、优美，就能给学生以熏陶，大大提高学习效果。”事实上，受语言水平高的教师长期熏陶的学生，其语言能力显然要强于一般学生。因为学生生活在这样的环境里，正如蓬生麻中，不扶自直。若是教师语言基本功差，说话满口方言，口头禅太多，甚至词不达意，东拉西扯，就会给学生学习语言带来消极影响。长期接受这样的老师的教育，却要求学生养成良好的语言习惯和语言能力，是不可想象的。

(三)教学口语能有效地激发学生的创造力和思维力

教师语言的功能在于把知识和道理传授给学生，在传授过程中还担负着发展学生智能、激发学生思维力和创造力的任务。教师的语言可以成为激发学生思维的春风，也可以成为抹杀学生创造能力的秋霜。成功的教学语言，总是能有效地诱导激发学生积极思维，使学生主动地、创造性地完成学习任务，避免被动地接受。有关研究表明，在语言水平高的教师的教学下，学生的思维力和创造力都比一般的学生高。

于漪老师在上《宇宙里有些什么》一课时，有学生提问：“课文中有这样一句话，‘这些恒星系大都有一千万万颗以上的恒星’，这里的‘万万’是多少?”话音刚落，全班学生都笑了。问问题的学生很后悔，责怪自己怎么问了这么一个蠢的问题，谁不知道，“万万”是“亿”的意思。于老师笑着说：“这个问题不用回答，可能大家都知道了。可是我要问：既然‘万万’是‘亿’，作者为什么不用一个字‘亿’，反而用了两个字‘万万’呢，谁来解释?”教师及时把问题引向深入，让同学们更进一步思考。教室里安静下来，同学们开始积极思考起来，发表着各自不同的意见。于老师最后总结说：“通过对‘万万’的讨论，我们了解到汉字重叠的修辞作用，它不但读起来响亮，而且增强了表现力。那么，大家想一想，我们今天这个知识是怎样获得的呢?”全班同学不约而同地将视线集中到刚才提问的学生身上。这个学生如释重负，先前那种羞愧、自责的心理一扫而光，仿佛自己一下子又聪明了许多。

教育家苏霍姆林斯基认为，人的内心深处都有一种根深蒂固的需要，那就是渴望被人赏识。人人都想得到别人赏识，人人都需要他人的鼓励，而孩子的这种需要更为强烈。教师的教学语言应以鼓励为主，让孩子获得自信，体验成功的快乐。

教师在课堂上若不善于运用语言艺术，就无法调动学生思维积极性，有时甚至抑制学生创造性的思维。如一位老师讲仿生学，告诉学生船是依照鸭子的形状造的，飞机是依照鸟的形状造的。有位小学生敏捷地联想到一种新的东西，问老师："有没有一种既仿鸭子又仿鸟造出的东西呢?"教师的思路被打断了，恼怒地说："世界上没有这种东西!""没有？可以制造嘛!"学生说。"造？等你成了科学家再造吧!"教师接着按教案讲他的课，这个学生还要求发言，可教师再也不理会他了。应该说这个学生的思维是积极的，富有创造性的，但老师不但不鼓励他，反而抑制了他的创造性，这是非常遗憾的。

(四)教学口语是融洽师生关系的润滑剂

教学语言不只是传递知识的工具，也是沟通师生关系、交流感情的纽带。在学校教育中，师生关系的和谐与教师的语言水平具有很大的关系。善于说话的教师，往往更能赢得学生的信赖，因而更容易建立起一种友好和谐的师生关系，为学生创造良好的氛围；相反，不善言辞的教师，师生关系往往较为疏远，有时还会因为表达不好而伤害学生，造成师生之间的情绪对立，影响教学。

学生取得成绩时教师一句热情的赞扬，学生受到挫折时教师一句真诚的鼓励，学生碰到困难时教师一句及时的疏导，学生遭到不幸时教师一句关切的安慰，学生情绪低落时教师一句幽默的逗趣，学生遇到难堪时教师一句巧妙的解围，都是增进师生情谊、融洽师生关系的有效方式。优秀的教师都非常重视语言在沟通师生关系中的这种特殊作用，因而常借助语言的魅力，沟通师生情感，请看下面的例子：

课上，老师发现一个女同学在写一张纸条，收来一看是写给一位男生的。看着上面稚气的话，老师忍不住笑了。这激起了全班同学的好奇心。几个调皮的男生大声喊："老师，念出来!"写纸条的女孩低埋着头，满脸涨得通红，全班同学好奇地期待着。老师说："你们真的想知道?"学生一致点头，老师说："其实是再普通不过的两句话。"老师打开纸条大声念道："好好学习，天天向上!"教室里顿时一片笑声。那位女同学长长地舒了口气。课后，她塞给老师一张纸条，很快跑开了。纸条上写着："您是我所见过最聪明最美丽的老师，我一定记住您对我说的话：好好学习，天天向上!"

老师若如实地念出纸条上的话，甚至再加上几句严厉刻薄的批评，显然会使这位女同学十分难堪，同时她也一定会非常记恨老师。这样不但达不到教育的目的，还造成了师生之间的感情对立。可老师没有那样做，她巧妙的话语既给好奇的全班同学一个交代，又给这位女同学一个台阶下，同时也达到了教育的目的，更重要的是，赢得了同学的信赖。这就是语言的魅力。

有位老师给高考落选学生补课。第一次上课，他这样说："我将要给你们讲的，没什么新鲜的，你们早都学过了。你们都是久经沙场、很有经验的人，不需我多说。"这位老师的话，不但刺疼了同学们的心，让他们感到委屈和羞愧，还大大拉开了师生之间的距离，使同学们对他产生厌恶，甚至敌意。

可见教学是一门艺术，是教师钻研教材、研究学生、进行创造性劳动的智慧之果。而教学艺术在很大程度上取决于教学口语的艺术。那么，怎样才能提高教师教学口语的能力呢?

三、教学口语能力的构成因素

(一)健康的言语心理是提高教师口语能力的重要前提

言语心理，是指说话时的心理状态。在言语行为中，排除不正常的心理因素，保持良好的心理状态，这对取得良好的沟通效果，至关重要。

外部环境和机体内部生理变化所造成的情绪波动，心理学称之为"心理压力"。能导致心理压力的因素很多，来源、性质各异，比如来自社会、来自自身等。有害的心理压力影响正常的言语行为，妨碍言语表达的效果。

教师在课堂上必须经常处于积极、稳重、平静的心理状态下，精神专注，神态安详，保持思维的敏捷性和逻辑性，使讲述讲解准确、鲜明、生动、条理分明，提出或回答问题时明确而不含混，推理时合乎逻辑规则，说服力强，结论准确，善于在极短时间内做出得体的言语反应，恰当地处理、解决各种问题。

(二)良好的思维品质是提高教师口语能力的基本保障

口语表达就是把思维转化为有声语言的过程，思维的速度、深度、广度直接影响着口语表达的效果，因此培养教学口语能力的一个重要方面就是要训练良好的思维品质。

首先，良好的思维品质表现为思维的条理性和缜密性。思维的条理性和缜密性就是指在口语表达中思路系统，语脉清晰，话语严密，不疏不漏，富有逻辑力量。只有如此，在口语表达时才能目标明确、主次分明、前后有序。思维的条理性和缜密性是口语表达者思维质量的反映。

其次，良好的思维品质表现为思维的敏捷性和应变性。口语具有现场性、应变性等特点，因此，就要善于摆脱常规思维方式的束缚，机智地适应瞬息万变的形势，冷静地面对现实难题，迅速地找到巧妙恰当的应对、答辩途径。思维的敏捷性和应变性是口语表达者思维速度的反映，古今中外的论辩家就是凭借才思敏捷，信"口"拈来，才留下了智辩的佳话。

再次，良好的思维品质表现为思维的评估性和批判性。所谓评估性是指听话人能够正确地评断对方话语的内涵，不仅要把握它的表层含义，还要善于捕捉"弦外之音"和表象背后的真意。所谓批判性是指在正确评估、洞察对方话语的真意后，予以准确、恰当的批驳。思维的评估性和批判性反映了口语表达者思维的深度。只有具备良好的评估和批判的品质，才能产生清醒的判断和鞭辟入里的锋利言辞。20 世纪 50 年代初，周总理曾接受一位美国记者的采访。那位记者看见周总理的桌上放着一支美国派克金笔，便问："请问总理阁下，您是中华人民共和国总理，也喜欢使用派克钢笔吗?"周总理以其思维准确的评估性和深刻的批判性，立即听出记者话语的弦外之音，便不动声色地答道："这不是一支普通的钢笔，这是一位朝鲜朋友在战场上得到的战利品，作为礼物送给我的。我觉得很有意义，就收下了贵国的这支笔。"周总理言辞锋利而又不失礼仪，这正是思维的评估性和批判性的生动体现。

最后，良好的思维品质也表现为思维的广泛性。思维的广泛性是指口语表达者善于运用发散性思维，以话题为中心向四周展开联想、辐射，从而使话语开阔，既博论恢宏、滔滔不绝，又紧扣题旨。思维的广泛性是口语表达者思维广度的反映。

综上所述，教师口语能力与思维品质有着密不可分的关系，只有在良好的思维训练的基础上，才能具备卓越的口语才能。

(三)标准的普通话是提高教学口语能力的基本因素

普通话是全国通用的现代汉民族共同语，使用普通话有利于克服语言隔阂，促进社会交往，对国家的经济、政治、文化建设具有重要作用。对于个人而言，一个人是否具有语言规范意识，能否在必要场合自觉使用普通话，是衡量一个人是否具有国家意识、现代意识的标志。柳斌同志在全国语言文字工作会议上指出："普通话是教师的职业语言，要把会讲普通话列为合格教师的必备条件之一，把使用普通话进行教育、教学作为对教师工作的基本要求。"因此，讲一口规范流利的普通话，既是合格教师的基本条件，也是提高教师口语能力的基本因素。

（四）丰富的知识是提高教学口语能力的物质基础

人对外界信息的接受以“块”和“潜知”的形式储存在大脑皮层里，“块”和“潜知”积累得越多，知识就越丰富，口语表达者的思路和视野就越开阔，认识就越深刻，表达就越充分，说理就能纵横捭阖、滔滔不绝、独具匠心。俗话说：“胸存语库，文章才能生色。”也可以说，胸存语库，说话才能生色。一个人如果知识贫乏、胸无点墨、思想苍白，纵有伶牙俐齿，也不过如小儿骂街、泼妇吵架。蜀国名相诸葛亮，所以能舌战群儒，说服东吴群臣联合抗曹，主要在于他能以超人的智慧、渊博的学识，晓之以理，陈明利害。相反，如军阀韩复榘，身居高位，无知无识，虽故作斯文，登台演讲，结果洋相百出，沦为笑柄。又如在“狮城舌战”中获胜的上海复旦大学辩论队，在集训期间，每个队员几乎都阅读了上百本书，从儒家的四书五经到西方哲学、经济学、社会学的权威著述，还听取了四十多位专家的五十多场讲座，从而丰富了辩手们的知识底蕴。正如复旦大学辩论队的顾问王沪宁教授所说：“一场高水平的辩论，不仅是技术密集的辩论，而且还是知识密集的辩论……这里有一个知识量的竞争，就像在战争中一样，弱势的兵器是无法与强势的兵器作战的。”这里虽说的是辩论，但要具有较强的教师口语能力更是如此，如果没有雄厚的知识作为基础，教师口语必然显得苍白无力。

（五）把握教师口语的基本规律是培养教师口语能力的根本因素

良好的思维能力、健康的心理素质、规范的普通话、丰富的知识积累，对于培养教师口语能力固然重要，但这些均属于基础性的因素。掌握教师口语的基本技巧如语调技巧、表达技巧、口语常用修辞技巧、体态语技巧等，了解教师口语的特征，掌握各个环节的基本表达规律及要求，并切切实实地把有关口语的基本理论知识转化为能力，才是培养教师口语能力的关键。

四、提高教学口语的途径和方法

（一）重视理论修养

教师口语与语言学、修辞学、心理学、教育学、美学、逻辑学等许多学科都有密切的关系，教师要提高自己的职业口语能力，不但要掌握教师口语自身的理论和规律，还要吸收这些理论知识的滋养。教师要学点儿语言学，懂得语音、词汇、语法等语言要素的构成规律，把握语言规范的标准；学点儿修辞学，掌握提高语言表达效果的手段和规律，了解各种语体的构成与特点，领会语言手段与语境、规范与变异的辩证关系；学点儿心理学，了解不同年龄、不同性别、不同个性的学生的心理特征，把握学生注意、记忆和思维的规律；学点儿教育学，懂得反馈、启发、迁移、直观、期待、刺激、因材施教、循序渐进等教育原则和方法；学点儿美学，懂得语言美如均衡美、变化美、形象美等的表现形式与规律；学点儿逻辑学，懂得思维的形式与规律及其与语言的关系，等等。这些是提高教师职业口语能力极为重要的理论基础。

同时，教师口语与教师从事的专业如语文、数学、音乐、体育、美术、外语等不同学科有着密切的关系。教师语言能力、语言水平的提高，同样离不开这些不同学科的基础知识和基本理论的滋养。没有扎实的学科知识和理论，教师口语的技能便失去了基础。因此，教师还必须重视学科知识和理论知识的修养。

曾经有一个其貌不扬的实习老师到一个高中数学尖子班实习。见一个“黄毛丫头”来代替特级教师上课，班上不少同学心里颇不服气，于是几个数学强手想给她来个下马威。他们翻阅了大量数学习题集，终于在奥赛题上找到了一道“绊马索”，得意地去“请教”这位新老师。正在他们幸灾乐祸之际，实习老师说：“我看这道题起码有 3 种解法，这是一道奥赛题，《中学生数理化》上介绍过解法，我认为并不是最好的，你们看我这个解法可能还简单一些吧。”老师具体地讲解了它的思路，几位学生不得不由衷地佩服这位新老师。这位老师的言谈平淡无奇，却有一种神奇的魅力。没有丰厚的学科知识作基础，这种魅力便无从产生。

(二)注意语言积累

语言表达的能力，有赖于语言积累。不可想象，一个阅读面窄、词汇贫乏的人会有很强的语言能力。苏霍姆林斯基曾描写过这样一位教师讲课时的情形：教师在诉说时所说的话，好像很痛苦地挤出来，学生并不是在追随教师的思路，而是看着他是多么紧张地挣扎着用词来表达自己的思想，多么艰难地寻找着要用的词。这些教师语言能力差的症结在于语言积累少，词汇贫乏。特级教师朱雪丹总结自己的经验说：“我觉得一个人的语言能力和他的文化素养、文化水平有着密切的关系，要提高语言的表达能力就必须多看书，从书面语言中吸取丰富的营养。我比较喜欢看文学作品，常看一些优美的散文，学习它怎样用精练的语言有条理地叙事，吸取它丰富的词汇，并尽可能把书面语言融会到自己的口头语言中去。”这的确是经验之谈。教师只有大量地阅读，广泛地积累，才能养成敏锐的语感，提高自己的口语表达能力。

(三)加强实践训练

正如吕叔湘所说的:“使用语言是一种技能,跟游泳、打乒乓球等技能没有本质上的不同,不过语言活动的生理机制比游泳、打乒乓球等活动更加复杂罢了。”任何技能都必须具备两个特点,一是正确,二是熟练。要做到这两点,必须重视实践训练。可以说实践训练是提高教师口语能力的直接有效的途径,教师通过各种实践训练可以熟练地掌握教师口语表达的各种技能技巧。实践训练可分两类:一是正规的课堂训练,把学习内容分为几个点,有计划、按步骤地进行规范的课堂训练。二是个体的自我训练。教师口语的学习是一项长期工程,每个教师在教育教学的实践中都要不断地进行自我训练,事实上,成功的教学口语往往是通过反复的自我实践获得的。特级教师于漪谈到口语的自我实践训练时说:“我原本教学用语不规范,一是有‘呶’的口头禅,一是乱用‘但是’。学生的俏皮话使我震动,我痛下决心,要提高教学法用语的质量。我把在课上要说的话写成详细的教案,然后自己修改,把可有可无的字、词、句删去,不合逻辑的地方改掉,用比较规范的书面语言改造不规范的口头语言,再背出来,口语化。教学后,详写教后心得,找缺点,找不足,以激励自己不断改进。”她把这种训练方法称为“以死求活”。可见实践对于教学口语的重要性。当然方法可以因人而异,各有不同,但加强实践训练,是提高教师职业口语能力的有效途径。

第二节　导入语

导入语,是指教师在新的教学内容或教学活动开始之前,为进入新课而讲述的简要且具有吸引力的一席话,又叫“导语”或“开场白”。好的导入语像磁石,能把分散的思维一下子聚拢起来;好的导入语又是思想的电光石火,能给人以启迪,提高整个智力活动的积极性。

俗话说:“良好的开端是成功的一半。”高尔基也说过:“最难的是开始,就是第一句话,如同在音乐上一样,全曲的音调都是它给予的。”开场的几句话,不一定要多,但若能做到生动、亲切、风趣,便可先声夺人,紧紧抓住学生的心,给学生留下深刻的印象。这不但能为整堂课的教学打下良好基础,而且能使开场白成为师生心灵沟通的桥梁和纽带,这对于教师教学无疑是很重要的。成功的导入语不仅能沟通师生心灵,活跃课堂气氛,还能激发学生的学习兴趣,诱导学生积极思考。可以说,一堂成功的课离不开成功的导入语，所以优秀的教师都非常重视导入语的精心设计。

一、导入语的基本原则

导入语的目的是要引导学生将注意力迅速集中到所要学习的内容上，并使学生对它产生浓厚的兴趣，因此，在导入语的组织上应注意以下原则：

(一)目标明确

第一，导入语的目标要紧紧围绕教学内容而设计。导入语是为学生更好地学习教材服务的，因此导入语的设计要充分考虑与所教授内容的有机联系，而不能游离于教学内容之外。第二，导入语的目标设计要切合学生的年龄特点、心理状态、知识能力、爱好兴趣。这样，学生才会听得津津有味。教师决不可随心所欲，信口开河。

(二)贴切自然

导入语是将学生引入正题的切入口，一定要贴切自然。贴切自然的导入语能使学生在不知不觉中进入教师预定的教学内容。反之，则会使学生茫然不知所措，或者尽管情绪调动起来了，却使注意力离教学内容更远了。

(三)新奇有趣

托尔斯泰在《少年时代》一书中曾说过："成功的教学所需要的不是强制，而是激发学生的兴趣。"追新求异是人们共有的心理，新奇的东西能激发人的兴趣，因此设计导入语必须新奇有趣。让学生前所未闻才感新奇，因新奇才觉有趣，深感有趣才会去学。一篇课文的导入语一旦激起学生的兴趣，学生就会主动地跟随教师去探讨知识的奥秘。导入语要新奇有趣、活泼生动，但也不能过于轻松，失之随便，甚至以庸俗的东西吸引学生，这会分散学生的注意力，又会影响教师的形象。好的导入语应活泼而不失庄重，生动而有雅趣。

(四)简洁精练

莎士比亚说："简洁是智慧的灵魂，冗长是肤浅的装饰。"导入语要精心设计，力争用最少的话语，最短的时间，迅速而巧妙地缩短师生间的距离，将学生的注意力集中到听课上，切忌拖沓冗长。

二、导入语的类型

教学有法，但无定法。由于教学内容、教学对象、教师个人的兴趣爱好以及习惯的不同，教师所设计的导入语也就各不相同。一般而言，导入语有以下几种类型：

(一)情境导入语

这是语文课上最常见的一种导入方法。即根据课文创设情境，用形象的语言把某种情景描绘出来，使学生通过联想与想象，获得生动鲜明的感受。

例：《再别康桥》的导入语

古人云："黯然销魂者，惟别而已矣。"所以在古人的诗文中，既有"西出阳关无故人"的无奈，又有"天下谁人不识君"的豪迈，更有"相见时难别亦难"的苦涩。那么，现代人又如何去体悟和理解离别的呢？今天我们来学习徐志摩先生的《再别康桥》，领略一下现代诗人笔下的离别之情……

这样的导入，自然而然，毫无雕饰；这样的创设，让你展开想象的翅膀，领略作者离别康桥的柔情。

例：丁玲《果树园》的导入语

当曙光冲破黑暗，太阳刚从晨曦中苏醒过来的时候，一轮红日跃出海面，将万道金辉洒向人间。于是，村舍、山峦、树木、田野、河流……都镀上一层金色，显得那么神秘而富有诗意。那金色的霞光、晶莹的露珠、清新的空气，构成一支美妙的晨曲，激荡着人们的心灵。晨光中的大地是美好的，那么果园的清晨又是一番怎样的美景呢？让我们走进作家丁玲的文章去观赏一下《果树园》清晨的美景吧。

例：《社戏》的导入语

树

如果我是一棵树
妈妈再不会责骂我弄脏了衣服
小麻雀会柔顺的在我臂上
挂一串音符
顽皮的蝴蝶啊
悄悄滑一线尘土
松鼠则在我身上左右跳跃
编一网树荫
嘻！还有可恶的啄木鸟
用他的尖嘴阁阁向我搔痒

这首小诗用浓郁的抒情语调给我们渲染了童年美好、浪漫的情境。那么，鲁迅笔下平桥村的孩子们又是怎样度过他们的童年生活的呢？今天，我们共同学习鲁迅的《社戏》。

这样的导入触动了学生的情感，激发起学生的兴趣，增强了学习的主动性。

(二)故事导入语

用寓意深刻又幽默轻松的故事导入，是学生喜闻乐见的一种形式。结合教学内容，从故事、轶闻、趣事、谜语等入手，激发学生学习的兴趣。

例：《皇帝的新装》的导入语

丹麦有位著名儿童文学家安徒生。今天，老师讲个有关他的故事。有一次，他被邀请去参加舞会，一位小姐对他仰慕已久，于是大献殷勤，问他："您觉得我这件衣服怎么样？您喜欢吗?"安徒生冷冷地说："谈不上喜欢。"小姐又问："那您觉得我穿什么样的衣服好呢?"你们猜猜安徒生怎样回答的。(语惊四座)他说："皇帝的新装。"今天，我们就一起来欣赏《皇帝的新装》。

例：钱梦龙老师的导入语

一次，钱梦龙老师在武汉给近千名教师上示范课。课前，气氛显得过于严肃、紧张。上课时，钱老师从容走上讲台，面带微笑，亲切地对学生说："我打个谜语给你们猜一猜，好不好?"学生高兴地回答："好!"师："虽然发了财，夜夜想成才——打一人名，你们认识的人。"场上静得出奇。一会儿，一位女生举手，站起来，信心十足地回答："钱梦龙。"顿时，全场欢呼雀跃，紧张气氛即消。钱老师这个有趣的"谜语"，给学生留下风趣幽默、可亲可敬的师长的美好记忆。这堂课始终处在轻松愉快的氛围之中。

例："等比级数求和"一课的导入语

一位数学老师在讲"等比级数求和"时，引用印度的舍罕王要重赏发明64格国际象棋的大臣西萨的事。

传说印度的舍罕王，要重赏发明64格国际象棋的大臣西萨。西萨说，我想要点儿麦子。您就在这棋盘的第一格赏我一粒麦子，第二格赏两粒，第三格赏四粒……依次都使后一格的麦粒比前一格多一倍，您就把麦粒的总和赏给我吧！国王听了，连连说：您的要求太低了！同学们，你们说这个要求真的太低了吗?

(老师在黑板上写出了18446744073079551615一串数字。)

这就是西萨要求得到的麦粒的总和，这些麦粒以重量来计算，约5270亿吨，竟是全世界两千年内生产的全部小麦。

国王为什么吃亏，这样大的数字怎样才能迅速算出，学了"等比级数求和"，我们就知道了。

(三)悬念导入语

古人云："学源于思，思源于学。"教师一开始便巧设疑点、布置悬念，能迅速调动学生的思维，诱发他们探究问题、掌握新知，激起学生的好奇心和求知欲。

例：地理老师讲授“经纬网”时的导入语

在茫茫的大海上，有艘轮船突然发生了故障，失去了控制，报务员立即发出呼救信号，报告了出事地点。于是临近它的船只纷纷前往营救，不久直升机也出现在这个海域的上空。而海洋上没有其他的目标，遇难船只是怎样报告自己的位置，营救者又是怎样找到它的呢？这堂课我们要解决的就是这个问题。

例：初中数学“方程”一课的导入语

让我们做一个游戏。请同学们想一个数，不要说出来，把这个数除以2再减去3，然后把运算的得数告诉我，我可以猜出你想的那个数是几？（有三位同学给了老师数字）同学们一定非常想知道老师是怎样把你们脑子里想的数算出来的，当你们学了一元一次方程后，你们不但能像老师一样迅速算出别人脑子里想的数，而且还能知道为什么可以这样算。

例：《太阳》一课的导入语

传说古时候天上有十个太阳，照得地面寸草不生，人们热得受不了，就找了一个箭法很好的人射掉了九个，只留下了一个，地面上才不那么热了，为什么射箭的人不把十个太阳都射下来呢？

刚才同学说的是太阳和我们人类的关系，但为什么说没有太阳就没有我们这个可爱、美丽的世界呢？这就是今天语文课的学习任务。

（四）温故导入语

巴甫洛夫指出：“任何一个新的问题的解决都是利用主体经验中已有的旧工具实现的。”根据知识之间的逻辑关系，找准新旧知识的联结点，以旧引新，可以使学生不断拓宽学习内容。

例：《陋室铭》一课的导入语

在教学《陋室铭》一课时，引导学生回顾了刘禹锡的诗《酬乐天扬州初逢席上见赠》。通过回顾，唤起学生的记忆，了解作者在前首诗中不仅表达了长年被贬偏远之地、政治失意的愤懑，而且表达了对生活、对未来的积极、乐观的态度。尤其是“沉舟侧畔千帆过，病树前头万木春”两句诗，更能表达出诗人对世事变迁的豁达襟怀。而《陋室铭》一文又表现了诗人怎样的情趣和节操？

这样，通过新旧知识的联系，使学生能更快更深地理解文章所要表达的思想内涵。

例：讲授《苏联的社会主义建设》时的导入语

学习苏维埃政权的巩固时，大家都知道苏维埃政府实施了战时共产主义政策，这一政策的实施使苏维埃政府取得了战争的胜利，巩固了政权，但也对国家的经济造成了不利的影响，它并不是向社会主义过渡的正确途径。为了解决国内的经济困难和政治危机，苏俄实行了新经济政策。新经济政策和战时共产主义政策二者实施的历史背景、内容、作用各有什么不同呢？今天我们就一起来看看。

利用这种导入法吸引学生注意，起到了良好的教学效果。

（五）解题导入语

标题是文章的“窗口”，是对教材内容的高度概括，从这里往往可以窥知全文的奥秘。解题导入法紧扣课文题意，把学生的注意力首先集中到课题上，引导学生朝着课文中心分析课题，从而突出了课文的中心和主题，也使学生通过对课题的分析，抓住课文的主旨，对理解整个课文都有很大的帮助作用。

例：《将相和》一课的导入语

老师：《将相和》一文中“将”指的是谁？“相”指的又是谁？“和”又是什么意思？“将”和“相”始终都是“和”的吗？他们为什么不“和”？后来为什么又会“和”呢？

一连串的解题提问将本课的主要线索理了出来，达到了开“窗”入“室”的效果。

例：《变色龙》一课的导入语

老师：“变色龙是一种动物，这篇课文是写变色龙这种动物吗？”学生回答说这篇课文是写人的。“既然是写人的，为什么要用‘虫’来命题呢？这个问题不太好办。现在，让我们带着这个问题学习这篇课文。”

解题导入法，可以迅速牵住文章的主线，对培养学生的阅读能力，激发学生的学习兴趣，有十分重要的意义。

例：《为了忘却的记念》的导入语

首先把课题用稍大的字体板书在黑板上，引起学生的注意。然后在课题中的“忘却”和“记念”两词下面打上着重号，引导学生思考这两个看上去十分矛盾的词语为什么又能十分和谐地运用在课题中。这样就把学生的思维引向了中心主题。只有了解课题的实际含义，才能把握全篇内容，进而掌握全篇主旨。

古人云：“教亦多术。”导入语的设计是一种教学的艺术，它没有固定的模式，也无所谓最好的模式，而是因教学的内容、氛围、对象、目标的不同而有不同的设计。总之，妙用导入语是一门学问，它能使我们的老师超越课堂的藩篱，拓展自身的创造力，更重要的是它能安定学生情绪，激发学习兴趣，活跃课堂气氛，对帮助学生把握学习目标和理解课文起到事半功倍的作用。

第三节　讲授语

讲授语是课堂教学中最主要的教学语言，是教师系统连贯地向学生讲解教材、传授知识和技能的教学语言形式。教师把教学中的新知识、重点与难点内容，用浅显易懂的语言向学生阐释、分析、叙述、说明，使学生掌握学科知识。讲授语的好坏，直接关系到教学的成败。

讲授法是教师通过口头语言向学生系统讲授有关知识和技能的一种教学方法，也是课堂教学中应用最为广泛的方法。它要求教师能够充分了解学科的特点，把握学科的科学性和思想性，掌握学科的规律性，了解学生的心理特征，用科学的方法和手段将知识传授给学生。但现在这种方法遭到一些人的质疑，为了更好地理解和应用讲授语，我们先来了解讲授法在当今教学中的情况。

一、讲授法

（一）讲授法的特点

讲授法作为一种古老的教学方法至今已经拥有两千多年的历史，但很多人都认为讲授法就是“满堂灌”或“填鸭式”。然而无论怎样的责难，讲授法作为一种传统的教学方法和最基本的教学组织形式，一直以其独特的魅力活跃在教学领域。实际上，讲授法得以盛行的因素并不仅仅因为其自身的历史悠久，而是因为讲授法自身独有的特性。

第一，讲授法可以使学生迅速领会教师所要传授的教学内容。教师结合学生的学习特点，经过精心策划，将知识的重点、难点剖析后展现在学生面前，使学生能够对学习的内容心领神会。

第二，讲授法可以使师生得到情感的交流，思想和行为上的互动。教师和学生可以通过讲授法进行质疑和解答，教师也可以通过和学生的接触、交流，达到对学生心理特点和学习情况的进一步了解，使师生关系得到巩固、加深。

第三，从学校的角度考虑，讲授法可以减少学校的经济投入，扩大教学范围。在我国，尤其是中小学，通常采取大班授课制，这样既可以减少小班授课所需要的人力物力，又可以使教学同步进行。

第四，讲授法可以迅速更新知识内容，跟上时代前进的步伐。现代社会科技文化发展迅猛，信息流通量大，单纯依靠已有的书本知识已难以与时代同步。而教师的讲授可以随时弥补书本知识更新速度慢、内容涵盖有限的缺点，使教师和教材相辅相成。

当然，传统的讲授方法仍然有很多不足之处：首先，传统的讲授方法是教师一味地讲，学生一味地听，大大降低了学生们参与课堂的能力，阻碍了学生创造力的发挥。其次，传统教学往往不能使教师真正发挥传道、授业、解惑的作用。由于讲授的内容较多，师生之间缺乏单独交流的机会，学生不能向教师及时全面地反馈学习情况，使教师难以"对症下药"。最后，讲授时间过长，讲授内容过多，容易加重学生的思想负担，甚至使学生产生逆反心理。由于讲授往往以教师为主，学生独立思考的能力受到削弱，加上学生之间智力和心理发展的不平衡性，使许多基础薄弱的学生跟不上老师的步伐，日积月累，就会形成厌学的心理。

新课程改革纲要实施后，虽然新课程体系在各个方面较原来都有了创新和突破，但反映到教师身上，讲授法仍有一些不足之处。比如，由于课堂的开放性与灵活性，教师不可能像以前那样按部就班地授课，因此，许多教师在即将下课时才讲到关键内容，导致课程无法圆满结束，而有的教师在短短的时间内就完成了教学任务，其他的教学时间不知如何支配。另外，仍有一部分教师在讲授过程中放不下尊严和架子，居高临下，不能和学生真正成为朋友，没有达到讲授的预期效果。再者，对于课程内容，一些教师不能准确把握哪部分内容应少讲，哪部分内容应多让学生思考的尺度，讲授难以帮助学生正确地构建知识结构。

(二)讲授法的类型

1. 直陈法

直陈法用平实的语言把教材内容直截了当地陈说出来的方法。例如，一位数学老师讲述"黄金分割律"的使用价值：在数学中有个基本而重要的定律"黄金分割律"，它表示 1∶0.618 的比例关系。乍看起来，它与生活无关，可是试验美学家通过大量的事实证明了这一点。一个长方形，当它的长宽比满足了黄金分割比时，看起来最美最和谐！奇怪吗？毫不奇怪！数学来自自然，只不过是用数字、符号、图形来表示自然规律罢了。数学定律所提示的和谐当然与自然界的美是高度统一的，这就是说，数学是追求美最有力的工具。认识到这一点，数学定律才会被广泛应用于生活。利用黄金分割律，在绘画与摄影时，就可以避免了把主景放在画面正中而造成呆板的对称；利用黄金分割律，人们完美设计了电视屏幕、门窗等；利用黄金分割律，发现并应用了创造巨大经济效益的快速优选法；利用黄金分割律，姑娘们的发束也偏梳到脑袋的一侧，增加美感。

2. 具象法

具象法是指借助形象化的描绘语言，阐述教学内容的方法。例如，一位教师讲“惯性”的概念：惯性就像某个人具有的急躁性格，即使这个人睡着了，他的急躁性格还存在，只有当他遇事时才会表现出来。

3. 例举法

例举法是通过讲述实例来阐明概念、定理、规则等含义的方法。例如，化学老师讲分子的特性：分子是不断运动的，湿衣服在太阳底下晒一会儿就干了，樟脑丸放在衣橱里不久就变没了，盐在水中很快就不见了，这些都是分子运动的结果。

4. 比较法

比较法是把两个或几个有同有异的事物、概念、词语、定理等联系起来，分辨其异同或高下的方法。

5. 引用法

引用法是指援引名言、警句、诗词或有关资料来阐述、论证讲授内容的方法。恰当地使用引用法，能增强讲授的说服力。

6. 联系法

联系法是使用新知与旧知、本学科知识与其他学科知识、书本知识与生活经验，彼此接上关系，以加深对所学知识的理解的方法。

例：数学老师讲解文字题

蔚蓝的天空飘着朵朵白云。

↓

天空飘着云。

4.8 加上 2.1 的和除以 5.2 与 3.4 的积。

↓

和除以积。

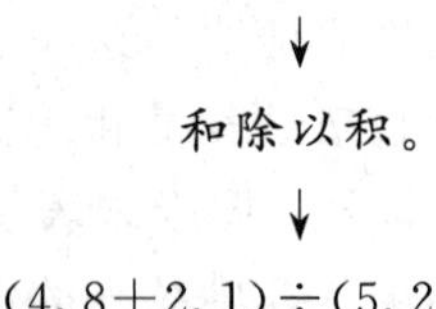

↓

(4.8+2.1)÷(5.2×3.4)

7. 借助法

借助法是借助实物或标本等的操作演示，以帮助学生理解和掌握所学知识的方法。运用借助法，具有直观形象的效果。例如，物理老师讲授“物体下落快慢的原因”时，给每个同学发一块硬纸片和软纸片，要求学生从高两米处同时自由落下，观察纸片落地的先后。

作为教师，我们应对讲授法作全面的了解和把握，以发展辩证的眼光来看待它。若要改进讲授法，就必须深刻理解、准确把握讲授语。

二、讲授语的原则

（一）提纲挈领，突出重点

教师讲授时，应抓住要点，突出重点，突破难点，这是讲授成功的关键。

教师要善于寻找教材中的重要概念、关键词语，做到画龙点睛，这样既有利于加深学生对教学内容的理解和记忆，又可以节省教学时间，收到事半功倍的效果。如：

朱自清的《春》这篇课文的中心词应该是：盼春—绘春—颂春。

地理老师讲授降水过程应抓住关键词：上升—冷却—凝结—降水。

历史老师讲授鸦片输入对中国的危害，其核心词是：国困—民穷—兵弱。

在抓住关键词的同时，再来确定文章的重点与难点，这样教师的讲授就可以避免盲目性。

（二）语义畅达，严谨缜密

语义畅达，表现为语言组织的层次性和连贯性；严谨缜密，表现为词语选择的规范性与准确性。

要做到清晰明确地讲授内容，应注意以下几点：

第一，话题集中。所有材料都应该为主旨服务，即使有时讲授受到意外因素的干扰，不得不暂时偏离话题，也要善于调控，及时调整到正题上来。

第二，层次清楚。在一个话题之下，先讲什么，后讲什么，怎么讲，须有妥善的安排。

第三，衔接得当。在讲授过程中，层次之间、段落之间、语句之间要注意过渡衔接。

例：钱梦龙老师讲授《愚公移山》一文课堂实况节录

师：好。那让我们回到本题上来，再来看看老愚公。他做的事看起来好像很傻。他要移山，可他已经多大年纪了？/生：就要到90岁了。/师：这么大年纪了，他自己能看到山移走吗？/生：看不到。/师：这一点愚公自己也知道。你们看，他是怎么说的？/生："虽我之死"。/师：你能解释一下吗？/生：即使我死了。/师：这里的"虽"为什么不解释为"虽然"？/生："虽然"，说明他已经死了。/师：对，这里要用个假设的意思。可见愚公移山时早就想到在自己手里是移不了山的。他自己能享受移山之利吗？/生：(齐)享受不到。/师：这看起来似乎有点傻了，对不对？但我们用另外一种观点来看，用什么观点呢？（一学生插话，为子孙……)/师：啊，很好，请你讲下去，为子孙什么？/生：为子孙后代造福。/师：哎，讲得真好。同学们都讲得这样好，真叫老师高兴，我们如果用"为子孙后代造福"的观点去看愚公，他不仅不笨，而且还不是一种小聪明，而是……/生：(接话)大聪明。/师：对了！有句成语就叫"大智大勇"，还有一句成语也许你们还不知道，叫做"大智若愚"(板书)。你们看看，这个成语谁能解释？/生：大聪明的人看起来像是很愚蠢。/师：为什么？知道吗？/生：因为他有远见，深谋远虑。

从片段中可以看到：钱老师适时地提出"虽我之死"的关键句，并对"虽"的义理进行考辨，揭示出隐含意义，让学生彻悟；并顺势用学生的答案"为子孙造福"来论理，以情语来激情，情理相融；再由"小聪明"引出"大聪明"，推引出成语"大智大勇""大智若愚"，从已知推及未知，认知在深化，词义在扩张。可见，整个教学用语连贯周密，语义畅达，达到了炉火纯青的高度。

(三)启发诱导，重在点拨

新的教学观把教学过程理解为师生沟通、对话、交往、共同构建意义的过程，所以传统意义上的教和学应该让位于师生互教互学，彼此形成一个学习共同体。在这个学习共同体中，教师的角色发生了变化，由过去以传授知识为主的演员，变成了促使学生学习、成长的导演。所以教师在教学时的讲授语要求少而精，且重点应该是启发和诱导。

例：一位教师讲授鲁迅的《祝福》

教师提了一个问题让学生思考：作者为什么让祥林嫂反复地讲"我真傻"？当学生回答不得要领时，教师继续问：请同学们想一想，祥林嫂的悲惨命运究竟是谁造成的？是吃掉阿毛的狼吗？祥林嫂到底傻在什么地方呢？学生开始积极地思考，在教师的启发下，学生明白了，祥林嫂看到了自然界的狼吃了自己的阿毛，却没有看到社会的"狼"正在吞噬自己。"我真傻"，深刻揭示了祥林嫂受迫害而不觉悟的性格特征。

(四)通俗形象，深入浅出

对于教材中难懂的词句、深奥的道理、陌生的概念和定理，学生初次接触时往往不易把握。教师的讲授必须善于化难为易，化深为浅，化抽象为具体，做到通俗明白、深入浅出，才能帮助学生有效地接受新的知识。

例：一位教师对小学语文《党费》中“乱葬岗子”的解释

你们知道吗?“乱葬岗子”就是新中国成立前胡乱埋死人的土岗子。岗子：不高的山或高起的土坡。新中国成立后就没有了。新中国成立前“乱葬岗子”有三种情况：有的是地主，地主的坟墓级别高，所以特地盖个房子，还有人看着，怕狗给扒了；还有一种不是地主，也不是农民，是生活水平处于中间的人家，是不用人看守的，第三种是贫农，没有钱买棺材，卷个席，挖个坑，往里一扔就得了。过了一段时间就满山都是尸体了。为什么要立牌子呢？怕狗给扒了。狗是专门吃死人的。上学期就有一课《小英雄雨来》，形容日本鬼子像吃过死人的野狗。同学们见过野狗吗？它吐出长长的舌头，露出利剑似的牙齿，谁见了都害怕。

(五)把握关系，讲授适时

掌握好讲授的内容和时间的关系。学生连续注意的时间不长，心理研究表明，5 至 7 岁的儿童可持续 15 分钟左右，7 至 10 岁是 20 分钟左右，10 至 12 岁是 25 分钟左右。因此，在有意注意之后，就需要用无意注意来加以调节。教师要根据学生这一心理特征，把讲授的主要内容安排在相应的时长内。如果要讲的内容较多，则应按其内在联系分成若干部分，中间注意加以调节。

三、讲授语的类型

(一)讲述语

讲述语是教师在教学过程中对教学内容进行系统的叙述或描述的语言形式。讲述是教学语言的第一种表达方式，运用相当广泛。

讲述语可分为叙述式和描述式两种。叙述式在文科课程中多用于叙述学习要求、政治事件、社会面貌、时代背景、人物关系、故事梗概、写作方法、历史事实、地理状况等；在理科课程中用于叙述学习要求、数量之间的关系、自然现象的变化、物体结构和功能、元素符号和分子、生物种类和遗传、实验过程和操作方法等。描述式在文科课程中多用于刻画人物、描绘环境、介绍细节、渲染气氛、表达感情等；在理科课程中往往用于描述与课题内容密切相关的科学家或发明家的某些经历或业绩。叙述式和描述式的相同之处在于都是说事而不是说理，大多数用于讲授具体的知识，提供表象，发展学生的形象思维，不适合讲授抽象的知识。叙述式和描述式的不同之处在于：叙述式的语言简洁明快，朴实无华；描述式的语言细腻形象，生动有趣。

例：一位老师讲解《荷塘月色》第四自然段中“微风过处，送来缕缕清香，仿佛远处高楼上渺茫的歌声似的”一句

一阵一阵的，断断续续的，有时很香，有时又没有，使劲儿也闻不出来；你再闻，它又来了。就这么个味儿，若隐若现，若有若无。这就好像远处高楼传来断断续续的歌声似的。这就是作者比喻奇特的地方。

还有一处，就是作者写动态下的叶子：“叶子本是肩并肩密密地挨着，这便宛然有了一道凝碧的波痕。”为什么像“凝碧的波痕”呢？你们看见过荷塘没有？那微风吹过来，荷叶朝一边靠拢，有的分开了。靠拢，分开，就有起伏，就像波浪。那又为什么是“凝碧的波痕”呢？因为叶子靠拢来以后，整个颜色就显得深了。大家注意体会。这里写荷塘里动态的景物主要是用一些奇特的比喻，绘声绘色地把我们带进迷人、似乎还有点神妙的境界。这就是月下荷塘的景致，很优美，很迷人。下面我们大家一起朗读一下，好好体会。

这段叙述语，解开了学生的疑难，如果教师不叙述，学生将难以理解。近些年，语文课堂上片面反对老师的叙述，以问代讲，泛滥成灾。语文课不是要不要叙述的问题。而是要叙述恰当的问题。该讲则讲，十句不为多；不该讲则不讲，一句也为多。针对教学内容，讲清目的；根据学生情况，讲述有度；根据学生接受能力，讲之有法；为启迪学生心智，讲之有情，感染学生。如果教师不是照着教学参考资料念，不是讲废话，而是讲到了学生心坎上，那叙述是会受到学生欢迎的。从教学实践看，一堂课如果没有教师2～3次的精彩叙述，这堂课就很难有光彩，难以达到预期效果。

叙述语的基本要求是：第一，语脉清楚。应把客观事物在时间上的发展、变化，在空间上的状态、位置及事物间的联系清楚有序地叙述出来。第二，语速从容，语调在平实中有起伏。

例：一位老师讲解杜甫的《绝句》“两个黄鹂鸣翠柳”

这是多美的一幅图画呀：新绿的柳枝上，成双成对的黄鹂在欢快地鸣唱。一碧如洗的天空中，一字儿排开的白鹭在自由自在地飞翔。凭窗向西远眺，那巍峨的群山，大概有千年的积雪吧，在阳光照耀下闪闪发光。门前的河边，那停泊的船只啊，或许是远航归来，或许是即将登程远行……

这是想象描述，根据已有的诗句进行再造想象，勾勒了诗的意境，给学生展示了具体的诗情画意，色彩鲜明，动静有致。这种描述对文学作品的鉴赏或史实的再现极为有利，有助于学生理解诗歌的意境，培养学生的想象力。

在教学中运用描述语的技巧：一是在形象化的讲述中融入情感，把复杂的情景具体地描述出来，以引起学生的同感、共鸣，加深学生对自然境界和艺术境界的认识和感受。二是运用多种修辞手法，如比喻、对比、拟人等，外加语气、语调、节奏的变化，渲染出生动形象、立体可感的意境。

(二)讲析语

讲析语是指教师运用阐释、说明、分析、论证等手段，揭示事物之间的联系以及发展规律，帮助学生认识事物本质的一种语言形式。讲析也叫阐述讲解，与讲述相比，讲析更加注重阐释、说明、分析、论证等方法的运用，注重对事物的解释和论证，而讲述则更倾向于对事物的介绍、描述。

在文科教学中，讲析多以单纯的语言方式进行，通过教师发问、分析、归纳、总结来进行。在理科教学中，教师的讲析往往结合演示、实验、图示、演算、推导公式等来进行。

讲析语的任务是对学科知识进行阐释，以帮助学生掌握学习的内容，因而它的着眼点应在尽可能使学生便捷、准确地了解和掌握所学知识。这要求教师无论是对概念的解说、特点的分析或是结论的证明，都必须做到语言确切。这里所说的确切有双重含义，它既指讲析语的内容即阐释的知识要正确，也指对知识的阐释要科学，还要切合学生的实际，简洁明了。

例：一位老师讲析朱自清的《背影》一文

父亲的背影，儿子是太熟悉了。但这次要描写的，却不是那常见的背影，而是在特定场合下，使他极为感动、终生难忘的那个背影！作者不施浓墨，不用重彩，而是白描。作者记写了当时父亲的穿着打扮、体态动作，特别着重描绘了过铁道的情景。怎样走去，怎样探身下去，怎样爬上月台，攀上爬下，移脚倾身，都细细地如实写下。我们读后有身临其境之感，仿佛我们当时也在场，也看到了一位仁慈的父亲对儿子的关怀和体贴的情景。作者没有什么形容的笔墨，也不去渲染它，用极朴实的文字，却生动地勾画了父亲的形象。

我们要注意这里的写法。这里几乎没有心理描写，有的无非是细微的动作和极少的言辞，然而父亲的背影却像一只无形的手，一直伸到了作者心灵深处最敏感的部位，他不由得不震动，乃至潸然泪下。这里写的是实况，是真情，抓住拨动了自己心弦的东西来写，就会真切、自然。这也是作者为什么要抓住父亲的“背影”，不惜笔墨地细致刻画的原因。

这段讲析语，讲清了作品何处感人，怎样感人，为什么能感人等几个问题，从内容到形式，使学生有了深刻的理解，并从中学得一些写作的技巧。

例：一位老师讲析“生物工程”这一概念

所谓生物工程是指什么呢？生物工程是指在工程领域内应用下列技术的总称，包括基因操作技术、细胞融合技术、细胞培养技术及生物转化技术，等等。生物工程主要包括基因工程、细胞工程、酶工程、发酵工程和组织培养等方面的内容。

这一讲析语前一句揭示的是概念的内涵，是定义；后一句是用划分列举法揭示了生物工程这一概念的外延。

（三）归纳语

归纳语是从具体的事实中简明扼要地概括出一般原理的话语。从思维进程看，讲解是由整体到局部，由抽象到具体，由深奥到浅显的分析、解疑；归纳则是由局部到整体，由具体到抽象，由感性到理性的综合和总结。在教学中教师精要简洁的归纳，能够在详尽分析的基础上，从整体上掌握事物的本质、知识的要领，使学生的思维发生质的飞跃。

例：一位语文教师讲解鲁迅的《从百草园到三味书屋》，在分析完第一部分关于百草园的描写后进行了归纳

这一段对百草园的描写有声、有色、有形、有味，就像一幅图画，给人一种绚丽明快、充满生气的感觉，鲁迅先生幼年时的形象以及他对百草园的眷恋也在这里展示出来，而这又真实地反映了鲁迅先生对自由自在、无拘无束的生活的向往与热爱。

这一段归纳语准确而简洁地概括了作者对百草园的描写手法、语言特点及所反映的思想感情，既有助于学生从总体上把握文章，又为下文的讲述作了铺垫。

（四）评说语

评说语是教师在讲授过程中对讲授涉及的某些问题进行评论、发表看法的用语。在讲授过程中，对重要的概念、关键词语或文章的中心句，往往需要教师集中进行点评分析来引导学生展开联想，积极思考，挖掘其内涵，理解其与整体内容之间的深层联系，以训练学生的思维。

例：教读《孔雀东南飞》时，有一位学生质疑：刘兰芝既被“驱遣”，临

行时为什么还要“严妆”？

师：刘兰芝的“严妆”，显示她维护人格尊严的一面，表明这个女性刚烈的性格。此时她“严妆”的心情是复杂的：她被休弃回家，意味着她与感情笃深的丈夫离婚，将蒙上不守妇道的耻辱和寄居娘家的羞愧。儿女情长使她肝肠寸断，红颜薄命使她心事重重，前景未卜更使她忧心如焚。然而，她坚信自己的无辜。于是，对丈夫的眷恋，对日后处境的忧虑以及对自身不平遭遇的愤懑交织在一起，使她选择了临行的严妆表示抗争。她精心打扮自己，“事事四五通”，最后以“精妙世无双”的面目出现在丈夫和婆母面前。她要把自己光彩照人的形象深深烙印在丈夫的心灵深处，她要向婆母表明她的青春价值，她要向封建礼教宣示自身的尊严。

这段评说使学生顿时开窍，学生不明当时的社会背景，缺乏生活体验，教师的指点一下子拨开了学生心头的迷雾，使学生认识到封建社会妇女的悲惨遭遇，以及她们同命运抗争而显示的人格尊严。

在课堂教学中，传授知识、培养能力、发展智力是教学的主干，这都必须通过系统讲授来实现。系统讲授的语言，体现教师在教学过程中的主导地位和教学才能，展示教师的学术造诣和精深广博的学识。系统讲授的语言以突出的学科性、专业性，高质量地完成传授和讲解知识的教学任务；以内在的逻辑性、系统性，高效率地传递教学信息，有利于学生的感知、理解和记忆，促进学生知识、技能和品德的发展。系统讲授的语言，适用于各级各类学校各门学科的教学，是教师运用最广泛、最主要的教学语言类型。

四、讲授语应注意的问题

课堂讲授语除了应该注意它们的知识性、逻辑性、规范性之外，还应特别注意它们的易接受性，要便于理解、便于记忆。如何增强讲授语言的易接受性呢？

（一）避免抽象

针对低年龄学生对抽象的东西往往难于掌握的特点，应尽量把抽象、深奥的东西具象化、形象化、浅显化。当教师讲到某个定义、概念、判断推理时，讲到某一原理、定律时，可以通过举例子、讲故事，把抽象的东西具体化，学生就好理解好掌握了。刘伯奎老师讲“概念”一节时，恰当地举出《堂吉诃德》中桑丘任“总督”时处理的一个案件：一个小气鬼让裁缝做帽子，给裁缝一块布要求做一顶，接着又问做两顶、三顶可否，最后要求做五顶。裁缝始终允应，结果做成的五顶帽子只能套手指头。桑丘很聪明地判决两人都有错误。通过这个故事使同学们在笑声中理解了“使用概念必须明确”这个抽象的道理。凡讲到比较抽象的内容，我们不妨先从具体、形象、生动的事例入手，使学生在感性认识的基础上得到启发，然后通过老师从具体到抽象、从现象到本质的分析引导，最后实现由感性认识到理性认识的飞跃。

(二)避免枯燥

在教学时，不少概念和原理都比较枯燥，学生学习兴趣不大，教师可以根据学生认识事物的特点，先从日常生活中所接触的现象或实例入手，再加以探讨；或者结合所学内容举些常见的例子，说明这些原理在生产、生活中的实际运用，使枯燥的概念变得有血有肉。如“资本主义经济危机的实质”“生产相对过剩”等内容，初中生很难理解，若是从理论到理论的讲解则难免枯燥、呆板、味同嚼蜡。而有位老师却讲得感人至深。他先讲了一段令人心碎的对话。那是 20 世纪 30 年代美国爆发经济危机期间的故事，一个滴水成冰的严冬，在美国一个煤矿工人家庭里。儿子问母亲：“现在天气这样冷，为什么还不生火?”/母亲：“我们买不起煤。”/“为什么买不起煤?”/“因为你爸爸失业了。”/“爸爸不是挖煤工人吗?”/“因为煤生产得太多了。”这段很能说明问题的对话，使同学们加深了对生产相对过剩的理解，学习的兴趣也提高了。从身边的实例入手，就可以把枯燥的道理变得生动有趣、浅显易懂。有的刊物开辟了“身边的语文”“身边的科学”等栏目，有许多同学们身边的例子，读起来趣味盎然。比起从概念到概念、从理论到理论的讲述，生动形象得多。

(三)避免晦涩

有些教学内容，因年代相隔较远，学生感到晦涩难懂。如文言文教学中的作者介绍、时代背景、官职、官名、当时的风俗等，既不好懂又不好记，令人十分头疼。如果能用移时法——今语古用，或古语今用，既风趣幽默，又可化晦涩为晓畅。安徽的刘伯奎老师讲《师说》时，就用了这一方法。课文的作者韩愈 25 岁中进士，经过许多挫折，才得到“试校书郎”(正九品上)的小官。其后屡遭排挤贬斥，直到晚年才做“吏部侍郎”(正四品上)的小官。介绍作者时如果从唐朝官吏制度、品位等级入手，则繁琐而难懂。刘老师却巧妙地从“七品芝麻官”的戏说起：“七品尚为芝麻官，九品呢，只能是菜籽官吧，四品呢，大概是蚕豆官了。从菜籽的渺小而至于蚕豆的伟大，韩愈的提干道路是艰难的、曲折的，但他却是一位屡遭贬斥而不迷‘官位’的硬汉，他曾于灾年为民请命被贬，还曾因反对皇帝迎佛骨入宫而几乎被处死。当时也盛行血统论，出身高贵的无须求师学习就可做大官，出身低贱的学习再努力也受抑制而难出头，这样，社会上随之而来的必然也是‘读书无用论’了。”这样的讲解通俗、生动，给学生留下了深刻的印象。所以教师要善于结合生活实际和学生状况将晦涩难懂的词句用通俗、明白的语言来表述。

第四节　提问语

提问语是指教师根据教学内容和学生实际创设问题，促使学生思考以加深理解的一种教学语言形式。

美国教学法专家斯特林·G·卡尔汉认为："提问是教师促进学生思维、评价教学效果以及推动学生实现预期目标的基本控制手段。""不愤不启，不悱不发。"我国古代教育文献《学记》中就把"善问"看成"进学之道"。出色的提问能够引导学生去探索达到目标的途径，获得知识和智慧，养成善于思考的习惯与能力。可以说，善教者必善问；反之，不善问者必不善教。所以，无论是什么教学内容，有经验的教师总是善于运用提问来推进教学活动。从这一意义而言，任何教师的课堂都离不开提问语的使用。

一、提问语的作用

（一）及时得到教学的反馈信息

教学过程是一个处于动态变化中的、受到各方面因素影响的系统，教师的教学过程并不能按教案的设计一成不变地进行，教师需要善于从学生方面获得学生学习的有关情况，要善于采取措施，及时排除各种影响学生学习的障碍。无视学生感受的课堂教学，无论教师讲得如何天花乱坠，都是一堂失败的课，无法达到教学目的。当教师在三尺讲台上口若悬河时，他了解学生对知识的接受程度，获取学生学习信息的最直接、最有效的方法就是使用提问语。及时获得教学的反馈信息，是提问语最基本的作用。教师根据提问得到的反馈信息，了解学生对所教知识的掌握情况，及时查漏补缺，灵活调整后续的教学活动，这样才能真正增强教学效果。

（二）引起学生注意，调动学生思维

教师站在讲台上讲课时，坐在下面的学生总是处于被动的状态，学生不能按照自己的爱好去选择自己感兴趣的东西，只能在教师限定的范围内跟着教师去学习，这就使他们不同程度地游离于课堂教学之外。而优秀的

教师，能在学生被动接受知识灌注的教学活动中不断制造出一个个特定的情境，诱导学生主动探求知识。在这方面，提问无疑是最有效的方法。提问能使学生的注意力高度集中，激发学生的积极思考。学生调动自己的知识，启动自己的智慧，经过反复思考，最后自己得出结论，这样留下的印象更深刻，更难以忘记。正如美国心理学家布鲁纳说过的："向学生提出挑战性的问题，可以引导学生发展智慧。"

(三)加强师生之间的情感交流

实践证明，教师与学生之间情感融洽，对教与学双方都有相当重要的意义，它能使教师在愉悦的状况下进入教学的最佳状态，能使学生对教师产生亲近感，乐于与教师配合，积极认真地进行学习。而提问语作为课堂上教师与学生间的直接对话，有经验的教师往往能使之成为与学生进行情感交流的手段，拉近与学生的距离。

(四)锻炼学生的语言表达能力

掌握知识的标志之一，是学生能用自己的语言将所学材料转述出来，并能找到适当的例子说明相应的原理。而学生语言表达能力的提高，则需要一定的语言表达情境及相应的活动。教师的提问正好为学生创造了"转述"的机会，提问将学生推到一个受教师和同学关注的位置上，学生必须在众目睽睽之下将自己的观点迅速地整理出来，用清晰、有条理的语言进行表述，有利于锻炼和提高他们的口头语言表达能力。

二、提问语的要求

(一)提问要适时

一堂成功的课，他的提问语应该用得恰到好处，达到多一问嫌太多、少一问嫌不足的境界。因此，提问的时机要精心选择，过早则学生对知识缺乏准备，启而不发；过迟则问题已经解决，成了马后炮。最佳时机应该是：教学进行到关键处时；教学进行到矛盾处时；当学生有所发现、心情兴奋、跃跃欲试时。所谓关键处是指此时提问对整个教学内容有牵一发而动全身的作用，或是在学生有不易理解的疑点、难点时提问。教学内容进行到矛盾之处，也就是学生认知上最感困惑的地方，而这往往是教学的重点和难点所在，在这里设疑和提问，也最容易引起学生的积极思考。在学生的学习有所发现时提问，效果最好，这时的提问，能极大地发挥学生的主观能动性，最大限度地锻炼学生各方面的能力。

(二)提问要明确

这里"明确"有两层含义。首先，提问的目的要明确，即为什么要提这个问题，通过提问要解决什么问题。其次，所提的问题本身要明确具体。如果问题不明确具体，学生就无法正确地回答问题。如教学《周总理的睡衣》时，某教师的提问："邓妈妈是什么样的人？什么叫睡衣？你们有没有睡衣？你的妈妈补不补睡衣？怎么补？"这样的提问过于零碎而且目的不明确、脱离教材内容、离开了教学目标。再看《皇帝的新装》一课的提问语："读《皇帝的新装》，你觉得谁最可笑，谁最可恨，谁最可鄙，谁最可爱？光天化日，众目睽睽之下，骗子行骗为什么会一路绿灯？"这组提问层层深入，目标明确，问题具体，逐步触及文章的主旨。

（三）提问要新颖

提问语要明确，同时又要新颖有趣，耐人寻味。例如，分析语文课文《海燕》的结构层次，教师一般都是问学生："全文可分为几个部分？各部分的意思是什么？"但有的教师却能一反常规地发问："这首散文诗是由三幅画面组成的，每幅画面上都有背景，都有海燕的形象。请你们找找看，是哪三幅？"不难看出，前者是按照老路子提问，容易使学生感到厌烦，而后者别开生面，能使学生感到新鲜有趣。

（四）提问要适度

"适度"主要是指问题的难度要适当。所提的问题不能低于或过分高于学生的实际水平。问题太容易，学生会觉得没劲；问题太难，学生回答不出，可能会失去继续探索的信心。所以，应该根据学生学习的"最近发展区"来设计问题，即"跳一跳，够得着"。

另外，"适度"还指提问的数量要适当，不可无节制地"满堂问"，这会使教学秩序散乱，学生厌答，影响教学效果。

（五）提问要有启发性

陶行知说："智者问得巧，愚者问得笨。"这"巧"与"笨"的区别，就在于是否能启发思维。提问的"巧"主要通过形式和角度的创新来体现。没有启发性的提问表现为：简单化，机械化，没有回味的余地。如："白求恩有多大年纪了？""这篇文章写于哪一年？"还有过度使用"是不是"或"对不对"的形式提问。

（六）提问要注意策略

一是面向全班，提问不可专注于某几个人，这样调动不了全班同学的思维。二是因人而问，要根据不同学生的接受能力，切合他们的实际。三是不可逼问，当学生回答不出问题时，教师可适当提示，留给学生思考的空间。四是问有沟通，教师应以和蔼的语气，温和的目光注视学生，用语言鼓励学生。五是把握好语气，提问语速不宜过快，语音要清晰，可以运用追加和反复的技巧。

三、提问语的类型

关于提问语的种类，国内外学者做过许多不同的研究。按提问语的作用分，可分为记忆型提问语、思考型提问语、探索型提问语；按提问语的对象分，可分为个别提问语、集体提问语、重复提问语；按提问语的设计形式分，可分为反诘提问语、设问提问语、直问与曲问、口头提问与书面提问、正问与逆问等。我们按照回答的方式，大致把提问语分为判断型、论证型、说明型、想象型四类。

(一)判断型

判断型提问语常用“是什么”的语言形式来表述。但运用这类提问应避免简单化和机械化，应让学生通过思考方能回答。例如：“大脑的功能很多，它的主要功能是什么?”“课文《七根火柴》写了几个人物？主人公是谁?”“在古代‘妻子’是一个词还是两个词?”这样的提问需要经过学生的思考和辨析才能解答。

这类提问要求学生对所提问题做出判断，着重培养学生经过分析、综合形成正确判断的能力。

(二)论证型

论证型提问语常用“为什么”的语言形式来表述。例如：“皇帝为什么会相信骗子？(《皇帝的新装》)”“《祝福》一文通篇写祥林嫂，为什么不以‘祥林嫂’为题呢?”“为什么车轮要做成圆形呢？做成三角形、四边形不可以吗?”论证型问题比判断型问题更富有思考价值，更能促进学生思维能力的发展，所以两者经常配合使用。例如教师教《变色龙》时，先问：“奥楚蔑洛夫的性格特点是什么?”学生讨论回答：“善变。”教师再问：“为什么善变?”

这类提问要求学生对所提问题做出论证，着重培养学生分析问题、综合问题的能力。

(三)说明型

说明型提问语常用“怎么样”的语言形式来表述。说明型提问也常与判断型提问配合使用。例如讲《尤二姐之死》一课，可先提问：“结合你的认识说说《红楼梦》是一部什么样的书？王熙凤是怎样一个人?”再如学习小说单元时，可提出：“小说的三要素是什么？”“人物描写包括哪些内容?”

这类提问要求学生对所提问题做出说明，着重培养学生说明的能力。

（四）想象型

想象型提问语常用“会怎样”的语言形式来表述。例如学习《论雷峰塔的倒掉》一文时，可以提问：“听说杭州人民正在建议重修雷峰塔，如果鲁迅还健在，你认为他会反对还是会赞成，理由是什么?”学习《项链》一文时，可以设计这样的问题：“马蒂尔德如果不丢失项链会有什么结果?”

这类提问要求学生对所提问题展开想象，并予以描述，着重培养学生合理想象的能力。

四、设计提问语的技巧

（一）由浅入深，层层设问

一开始就提出高难度的问题，容易把学生难倒，使他们失去兴趣。若先提一些浅显有趣的问题作铺垫，让学生尝到一点儿解决问题的乐趣，再加大难度，学生就不会觉得太难了。

例如教学《项链》一课，要分析作者的写作意图，学生必定答得不够完整。请看一位教师的连环设问：

师：作者写《项链》的目的是什么?

生：是为了批判玛蒂尔德。

师：批判玛蒂尔德什么方面?

生：批判她爱慕虚荣、贪图奢侈豪华的生活。

师：批判她爱慕虚荣、贪图奢侈豪华的生活。但是作者就只是为了批判她这么一个人吗?

生：不是，是批判许许多多像她这样的人，她是其中的一个。

师：说得很好！玛蒂尔德是当时的小资产阶级妇女的典型代表。她的这种思想性格是与生俱来的吗?

生：不是，是受当时的社会的影响。

师：对了，她的思想是资本主义制度和社会关系的产物。可见，作者是借一个爱慕虚荣、一心向上爬的小资产阶级妇女的不幸遭遇，尖锐地讽刺了爱慕虚荣、追求享乐的思想，批判了资产阶级上流社会的奢侈生活，诅咒和谴责了整个社会。

（二）巧设矛盾，激疑设问

教材中隐含着大量的各种各样的矛盾，教师要善于发现并通过提问揭示这些矛盾，以引起学生的思考。例如《愚公移山》一文的提问：“愚公到底愚不愚？不愚，为什么课文又称他为愚公?”再如《有的人》一课中，作者为什么用“骑”，而不用“压”?

（三）故布迷津，迂回设问

有些问题本可以照直提问，但那样往往缺少启发性，学生的印象也不深；若采取"迂回战术"，改变提问的角度，有意布设迷津，让学生思路拐一个弯儿才能找到答案，这样就更能激发学生的思维兴趣，并加深印象。

例如《狐假虎威》一课的提问："狐狸和老虎，一前一后，朝森林深处走去。请同学们认真想一想，根据你的判断，这一前一后是谁在前？谁在后？你的根据是什么？"再如《孔乙己》一课的提问："这篇文章的主人公姓甚名谁？请回答。"这里的提问于学生无疑处设疑，引导学生向问题的更深处思考。

（四）叩其两端，正反设问

这种提问方法能引导学生从不同的方面去分析问题，加深对问题的理解，能培养学生全面分析问题的思辨能力。例如："为什么要坚持实事求是？不坚持实事求是会怎样？"

第五节　应变语

著名的语言学家吕叔湘先生说过："成功的教师之所以成功，是因为把课教活了。"又说："课堂教学关键在一个'活'字，如果不会活用，任何教法都会变成一堆公式。"所谓"活"，指的就是课堂教学机智，而应变又是教学机智的一种重要表现。由于学生的知识水平、心理素质、情感特征等各有差异，因而在教学过程中随时都有可能出现意外情况，教师自己也可能出现一些失误，如演示实验失败，写了错别字，演算出错，等等。能否妥善处理这些意外情况，及时将意外引导到教学的主题之中，便体现了一位教师的应变才能。这也是衡量一个教师教学能力高低的一个重要标准。

应变语就是教师在课堂上及时调整师生关系、处理课堂突发事件时所运用的语言形式。它是教师博学、机智、幽默的再现，是教师自觉发挥口语优势的着力点，也是教师启发学生、激发他们求知欲的临界点。应变语是达成教学目标、取得最优化教学效果的重要条件。高质量的应变语应该蕴含教师的事业心、品德修养、创造性思维品质、言语表达功底、课堂民主作风、积极参与意识等诸多因素。

一、应变语的类型

应变语主要用于应付教学中随时可能出现的各种意外情况。教学中的意外情况一般来自三方面：(1)教师自身的失误；(2)学生的偶发事件；(3)外界的偶然事件。其中来自学生的偶发事件的意外情况最为常见。下面我们就从这三个方面来谈谈常见的应变语的类型。

(一)应对教师自身失误的应变语

1. 自嘲解围式

课堂教学是一种极其复杂的创造性劳动，尽管课前教师已做了充分的准备，但在课堂上，仍有偶尔的失言或失态，如果处理不当会影响课堂气氛，对教学产生消极影响。如果出现了失误，教师应以轻松的心态看待自己的失误，以轻松幽默的自嘲方式为自己解围。

一位小学数学教师走上讲台，同学们忽然大笑起来，他莫名其妙，坐在前排的一位女生小声地对他说："老师，你的扣子扣错了。"这时，这位教师自己一打量，发现第四个扣子扣到第五个扣眼里了。只见这位老师煞有介事地说道："老师想心事了，匆匆忙忙赶来与你们相会，不过，这也没什么好笑的。我们有的同学做题时，运用算术公式就经常犯这样的错误——张冠李戴，应该改正过来。别像老师这样。"边说边把扣子改过来扣好了。

这位教师自嘲的语言，既纠正了自己教态的失误，又教育了学生，还活跃了课堂的气氛，取得了良好的效果。

2. 将错就错式

课堂教学是一种双向活动，意外现象不仅会由学生引起，有时也会由于教师的偶然失误引起。即使是经验丰富的教师也难免会遇到这种情况。那么，作为教师，既要实事求是地为学生纠正失误，又要让自己避免尴尬和窘迫。这种化弊为利的教学也是非常有意义的。

一位经验丰富的数学教师正在黑板上熟练地边讲解边演算一道代数题，突然一位同学叫了起来："不对，老师，不是这样的!"老师停下笔来一看，确实演算错了。只见这位老师眉头未皱便计上心来。他请那位同学到黑板上把正确的运算写出来，并表扬了他，继而则以一副诚恳而幽默的神情用手指敲着自己的脑门，煞有介事、语重心长地说："今天是我粗心，粗心是要不得的。你们可不能像老师这样粗心呐!"一时，同学们面面相觑，也不知他是真是假，以致有人竟在下面低声说："老师是故意出错来考我们的吧!"

(二)应对学生偶发事件的应变语

1. 顺水推舟式

使用谐音是顺水推舟常用的手法之一，因为谐音不仅能顺水推舟，往往还给人以幽默的感觉。如果教学中在适当的时机使用这种方法，可以提高应变语言的风趣和幽默，增加教学言语的生动。

一次上课，老师走上讲台面带笑容地说："这节课，我们一起学习老舍的《小麻雀》。"边说边习惯性地打开粉笔盒，伸手拿粉笔板书。呀，毛茸茸地吓得他出了一身冷汗，教室里咯咯咯地笑开了。原来，粉笔盒里关着一只羽毛未丰的小麻雀。老师沉静片刻后说："好有心计的同学，找来了一只活标本。大家看看，小麻雀的眼睛是不是像老舍描写的那样，小黑豆似的。"于是，小麻雀在大家手中传开了。大家不住地赞叹老舍观察仔细，比喻生动，也从内心佩服老师处理问题的艺术。课后，老师对搞"恶作剧"的学生亲切地说："你对教学很关心，很有心计。不过，要是事先跟我打个招呼，就更好了。"那位同学听后很感动，惭愧地低下了头。

2. 幽默风趣式

苏霍姆林斯基说："所有智力方面的工作都要依赖兴趣。"风趣幽默的语言是教师最喜欢使用的语言，因为它能引起学生的兴趣和有意注意，且可缓解课堂气氛。

一位数学老师发现学生总是把小数点末尾的"0"保留下来，讲了多次都不见效。一次当一个学生上黑板演算时，将 4.82＋1.68 的和写成 6.50 时，老师从讲桌下拿起一把明晃晃的大剪刀，并问学生："谁知道我要用这把剪刀做什么?"学生们都愣住了。教师接着说："我要给这个得数剪尾巴了。"这时学生才恍然大悟，在会心的笑声中对根除这一毛病有了深刻的印象。

这位老师面对学生屡教不改的毛病，并没有恶言相向，而是通过风趣、幽默的应变语言，机智地把学生的注意力集中在教学任务上，使学生对所犯毛病有了深刻印象，从而促使其根除这一毛病。

3. 旁敲侧击式

课堂教学中，教师经常采用旁敲侧击式应变语暗示学生的出格行为。也就是说，不正面批评学生，而是抓住合适的讲授机会，点到学生会意即止，使其警醒、认识并改正错误。

语文课上，教师正讲得津津有味，教室里响起了打呼噜的声音，同学们都笑起来，教师不得不停下来解决打呼噜的问题。他看了看打呼噜的同学，决定还是继续讲下去："描写生动，要使用象声词，绘声绘色地描写事物的声音形状。绘声，就是用象声词模仿声音。比如，睡觉的鼾声，就可以用现在的声音来描摹。请你们注意倾听。"老师做出倾听状，同学们都笑了起来，那睡觉的同学也被笑声惊醒了。教师又说下去："那么你们的笑声又该怎么临摹呢？对，鼾声是刚才×××发出的响亮的‘呼噜’声，笑声就是大家发出的‘哈哈’声。”

这位教师始终没有正面批评那位上课睡觉的同学，但是已经在讲课中旁敲侧击批评了他的错误。这样做，既没有中断教学，又不太刺激学生。

4. 以退为进式

在课堂上，某些调皮生可能会提出稀奇古怪，甚至是故意刁难的问题。遇到这类情况，教师可以不必急于回答，而是巧妙地反过来把问题抛给学生回答，以退为进，把直接解答变为启发学生思考问题的机会，最后再综合学生的解答及自己的理解得出结论。

一位年轻的女教师在讲《从百草园到三味书屋》时，正分析到“美女蛇”，一个男同学举手问道：“老师，有美男蛇没有？”同学们哄堂大笑。这时，这位教师没有直接回答这位学生的问题。而是机智地说：“这个问题问得有趣，谁能来回答呢？”然后组织学生讨论。当学生讨论完毕时，这位教师说道：“好，大家接着学习，看看作者的思路是什么就能回答这个问题了。作者的思路不像×××同学那样对美女美男感兴趣，而是在美女和蛇的对比上。美女是迷人的外表，‘蛇’是害人的本质。‘美女蛇’比喻披着画皮的坏人，在当时暗指自称‘正人君子’的现代评论派陈西滢之流，他们可算是正儿八经的‘美男蛇’。所以‘美女蛇’和‘美男蛇’都一样，都是害人的蛇，都是容易骗人的害人虫。这样从现象到本质去思考，才能理解‘美女蛇’的寓意。”

这位年轻教师面对出其不意的问题时，并没有措手不及，而是用以退为进的方式把问题抛给学生，化解了自己的尴尬，顺利地回归讲授主题。

（三）应对外界偶然事件的应变语

课堂教学有时会受到来自外界环境的干扰，这时学生往往不能自制，会转移注意力。环境的干扰甚至会导致教学无法进行。遇到这种情况，教师应保持清醒的头脑，因势利导，巧妙利用环境来实现教学目标。

一位小学教师正在讲关于质数与合数的基本概念，突然，教室外面的基建工地传来“嘭、嘭、嘭……”的声音，使得教学无法继续进行，学生也烦躁不安，向窗外张望。这时，教师灵机一动，大声讲道：“现在大家开始数数，看外面的响声有几下，然后回答你数的是质数还是合数。”

这位教师巧妙地把环境中的噪音变成了有利于教学的情境，加深了学生对数学概念的理解。

二、应变语的要求

课堂教学的意外情况千变万化，应变语也是多种多样的。但是，不管使用何种方法，应变语一定要符合以下要求：

(一)利于教学

化教学不利因素为有利因素，化学生学习的消极情绪为积极情绪，化紧张恐惧为轻松、平和，化不良情感为良性情感，化学生的对立为友善，化逆反为配合。通过应变语的运用，保证课堂教学顺利进行。

(二)利于学生的心理健康

教师使用应变语要有一定的分寸，过于夸张、做作会让学生感到别扭，更不能使用讽刺、挖苦、嘲笑、刻薄的言辞。虽然它们也都具有应变的功能，但不利于学生的身心健康，会使学生形成自卑、胆怯、逆反等不良心理和个性。

(三)新颖别致，出其不意

应变表达是一种创造性的语言活动。应变的关键在于既顺其自然又出其不意，否则会使学生感到无味，甚至觉得老师没有机智的才能。新颖别致、出其不意的应变语，更能吸引学生，也会使学生更佩服教师的才智。

总之，应变语是教师“应急”的必备“武器”。善于运用应变语，恰当地处理各种各样的教学“变故”，是一位教师语言艺术和教学艺术达到高层次的标志。我们每一位教师都应当在教学实践中不断磨练，努力掌握这种难度较大却十分重要的教师口语技巧。

第六节　过渡语

过渡语，也叫衔接语、转换语，是教师在讲课过程中结合教学内容所运用的具有承上启下作用的话语。它作为教师教学语言素质的一方面，是教学技能之一，应该引起教师们的重视。有的教师教学环节不连贯，课堂效率不高，原因之一就是不重视教学过渡语的运用。他们中有的不知用，有的不会用，有的不善用，因而影响了课堂效果。一堂课作为一个有机的整体，是由不同的知识上下联系的，之所以形成一个有机的整体，是因为在组合中起衔接作用的过渡语设计得好。好的过渡语简洁明快，自然得体，紧密连贯，如行云流水，天衣无缝，让人不知不觉。设计得精妙的过渡语，更能起到推波助澜的作用，能充分调动学生的情感，使学生更好地理解文章的内容，与作者产生情感的共鸣。因此，在课堂上，过渡语有重要的作用。

一、过渡语的作用

课堂教学中，教师通过一堂课要讲述几方面的知识内容，为使各部分、各层次之间衔接自然，连贯紧密，教师的过渡语必不可少。需要过渡语的常见情形包括：(1)课堂讲授由一层转入另一层，由一部分转入另一部分需要过渡；(2)课堂教学由“总述”到“分析”，由“分析”到“总括”需要过渡；(3)课堂教学由复习到讲授新知识，由讲授新知识到复习需要过渡；(4)课堂教学由讲授到练习、示范、表演、讨论等环节需要过渡。

课堂教学过渡语的功能，主要是串联功能和开启功能，即把课堂中的各环节上下内容串联起来，把学生思维的大门打开，去迎接新的知识。具体来说，过渡语主要有四方面的作用：

(一)滋润课堂

教学过渡语就像润滑剂一样，滋润课堂，把课堂上的内容统一成一个整体，使其上下贯通，滋润流畅，结构紧密，从而使学生对内容有一个整体的感知。它还能从旧课过渡到新课，从旧知识过渡到新知识，从这部分教材过渡到下部分教材，从这一个教学环节过渡到下一个教学环节，从课内过渡到课外。

(二)激发学生思维

课堂过渡语用得好，不仅能提高学生的注意力，还可以激发学生的思维能力。比如用提问语过渡，让学生开动脑筋思考问题，既能对上个环节做简单的总结，也能为后面的学习做铺垫，对学生主动获取知识起到一定的引导作用。

(三)温故知新

在教学过渡时，如果采用对上节课或上个环节复述或总结的方式过渡，就等于让学生对前面所学的知识要点重温一遍。这就使得学生加深了印象，有利于巩固刚才所学的知识，不足的、不清楚的地方学生还可立即向教师质疑，可以增加一定的新知识。

(四)增加课堂教学美感

课堂教学中，教学过渡语如果用得巧、用得妙，将会给课堂教学增加美感，使学生对所学知识印象更深，课堂教学效果将会更好，教师的教学特色也会得到更加充分的展现，从而使学生在美的熏陶中获取更多的知识。巧妙的过渡语，能使整个课堂教学成为一个连贯、紧凑、浑然天成的有机整体。

二、过渡语的类型

(一)直入式

直入式就是直接导入所要讲授的内容，语言简练，入题迅速，给人以清醒的提示。这类过渡语常运用于段落清晰的课文教学过程中。

如讲授《伟大的友谊》一课时，在分析讲解了第二段文字以后就可这样过渡到第三段："马克思和恩格斯在生活上互相关心，互相帮助，这是第二段的内容，下面我们接着学习第三段内容。"

(二)归纳式

归纳式即对讲授的问题进行梳理、总结，从而导出重点内容，使课堂教学的目的更为明确。这样的过渡语常常会起到一种纲举目张的作用，它承上启下，带出课堂教学的下一个环节。

如在《丰碑》一课教学中，教师有目的地设计了一组填空题："这位老战士之所以被活活地(冻僵)在冰天雪地里，是因为(他的御寒衣服单薄得像树叶、像箔片)，但是他毫不畏惧死神的降临。因此在临死的那一刻，却显出(镇定自若)的神情。"结合课文读一读、想一想，填上合适的词句，并把填上的三个词联系起来去想更多更深的问题。学生从填上的词语中想到："老战士在这么冷的冬天为什么穿这么薄的衣服？他的御寒衣到哪里去了呢？这位老战士到底是谁？军需处长怎么会不发给他棉衣呢？"让学生用填上去的词语实现教学进程的跳跃，串联起课文的本质信息，直奔文章主旨。

(三)顺流式

顺流式即通过设计问题，将学生从一个浪尖推到另一个浪尖，以实现课堂教学内容的转换和课堂整体结构安排的天衣无缝。

如在教学《庐山云雾》一课时，可以这样引导过渡："庐山除了有飞流直下三千尺的瀑布，还有横看成岭侧成峰的山峦，更吸引人的是它那神奇美丽的云雾。今天请大家随着作者的脚步去细细领略一番。在乘车登山的路上，首先映入眼帘的是怎样一幅'奇景'?"学生通过阅读，复述了对第一个波峰(山间云变成浓雾的奇景)的生动描写之后，教师又往前推进："浓雾瞬息万变，美景引人入胜，而牯岭的庐山雾更是神秘莫测，趣味无穷。它的神秘在哪里呢?"学生简要介绍第二个波峰之后，教师又立即过渡："此景只堪天上有，人间哪得几回见？牯岭可真算得上是人间仙境。现在，我们站在'大天池'处，来观看庐山云雾中最壮观的一景——云海……""一路行来，我们在沿途见到了哪些奇景?"……最后："面对这瞬息万变的庐山云雾，怪不得北宋伟大诗人苏东坡要大叹‘不识庐山真面目’，更难怪清代的一代学者要自称‘云痴’，恨不得‘餐云’‘眠云’。”这一系列富有艺术情趣的设问语言，把学生从一个波峰送到另一个波峰上去，一堂课就在不知不觉中过去了。

（四）悬念式

悬念式是指教师围绕课堂教学的主要目标，设置一个悬而待解、富有诱惑力的问题，以调动学生学习的主动性和积极性的一种过渡方式。它牢牢抓住学生的期待心理，吸引学生主动去深入学习。如特级教师王燕骅讲授《五彩池》这篇课文时，在学生深读课文之后，给学生一个“空白”：四川省藏龙山上的五彩池十分奇异，这一点通过学习大家已经体会到了，可《五彩池》这篇课文的写法也有“奇异”之处，使得孩子们感到“可真新鲜”。于是，教师留下的这一悬念，激起了学生进一步探究课文的兴趣。

（五）粘连式

粘连式即利用语言材料之间的内部和外部联系，通过联想、类比进行粘连，以起到紧密衔接的作用。特级教师贺诚在教学《再见了，亲人》一课时，安排了这样一段过渡语：“是啊，这是一份份以生命和鲜血为代价的情意。如果你是被大娘从敌机下救出的伤员，如果你是被小金花妈妈用生命换来的老王，如果你是吃过大嫂亲手挖来的野菜的志愿军战士，那么在这离别的时刻，你会怎样对这些朝鲜亲人们说？”由此引读第四至第五节。教师移情体验，深化题意。

（六）提示式

课文从形式到内容，在涉及的事物或现象之间，都会有千丝万缕的联系。教师有目的地提示课文的某一方面，启发学生作“由此及彼”“以因求果”“举一反三”的联想，从而在揭示“来龙去脉”的过程中，找到解决问题的途径，使教学从一个环节到另一个环节，自然勾连，上下贯通。

如教学《田忌赛马》一课，教师在课堂上突然提出：“假如第二次比赛中，田忌按孙膑的方法去做，但结果不是胜利，而是失败了，这可能是什么原因？”这一问题的提出，要求学生联系课文去变更思路，由结果去设想原因。经过思考，不少学生认为，很可能是田忌以下等马与齐威王的上等马比赛后，齐威王发现了秘密，随即采取了对策，用自己的下等马对孙膑的上等马，先输一场，再用自己的中等马对孙膑的中等马，再胜一场。这样，齐威王最终还是以二比一获胜。这时，教师进一步追问：“难道孙膑没有考虑这种可能性吗？孙膑的胜利是不是偶然取得的？”至此，学生已豁然开朗，十分肯定地说："孙膑断定齐威王不会这样做，因为他看到的齐威王已被胜利冲昏了头脑，趾高气扬，忘乎所以，认定战胜田忌不费吹灰之力，是无论如何也不会提防的。"教师再问："你从哪里看出齐威王的骄傲自大?"引导学生深入课文学习，使学生进一步认识了孙膑、齐威王的不同心态，更加深入地了解人物，感悟课文的中心思想，培养思维能力。

文章有了起承转合，才能成为生气灵动的整体，一堂高质量的课，也要凭借教师起承转合的功夫，才能使教学的全过程机理严谨，通体皆活。在处理课堂过渡语时值得注意的是课堂过渡语的导引性和衔接性，在使用上一定要注意得体自如，要瞻前顾后。

第七节 结束语

结束语，亦即结尾语或结课语，是指一堂课或一堂课的某一教学环节、阶段将要结束时，教师对前面的教学进行巩固和强化所用的总结性话语。

一、结束语的作用

一堂优秀的课不仅要有引人入胜的导入语，环环相扣的讲授语，还要有精心设计的结束语。课堂教学的结束语如果不加注意，草草收场，必然影响一堂课的完整性，也不能收到良好的教学效果。课堂结束语十分重要，它对学生学习的知识具有归纳、小结的作用，对学生的思维起着整理的作用，对整堂课的教学起着"回炉"提炼的作用。具体来说，其作用主要体现在以下几个方面：

(一)整理概括，巩固记忆

教学是由一系列既有联系又有区别的阶段组成的，知识点比较分散。如果教师在教学的最后环节中能总结归纳出最重要、最基本的内容，提纲挈领地加以强调，就可以起到加深印象、巩固记忆的作用。

例：自然课《青蛙和蟾蜍》的小结语

今天我们学了《青蛙和蟾蜍》，要懂得：第一，青蛙和蟾蜍都有能适应在陆地上生活的外形构造特点。第二，青蛙和蟾蜍都会消灭大量的害虫，是人类的朋友，我们应当保护它们。第三，青蛙和蟾蜍小时候在水里生活，用鳃呼吸，长大后到陆地上生活，用肺呼吸，它们都是两栖动物。

(二)指导实践，培养能力

学生感知、理解、记住了知识，并不等于完全掌握了知识。如果教师在下课前以小结的方式，指导学生进行一些有针对性的练习，或对课后的学习活动提出一些要求，对于巩固知识、培养能力大有益处。

例：语文课《动物过冬》的小结语

同学们，你们还想知道鱼、鹿、苍蝇、蜜蜂、袋鼠这些动物怎样过冬吗？老师介绍一本书给你们看，这就是《少年科学》。(出示书)其中一篇《动物过冬》可有趣了，看了以后，会得到不少关于动物过冬的知识。如果有兴趣，老师再介绍两本书给你们看，一本是《有趣的动物》，一本是《中国动物故事集》。好了，今天我们的课就上到这儿。

(三)启发思维，开阔视野

在基本完成教学任务的前提下，结合教材内容提出一些有争议的问题，让学生争论，或提出新的思考题，让学生课后进行观察、思索、探讨，把课堂延伸到课外，这样既可以开拓学生的知识领域，又可以使他们的智力得到发展。

例：《司马光砸缸》的小结语

司马光采取砸缸的方法救人，表现了他的机智与勇敢。如果你碰到小朋友落进大水缸，你还会想到什么办法去救他？同学们回去想想？

例：《蝉》的小结语

师：这一课我们学完了，可是有一个问题还没有解决：蝉有没有听觉？课文里说“恐怕没有”。那到底有没有？请大家课后认真观察研究，也可以去请教别人，希望有一天你们能把这个谜底揭开。

成功的结束语，应如撞击洪钟，给学生留下长久回味的余地。在设计时要注意：一是简洁。结束语是课堂内容的自然结束，因此既不能故弄玄虚，也不可小题大做，拖沓冗长。二是完整。结束语既不能拖沓冗长，也不能仓促收尾，应起到小结、巩固、强化的作用。三是灵活。结束语忌模式化、公式化，应根据教学内容力求巧妙有趣、余味无穷。

二、结束语的类型

(一)总结归纳式

在结束语中，提纲挈领地把整个课的主要内容加以总结、概括、归纳，给学生以系统、完整的印象，促使学生加深对所学知识的理解和记忆，培养其综合概括能力。总结可以由教师做，也可以先启发学生做，教师再加以补充、修正。但这种结束语不应是对所讲内容的简单重复。

例：分数基本性质的小结语

师：今天我们学习了分数的性质。通过这堂课，你们自己说说学到了什么?

生：我学到了分数的基本性质：只要分数的分子和分母都乘以或除以相同的数(零除外)，分数的大小不变。

生：……

师：看来，今天大家都学得很认真，分数的基本性质能帮助我们以后解决约分、通分和分数计算等许多问题。

前苏联教育家达尼洛夫认为："通过总结学生在课上所学习的主要事实和基本思想来结束一节课是很有好处的。"总结归纳式结束语是教学中最常见的类型。

(二)拓展延伸式

这是为发展学生的思维能力和创造能力而采用的结束语。这种方式重在由课内向课外纵深开拓，从而激发学生进一步学习的兴趣。

在教完《鲁提辖拳打镇关西》一文时，学生意犹未尽，很关心故事的下文，关心鲁达等人的最后命运。此时教师这样设计结语："鲁提辖仅是一百零八将之一，要知后文详情，要想领略更多英雄好汉的风采，请同学们课后阅读《水浒传》全书。"

像这样的课堂结束语，与其说是这堂课的结束，倒不如说是新课的开始。它能成为联系第二课堂的纽带，促使学生运用已知去获得未知，通过节选而阅读整部经典，以此来不断扩大学生的阅读面，提升学生的精神境界。

(三)巧设悬念式

课堂教学的结尾也应像文章的结尾一样，讲究意在笔后、悬念迭出、回味无穷，给人一种课已结束而意犹未尽的感受。因此，在课堂教学结束时，有时采用巧设悬念的方法，能收到"欲知后事如何，且听下回分解"的艺术效果。

一位教师讲授《装在套子里的人》(第一课时)，他这样设计课堂结束语："恋爱，多么诱人的字眼。一个哲人说过，如果没有爱情，人间将成为一座坟墓。的确如此，就连别里科夫这样一个把自己装在套子里与世隔绝的人，也禁受不住爱情的诱惑，居然从套子里探出头来，要品尝一下恋爱的滋味了。像他这样的人，会获得姑娘的爱情吗?他的爱情结局将会怎样呢?"

这样的结束语能紧紧抓住学生的好奇心理，引发学生的学习兴趣，形成强烈的求知心理状态，诱导他们去阅读后面的故事。这样的结束语同时为第二课时的教学做好了铺垫，使前后课时互相关联，形成一个有机整体。

第八节 不同学科的教学口语

在中小学阶段，学生接触的学科大致可以分为三类：文科类，包括语文、外语、思想品德、历史、地理等；理科类，包括数学、物理、化学、生物等；技能类，包括美术、体育、音乐、劳动技术等。不同学科的教学语言在运用上是有些差异的，它们具备教学口语的所有特点，又在共性中各具个性。认识到这一点，在教学口语运用上就必须把握各类学科的用语特色，正确高效地运用教学口语。

一、文科类教学口语的特点

中小学文科教学旨在使学生具有初步的人文素养，其教材在选编过程中认真考虑了学生的知识接受规律和接受能力。文科教材的特点和文科教学的目的、要求，决定了这些学科的教学口语要具有自己的特色。

(一)生动性

生动的语言，不仅能吸引学生推动他们深刻感知教材、理解教材，而且能发展学生的形象思维能力，引起学生的学习兴趣。

文科教师要练就表述形象的基本功，即说什么是什么，讲什么像什么，让学生通过形象描述如见其人，如闻其声，如临其境，使话语具有立体感、直观感。

例：上海特级教师于漪讲授朱自清《春》的开讲语

一提到春，我们眼前就仿佛展现出一幅阳光明媚、东风习习、绿满天下、花开满地的美景；一提到春，我们就会感到有无限的生机、无穷的力量，内心洋溢着无比的喜悦……

春最为人们所喜爱，但从写作角度说，春却是最难写的。我们看看朱自清先生是怎样用妙笔来描绘春天的。

这个导入语，教师点燃了学生爱春的热望，遣词用语形象生动、色彩斑斓、节奏适当，给学生以美的感受，激发了学习的兴趣。

(二)情感性

由于文科教材本身具有比较强烈的情感因素，所以文科教学口语的情感性在陶冶学生情操、塑造心灵、确定人生目标和道德信念等方面，有着其他学科无法超越的特殊功能。这要求文科教师的课堂语言一般是有情语言，即包含激情的讲话。在语调、语气、语速、节奏的变化上，能传递出教师的情感。

例：朱自清的《背影》，主要写的是父亲送别儿子的事情，表达了浓烈的父子之情。为了唤起学生的情感体验，教师说——

同学们，俗话说“父子之情大如天”。我们很熟悉唐代诗人孟郊的《游子吟》，大家一起来背诵：

慈母手中线，游子身上衣。
临行密密缝，意恐迟迟归。
谁言寸草心，报得三春晖？

是的，孟郊描写了慈母对游子的爱抚之情，也抒发了游子对母亲的依恋之情，真是母子情深哪！今天我们要学习的课文是朱自清先生的《背影》，作者又是怎样表达父子之情的呢？

一首诗，一席话，诱发了学生的感情，为学习课文做了感情的铺垫。人同此心，情同此理，学生的心弦被教师拨动了。

二、理科类教学口语的特点

理科类学科的教学口语，与文科类相比，更讲求准确性和逻辑性，同时也需要适当的形象性语言调动课堂气氛。

（一）准确性

理科研究的是自然现象及其规律，其中有许多定义、原理、定律、法则等，都是从客观世界中抽象出来的，是用推敲再三的语句准确地表述出来的。所以，教师在讲解一个概念，论证一个命题，分析一个问题，推导一个结论时，必须用语准确，不能产生歧义。如教师说明“衣藻”的小，说它放大400倍以后，才有芝麻粒大小，这样就准确说明了“衣藻”小的程度。在讲述中，遇到学生容易产生误解的地方，必须选择恰当的叙述角度，讲述的语气要确定，不容置疑，必要时一字一顿地以判断句的形式予以准确表述。

（二）逻辑性

由于理科教学重在揭示规律性的知识以及事物的特性、联系和变化，同时又担负着培养学生逻辑思维、发展学生智力的特殊任务，所以理科教学用语更要讲求逻辑性。这种逻辑性主要体现在表述的层次性、条理性以及语句组织的严密性与关联性上。任何语言表达的疏漏，都容易让学生感到茫然。另外还要注意运用重音、顿连等来表述句子、语段之间的因果、递进、转折及归纳、演绎等逻辑关系。

例：一位数学教师讲解“异面直线所成角”的概念

我们知道，两条相交直线的交互位置关系，可以用角的数量来描述，但是两条异面直线并不相交，我们又怎么样用数量对它们的相互关系作进一步的描述呢？（稍作停顿）我们是不是也能够用角的大小来描述呢？（再略作停顿，让学生有个思考过程）假如要用角的大小来描述的话，那么关键在于如何将两条异面直线转化为相交直线，而根据前面学过的“空间等角定理”，可以通过平移来实现这种转化的愿望……

这位数学教师的讲析语，对每个概念的内涵与外延，每个判断的主宾关系，都讲得很清楚，从前提到推理过程，一步步说得很顺当，注意到前后联系，新老知识照应，具有很强的逻辑说服力。

（三）形象性

例：一位化学教师讲解氧化还原反应的分子运动

在讲到反应的第一个条件是反应中分子要达到一定的数量时，老师说：“现在有两个分子，且只有两个，它们之间极容易产生反应，我把它们抛到河里去，它们能反应结合吗？动来动去都不找不到对方在什么地方了，还谈什么反应啊？”同学们会心一笑。反应的第二个条件是还原剂的强弱要求，老师又说：“这就好比小孩子打架，A和B打，B不是对手，C对B说你不行，让我来。C又和A打，结果两人旗鼓相当，你拽我不倒，我拉你不下，但它们就是倔，谁也不松开，就这样拽着僵持着，那C和A就反应了，结合在一起了。”同学哄堂大笑，轻松地把握了这个化学原理。

这位教师的讲解活泼生动，形象通俗，有趣易记，展现了教学口语的幽默智慧，而且符合中学生的纯真心理。在教学实际中，理科老师给学生留下的印象中严肃、规矩占很大比例，而且口头禅比较多。这要求理科教师在教学中不能过于“规矩”，语言上要精练简洁，适当时候也需有幽默。

三、技能类教学口语的特点

技能类学科强调的是技能传授，是实践性很强的学科，没有指导只靠个人自学是很难的。同时，技能课是以学生练为主，老师语言点拨为辅。因此，在这类课上教学语言必须简洁明快，把时间留给学生。现在中小学的技能类学科主要有四门：体育、音乐、美术、劳动技术。它们的习得要在实际训练中进行。这就要求教学用语带有提示性和指令性，以便学生准确无误地进行练习；同时还要具有激励性，在技能类教学上言语的激励性对学生个体塑造的作用最为明显。

（一）提示性

教师在学生练习某项技能时，多使用提示语，或提示动作要领，或提示注意要点。语句简单明了，语意明晰。

例：一位美术老师讲授《颜色配方》，提示学生如何动手

找出红颜色，分别放在颜料托盘上的七个格子里，每个格子不要放太多，挤0.5厘米就足够。然后找出白颜色，在托盘上的长槽里挤出5厘米的长度。再怎么做呢？把这5厘米分成不等的7份，要一份比一份的量多一点，要注意这一点。然后把不等的7份按由少到多的顺序放到装有红颜色的7个格子里。下面要做的就是把它们拌均匀，最后动手按顺序用配制好的7种颜色在纸上画7个一样大小的圆，比较颜色的变化情况……

老师在指导学生练习时，语速舒缓清晰，条理有序，先做什么后做什么十分明确，注意事项提醒到位，善于用语气变化来提醒学生，语言干净利落，确切简练，多用提示语“先……然后……”“要……不要……”等。

（二）指令性

在体育课和其他训练技能的科目中，指令性语句的广泛使用是其主要特色。

指令性口语要求教师用肯定的语气，有时用命令式的语气指导学生操练，话语要简明、准确、响亮、有力度。

比如“立定，向右转——齐步——走，一二一，一二一，右转弯，一二一，一二一，踏步——走，一二一，一二一，原地踏步，一二一，一二一，立定，稍息”，学生的每个动作都是按教师语言的指示和节奏来完成的。

需要注意的是，体育、音乐教学中更多的是符号语言和肢体语言的运用。它们作为一种示范语言，与教学口语这一讲解语言相结合，又构成了教学中的演示性。这种演示是老师边讲解动作要领，边做出动作示范，有利于学生把握技能的关键点。

（三）激励性

教师要善于捕捉学生的闪光点，运用赞美、表扬、鼓励的语言来激励学生奋发向上。激励性语言是教师口语艺术中最富有激情、最具教育效果，在发挥学生主体作用中运用最广泛的教学语言。中小学生天性活泼好动，但认知水平有限，在技能类教学中情绪起伏较大。比如中小学生很爱上体育课，爱玩是他们的天性，可一高兴就会忘乎所以，无法控制自己的言行，想说就说，想跳就跳，不仅扰乱教学，安全也受到威胁。这就要求教师善于观察，并及时运用激励性语言来进行调控，以取得最佳教学效果。

思考与练习

1. 根据下列情境设计教学口语

(1)教师要给高一的学生讲解政治课中有关商品的一节，教学要点是商品。请设计10分钟的教学口语，让学生理解商品的含义。

(2)教师要给初中生讲《皇帝的新装》一课，他想在导入语和结束语两个教学环节做一些设计。请你来做这一工作。

2. 试指出下面故事中提问语的不当之处并重新设计

教师想启发汤姆，让他懂得什么叫做奇迹。

师：你想想，有个人从塔顶上摔下来了，但他根本没有受伤，这是什么？

生：是偶然。

师：你没有懂我的意思。你再考虑一下，这个人又一次爬上了塔顶，又一次从上面摔下来——还是没摔伤！这是什么？

生：是幸运！

教师说：我不是这个意思。你再考虑一遍：这个人第三次爬上了塔顶，再次摔了下来——仍未受伤，那现在是什么呢？

生：是习惯！

3. 根据场景设计应变语

(1)一位教师在讲授《口技》一文时，因课文情节描绘所引，竟有一位男生忘乎所以地学狗叫，全班哗然……如果你是这位老师，你会怎么处理这种情况？

(2)一次英语课上，教师正在教"cock(公鸡)"这个单词，突然，有个学生怪腔怪调地问："英语里有没有母鸡?"顿时，班上哄堂大笑，正常的课堂秩序被搅乱了。面对这种情况，请设计一段应变语。

4. 一位教师在上诗歌单元时了解到学生对诗歌这一文学形式不感兴趣，他需要花一些时间让同学们改变对诗歌的认识，请你为他设计一段导入语。

第六章　教育口语

教师是教育人、培养人的职业。教育口语是教师在教育过程中所使用的具有说服力、感染力的工作用语。一直以来，教育口语都没有得到应有的重视。教育口语具有“育人”的功能，教师除了要对学生传授科学文化知识，严谨治学，还要担负“育人”的职责。教育口语是教师必备的基本功，是完成教育任务不可缺少的工具。

第一节　教育口语概说

一、教育口语的含义及功能

教育口语，顾名思义就是教师在日常教育学生过程中所运用的口头语言。掌握正确的教育口语是一个教师必备的基本素质。苏霍姆林斯基提醒我们：“在拟定教育性谈话的内容的时候，你时刻也不能忘记，你施加影响的手段是语言，你是通过语言去打动学生的理智与心灵的。然而，语言可以是强有力的、锐利的、火热的，也可以是软弱无力的。”这就是说，在我们对学生进行思想教育时，不仅应该遵循一定的原则，讲究科学的方法，而且也要注重语言的艺术。因此教师运用教育语言时，绝不能随心所欲，信口开河，一定要掌握教育口语的规律。

学生是具有独立个性的人，拥有丰富的情感和强烈的意识。教师首先应该把他们看作个体，能否“因人施言”，灵活而富有艺术性地运用教育口语，直接关系到对学生个体教育的成败。在教育中注意正确运用教育口语，才能有效地引导学生全面发展，健康成长。

二、教育口语的特点

(一)民主性

民主性就是平等对待学生，尊重学生的个性和尊严，在与学生进行思想沟通与交流的过程中实施教育。教师要做到平时加强学习，促进自己知识和观念的更新，学会认真倾听学生的心声，把握他们的思想脉搏，加以积极引导；树立教师与学生共同成长的理念，发挥学生的主体作用；使教育活动成为学生乐于接受的内容，从而使学生的思想、道德和情感不断得到提升。

教育口语必须遵循民主性原则的理由有三个：

第一，在教育活动中，教师与学生处于平等的主体地位。

19 世纪美国哲学家、诗人拉尔夫·沃尔多·埃墨森说过："教育成功的秘密在于尊重学生。"应当平等对待学生，尊重学生的价值和尊严，在与学生进行思想沟通与交流的过程中实施教育。这种平等和尊重不是对学生的恩赐，而是学生应该享有的人格权利。

第二，教师不是完人、圣人，更不是真理的化身，因而在教育活动中，教师只能是以情感人、以理服人。

生于信息化社会的学生，获取信息的渠道已经呈现多样化的特点，他们的思想比以往任何时代的学生都要活跃、开放，这就使得今天教育活动涉及的内容比以往任何时候都要丰富，也更要复杂。因此，要使教育内容为学生所认同和接受，需要教师一方面在平时加强学习，促进自己的知识和观念的更新；另一方面，在教育活动中，要学会认真倾听学生的心声，把握他们的思想脉络，通过积极引导，帮助学生学会正确评价自我和他人的行为，从而最大限度地发挥教育的功能。同时，在教育活动中，教师不可能不出现任何失误或过错，一个有职业道德的教师要及时反思并勇于承认自身的不足和失误。总之，教师需要在教育实践中不断学习和创新，才能迎接挑战，承担起"育人"的职责。

第三，教育活动是一种互动性的活动，具有生成性的特点，在教育活动中，教师与学生是共同成长的。

就教师而言，由于教育内容、教育对象、教育时机都具有不确定因素，所以教育活动不可能都像教学活动那样事先写好教案。即使是一些预设的教育活动，教师可以对教育口语做准备，但这毕竟不同于讲故事或备稿讲演，很难事先将学生的所有反应都做好预案。因此，教师在实际运用教育口语时，从内容到形式，都需要根据学生的现场反应随时调整发挥。

就学生而言，没有了他们的接受、思考和反应，教师的教育语言无疑是一篇废话，根本无从实现教育的目的。所以在教育活动中，教师必须摒弃传统的教育模式"一言堂"，发挥学生的主体作用，更多地采用教师引导下的师生讨论、对话、谈心等形式，让学生参与到教育活动中来，在师生互动交流中，促进学生自身的感悟。正如苏霍姆林斯基所说："只有能够激发孩子去进行自我教育的教育，才是真正的教育。"

（二）针对性

针对性就是教师针对具体的事、具体的人，创设具体的环境，实施教育。要充分掌握有关事实，了解学生的思想和行为，因事施言；要顺应不同教育对象的个性特点(包括个性心理和构成个性心理的客观环境、性别)、认知水平(如知识和能力)、道德水平等，因人施言；要营造教育氛围(时间、地点和场合)，见“机”施言；注意区分不同的谈话场合，因地施言。综合四个方面因素，确定教育的内容与形式，运用适当的教育口语，做到有的放矢。

第一，因事施言。教师的教育活动总是针对学生中出现的某种倾向、发生的事件或矛盾而进行的，因此教育口语绝不能无的放矢，而应当在对事情本身进行细致分析的基础上，找准问题的症结所在，选择恰当的话语对症下药。

第二，因人施言。不同的学生个体有不同的性格特征，不同的学生集体也往往在兴趣、爱好、行为习惯上表现出不同的风格色彩。在教育过程中，教师应针对不同对象采取不同的言语策略，做到因人施言。

第三，见“机”施言。抓住引发学生思想转变的时机，见机而行，因势利导，以求事半功倍。教育时机一般有三种情况：苗头期，问题爆发之前；高潮期，问题冲突之中；尾声期，问题发生之后。往往苗头期是理想的教育时机，教师抓住苗头，随机跟进，与学生进行适时的口语交际，取得教育的主动权。

第四，因地施言。人的情感具有不同的情境性，环境往往会对人的心理产生影响，尤其是自尊、敏感的青少年的情绪更易受环境左右。因此，教师在实施教育的过程中必须注意区分不同的谈话场合，采用或严肃、或平和、或诙谐的谈话方式，以使学生坦然释怀、心悦诚服。

（三）情感性

情感性就是教师调动自身的积极情感，包括平等、真诚、信任、爱护和关心等，对学生进行教育，以情感人，以理服人，使学生“亲其师，听其道”。

白居易在谈到诗歌创作时曾说过：“感人心者，莫先乎情。”运用教育语言也如此。在教育活动中，师生双方都具有情感的人，教师的感情往往决定着教育的内容，还影响着受教育者对教育信息的接受程度；而受教育者的感情，又反过来影响着教育者的感情。所以教师应该学会调控自己的情绪和心境，使自己始终精神饱满、情绪乐观而稳定。几乎每一个教师对学生的要求都是出自良好的愿望，但不是每个教师的好心都能被学生理解和接受，这在很大程度上取决于教育语言是否带有积极的情感。

教育事业之所以伟大，因为它渗透着爱的情感。在教育活动中，爱是一种伟大而神奇的力量。教育口语“言为心声”，这“心”应当是对学生的一腔“爱心”。因为有了爱，教师的教育目的才是高尚的，“言”才能感人，学生也才能乐于接受。这“心”应当是对学生的一片“真心”，因为有了真，教师的教育动机才是真诚的，“言”才能是真实的。对学生的每一点成绩和进步，教师只有发自内心地喜悦和欣赏，才能说出真诚赞扬的话语；对学生的每一个缺点和错误，教师只有发自内心地关心和痛心，才能有语重心长的教诲。这样，教师的“言”才能服人，学生也才会愿意接受。

切忌以盛气凌人的态度训斥、辱骂学生，也不应以尖酸刻薄的语言讽刺、挖苦学生。渗透了教师关爱之情的教育语言，无论是表扬还是批评，都会赢得学生的信任，进而更加奋发向上。只是对学生的情感也有个“度”的问题，“不及”和“过”都会导致教育语言的偏颇，从而影响教育的效果。

（四）艺术性

艺术性就是教师要善于抓住教育时机，巧设情境，综合运用各种口语技巧，让学生心悦诚服地接受教师的意见。教育时机分为两种：一种是已有的，需要教师及时捕捉，加以利用；另一种是原本没有的，需要教师主动创设的教育情境。

例：“二吃杨梅”

朱老师接到一位家长的电话，说让孩子带了几斤杨梅到学校，请老师和同学们尝尝。但等到朱老师想请生活老师分发时，杨梅已经被先到校的一批同学吃光了。朱老师想：好吃，固然是孩子的天性，但在小学里发生这样的行为，说明孩子“心中有他人”的意识还十分缺乏。思考片刻后，朱老师迅即到街上买来几斤杨梅，悄悄放到教室橱柜里。

晚自习结束时，该是学生吃夜点心的时候了。

朱老师说：“今天晚上同学们除了有学校发给的蛋糕，还有一样更好吃的东西要给你们呢！大家知道是什么好吃的吗？”

学生们摇着头说：“不知道。”

朱老师说：“我们班的四十几位同学来自许多不同的城市。慈溪市盛产杨梅，今天下午，柴世超同学的妈妈给我们捎来了她家乡的特产杨梅，要让同学们尝一尝，同学们高兴吗？”

学生们激动了：“高兴！谢谢柴世超同学的妈妈！”

朱老师问："同学们想一想，这些杨梅应该先让哪些同学先吃和多吃一点儿？"

有的同学说："应该让家乡不长杨梅的那些同学先吃和多吃。"

有的同学说："应该让路途最远的同学先吃和多吃。"

……

朱老师说："你们想得都很好，有了吃的能先想着别人，真是好品德啊！现在，我就让柴世超同学把他带来的杨梅发下去。"

这时，之前抢吃杨梅的同学用惊疑的目光时而看朱老师，时而互相对望，显得很不安。朱老师却始终微笑着，用他们熟悉的目光传递着赞赏、批评、期待的信息。

吃完杨梅后，朱老师回到办公室。不久，便有几位同学跑到办公室塞给他几张小纸条。打开一看，同学的纸条上写着：

我们没等全班人到齐就吃是不对的。

杨梅应该让老师安排人分给我们吃。

杨梅应让别人先吃和多吃。

学生家长带给大家的杨梅被一些先来的同学吃掉，这是一个偶发行为，朱老师敏锐地感到这是一个教育的契机。他没有立即批评教育这几个学生，而是重新买来杨梅分给大家吃，创设了"分杨梅"的教育情境，引导学生从具体的事件中体察了人情，体味到亲情，也使那些先吃了杨梅的同学感到自己行为的不妥和错误，从而强化"心中有他人"的意识。

按照在教育过程中不同的作用和方式，教育口语可以分为沟通语、说服语、启迪语、激励语、表扬语、批评语等，下面各小节将逐一介绍。

第二节　沟通语

沟通语就是在师生交流过程中，为了建立平等的对话关系，创设和谐的教育情境，教师所使用的一种教育语言。比如说，为了消除学生对教师的心理隔阂，取得他们的心理认同，或者是要了解学生的真实想法，交换对某些问题的看法，或者是促进学生之间的了解，帮助他们消除误会等而使用的语言。

一、沟通语的特点与要求

（一）尊重学生，创设自由沟通谈话的宽松氛围

尊重是使用沟通语的必要前提，自由宽松的气氛才能酝酿沟通的机缘。

教师要把自由和责任给学生，缓和并化解紧张气氛就成为消除双方心理隔膜的首要步骤了。说一句轻松幽默的或者亲近友好的话语，是驱散紧张气氛、沟通双方情感的常用方法，要避免居高临下和扮演“完人”。

(二)学会倾听，创设开启学生心扉的最佳情境

倾听是运用沟通语时应持的态度。教师要主动给学生说话的权利和机会，在他们解释、说明、回答时，要认真仔细地倾听，注意观察学生对教师话语的感受和反应，并且对此做出反应，才可能了解学生的愿望、要求、个性、情绪，才能把话说到对方的心坎上，才可能让学生接受教师的意见。

(三)表达认同，构建师生同理心理的教育契机

理解和认同是沟通语应有的基调。教师要站在学生的立场上，设身处地、以学生的眼睛来观察，以学生的心灵来感受，以学生的观点来思考，从而走入并体验学生的内心世界。尽量构建师生心理相容的情境，避免导致心理不相容的话语内容和不恰当的句式、语气和语态。

二、沟通语的类型

(一)教师了解和引导学生的沟通语

教师在与学生交谈中了解情况，并准确理解他们的想法，提出教师的建议，或引导学生自己找出解决问题的办法。

某学年第二学期开学第一天，六年级上数学课。老师带来上学期期末考试试卷。他逐一宣布了同学们的考试成绩和名次，然后分发了试卷。董立同学拒绝上讲台领考卷，老师把考卷送到他的座位上，他对老师斜了一眼，抓过试卷揉成一团塞进抽屉。老师对董立的无礼行为极为气愤，但强压火气没有发作。事后老师了解到：董立因没有达到爸爸给定的数学考试成绩“指标”，“奖金”没拿到，过年的压岁钱、魔术弹等都没了，还挨了爸爸不少骂。为此，老师找董立谈心。师(关切地)：“年没过好吧?”生(沉重地)：“爸爸骂了我，还……”师(诚恳地)：“有好几位同学的情况和你一样。我了解得太迟，不然，我就不在班上读成绩了。”生(感动得眼泪不住流下来)：……

老师的这几句话表明对学生的理解，正好说在学生的心坎上。抓住了这个“心结”，双方就有共同语言了。老师的话语表现出真诚的关切、同情和爱，这就为深化谈话内容创造了条件。

(二)教师帮助学生理解自己的沟通语

教师在教育过程中，主动打开自己的心灵之门，将自己真实的内心世界、所思所想、经历经验、情绪感受、观点态度等适时适度、自然真实地与学生沟通，让学生感受到教师的信任，进而有可能真正理解教师，接受教师传递的教育信息。

有一次李老师对学生发火，脱口而出："检查到哪个不会背书的话，就到教室后面的黑板前罚站!"话音刚落，只见夏小鹏大步流星地走到老师面前，阴阳怪气地说："我不会背，我站后面去了?!"此时，李老师明白自己的话说过头了，就诚恳地说："刚才我的话说过头了，你拿行动抗议我的罚站政策，弄得你也累我也挺难为情的，可你也得让我好下台啊!"夏小鹏这时表情才松弛下来。李老师又说："嗯……还有，我还没听说有人什么书都背不下来呢！得，过去的就让它过去吧。我们一起来争取现在，怎么样?你可以回到座位上读，会背了就来找我，好吗?"夏小鹏愣在那里。第二天，夏小鹏主动来找李老师背书，老师表扬了他，并说："你要是都坚决不背书，我能打你还是骂你？所以老师永远是黔驴技穷的，革命得靠自觉。"夏小鹏不好意思地点点头，回到座位上。

老师不是圣人，都有脾气失控、事做过头、话说过头的时候。学生都知道用严格的标准要求老师，而很少用学生守则要求自己。怎么办？先态度诚恳地承认自己错了，消除学生的抗拒情绪；再老老实实地说出自己的无奈，让学生理解老师的苦衷。

(三)教师帮助学生互相理解的沟通语

教师在学生闹矛盾纠纷时，不是采用各打五十大板的方式，也不是就事论事处理，而是引导学生互相了解对方的想法，学会理解他人，可能将问题解决得更彻底。

一天，同学们正在写作业，脾气暴躁的小彤大声对坐在窗边的小任说："你把窗户给我打开!"他边喊边挥拳要打小任。正在改作业的老师走过去，不急于说话，而是从讲台桌里拿出纸巾，让他擦汗。过了一会儿，老师说："你头上淌这么多汗，肯定热，其实我也挺热的。"说着用手扇了几下风。小彤见老师与他有同感，火气一下消了一半。又等了片刻，老师轻声问："你问过小任为什么要关窗吗?"小彤摇摇头。老师于是把小任叫到跟前问："你头上也淌着汗，为什么要关窗?"小任委屈地说："外面刮大风，沙土都吹进教室了。"从彼此的谈话中，两个孩子明白了双方的想法。老师又说："先开一会儿窗，等汗没了再关上，你看如何?"小彤点点头表示同意。老师微笑着说："凡事多为别人想一想，什么矛盾都能解决。"一场干戈化解了。

老师对学生设身处地的理解，使学生体会到一种尊重、体贴和善解人意的关注，创造出一种真诚、尊重和理解的气氛，帮助学生彼此理解。辨别和区分学生的问题，并与之进行讨论和交流，不仅为学生提供了一个宣泄情感和释放紧张压力的机会，而且帮助学生客观深入地自我了解和自我探索。

第三节 说服语

说服语就是指教师在教育活动中，通过摆事实、讲道理等方式来影响学生，使其行为趋向预期目标的一种语言。20世纪80年代以来，当代中国说服教育方法变化十分迅速，经历着征服模式到信服模式，再到诚服模式的演变。这种方法的演变昭示着人们说服教育观念的变革：即从忽视被说服者的道德主体性，或忽略被说服者的道德动机，到强调被说服者在说服教育中的主体作用，重视被说服者道德内化的过程。

一、说服语的要求

(一)具备健全的值得信赖的人格

学生对老师的品格、素质和动机是否信赖，决定着说服能否成功。在教育实践中，一个学识上为学生所推崇、师德受到学生尊敬、对学生充满爱心的教师，他的说服教育就容易为学生所接受，正所谓“亲其师，听其道”。

(二)深入了解和理解学生

要使学生被老师的“说”所“服”，教师必须了解说服对象的情况和心理，对症下药，设身处地理解说服对象的需要和接受方式，主动采取满足其需要、适应其接受特点的说法。

(三)就事论事，以理服人

对小学生进行说服教育时，应据其形象思维的特点，摆他们身边的事实，讲通俗易懂的道理，语气要诚恳委婉，语言要活泼有趣，从以情感人入手，实现以理服人。

二、说服语的类型

(一)直接说服

直接说服就是说服时正面摆事实、讲道理，不绕弯子。

学生向老师请假去参加表姐的婚礼。老师问道：“告诉老师，你去能给表姐帮什么忙？抬东西吗？要不就是管理事情？”看着学生直摇头，老师温和地说：“老师知道，去吃你表姐的喜糖是你盼望已久的事情。如果她在节假日结婚，我们不上课，能去当然好。可现在情况不同，明天数学、语文都是学新课，连你们活动老师也说，明天活动课上还要搞小制作比赛。你要是不来上学，那损失有多大呀！假如你只是想去凑热闹，那太不划算了；想吃好东西，可以让你爸爸、妈妈给你多捎些回来。”学生站在老师面前，眼睛里有泪珠在滚动。“这样吧，老师已帮你把事情分析了，对你请假的事，老师不说‘行’，也不说‘不行’。至于怎样办，你今晚可以回家再好好考虑一下。”

在这个例子中，老师就学生请假进行说服。首先开门见山向学生提问，让学生明白，他去参加婚礼帮不了什么忙，接着对学生想参加婚礼的心情表示完全理解，然后一一细数明天的学习任务。在摆清两方面事实的基础上，老师进一步通过假设分析了请假的后果：学习上有很大的损失，不划算，说明了不同意的道理。至此，事实摆了，道理也说了，但为了让学生接受说服，老师非常有人情味地用“让爸爸、妈妈捎些好吃的回来”这个主意安慰他。而学生，虽然没有继续坚持要请假，但眼睛里的泪珠表明他还未被说服，这时老师并没有强迫学生接受说服，而是给学生继续思考、自主选择的权利。

(二)间接说服

间接说服就是说服时，不正面摆事实讲道理，而是言彼意此，将道理寓于其中，让学生自己感悟，或者教师在最后点明。

有一个女生把眉毛描得又细又长，还把小嘴抹得嫣红嫣红的。老师约她到湖边，和她进行了谈话：

“你喜欢这满湖的荷花吗?”

“当然喜欢啰!”

“它们这么美丽，是哪位画家把它们画成这样的吗?”

“不是，是它们自己长成这样子的。”

“对，它们的美丽正因为它们自然天成，没有斧凿之痕，就是说没有任何人为的加工，它就这般美丽。”

“对，我就是喜欢这个!”她忘情地叫了一句，然后痴痴地注视着千姿百态的荷花，并没有意识到老师与她谈话的动机。于是老师进一步启发道：“如果拿起画笔给那朵荷花再添一笔，你以为怎么样?”

“完全没有必要。”她毫不犹豫地说。

老师抓住时机，因势利导地说：“是啊，你们儿童，正如这争奇斗艳的荷花，浑身散发出一种自然的、朴素的美。这种美是最高洁的美，什么人工美也比不了。如果硬化妆粉饰，只会破坏了他们的自然美。”

“老师，我上您的当了。”还没等老师说完她狡黠地叫道。说完扮了个鬼脸，又俯身掬起了一捧清水……

这个由景说事论理的例子就是运用了间接说服的方法。其中的老师根据教育内容精心选择谈话地点，创设出一个非常合适的教育情境，所以说服教育的痕迹被淡化，学生毫无戒备心理，在老师的引导下，顺利地理解和认同教师的观点，因而当老师点破说服教育的主题“儿童美在自然”时，学生接受老师的教育就水到渠成了。

为了使说服更能为学生所接受，说服语中常常运用各种修辞手法，以增加说服的感染力。如上面的例子就是将儿童比作荷花，运用了比喻的手法，所以也是设喻说服。

三、说服的技巧

(一)正面说理

正面说理就是用正确的理论对受教育者进行直接的陈述。陈述过程中，应当态度明朗，观点鲜明。

有一个男学生在左耳朵上戴了一个耳环，不少教师要他把耳环摘下来，但毫无效果。于是，主管学校德育工作的李老师把这个男学生带到办公室，李老师先让他坐下，然后心平气和地和他谈心。

李老师问他：“耳环是什么时候戴起来的？”

不回答。

僵住了，怎么办？李老师换了一个问法：“扎耳孔痛吗？”

他终于开口了，说：“痛。”

“痛为什么还要去扎呢？”

“扎了可以戴耳环，戴上耳环很威风。”

问题弄清楚了，戴耳环是为了显威风。李老师又问：“什么时候戴的？”

“昨天。”

“什么人叫你戴的？”

“一些朋友。”

“同学吗？”

“不是，是校外的一些朋友。”

“他们都戴了吗？”

“是的。他们说，我们一起都这样戴耳环，走出去，别人就害怕，我们就威风。”

看来，这个学生戴耳环，一是为了朋友义气，二是不懂得人的服饰应该符合人的社会身份的要求。

于是，李老师从耳环的历史和个人的社会身份与服饰的关系做疏导工作，说："古代人为了追求美和出于某种辟邪的心理戴耳环。随着文明的进步，人们的审美观也逐渐发生了改变，认为姑娘、妇女戴耳环，可以给人以美感。男子戴耳环，则没有这种美感。某些民族中，至今也有男子戴耳环作为装饰，但那是带有迷信、驱邪等原始文化痕迹，或者是因为这个民族特有的某种审美情结。所以，其他民族的男性一般不会刻意改变自己的审美心态，标新立异地戴上耳环。"

这时，男学生说："马拉多纳也戴耳环。"

李老师说："马拉多纳是戴耳环，他是通过戴耳环来表现作为球星的特别，以招引球迷们的注意。一个唱摇滚歌曲的，再夸张变异的装饰，大众也会认可。但是，如果美国总统克林顿也戴耳环去竞选，那一定会招来非议，损失许多选票，以致落选。这就是服饰应该符合个人的社会身份，符合社会大众的审美标准。将来如果你是个企业家，也是这种装扮，也许没有人敢与你的企业打交道，因为戴耳环毕竟不是正经生意人的打扮。"

通过谈心，这个男学生终于自己把耳环从耳朵上取了下来，并表示再也不戴了。

李老师的正面说理，首先要把握学生思想问题的关键所在，才能有的放矢。而且，"说理"不能只讲套话、空话，而是要因势利导，用丰富的知识说古论今，旁征博引，才会令人信服。

(二)比喻引导

比喻引导就是用相似的事物作比拟，引发被说服者的思考与领悟，使之从中接受教育。它特别适用于自尊心强而又聪慧的学生。

例：一位班主任老师的成功体验

据我的观察，班上的志钊和小瑜有了早恋的苗头。在慎重思考后，我把志钊叫到办公室。他有点儿紧张，疑惑地问："老师叫我来有啥事?"

为了消除他的紧张，我决定采取迂回的谈话策略，说："想问问你平时在家里的学习情况，以及你明年的中考志愿。"

他紧张的情绪松弛了，把学习情况如实地告诉我，还说明年准备报考师范。

"你的基础很好，志向也很明确，平时学习也认真，若再勤奋些，考上师范学校是很有把握的，你可不要辜负了老师对你的期望啊!"

接着，我和他谈及一些学习方法以及复习的时间安排，他点了点头。末了，我从门角取出一枝未开的花，问："你知道这是一枝什么花吗?"

"朱顶兰，我家以前种过这种花。"

"不知它开花时怎么样?"

"形状和喇叭状的百合花一样，颜色朱红，有淡淡的清香。"

"多好的花，可惜我未等它开花时便摘了，没能看一看它开花时的迷人风采。志钊，感情这事儿也是这样啊！你现在年纪还小，应当以学习为重，别早早地钻进感情的圈子里。爱情像一颗种子，如果你提前播种，让它在不属于它的季节里生长，你就得不到收获。"

"老师，我和小瑜的交往……"

"老师知道，你们只是一般的同学友谊，但交往密了些，这样会影响你们学习的。"

他点了点头。

此后，我也鼓励小瑜同学勤奋学习，把目标明确放到明年的中考上。结果，他们之间秘密的交往没有了，学习也更加用功了。第二年，他俩分别考上了师范学校和卫生学校。

一个不轻松的话题，从"闲话"入手，在学生心情放松的状态下因势利导，巧妙设喻，暗示早恋对身心发展以及学习不利。整个谈话气氛和谐，语言自然平实，娓娓道来，不失为对有上进心和基础好的学生的说服良方。

（三）警句激励

警句激励就是用简练而涵义深刻的语句来激励学生，使之振奋。其特点是具有较强的刺激性，可用来及时制止、纠正学生的错误行为。

一天下午的第二节课后，同学们回到宿舍。突然，一个同学惊叫起来："我放在枕头下面的100元钱不见了!"宿舍里顿时议论纷纷。室长急匆匆到办公室找班主任。

得知此事，班主任来到331宿舍。在场的同学气愤极了，有的提议要立即"搜查"。面对同学们的要求，班主任明确表示不同意，并恳切地对同学们说："宿舍里丢了钱，这说明我班主任工作没有做好。但我要郑重地告诉大家：金钱是有价的，一个人的人格是无价的。我希望每个同学都不能因为一时糊涂，让有价的金钱吞没了无价的人格!"

第二天下午，同学们上完两节课又回到宿舍。丢钱的那个同学又叫了起来："我丢的100元钱有了!"听到这个消息，班主任又来到了331宿舍，非常激动地说道："尽管我不知道是哪位同学将钱送回来的，但我为你感到高兴！因为你送回的不只是100元钱，而是一个人的尊严！同学们，你们要记住‘金钱有价，人格无价’！”从那以后，宿舍里再也没有发生过类似的事情。

班主任从自我批评入题，说明问题的严重性；用“金钱有价，人格无价”的警句来告诫误入歧途的学生，振聋发聩，极具冲击力。

（四）借事明理

借事明理就是讲述真实或虚拟的故事来阐明正确的思想观点，凭借其感染力、说服力，让人听后从中体会、领悟一定的道理。这要求表述语言简洁，富有情感。

国歌奏响，国旗升起，我班有一个同学仍在教室内走动，另一个同学还在嬉笑逗趣，被值日老师发现扣去10分。事后，我没有对这两个同学简单地训斥，而是讲了两件事。

第一件事：盛夏酷暑，骄阳似火，一个老太太蹲在地上抠一枚深陷在柏油地面的硬币。一个学生见之一笑，说：“老太太，不就是两分钱吗？大热天，值吗？”老太太抬起头来，擦了擦汗，说：“……”说什么呢？有的学生猜“要勤俭节约”，有的猜“要把这钱捐给希望工程”。其实，老太太说的是：“这两分钱上有咱们国家的国徽呀！”

第二件事：《人民日报》报道，美国政府不断攻击中国的爱国主义教育是煽动民族情绪，缓和国内矛盾。那么，美国是否进行爱国主义教育呢？请看：凡美国公民看到自己的国旗升起，总是要驻足行注目礼，其情其景令许多国人也肃然起敬。

然后，我说：“爱国是抽象空洞的吗？如果不是，我们该怎么做呢？”

此后的升旗仪式上，再也没有出现不尊重国旗的行为。

这位教师通过两件事情，说明了爱国是具体的行动这一道理。该教师表述事件时的设疑、反问，每一句话都叩问着学生的心灵，因而取得了较好的教育效果。

第四节　启迪语

启迪语是指教师在教育活动中用来启发、引导学生主动进行自我教育的一种语言。启迪语的特点是老师运用点拨的方法开启学生的思维，开发他们的语言能力，引导学生自我教育的能力。启迪语的广泛运用，一方面，表现了教师对受教育者的尊重和信任，即相信学生有自我完善的需要，有在教师的引导下进行自我教育的能力；另一方面，也为在教育活动中能够更好地发挥学生的主体作用，调动学生进行自我教育的主观能动性创造了条件。

一、启迪语的要求

(一)直观生动，易于联想，便于对比

切合学生的思想实际和认知水平，选取学生最易接受的角度和直观形象的事物，使学生能产生联想，发现并认识自己思想、行为与公德和行为规范的差距。

(二)相信学生，积极赞扬，促进转化

通过循循善诱的语言，让学生感受到期望和信赖，调动学生积极思维。积极评价学生的思想转化能增强学生内心的愉悦情感，促使他们去行动。

(三)富有耐心，理论升华，提高境界

对同一学生的同一问题可能要进行多次启迪；对同一问题，对不同的学生也可能要进行多次启发。可以用概括、总结的口语帮助学生把思维上升到理性高度，强化对规律的认识。

二、启迪语的类型

(一)设问引导法

这是师生对话活动中常用的形式。教师依据教育内容，设计出一系列问题让学生思考，同时让他们感受到教师对自己的信任，启发引导他们通过自我感悟明辨是非，最终实现自我教育。

某三年级学生有随地吐痰的坏习惯，老师找他个别谈话。谈话围绕下面四个问题展开：你知道，看到地上有痰迹，人们会怎样想吗？我们能只图自己方便，而不管别人怎么想吗？你还记得《小学生守则》第四条是怎么说的吗？和老师一起念一遍好吗？老师给你一叠纸，用来接痰。这一个星期，我会随时问你，是不是还随地吐痰，你可要给我满意的回答啊！

老师谈话的主旨是启迪学生改正随地吐痰的不良卫生习惯。第一个问题从侧面提出，第二个问题反问，第三个问题直接点题，第四个问题其实“不成问题”——老师要求把认识转化为行动，提出纠正和督促的方法。这几个问题由谈话中心一以贯之，其导向性、启迪性、层次性都很强，对学生提高认识、改正不良习惯具有较好的开导作用。

(二)类比启迪法

利用小学生爱形象思维的特点，依据教育内容，或选择有针对性的小故事，或用生活中一些生动的例子打比方，启迪教育他们。维护学生的自

尊，不致引起他们对教育的抵触情绪。

二年级有一位小同学站队时总是拖拖拉拉不想站，他不是在教室里磨蹭，就是跑到一边去玩。一天，放学站队的时候，那位小同学在后面磨蹭着玩。这时一群大雁从头顶飞过，老师把那位同学叫过来，拍着他的肩膀说："小强，你看见了吗？这群大雁排队排得多整齐呀，它们一会儿排成'人'字，一会儿排成个'一'字，没有一个不守纪律的。你知道他们为什么没有一个掉队的吗？"小强说："不知道。"老师接着说："因为那样会脱离集体，会掉队，掉队就会迷失方向，遇到危险。"小强渐渐明白过来，说："老师，我懂了，连大雁都知道排队，我以前还不如大雁呢，我要向大雁学习。"从此以后这位小同学站队时真的不再磨蹭了。

老师能抓住教育契机，利用生活中大雁排队飞行的场景作为教育材料，赞叹大雁引起小强的关注，提出问题引起小强的思考。大雁排队整齐与小强不愿排队形成类比，富有启发性，使小强认识到站队的重要性。

（三）榜样暗示法

和前一种方法相比，榜样暗示法也要通过举例比较进行引导教育。不同在于，类比启迪法所举的例子不一定都是正面的例子，而榜样暗示法所举的例子肯定都是正面的。和类比启迪法相似，教育者的观点是隐含在榜样的言行中的。这种方法常常用于和小学高年级一些自尊心特别强而心理又比较敏感的学生的谈话中，可以保护他们的自尊心，不致引起他们对教育的抵触情绪。

例：几位学生帮老师做杂事时，与老师的对话

生甲：熊老师，我就想玩，像帮您做这些事，我乐意，就是不太愿意做作业和读书。

老师：对头，我也想玩，我还一直认为爱玩不一定是缺点。而且，玩还要玩得痛快。

生乙：我就图玩个痛快，但是作业没做完，值日生查到了又叫我们补，不补，老师会狠狠地批评我们，只好补，课间不能玩，甚至放学了还走不成。

老师：这样，实际上没玩舒服。不知你们注意没有，何兵同学……对了，你(对甲)跟他很要好，该了解他。我发现他并不"勤奋"，从没在课间或放学后赶什么作业，哪怕是要考试了，他也不占休息时间用功，玩得够可以的。

生甲、乙：就是。但他的成绩还可以。

老师：什么道理呢？有一次我问他……

生甲：（抢着说）我了解，我挨着他坐的那一段时间，看见他上课认真听讲，发言积极。当老师布置作业后，他马上聚精会神地做，一点儿也不东张西望，有几次我找他讲笑话，他始终不理我。

老师：那么，家庭作业呢？

生乙：这我清楚（该生是何兵的邻居）。他回家第一件事就是做作业，做完了才玩。我却是把书包往家一丢，就去找朋友玩，玩了再说。

不爱做作业和读书，就想玩的学生，一些教师会把他们归于差学生的行列。实例中的这位教师是可敬的，因为他毫不歧视这些学生，而是请他们来和自己一起做事，这便创造了一个能够与这些有缺点的学生平等、自由、轻松对话的机会。同时也使学生感受到教师的信任和尊重，因为在许多学生心目中，只有得到老师信任的好学生才能有帮老师做事的机会。

在这个教育活动中，教师对于学生暴露的贪玩不想学习的真实想法，及时进行了启迪引导。但这种教育不是通过直接否定学生的言行强加于学生的，而是首先对学生爱玩的想法给予认同，接着针对他们想玩又要学习，因而玩得不安心的矛盾，似乎是在不经意间提到一个既“玩得可以”又学习“成绩也可以”的学生，暗中为他们树立了榜样，然后通过好奇的追问，不着痕迹地引导启发这两位学生去思考琢磨那位同学是如何学习的，自然而然地将榜样好的学习习惯和行为总结出来了。这样，老师并未直接教诲，但学生已经找到既能玩好又能学好的方法了。

（四）自我思考法

教师对学生的启迪教育，有时可以先将问题提出，容学生事后自己思考和感悟。这种方法的好处是可以使学生感受到教师对自己的一种信任，因此能更好地发挥自己的主观能动性，在更大程度上实现自我教育。

吃饭时，一位农村来的学生将一只肉包子掰开，啃掉肉馅，随手将剩下的部分扔进了垃圾桶。班主任找他个别谈话：“这个周的周记你就写你丢包子这件事。如你感到难写，我建议你想想下面几个问题再下笔：(1)你当时是怎么想的，过后有没有想过这件‘小事’；(2)这个肉包子是你花钱买的，但这买包子的钱是哪儿来的；(3)你父母如果看到了你刚才丢包子的情景，会做出什么反应；(4)我今天建议你写这篇周记，你认为是否必要。”

运用自我思考法必须具备两个条件：一是教育对象出现的问题不及时处理并不会产生很大危害或造成不良影响；二是教育对象具有自我教育的感悟能力。

自我思考式的教育效果当时不能显现。实际上，教师提出问题请学生思考后，这个教育活动并未真正完成，因此，教师还需继续关心学生的思考结果。像上面的例子，学生思考的结果是要通过周记反映出来的，那班主任就要对学生交上来的周记认真阅读，检验教育的效果。有时，老师只是提出一些问题让学生思考，并不要求学生将思考的结果用书面的形式呈现，那么老师就要，从点滴细微之处看学生是否发生了预期的变化，由此判断教育的效果。

情景练习

1. 同为初一年级一班的李云和张君，因使用学校的体育场而产生了矛盾。李云先带了同学在体育场踢足球。后来，张君也带了几个同学来踢球。李云不让张君他们在这里踢球，认为自己先来，有权不让踢。张君认为体育场是公共设施，他们也有权使用。于是，两人吵了起来，甚至动起手来。

班主任朱老师闻讯前来制止了争吵，并从使用体育场应遵循先来后到的原则批评了张君。当时，张君没有说话。然而，他心服口不服。等朱老师走后，他便在体育场上起哄。李云自然不肯相让，两人终成斗殴。最后，双双进了医院。

请你就这一事例，对班主任朱老师的处理方法作一简评，并分析事情没有处理好的原因在哪里。假如你是班主任，将怎样说服李云和张君两位同学，令双方都满意。

（提示）：两个同学互不谦让的原因，主要是怕在各自的同学面前丢“面子”。因此，说服教育要抓住这个关键，给学生“面子”，满足其心理需要。

2. 在课堂情境中假设一个同学做老师，根据下面提供的训练材料，从情、理两个方面使用合适的教育口语，对另一个学生进行模拟谈话。如果作为班主任，当你发现你班有学生“早恋”了，你如何针对学生的心理，运用启迪的方法，巧妙地讲清早恋的危害？如何在不伤害学生自尊的前提下，让他们愉快地接受你的劝说，及时加以改正？

3. 下面这段话中，教师是如何利用启迪语教育学生的？谈谈这种方式的好处。

一次校会，邻班同学损坏了我班一把椅子，虽然修理后还能用，但一不小心它就嘎嘎吱吱地“呻吟”。这天全校锯炉柴，操场上摆满了各班的椅子。回到教室作劳动总结时，老师发现那把坏椅子不见了，而多了一把新椅子。同学们都推说不知道，班长也支吾。老师明白：一定是同学趁机用坏椅子换了邻班的新椅子。

老师正在琢磨该怎么教育同学时，一年级的小同学拖着一根炉柴进来了：“老师，这是你们班的炉柴，我们班的同学不小心拖错了，现在给你们送来。”老师心里一动，连忙拉住她问：“你为什么要把炉柴送回来呀？”“因为炉柴是你们班的，我们不能要。”老师故意问：“假如我们班的同学从前故意拖过你们班的炉柴，现在你们发现错拖了我们班的炉柴后，你们还会把炉柴还回来吗？”“那样我们也会把炉柴送回来的。”“为什么呢？”“因为……因为我们应该这样做。”她大声回答。于是我转向我们班的同学：“大家说她回答得好不好？”“好！”教室响起一片掌声。一些同学此时明白了老师的用意，不自然地低下头。下课后，班长和几位同学一起搬起那把新椅子，向邻班教室走去。

第五节　暗示语

暗示是将一些不便直截了当说出的观点，运用委婉含蓄的语言或示意的举动，让他人通过联想，领会说话者的意图，从而对听者的心理、行为等产生影响。暗示语，指教师运用含蓄、委婉的表达方式给学生以启示并激发其潜能的教育口语。

一、暗示语的特点

暗示语的基本特征是话语含蓄婉转，避开对方的心理障碍，在不经意间将自己的思想渗透到学生的潜意识中，从而达到影响学生、教育学生的目的。暗示语的思维基础是联想。教育者要有联想，才能产生暗示；受教育者也要有联想，才能真正接收、理解暗示。因此，引发学生的联想，使暗示能够为学生所接收、所理解，是运用暗示语的前提。教师无论怎样暗示，都应该做到意明旨隐，通俗易懂，绝不能用语晦涩，模棱两可。具体来说，暗示语有如下特点：

(一)语言含蓄委婉

它不直接说出某事物，而只说出与它有关系的另一事物，让听者通过联想去理解其真正含义。

(二)容易激发联想

暗示的思维基础是联想，通过语义的联系去理解事物。能否为学生理解是运用暗示语的前提条件，教师运用暗示语要旨隐意明、通俗易懂，易引发学生思考。

（三）意图表达明确

暗示语虽然含蓄委婉，但意图一定要明确，使学生通过联想能正确理解教师的用意，从而改善自身的行为，最终达到教育的目的。

（四）受情境的制约

暗示语只能在一定的情境中产生和发挥作用，抓准时机十分必要。另外，它不适合用于需要充分而深刻说理的教育活动。

二、暗示语的类型

（一）根据暗示信号发出的方式分类

1. 直接暗示

直接暗示是用直陈式的说明，把事物的意义直接提供给学生，使学生迅速而无意识地受到暗示。如有个别学生不参加早读，老师说："明日早读进行纪律检查，各小组评比。"这种启发自觉性和集体荣誉感的暗示比直接批评效果更好。

2. 间接暗示

间接暗示是把一事物的意义间接地借其他事物或行为提供给人，使人迅速而下意识地加以接受。比如老师用自己的言行对学生施加影响就是一种间接暗示，常借用故事、寓言、笑话、赠言等给学生以暗示。

(1)故事暗示。运用故事暗示时，选择的故事要生动，有感染力，易于引发联想，针对性强。

(2)寓言暗示。寓言往往隐含着劝谕或讽刺，用暗示法给人以启迪和教育。暗示教育所选用的寓言往往只叙述故事，寓意留给听者体味。运用时注意寓言特点，寓言的故事情节是虚构的，寓意的表达方式大多是借此喻彼、借近喻远、借古喻今、借小喻大，有鲜明的哲理性和讽刺性。

(3)笑话暗示。即用引人发笑的故事暗示，在笑声中使被批评者摆脱难堪，保持自尊，愉快地接受批评。用于暗示的笑话要有教育意义，既是非分明又充满善意。由于暗示的对象是学生，因此笑话的选择更要有分寸，不要选具有讽刺性或攻击性的笑话。

(4)赠言暗示。即针对学生存在的问题，选择能启发学生的名言、格言、警句等进行暗示。运用赠言暗示要注意时机的选择，适应对方的认识能力，赠言要简洁，语言富有哲理性，能引发学生思考。

（二）根据从暗示信号发出的方向与暗示目的的关系分类

1. 顺向暗示

顺向暗示，又叫正暗示，其特点是暗示信号与暗示目的一致。

四年级学生小玲娇生惯养，自理能力差，一天老师对她说："小玲，老师下周准备到你家去，看看你帮妈妈干家务活的成果，好吗？"

放学回家，小玲又是拖地又是抹桌子，甚至还要帮妈妈洗碗。妈妈感动地说："我们小玲真是长大了！"小玲听了以后，干劲儿更大了。

从此以后，小玲的自理能力越来越强了。

2. 逆向暗示

逆向暗示，又叫反暗示，俗称激将法、说反话，其特点是暗示信号与暗示目的相反。

某学校六年级一班同学就要毕业了，他们照顾一位孤寡老人的任务要移交给一个新的班级。四年级一班的同学们知道了，想把这个任务接下来，班主任说："这个想法很好，我支持。可是，人家六年级一班干了三年，先进事迹还上过报呢，你们能干得像他们那样出色吗？我看，这不太容易。"同学们一听，决心更大了。

当然，在教育过程中，除了用语言暗示外，体态语在一定的情境下也可以起到暗示的作用。比如说，上课时有同学在讲话，你可以停下来，不讲话，只是看着同学。这一暗示，也许比直接说明效果更好。

三、暗示语的要求

第一，把握心理，顺情导入。要把握学生的心理，首先必须了解他们的需求、情感及心态，然后再通过语言的作用，使之无意识地产生心理活动，不知不觉地受到影响。据说在三国时代，曹操率军出征，在一个盛夏的中午，烈日当空，士兵们渴得嗓子都要冒烟了。曹操看到这种情况，便用马鞭指着前方说："前面就是一片酸梅林。"士兵们一听，想到梅子的酸味，顿时流出了口水，也感觉不到口渴了，继续向前赶路。这就是脍炙人口的"望梅止渴"的故事。曹操利用语言的暗示作用，收到了止渴的效果。

第二，旁敲侧击，点而不破。旁敲侧击，即对学生存在的问题不直接点破，只是从侧面敲击一下，使其注意。如在课堂上，有个别同学对任课教师不尊重，甚至起哄，扰乱课堂秩序。课后，班主任找那些闹得凶的学生谈话："我打算开一次'尊师演讲会'，请你们当'演员'，给大家来场精彩的表演。"几个学生听了脸红了，感到难为情，最后主动向老师认错。这位教师并没有严厉地批评学生，也没有讲一番大道理，只是侧面暗示了自己的态度，言微力重，使学生受到了深刻的教育。

第三，诙谐含蓄，有所启发。语言诙谐，能够调节气氛，改变本来紧张、严肃的情境；说话含蓄，婉转自如，能使双方心理相容，易于接受并引起重视，收到突出的效果。在美国，一条公路在大海边拐弯，交通部门在此树立了一个路标向司机发出警告："如果你的汽车会游泳的话，请照直开，不要拐弯。"这里恰当地寓警告于幽默诙谐之中，不仅暗示了危险地段，而且能引起司机的重视。

第四，意旨明确，通俗易懂。暗示的意图要明确，语言要根据学生的理解能力恰当使用，必须以让学生听懂并正确理解为前提，否则，也就起不到暗示的作用了。

暗示主要是通过语言、动作、表情或其他信号，对他人心理产生潜在的影响。暗示语不一定都要摆事实、讲道理，有时只讲事实，或只讲一个故事、一种知识，不作褒贬，不摆观点，却又明确地向他人暗示了态度，或者通过这种潜在影响改变他人的感受、理解和观点。有时，教师说话的强与弱，表情的冷与热，以及一个动作、一种眼神，都具有暗示的效果。可见，暗示是教育过程中一种不可或缺的手段。

情景练习

1. 有一位学生考试时常做小动作，如果你是老师，如何运用暗示语对这位学生进行教育？

2. 班上有位性格内向、孤僻的同学向你借了一本你最喜爱的书，很长时间了还没还，你如何婉转地要回你的书？

3. 试评析下面这位老师运用的暗示语。

一位教师走进教室，看见地面很脏，说："我们班真是物产丰富！五彩斑斓的纸屑撒满地面，还有瓜子壳点缀其间。我们生产了这么多垃圾，总得想办法出口啊！"听了这话，同学们很不好意思，马上把教室打扫干净了。

第六节　激励语

激励语，是指教师针对学生的动情点给以刺激，激发学生积极向上的情绪和意志，鼓励他们进取的言语。在教育过程中，教师把自身或社会的期望变成被激励者的动机或兴趣，从而增强被激励者的荣誉感、责任心和奋发向上的精神。

一、激励语的要求

第一，抓动情点，给以刺激。调动学生的热情，把教师或社会的期望变成被激励者的动机或兴趣，从而增强荣誉感、责任心和奋发精神。一般用富有激情的语词、热烈的语态、激昂的语调感染学生。

第二，关注到位，赞扬性强。关注学生的行动，及时赞扬鼓励，帮助学生树立克服困难的信心，提高积极向上的内趋力，把学生引入一个更高远的目标，语言要平和恳切。

二、激励语的类型

（一）鼓动语

鼓动语是教师在学生有畏难情绪、信心不足时，帮助他们树立信心，推动他们前进的教育语言，也是在学生取得一定成绩，激励他们向更高目标迈进的教育语言。

于永正老师借班上公开课，请到一位叫何超的同学朗读课文。何超不是丢字就是添字，不是读错就是把句子读断。但他不怕错，不气馁，当着那么多听课老师的面，竭尽全力地去捕捉每一个字，大声地念每一个字，在于老师的指导下，终于读下来了。于老师说："何超，你真是好样的，有了这种顽强的精神，何愁超不过别人。"课间，何超坐在位子上，一字一字地大声读课文，于老师劝他"放松放松"，他说："我要读书。"第二节课，于老师又给了他一次朗读的机会，他竟然能流畅地朗读了。

在公开课上，于老师无意中请到一个朗读能力很差的学生，把好端端的文章读得支离破碎。于老师能从学生的态度中找到肯定的因素，并且幽默地用他的名字来鼓励他进一步努力。何超后来的表现，证明了老师的鼓动语对学生进步成长的巨大作用。

（二）激发语

激发语是教师激起学生奋发争先的情绪和意志的教育语言。正面激发时刺激性语言与激发目标一致，反面激发即刺激性语言与激发目标相反。

一个非常调皮的学生，上课时喜欢大声嚷嚷，往往使发言的同学无法继续说下去。开始，老师用最平常的沟通方式提醒他，如他嚷嚷时，点他的名或敲敲他的桌子或下课严厉地批评他，效果都不太理想。一次，老师很认真地把他叫到身旁，在他耳边说："上课时，如果你先认真倾听别人的意见，你会发现更广阔的天地。然后，你的发言会比现在更精彩，愿意试试吗?"他很惊讶地望着老师，然后点点头。下一节课开始了，他果然听得很认真，发言也有理有据，反驳有力。老师抓住时机大加表扬，这名学生也越学越来劲。久而久之，这名学生上课随便插嘴、大声嚷嚷的毛病改了许多，他听的能力和说的积极性也被调动起来了。

老师用耳语与学生交流，是对这位学生特别尊重的表现，老师建议性的语言，激发了学生展示自我的心理需要，果然，学生认真听课后的发言进步了，老师及时的表扬，更增强了学生追求进步的信心，学习的情绪调动起来了，自然就改掉了不少坏毛病。

（三）勉励语

勉励语是教师用来勉励学生、激发其深入思考或奋起前进的赠言或忠告性的教育语言，话语显得平和、恳切。

一个黑人的孩子叫基恩，他看到一群白人孩子买来彩色气球，玩得非常高兴，他很自卑，不敢跟他们玩，等白人的孩子都走了，他才带着恳求的口气对卖气球的老人说："您可以卖一个气球给我吗？""当然可以，孩子。"基恩买了一个黑色的气球。老人看着小基恩把氢气球放上天后，拍拍基恩："记住，气球能不能升起，不是因为他的颜色、形状，而是气球内充满了氢气。一个人的成败不是因为种族、出身，关键是你的心中有没有自信。"基恩后来成长为美国著名的心理医生。

卖气球老人的话语充满了激励、关爱和哲理。我们的老师面对暂时后进或者心理自卑的学生时，如果都能像卖气球老人那样去鼓励他们，老师的教育肯定是成功多于失败的。

三、激励语的表达方式

（一）美语赞扬

赞扬是对学生的良好思想行为给予好评或赞美。恰当而准确的表扬，能使学生明确自己的长处和优点，激发进取心和增强荣誉感。

运用赞扬的注意事项：

第一，抓准赞美和表扬的题材，实事求是，根据激励的需要突出重点。

第二，赞扬的时机恰当，善于发现每个学生的闪光点，及时恰当地赞扬，激发学生的积极性，避免骄傲的学生更加自负。

第三，注意心理平衡，促进同学团结。赞扬要使被赞扬者受到激励，使其他同学学有榜样，促进集体良好风气的形成。

第四，赞扬要用褒义词，语气亲切，语调高扬。

（二）榜样鼓励

榜样鼓励是指讲述值得学习和可作范例的好人好事来激励学生。

榜样，能影响学生的思想和行为，能对学生产生巨大的感染作用。特别是学生身边的、大家所熟悉的先进典型，看得见，摸得着，更有一种真实感和说服力，容易引起学生感情上的共鸣，给学生以鼓舞、教育和鞭策。

榜样，还可以成为学生自我对照的一面镜子，在与榜样的对照中找出自己的差距，能引起学生的自愧和内疚，从而自觉地去克服缺点，纠正不良行为。对此，教师应当根据学生中存在的问题，向学生提供榜样，树立正面教育的典型，用具体、生动的事例去影响学生的思想、品德和行为，运用典型示范方法，使思想教育工作形象化，把空洞的说教变成鲜活的示范，激发学生模仿和追赶的愿望。榜样具有一种强大的感召力，有了榜样，学生学有目标，赶有方向，就能时时受到激励。

运用榜样鼓励的注意事项：一是选择好人好事要有针对性；二是尽量选择学生看得见的榜样；三是叙述语要清楚明白，富有情感性；四是叙述和评析相结合，使学生明白学习的方向，从而提高认识水平。

（三）忠告勉励

忠告勉励是指用忠告的语言或赠言勉励学生，激发其深入思考或奋起前进。

运用忠告勉励的注意事项：一是要透彻了解学生的心理，选择最能触动学生心灵的忠告和赠言；二是语言要简洁，富有哲理；三是情感浓烈；四要讲究语言修辞的变化。

（四）反语刺激

反语刺激是指用反面的话刺激学生，使其自尊心从自我压抑中解脱出来，迅速奋起。

运用反语刺激的注意事项：首先，选择好激将的对象。反语刺激并不适宜所有的人，多用于心胸较为开阔的人，运用时要特别慎重。其次，看准时机。反语出言过早，易使人误解；出言过晚，奋激情绪消失，难有收效。再次，注意分寸，不疼不痒起不到激将的作用，过于尖刻又使人反感，可褒贬、抑扬相结合。最后，态度真诚，从信任、爱护出发设计言语。

（五）教训陈说

教训陈说是指讲述教训，启示学生不可重蹈覆辙，从反面激励学生慎重大胆地前进。

运用教训陈说的注意事项：一是所选用的事例要有明确的针对性；二是陈说教训时语气要恰当；三是注意在整个过程中一定要抱有一颗真诚的心。

四、激励语应注意的问题

（一）要用积极的思想作为引导

崇高的理想、远大的志向，能激发学生积极向上，朝正确的方向发展。

在平时的思想教育工作中，教师要不断激励学生在思想上要求进步，热爱集体，热爱生活，勇于克服困难。教师还应当善于及时发现学生身上的“闪光点”，第一时间予以肯定、鼓励，促进其思想上进步因素的扩展与稳定。在教师的正确引导下，学生有时能产生强大的精神动力，能对自身存在的不良倾向加以矫正，改掉坏毛病、坏习惯，能胸怀大志，立足现实，把远大的理想化为实干，积极开拓，不断进取。

（二）激励要有一个明确的目标

人的行为都是有目的性的，是需要和希望的反应。因此，在学生思想教育工作中，教师要鼓励学生上进，就必须了解学生的需要，帮助学生确立一个明确的奋斗目标。人生的价值就在于奋斗，可以说，一个毫无目标、毫无追求、浑浑噩噩地生活的人，终将是一事无成的人，唯有“有志者”方能“事竟成”，“有志者，立长志，无志者，常立志”。一旦目标确定，就必须付诸行动，教师要帮助学生正确对待挫折，克服困难，百折不挠，勇往直前，要经常用语言去激发学生：“不想当元帅的士兵就不是好士兵。”不断激励学生为实现目标而努力拼搏，发掘出他们内在的潜力和热能，扬长避短，发挥才干。

（三）激励要有真情

教师的情感直接影响学生的思想和学习情绪。关心、爱护学生，就会使之产生欢乐愉快的情感，增强学生前进的动力；反之，厌恶、训斥学生，就会激起学生消极的、不愉快的情感，对老师疏远、灰心、抗拒，教师的教诲就不易被学生接受。因此，良好的感情基础，是学生接受思想教育、转变行为的必要条件。教师满怀深情的话语，往往能使学生产生自觉的情绪体验，在和谐融洽的气氛中谈话，无论讲道理还是提要求，效果一般都很好。教师经常关心学生，了解学生的需要，帮助学生解决实际问题，就会使学生产生亲近感，愿意向老师诉说心里话，并主动加快前进的步伐。教师对每一位同学的微小进步都给予关注，并适时加以表扬和鼓励，就能增强学生进取的信心，调动他们的积极性、主动性和创造性。

（四）激励要公平，要保护学生的自尊心

教师对待学生要一碗水端平，一视同仁，不偏不倚，不能凭感觉做事。在对学生奖励、信任、关心或表扬、批评时，要尽量做到公正、合理。如果同样的付出没有得到与别人同样的报偿，学生就会产生不公平感，这样就会伤害他们的自尊心，轻者内心不平，行为消极，重者则愤怒不满，易转化为逆反行为、消极对抗，有的甚至还会做出不理智的举动。对此，教师应有清醒的认识，要热爱、关怀每一位学生，做到一视同仁。

情景练习

1. 一位全国优秀教师，接了全校出名的“乱班”之后，第一次与学生见面时说：“谁说我们是个乱班？谁说我们班不能夺得全校红旗？我认为持这种说法的人太不了解我们班了，太低估我们的能力了。学校领导安排我带这个班，就是要我带领大家夺红旗的！同学们，今年我们一定要把学校班级的红旗扛回来！大家有没有信心？”学生的回答是响亮有力的。后来，不到一年，这个班果真变成了先进班，赢得了流动红旗。

这位老师的激励语有什么特点，试想一下如果老师不用激励的方式，而是一味的批评教育，会有这样的效果吗？

2. 学生瑞宁普通话说得很好，而且声音很好听，全班同学对她参加学校朗诵比赛充满希望。但是在临赛的前一天，学校要求她更换朗诵内容。班主任按要求给她重新选好了材料，可她却以时间紧来不及为理由，打算放弃这次比赛。班主任热情地鼓励她说：“你代表的是我们全班45名同学，大家的目光注视着你，我和同学们都相信你会把参加朗诵比赛的任务完成好。”听了老师的话，她信心十足，抓紧时间背诵和练习，第二天她精神抖擞地走上了讲台，结果获得了全校朗诵比赛的第一名。作为老师，你将如何激励瑞宁鼓起勇气参加比赛呢？

3. 同桌两人，成绩都不是很好，马上就要期末考试了，他们互相用激励语激励对方好好复习，争取考个好成绩。让两名同学分别扮演同桌两人，看看怎么样互相激励才能够取得最好的效果？

第七节　表扬语

表扬语是指对学生优良的思想品质或言语行为给予肯定性评价的语言。它可以强化被表扬者的良好表现，将这些言语行为巩固起来，并为其他同学树立榜样。

苏霍姆林斯基说过：“赞扬差生极其微小的进步，比嘲笑其显著的劣迹更文明。”心理学家也认为，每个学生都有成为好学生的欲望，教育就应该让教育对象“找到我是好学生”的感觉。受到表扬的学生不会变坏，因为表扬能帮助学生建立自尊、自信，帮助实现自我价值。一位经验丰富的老教师说过：“你如果想要一个学生消沉的话，只要经常批评他就可以了；如果你想要一个学生获得动力的话，那么去表扬他吧。”

艺术地使用表扬，能使教育教学工作开展得更加顺利，更有成效，能更好地沟通师生之间的情感，引起学生的共鸣，使教育真正成为一门艺术。爱因斯坦这样说过：当别人表扬他思维能力强，有创新精神，他一点儿都不激动，他作为大科学家听这类话听腻了，但如果谁赞扬他小提琴拉得棒，他一定会兴高采烈。因此，表扬不要老是停留在学生习以为常的优点上，而是要去挖掘学生身上一些平常大家注意不到的优点，表现出教师的独特眼光，让学生得到一些新的肯定，效果反而更好。

一、表扬语的要求

(一)真实公正

表扬的真实性体现在两方面，一是表扬时教师的感情要真诚，不勉强做作。一个真正热爱学生的教师，会用欣赏的眼光去看自己的每一个学生，会为学生的每一点进步而欣喜，会发自内心地去赞赏他、鼓励他。切忌为表扬而表扬的形式主义。二是表扬的事实要准确，不能夸大其词。表扬的激励作用是建立在真实的基础上的，如果表扬的事件不真实，就会适得其反，不仅不能激励被表扬者和其他同学，还可能使被表扬者受到同学的讥笑、孤立，也会影响教师的威信。所以在进行表扬前，教师一定要对表扬的事实进行核实。在教育中，公正是民主精神的一种体现。对教师而言，公正是对学生进行评价时应有的基本立场；对学生而言，是对老师评价的合理要求。教师运用表扬语的公正性，就体现在面向全体学生，对他们的成长与进步，一视同仁地给予肯定和鼓励，不能只看到优秀生的优点，却看不到后进生的亮点，更切忌想当然、凭主观印象看人，对后进生的优点、进步持怀疑态度，甚至挖苦讽刺。教育实践中，老师们表扬好同学很容易做到，但要表扬后进生往往很难。

(二)及时适度

表扬是一种激励，因此及时表扬能发挥最大的功效。尤其是小学生，乐于表现自己，在取得成绩或做了好事后，一种期待甚至渴望得到他人肯定和认可的心理比较强烈。老师在这样的期待心理背景下，给以及时的表扬，有助于及时强化学生积极进取的愿望。一旦时过境迁再择机表扬，被表扬者往往少了激动，导致良好行为因为得不到及时的强化而消退，其他同学也不易被感动，对学生的激励作用就大打折扣了，而且大大削弱了教育效果。这里的及时还有另一层意思，就是能敏锐发现那些平时没有突出成绩而此时有了哪怕一丁点儿突出表现的同学，甚至是一直比较落后而现在有了进步的同学，及时给予强烈的表扬，比如“你的回答与众不同”，“我很欣赏你表现出来的信心”，“我很喜欢你的实话实说”，“你们认真倾听别人发言时的神态，真让我感动”等。

教育提倡运用表扬，表扬不足会使学生自卑，但正如糖吃得太多就不甜了一样，一味表扬就会失去激励作用，所以，表扬忌“滥”。因为人人都受表扬就等于谁都未受表扬，某个同学时时处处受表扬也就无所谓表扬。“非常了不起”“棒极了”这类毫无内涵的低层次的“戴高帽”式的表扬，并不能起多大的激励作用。实践告诉我们，过多的表扬非但不能激发学生的积极性，反而会将心理尚未成熟的学生诱入自恃过高的幻想，忽视自身的不足，导致听不得批评，心理承受力差等问题的产生。所以有识之士提出要将赏识教育与受挫教育并用。

（三）善于发现优点

面对学生的表现，要善于发现他们的优点，尤其是对后进生，要用发展的眼光去欣赏，挖掘出他们身上的优点，通过表扬消除他们的对立情绪，激发他们的上进心。在教育实践中，我们会看到很多教师运用表扬语使后进学生迎头赶上、成为先进的动人事例。

二、表扬的类型

（一）当众表扬

当众表扬是指在公开场合当着众人的面所做的表扬。这是教师最常用的表扬形式。一般来说，当众表扬因为受众多，影响大，更能使受表扬的学生产生一种荣誉感，特别当受表扬的是后进生时，更能帮助他们找回自尊，树立自信心。当众表扬也能为其他同学树立榜样，使表扬的激励作用得到充分发挥。

任小伟是一个令老师头疼的学生，什么恶作剧都敢做，什么热闹都要凑，总爱和老师唱反调，作业从来不交。为了改变这种状况，老师对他展开了跟踪调查，发现了他无论刮风下雨，他都坚持送邻居家的小妹妹安全回家。老师如获至宝。

在一节口语交际课上，老师大力渲染气氛：“同学们，你们知道我们每天学习的活雷锋，他现在在哪里吗？现在他回来了，回到了我们的学校，来到了我们的班级。他整天摆出一副对什么事都漠不关心的样子，而事实上却是那么乐于助人，极富爱心和责任感。同学们，猜一猜这个人是谁？”同学们的情绪立刻高涨起来，可猜了半天也没有猜到“任小伟”这个名字。谜底一揭晓，同学们都目瞪口呆，在老师告诉大家他的事迹后，教室里响起一阵热烈的掌声。

老师又接着说："下面请同学们做小记者采访一下任小伟同学。不管什么问题，他一定会给你们一个满意的答复的。"话音刚落，同学们"呼啦"一下把他围了个水泄不通。再看任小伟，像一个获胜的将军一样，神气十足地解答着同学们的一个个问题，很显然，他完全沉浸在幸福之中了。

最后老师作了总结："同学们，下面我们一起总结一下。同学们都知道任小伟有不少缺点，但是缺点可以改正啊！一个雷锋式的好少年，他怎么能拒绝进步呢？我相信任小伟同学在以后的学习中，一定会做得很出色，他一定是咱们班里的佼佼者，也是我和同学们的骄傲！"

这是一个当众表扬的例子。教师借助于课堂这个公开的场合，对一个平时表现较差的学生进行表扬，并让学生采访他，让他体会到被同学尊重的幸福，唤起了他的自信和自尊，从而促进他的自强。同时，采访这一形式，很巧妙地给同学创造了一个学习机会，也充分发挥了榜样的作用。

(二)个别表扬

个别表扬就是私下里与学生个别交谈时所做的表扬。

在教育活动中，为了更好地了解、帮助学生，老师常常要与学生单独相处，就学生的学习、生活等话题，与学生进行交流。这时若从表扬入手，就会使学生心情愉悦，放松戒备，从而拉近学生与老师的心理距离，交流沟通也会更加顺畅。

一位同学学习成绩一般，但体育很好，一次在全校运动会中获得了长跑的冠军。比赛一结束，老师立即找他谈话，赞扬他说："长跑可是要有很大的耐力的，要跑个第一名真的不容易，你真的很厉害！在其他方面，老师相信，只要你努力，将来肯定会有出息的！"这位同学很开心，在后来的学习中，他的干劲儿也越来越大，进步很快。

由此可见，老师只要善于抓住机会，不失时机地对同学加以表扬，就一定能够在学生的教育中取得事半功倍的效果。

(三)随时夸奖

教师在与学生的频繁接触中，会随时看到学生言行中的闪光之处，这时老师及时表扬他们的点滴进步，能够强化学生的意识，巩固这些好行为，培养学生形成良好的习惯，而不必拘泥于在正式的集体场合表扬。不失时机地、多次地、简短地表扬，效果要比一次长篇大论的表扬好得多。比如看到学生把掉在地上的黑板擦捡起来，或离开教室时主动关灯，可以对他说："你能爱护公物，注意节约，真是好样的。"再比如，看到值日生把黑板和讲台擦得一尘不染时对他说："谢谢啦，你真是个负责的好孩子！"如果值日生是一位平日学习较差的学生的话，可以就此借题发挥："值日做得这么好，老师相信你在其他方面也一定能做好！"

教师的随时夸奖，可以增强学生的荣誉感，巩固学生的行为习惯，营造良好的教育环境。

三、表扬语的表达方式

(一)美语赞扬

美语赞扬就是用诗化的语言来称赞、表扬美的行为与品质。其特点是语言华丽，语调高昂，富于激情。其要求是赞美之辞须恰到好处。

开学伊始，王老师接了一个烫手的山芋——三年级六班，这是一个全校闻名的乱班。开学前，他从前任班主任那里了解到，这个班班风不正，大多数同学不守纪律，不爱学习。

王老师觉得首要的任务是让同学们正确地认识自我，然后引导同学们努力塑造自我。他组织同学们开展了一次"成果展示会"，主题是"我，好样的！"同学们把自己在各项活动中获得的奖状、荣誉证书都带来了，无论奖励级别高低，大家的脸上都挂满了喜悦和自豪。班会接近尾声时，一个名叫李乐的同学捧着一叠小红花走上讲台，他说："在小学里，我学习成绩不好，又喜欢打架，可我在幼儿园被评过好孩子呢。你们看，这是我得的小红花。"说着，他的脸红了，同学们用掌声把他送回了座位。

这时，王老师对同学们说："李乐同学敢于当着大家的面承认自身的不足与缺点，这是好样的。一叠小红花，证明了李乐同学有光荣的昨天，我相信，在咱们这个团结友爱的大家庭里，他一定能够创造一个更加光荣的明天！"此时，教室里又一次响起了热烈的掌声。从那以后，李乐同学再也不欺负小同学，不拖欠作业了，这个班的班风也越来越好。

王老师因为对学生有深笃真情，充满了对学生的欣赏和信任，才会创造机会让他们充分展示自己的优势，树立自信。而且老师拥有一双慧眼，能发现后进生身上的闪光点，不失时机地给予肯定和赞美，并提出更高要求。可见，表扬并不是单纯说好话，而是要出于对学生的一片真心，与人为善，方能激起学生的上进热情。

(二)迂回夸奖

迂回夸奖就是不当面表扬，而是绕个弯子，通过他人之口传达赞美信息。这种方法适用于不喜欢当众表扬的学生，用于激励"后进生"也很有效果。

我接了个新班，班里有一"差"生，从小父母娇生惯养，一旦谁得罪了他，张口就骂，动手就打。原班主任对他的结论是道德败坏！开始，我对他以批评为主，表面看，他比以前老实多了，但一“暗访”，发现他“恶习”并没有改。硬的不行，我就对他来软的。只要发现他一个小小的优点，我就在课堂上大大表扬一番。但一暗访，坏了！他对人说老师是“硬的不行，想来软的哄我，哼！我就不吃这一套”。我的心凉了：难道他真是一块顽石？人人都希望得到别人的表扬，他为什么不呢？

有一次，他又因小事打了别人，家长来校道歉，谈起了教育孩子的难处：“哎！从小把他给惯坏了，将来怎么办呢？”

“其实，他有很多优点……我相信他慢慢会改掉打人骂人的坏习惯的！”

过了一段时间，大家突然注意到，这段时间没有同学告他的状了。家长也纳闷了：“似乎变了一个人，回家就做作业。”

为了寻找他变好的原因，我单独和他谈了一次话：

“以前大家都盼望你改掉打人骂人的坏习惯，老师经常批评你，也经常表扬你的优点，但你为什么都不接受呢？”

“……”没有回答。

“你从什么时候下决心改掉坏习惯的？”

“从……从你对我爸爸说我成绩不错，还有许多优点……”

“这些话我在班上对你说过很多次了呀？”

“……”没有回答。

我猛然记起《中国教育报》上的一篇文章——《“遗忘”在讲台上的班务日志》，是不是一个道理呢？对！肯定是！文章中引用的学生日记中的一段话颇使人深思：“这些话老师曾对我说过多次，那时我以为老师是当面奉承我，甚至敷衍我，是企图使我听话和就范的‘招数’。自从看了班务日志后，我才知道，这些话是出自老师的真心……”

我从中悟出了很多：人人都希望听到别人表扬，但又怀疑对自己的正面表扬，尤其是“差生”；人人都讨厌别人背后说自己的坏话，但都愿意听到别人背后说自己的优点……

对待批评、表扬都不在乎的“差生”，教师背地里的一次夸奖，收到了这样好的效果。这证明了美国心理学家威廉姆·杰尔士所说：“人最最深切的要求是渴望别人的欣赏。”后进生也不例外。关键在于因人施教，方法得当，促使学生内心改善品德的愿望转变为行动。迂回夸奖不失为一种好办法，“一言”之效万万不可忽视。

（三）赠言暗示

赠言暗示是针对学生成长过程中的情况，选择启发暗示他的名言、格言、警句，口头赠送给他。这是一种善意的提醒，委婉、含蓄，适于性格外向又敏感的学生。

有个同学非常注意自己的仪表，有时刻意打扮，略显过分。怎样提醒她呢？在一次集体郊游活动中，班主任看到她仔细收拾了抛弃物。集合时，班主任在全班同学面前表扬了她，说："美的外表和美的心灵是奏出美的旋律不可分割的音符，心灵美、行为美、仪表美的协调与和谐是美的最高境界。"此后，这个同学不仅做到服饰得体，而且学习更加努力，对公益活动也更加积极。

教师用溢美之词来表扬学生，说明内在美与外在美不可分割，也暗示了内外美的协调与相依。诗化的语言，贴切的比喻，如春风沐浴全身，如春雨滋润心田。一语赠言，明目启智。

情景练习

1. 12 岁的树珊周末自愿到学校图书馆帮忙编写目录。到了星期六，她发现功课做不完，因此后悔自己所作的承诺，也为此感到沮丧，所以那天早上，当她到达图书馆时，已经泪流满面。如果你是她的老师，了解这一情况后，你将会怎样通过表扬的方式安慰这位同学呢？

2. 暑假结束了，打开新调整的教室，班主任发现墙壁被屋顶渗水严重污损。他灵机一动，贴出启事一则，希望热心公益的同学自动成立粉墙队，把教室的墙面粉刷一下。第二天早自习，班主任走进教室，发现教室的墙面已经被粉刷一新，教室里洋溢着崭新的气象。当他露出微笑时，全班同学都报以掌声。此时，班长把主动参加粉墙的同学名单交到他手中，请你以班主任的身份对此事作一次表扬。

3. 初三(2)班的李明，平时纪律比较散漫，有时还与老师顶撞，学习也不努力。一次课外活动踢球，他不慎将教室的玻璃打碎了。晚上，他一个人悄悄地来到学校，将新买的玻璃配上。门卫师傅发现后，第二天将这件事告诉了班主任。假如你是班主任，你将如何表扬他？

第八节　批评语

批评语，是对学生所表现出来的错误思想和不良行为进行否定，以促使其改正的一种教育口语。它是思想政治教育中常用的一种教育手段，主要用来指出缺点和错误，总结经验教训，提出正确的做法，以达到学生修正错误、提高认识的目的。“金无足赤，人无完人”，我们教师要能及时发现学生身上的缺点和不足，予以指出，并帮助他们改正，由此提高学生对是非、美丑、善恶的辨别能力，激发学生的上进心，使学生健康地成长。

一、批评语的特点与要求

批评语是一种育人手段，运用得当可以促使人警醒，反之就会产生副作用。批评语作为一种语言艺术，它的效果在很大程度上，不仅取决于教师批评的内容，而且取决于教师批评的方式和对批评语言的选择。所以教师要慎用批评语，运用时应注意以下几点：

（一）坚持以正面教育为主的原则

少用或者不用处罚的方式，以正面教育为主，尽量做到让学生心服口服。中国传统文化宣扬“打是疼骂是爱”，所以父母对子女、老师对学生的教育是不太尊重孩子的。作为一个新世纪的教师，应当彻底摒弃这种旧的思想。在批评学生时，要注意创设良好的心理环境、融洽的氛围，让学生消除戒备和逆反心理，放下挨训的心理包袱。批评时态度要诚恳，要始终尊重被批评学生的人格，信任他们。要明确这一次批评是针对哪一件事的，不要算总账，不要由此涉及学生的人格、品行，甚至对家庭进行评价。还有就是要给学生解释的机会，避免发生错误批评，了解学生真实的想法，对症下药。只有这样，教师的批评意见学生才有可能听进去，教师的建议也才有可能被采纳，教育也才有效果。

（二）批评要有善意

批评只是一种教育手段，并非教育的目的，运用批评的手段是为了使学生改正缺点和错误，更快地进步，更好地成长。因此，教师在批评时应当采用善意的语言，切忌恶语中伤，要态度诚恳，要有耐心，尽量给学生具体分析错在哪里，为什么会错，明确指出什么是对的，使学生明辨是非，心悦诚服。同时，还需要给学生创造改正缺点和错误的机会，否则批评就失去了意义。

（三）批评要讲究方法

能够个别教育的，就不要采取公开批评的方式；能通过暗示解决的，就不要挑明。要尽量做到硬话软说，严话宽说，以便学生接受。就事而言，既不要作隔靴搔痒、泛泛而谈的批评，也不要作喋喋不休、旧账重提式的批评；就人而言，要针对学生的个性特征，采用最合适的方式。

二、批评的类型

批评作为一种教育手段，运用时的效果如何，很大程度上取决于教师批评的方式和批评语言的选择。俗语有“良药苦口利于病，忠言逆耳利于行”，注意和讲究批评方式和批评语言的选择，就是要在苦口的良药外加一层糖衣，使学生们愿意吃，就是要让这“忠言”变得顺耳，使学生们愿意听。

（一）直接批评

批评教育时最常用的方法是直接批评，就是直截了当地指出学生所出现的问题并进行教育，促其改正。它适用于对性质严重、影响较大事情的批评。对于惰性较强、有侥幸心理的学生采用此方式猛击一掌，会起到警示作用。

某校长在全校学生大会上严肃地批评道：“同学们，通过几天的观察，我发现我们食堂浪费粮食的现象非常严重。早上，满满一缸稀饭、馒头，中午、晚上又是满满的大米饭，缸的四周洒满饭粒，一天下来怕有一二十斤吧？而且周而复始，天天如此！一粒粮食，从播种到收获，要经过几十道工序。‘锄禾日当午，汗滴禾下土，谁知盘中餐，粒粒皆辛苦。’这首诗大家都会背，意思也懂得，可为什么还要这样浪费粮食呢？我们当中大部分学生来自农村，父母都是农民，知道粮食来之不易，可为什么一踏入学校大门就随意浪费粮食了呢？当前我国耕地不断减少，人均只有几分地，形势非常严峻，可我们却还在这里当阔少爷！浪费粮食绝不是小事一桩，它反映了一个人的思想、觉悟和道德品质。明人不用多说话，响鼓不用重槌打。这件事今天在这里讲了，请大家重视起来。各班要把反对浪费提上议事日程，要组织讨论，制定措施，杜绝此类现象发生。”

校长对种种浪费粮食的现象，用“粒粒皆辛苦”的共知之理，“形势非常严峻”的共识之实，正面批评了同学，丝丝入扣，层层推进，以理服人，让人不得不认真反省，暗下改正之决心。

要注意的是，在使用直接批评的方法时，尤其是对个别学生，老师们不妨“路留一步，味减三分”，给学生留有改正错误的余地，千万注意不要伤及学生的心理，引发师生的对立情绪。

（二）间接批评

批评教育还可以用间接的方式，即间接批评。这是一种柔性批评的方法。它带有弹性、情谊性、可比性和知识性，如果运用得好，可以收到比直接批评更好的效果。下面介绍一些具体方法。

1. 榜样法

这是一种正面引导的方法。或者通过表扬那些做得好的同学，或者教师自己用行动来示范，为学生提供可以学习的榜样，从而间接地批评错误的言行，促使他们改正错误的言行。

有一位很胖的女同学找到老师，说大家都叫她很难听的绰号“肥婆”。晨会上，老师问大家：“谁最先喊人家绰号的？自觉站起来，罚扫地一周！”学生异口同声地说：“是孙二愣！”接着就一阵窃窃私语。原来孙二愣叫孙二龙，因为上课总是走神，老师曾在班上说过：“还二龙呢，常在那发呆，叫孙二愣还差不多。”于是孙二愣的绰号就叫开了。此时老师知道已骑虎难下，就说：“我宣布一个决定，自本周起我扫地一周作为惩罚。同时，我向孙二龙同学表示道歉。”于是，刘老师每天第一个来到教室扫地，等到第三天时，刘老师来到教室，发现教室已被打扫得干干净净，黑板上还写着一行字：“老师，我们知道自己错了，我们再也不乱喊别人的外号了，教室还是让我们打扫吧。”从那以后，乱给别人起外号的学生没有了，学习风气也变得更好了。

教育家加里宁说：“教师仿佛每天蹲在一面镜子里，外面有几百双精明的善于窥视教师优缺点的孩子的眼睛在不断地监视他。”教师的言行对学生有着潜移默化的作用，教师教育学生首先应从自身教育开始。

2. 肯定法

这种方法是对所要批评的事实进行分析，挖掘出其中值得肯定之处，激起同学自我批评的心理动机，从而使其获得重塑的内驱力，自觉地认识缺点和错误，进行纠正。

例：“四块糖果”

陶行知在育才小学当校长的时候，有一次看到一个叫王友的同学用泥块砸班上的男同学，当即制止了他，并让他放学时到校长室来一趟。放学后，陶行知来到校长室时，看到王友已经等在门口准备挨训了。不想陶行知从口袋里掏出一块糖递给王友说：“这是奖给你的，因为你按时到了，而我却迟到了。”王友惊疑地接过糖果。随之，陶行知又掏出一块糖果放到他手里：“这第二块糖果也是奖给你的，因为当我不让你再打人时，你立即就住手了。这说明你很尊重我，我应该奖你。”王友更惊疑了。陶行知又掏出第三块糖果塞到王友手里：“我调查过了，你用泥块砸那些男生，是因为他们不守游戏规则，欺负女生。你砸他们，说明你很正直善良，且有跟坏人作斗争的勇气，应该奖励你啊！”王友感动极了，流着眼泪后悔地喊道：

“陶……陶校长你打我两下吧！我砸的不是坏人，而是自己的同学啊……”陶行知满意地笑了。他随即掏出第四块糖果递给王友：“为你正确认识错误，我再奖你一块糖果，只可惜我只有这一块糖果了。我的糖果没有了，我看我们的谈话也该结束了吧！”

在这个真实的故事中，陶行知先生在与学生谈话前，通过调查了解学生动手的起因，从中看到学生具有正直善良的品行；他从学生按时来到办公室愿意接受教育的行动中，看到了学生愿意改正缺点的良好本质，加以肯定；他不因为学生是犯了错误来接受教育的就歧视他，而是平等对待，以礼相待。他处处发现学生身上的闪光点，所以一再肯定他的优点，加以表扬，激发学生改正缺点的自觉要求。

在教育实践中，我们一些教育者看到学生犯了错误时，往往是气不打一处来，还会由此及彼，想到该生以往种种缺点和错误，以至于批评时新账老账一起算，根本想不到即使是犯了错误的学生也有值得肯定的地方。这则故事中陶行知先生把批评变为表扬的做法值得我们认真思考、好好学习。

3. 暗示法

这是一种旁敲侧击的方法，就是对学生的错误不从正面阐明本意，而是采用迂回的方式表达批评之意，如借助历史典故、别人的教训或别的类似错误，以引起学生联想、自省、悔悟。在不伤害当事人自尊和面子的情况下，把批评意见委婉地说出来。因为暗示是在无对抗的条件下互相影响的一种心理行为，不会引起被批评学生的反感和对立，从而营造出接受批评的最佳心理状态。

在某一班级中，有个女生与一个男生的关系很好，但又没有足够的理由断定他俩是在早恋。带班的班主任没有直接找他俩谈心，而是当着全班同学讲了早恋贻误青春、铸成大错的几个典型事例。最后，他语重心长地说：“我们班的同学都很聪明，老师相信你们不会喝早恋酿成的苦酒。”之后，这两个同学的关系没有进一步发展，而是很有分寸地保持着较好的同学关系。

这是在学校中常常会碰到的问题，是一个需要正确引导的问题。在没有确切证据的情况下，用暗示的方式批评学生，既提醒了当事者，又可以使其他人受到教育。

4. 幽默法

幽默法即不直接表明意思，而是用风趣、诙谐又意味深长的言语使人领会真意。这种方式可以避免直接针对学生错误而产生的负面影响，能使被批评者在轻松愉快中接受批评，在笑声中完成心理沟通，同时不伤害到学生的自尊心。

老师见小海不愿做操，赖在教室里“请”不出来，就说：“小海，你观察过小动物起身后的动作吗？小猫跳出窝，先把身子弓起来，然后胸腹贴地，它做的是‘腹背运动’；鸭子出笼，第一件事就是张开翅膀猛力地扇，它做的是‘扩胸运动’；小鸡呢，出笼后连蹦带跳，一蹿老高，它做的是‘跳跃运动’。看来，运动是生命的本能需要啊！你说呢？”小海不好意思地低下了头，此后做操再也不赖在教室里了。

幽默的语言用于正面教育远胜过空洞的说教，而用于批评远胜于简单粗暴的斥责。它能让学生在谈笑中醒悟，明辨是非，受到启迪。

5. 宽容法

宽容法就是采用宽大的方式，理解和原谅学生的缺点和错误，促使其自觉改正的批评形式。宽容是人性的一种美德。金无足赤，人无完人，当然也没有不犯错误的学生。教师对学生的缺点错误要能容忍，不能一看到学生出现了点儿问题，就恨铁不成钢，横眉冷对，张口指责。实践证明，对犯错误的学生采用适当宽容的批评方法，有利于学生改正缺点和错误。

例：捧起一颗摔碎在地上的自尊心

一位六年级的女生，成绩平平，为了能在期末考试时一鸣惊人，让老师同学对自己刮目相看，她想事先得到一张试卷，便在放学后打开学校办公室窗户跳进去找试卷。

一位老师听到声音后，在敲不开办公室门的情况下，也从窗户爬了进去并拉亮了灯。女孩用双手紧紧地把脸藏起来，顽强地守护着自己最后一点儿可怜的自尊。这位老师没有拉下她的手，而是问她：“小姑娘，你是在这学校念书吗？”女孩点了点头。“你不要露出你的脸，也不要说话。你回答我的问题只点头或摇头就行。你来这儿，是要找一件你想要的东西吗？”女孩点点头。“这东西属于你吗？”女孩摇摇头。“不属于我们的东西，不管它的价值如何，我们都不应该拿，对不对？”女孩又点了点头。“记住我的话，你走吧，小姑娘。明天你来上学的时候，依然是一个天真可爱的孩子。”

许多年过去了，那个女孩回到母校成为一名教师。每当她想起当年把她那一不小心摔碎在地上的自尊心轻轻捧起、抚平，然后又温柔地交给她的那位老师时，女孩总是一如既往地被感动着。

一位学生在考试前居然敢爬进办公室找试卷，可能大多数老师遇到这种情况都会大惊失色，都会对这样的学生严惩不贷。所以事例中的这位老师面对捂着脸的学生，能够维护她的自尊，心平气和地对她进行启迪教育，真的是有对学生深厚的爱和博大的胸怀。

这位老师用宽容的批评方法教育学生能够奏效，一是采用宽容方法时，向犯错误学生传达的是对其改正错误的充分信任，“明天你来上学的时候，依然是个天真可爱的孩子”；二是在宽大地容忍犯错误的学生时，并不宽大容忍学生犯的错误，对她的错误进行分析教育，指明了如何改正，“不属于我们的东西，不管它的价值如何，我们都不应该拿”；三是老师在进行批评教育时，语言非常得体，不用“偷”字而是用“找”字、“拿”字，保护了学生的自尊。

可见，宽容是手段而不是目的，宽容并非纵容。运用宽容法需要充分了解学生的心理，需要选择合适的时机，比如学生初次犯错时，学生偶然犯错时，学生能够改正错误时。

总之，“批”无定法，针对不同的事件、不同的教育对象，采用合适的方法，使被批评者心悦诚服地接受教育并改正其错误行为，是批评的最终目的。

情景练习

1. 一次期中考试，一个女生考了倒数第一，成绩公布后，她一天未到学校上课。第二天，她眼睛红肿地走进教室。作为班主任，你准备怎样对她进行批评？

2. 班里一位学习很好的女生，有时逃避做课间操，平日也不锻炼身体，体质明显下降了。假如你是班主任，该怎样运用间接批评法进行批评？

3. 读下面的故事，体会这里运用的批评教育的方式，并谈谈它的好处。

(1)特级教师丁榕曾处理过一名小学生偷笔事件。一个学生的笔不见了，在检查中，丁榕发现失窃的笔在某学生的书包里。这时她没有声张，课后专门买了一支笔，送给这位同学，说：“我知道你需要笔。”这位学生声泪俱下地承认了自己的错误，将偷来的笔还给了同学……

(2)有一次，教育家孙敬修爷爷看到几个小朋友在折树枝，他便走到他们身边，弯下腰将耳朵贴到树枝上认真地聆听。孩子们好奇地问：“爷爷，您在听什么？”孙爷爷说：“我在听小树的哭声。”孩子们更奇怪了：“小树也会哭吗？”“是啊，你们折它的胳膊，它当然要哭了。它还说，它和伙伴们绿化我们的城市，长大后为建设祖国服务，好孩子都应当爱护它们。”孩子们听了以后，脸红了。后来他们自动组织起护林小组。

第九节　针对不同教育对象的教育口语

教师作为教育者始终都是同具有一系列个性心理特点的学生相处，而这些学生个体之间又存在着兴趣、个性、能力等的差异。对不同对象进行教育，就是认识教育对象的差异，承认差异，重视差异。在教学和教育上，要从学生的实际出发，区别对待，有的放矢，按照每一位学生的不同条件进行教育，使之得到全面健康的发展。

一、对学生个体的教育口语

(一)对不同个性学生的教育口语

人的个性包括兴趣、习惯、智能、气质和性格五个方面，其中性格是个性的核心。所谓性格指的是一个人在待人处世时表现出的如何对己、对人、对事、对物的心理特征的综合。教师要根据学生性格的特点，有针对性地运用教育口语。

1. 对性格外向学生的教育口语

性格外向学生的心理活动倾向于外部世界，他们对语言的理解反应比较敏锐，但是直觉判断占主导地位，易于接受外部影响而改变自己的认识和态度。对这类学生可直接说理，并进行情感激励，要求教师语言简洁，语气肯定，可适当增强用语的指令性，用词感情色彩强，语调可略上扬，节奏稍快。

梅梅是个活泼开朗的人，先是参加了少年宫舞蹈训练，可是过了几天她感到“又累又枯燥”，于是改学手风琴，学了10多天还没学会一首曲子，她又想打退堂鼓了，老师跟梅梅进行了一场谈话。师：“你还记得一年级学过的《小猫钓鱼》吗？现在是四年级了，领会小猫为什么老钓不上鱼的道理，那太容易了，对吗？那是为什么？能告诉老师吗?”梅：“小猫钓鱼不专心。”师：“可不，做什么事都要专心，做很难的事更要专心。有的事要专心几十年甚至一辈子才能做好。拉手风琴有点儿难，对不对？也要专心几年、十几年才能学好。你可别做那钓不上鱼的小猫啊！”梅梅不好意思但心悦诚服地接受了老师的批评。

老师针对梅梅的性格特点，坦言领悟《小猫钓鱼》中的道理很容易，让梅梅说出道理。以“小猫”为暗喻，加上了一些与学生活泼开朗个性相一致的善意戏谑，使学生有所领悟，形成自觉行动。引导学生做事要一心一意。

2. 对性格内向学生的教育口语

性格内向学生的心理活动倾向内心世界，他们对批评、否定性的语言特别敏感，容易产生偏执、自卑的心理定势，情感含蓄，表现欲望不外露，对语言的回应比较迟缓，一般不善言谈。对这类学生应积极启发，委婉暗示，真情激励，激发学生参与活动的主动性和热情，用已经取得的成绩增强他们的自信心；注意恰当地使用同义词，有轻重之分；提问要多用商询的语气；在言辞的选择、语气语调的表达上，始终保持对他们的信任、关切和期待。

亮亮是个内向的小男孩。语文课上，他犹犹豫豫地举起小手，林老师毫不犹豫地叫了他。他胆怯地站起来，不知所措。老师把问题重复了一遍，鼓励他："别紧张，好好想想，老师等你！"亮亮抬起头："中秋节是一个甜的……"在同学的笑声中，亮亮紧张地涨红了脸。"中秋节是个甜甜的节日。再说一遍，好吗?"在老师充满期待的启发下，他终于完成了这个问题。老师适时地夸奖："中秋节真的是个甜甜的节日啊！你的答案与众不同!"那堂课上，老师发现亮亮的目光特别透亮，很自信地挺直了身子。

林老师用尊重、关注、激励唤醒了亮亮"心中的巨人"，使他在自己的起点上得到充分的发挥。当亮亮遇到困难时，给他思考的时间，给他努力的机会，耐心地等待，帮助其自悟自得；使他在自我肯定的喜悦中，在"我能行"的体验中一步步走向成功。

3. 对其他个性差异学生的教育口语

其他个性差异是指学生在年龄、性别、家庭环境、道德信念、发展水平等方面的差别。教师对低年级小学生说话，语气应亲切和蔼，多用提问引导，注意形象化词语的运用，多表扬少批评；对高年级的女生说话，要照顾其羞涩心理和自尊，批评应委婉，多用暗示语；对生活在不同家境中的学生应一视同仁；对有心理障碍的学生，针对其病因进行疏导；对不同道德水平的学生，说理和用语要适应他们的接受能力。

一位教师对三个不愿登台讲话的同学采用了不同的动员和激励方式：

对一个胆小、借口"没准备"不愿上台的女同学，教师说："在没有准备的情况下登台，是一种自信；在没有准备的情况下，敢于面对听众，是一种伟大；在没有准备的情况下说得不理想，可以理解；在没有准备的情况下，说得很精彩，难能可贵。你愿意试一试吗?"

对一个腼腆、扭捏、自认为"不善辞令"的男同学，教师说："内秀的人不靠辞令取胜，靠的是他的真诚。我相信你有比一般辞令更能打动大家的实际想法。”

对一个性格倔强、冷冰冰抛出“我说不好”的男生，教师说：“具有谦虚美德的人，往往对自己要求过高，但绝不会让大家失望。请你说几句并不至善至美但又辞恳意切的心里话。”

结果三个学生都登台发了言，有的还讲得很不错。

这位教师的成功之处就在于他能够因人而异，突出了针对性。

(二)对不同水平学生的教育口语

所谓“不同水平的学生”，是指他们在智力、能力和道德方面所表现出来的能达到的高度及与其他个体的差异。

教师对不同水平学生运用口语的共同要求是：要用饱含爱心的语言，唯有真诚才能使学生信任老师，接受老师的教育；要态度公正，一视同仁，不对优秀生偏爱，不对差等生歧视；要采取积极教育的方式，因材施教，选择学生可接受的语言。

1. 对后进生的教育口语

后进生指智力、能力或道德认识水平较低的学生。对后进生，应多用积极的教育口语，对学生要有真实的感情，发现学生的长处，想方设法地激励他，调动其潜在的积极因素，使其积极地投入班集体的各项活动。采取“肯定的评价”的语言策略，不讥笑、不挖苦、不斥责，不说过头话，当宽容时则宽容，当抚慰的就抚慰。

晓明的父亲因刑事犯罪正受监禁，他和妹妹二人全靠母亲捡拾破烂维持生活。晓明虽然只有十三岁，却养成了争强好胜的性格，学习不努力，打架骂人却成了家常便饭。一天，王老师把晓明叫到操场上，让他与另外两名同学赛跑。王老师知道跑步是晓明的强项，就在划起跑线时，给晓明划后了一些。然后命令他们各就各位，绕操场跑一圈。晓明大叫：“这不公平!”但还是服从了命令。第一圈，他输了。再跑，他又输了。第三次起跑前，王老师走到晓明跟前，附在他耳旁说：“明明，为了你能上学，你妈妈比他们的妈妈多吃了多少苦啊，你能为妈妈赢一次吗?”这时的晓明的眼眶溢满了泪水。当老师一声令下：“跑!”只见晓明双眼含泪，昂着头，咬着牙，如脱缰之马，箭一般朝前飞奔。终于将另外两名男生远远甩在身后，获得成功。他对老师说：“我听了您的话，我心中涌出一个念头，我要为妈妈赢一次!”王老师不失时机地点拨他：“为了你妈妈，在学习上也以这种姿态起跑吧，你会赢的!”晓明后来被评为三好学生。

王老师善于发现晓明的长处——有跑步特长；善于调动晓明的积极情

感——爱妈妈，能体谅妈妈的困难。前两次跑步晓明受挫折，为第三次成功作铺垫。晓明第三次获得成功体验时，王老师及时增强晓明学习成功的信心。

2. 对中等生的教育口语

中等生在各项活动中表现既不突出，也不落后，自认“比上不足，比下有余”，奋进的拼搏精神差，缺乏前进动力。针对这种心态的中等生，教师在施教中，就应以激励的谈话方式鼓励他们上进。老师一旦发现学生有上进的要求，就要抓准时机，及时给以激发，开启他的动力点。

小雨成绩中等，但爱画画，在日记本上给班主任画了一幅画：老师的衣服上有八个口袋，装满了学生写的检讨书、小纸条、被罚抄的课文。班主任看后，觉得小雨这个女孩儿很会观察，就让她再画一幅老师几十年后的样子。小雨画好了，题目依然是《老师的口袋》，只是口袋里装的是优秀班主任证书、全国优秀教师奖状、几十届海内外学生的来信。老师对小雨说：“你不仅画得好，想得也很好！你有没有想过能成为老师的海外学生呢？只要你努力，你一定会的！以后我等着你从海外给我寄信。”小雨听后高兴不已，学习进步很大。

李老师的教育很机智，他没有责怪小雨以画讥讽老师，反而认为小雨很会观察，并鼓励学生画第二幅画，抓准时机，及时表扬，激发学生积极进取的信心。

3. 对优等生的教育口语

优等生通常学习刻苦，有进取精神。由于成绩好，一般也比较自信，甚至自傲，遇事还容易自作聪明。与这类学生进行谈话教育，可采用暗示的言辞委婉提醒，诱导说理，有时也可采取“响鼓重捶”的批评方式，促其自省，使其认识到自己的不足。评价注意分寸，不使其飘飘然，又不伤其自尊心。

雯雯是班上的佼佼者，成绩优异，工作出色，上进心强。一次考试后，她拿着试卷悄悄地来到蒋老师身边：“蒋老师，这个字我写对了，你批错了。”老师接过试卷一看，发现她改过了，因为批改时老师还为她这个小小的失误未能得满分而遗憾。当老师看到她那灿若桃花的小脸，就意味深长地说：“现在——你是真正写对了！你本来就是会的，以后别粗心了！”雯雯脸微微红了一下，然后就匆匆走了。后来教师节时，雯雯给老师的贺卡上写着：“谢谢您上次对我的宽容，让我真正懂得了什么是诚实，我会加倍努力的！”

蒋老师没有让学生难堪，而是唤起学生的进取心，从而使学生自觉地进行思想转化和行为控制。在老师的暗示、启发下，雯雯学会了自我反省，自我认识，自我教育。

二、对学生群体的教育口语

学校教育的目的性、计划性和组织性决定了学校教育的特征之一是群体教育。群体教育谈话的场合有晨会、少先队会、班会和教学活动中随机进行的教育谈话等。其共同要求是：目的明确，简短扼要，面向全体，具体生动。因场合不同，群体谈话的目的、要求、内容、形式、方法又各具特点。

1. 升旗仪式上的讲话

目的是对学生进行爱国主义教育和国情教育，要求语调昂扬，情感真诚，简洁有力。

各位老师、同学：

早上好！今天我与大家交流的话题是“弘扬中华传统美德，争做文明小学生”。

我国是一个具有悠久历史和灿烂文化的文明古国，也是一个举世闻名的礼仪之邦，中华民族在自己发展历程中，形成了代代传承的美德。为了这五千年延绵不绝的中华文明，为了这五千年生生不息的民族之魂，同学们快快行动吧。让我们一起来争做文明的小学生，从自己做起，从细微之处做起，改掉各种陋习。走在校园里，自觉地弯腰拣起脚边的纸屑；走在教学楼里，主动地向迎面走来的老师问好；步行在大街上，认真遵守交通法规，与文明同行；坐在公共汽车上，真诚地为身边的老人让座……其实“文明”并不遥远，它时刻围绕在我们身边。如果你还没有做到，就从现在开始。在家，争做孝敬父母的好儿女；来到学校，争做讲文明、懂礼貌的好学生。让我们爱护校园里的一草一木，让我们琅琅的书声和欢歌笑语在校园里回荡。让我们在这里留下人生中一段最美好的回忆。当有一天我们步入社会，我们就一定会成为一名有公德、守法纪的好公民。“成于心而形于外”，让我们从身边的点滴小事做起。让我们在自我监督在自我完善中逐步养成文明的行为习惯，并使习惯成为自然，真正做一名合格的、文明的小学生。

这段讲话，内容深入浅出，以满腔热情激励学生，弘扬中华传统美德，做文明小学生。教师的言辞恳切，感情充沛，感染力很强。

2. 少先队会上的谈话

少先队会是少先队活动的重要形式。少先队会有大队、中队、小队的队会。队会要有主题，形式灵活多样，固定仪式有出旗、报告人数、呼口号、收旗等，再配以鼓点、队号和队列操练等，队会场面要庄严、隆重、热烈。大队辅导员的队会口语要求简洁明确、响亮干脆、精神饱满、坚定有力。

前奏仪式礼毕，主持人有序安排活动后，中队长请中队辅导员讲话。辅导员健步上前："队员们，老师真心地希望你们能够诚信做人，诚信做事，诚信学习，在生活中以所有的美德为荣，成为我们社会主义知荣知耻的好少年。在此，我呼吁全体队员一起进行诚信宣誓——我宣誓：言必行，行必果。以诚信换取诚信，以诚信收获成功。以诚信开启知识之窗，以诚信鼓起奋进之帆。我诚信，我自豪；我诚信，我自尊；我诚信，我成功。宣誓完毕。"

辅导员在活动结束时诚恳地希望大家：在做人、做事和学习上做到诚信，成为知荣明耻的好少年。语言简练明确，凸显主题。接着呼吁队员宣誓，激越情绪，洋溢着蓬勃向上的气氛，很有感召力。

3. 班会谈话

班会是班集体成员的会议。班会的基本任务是讨论集体的工作任务，讨论班集体成员共同关心的问题，开展批评和自我批评。

(1)主题班会的教育口语

小学主题班会课最具特色的教育口语是启迪语和小结语。启迪语承担着有步骤地引入主题、引导思路、启迪思考的作用，要求环环相扣，步步深入。小结语要求具有概括性和肯定性，表达时，重音要突出，停顿要分明，语调随着感情的变化而变化。

例：三年级班会课(主题：自觉抵制不良风气)

师：我们的校园花草树木长得郁郁葱葱、欣欣向荣。但是，你们有没有注意到，还有少量花木长着长着就枯了、折了。是什么原因呢？请大家都来当当"树医生"。

操作：组织学生实地查找校园中花木长不好的原因并采集相关标本。

讨论："花木枯了"的原因。要求出示标本说明。

归纳讨论结果并板书：生病、生虫、污染、损坏。

启发：我们人的成长和花木的生长很相似。多数人长大了，成为建设社会主义祖国的栋梁；有的人却变坏了，甚至犯了罪，这又是为什么呢？

讨论："人变坏了"的原因。要求举例说明。

归纳讨论结果并板书：教坏了、学坏了、走歪路。

小结：同学们，今天的讨论太好了！最后，让我给同学们转述一段话，这段话是宋庆龄奶奶说的。她说，亲爱的孩子们，每当我看到你们，我的眼前就浮现出那些充满生机的小树苗，它们长啊长啊，有一天，终于长成了参天大树。可是，有一些小树也长歪了，生虫了，枯死了，多可惜呀！……你们和小树苗一样，只要好好学习、天天向上，有一天，也会成为建设"四化"的有用人才，可千万要学好呀……

两段启迪语互相关联，以木喻人，进行类比，从而启迪学生自觉抵制不良风气的侵蚀。小结时转述宋庆龄老奶奶的话，内容贴切。将书面语转化为口语之后，言辞浅白而内涵丰富，进一步突出了班会的主题。

(2)班务会上的教育口语

班务会是班集体共同研究、讨论、评价班级工作和班风情况的会议。目的是对学生学习、纪律、劳动、卫生等方面进行评述，提出要求，布置任务，适当奖惩。要求评述公正，结合批评与表扬；用语通俗、鲜明具体、要言不烦；运用平等、商讨的语气语态，对低年级可适当增加指令性成分。

例：一年级的班务会(内容：近期常规检查)

教师逐一提出迟到、早退、课堂秩序、做操纪律、佩戴红领巾、卫生习惯、值日生责任、作业等常规检查内容，发动学生开展批评与自我批评，逐一检查各项常规执行情况。

最后教师总结："今天，我们对许多规定都做了检查，我们在不迟到、不早退、天天戴红领巾、按时交作业方面做得较好，老师要表扬你们，在你们评比表的这些栏目上，全都贴上一面小红旗。但是，还有一些同学上课爱做小动作，回答问题时，一边站起来一边嚷嚷：'我来！我来!'积极回答问题是热爱学习的表现，当然很好，可是你嚷嚷、他叫唤，整个教室就变成菜市场了。乱糟糟的还怎么上课呢，以后大家都应当记住——举手不出声。谁做得好，老师就请谁回答问题……"

这段不完整的谈话记录已经较完整地体现了班务会谈话的各项特点和要求。谈话包括表扬和批评两个方面，语言活泼，生动形象，符合一年级小学生特点。表扬语倾注了热情，批评语指出不良现象，重在说服和启迪。教师的表达主要运用了激励、分析、比喻等技巧。

4. 处理偶发事件的谈话

偶发事件是指在教育教学活动中不曾预期而突然发生的事件。偶发事件对教育教学活动是一种强烈冲击，处理不当将加剧事态的发展，而如果处理得当，则对学生是一种良好的教育。教育口语要能体现教师的个性修养和教育机智。

(1)“冷处理”式语言

暂时避开矛盾冲突，另外寻找时机进行教育的语言，就是“冷处理”式语言。克制自己，不说训斥、责骂的话，而是换一种语调、换一种方式冷静地说。

新来的赵兰老师刚跨进教室就发现黑板上画着一个戴眼镜、留双辫的头像，下面写着“赵兰遗像”四个大字。她笑着欣赏了一下画像，转身扫视全班，说道：“画得很像我，字也写得比较端正，可是多写了一个字。谁能说出多了个什么字?”此时，除了王小虎红着脸低下头外，全班同学都注视着黑板……下课前一分钟，赵老师交给王小虎办班报的任务，并特别指出“希望王小虎能发挥自己在美术方面的特长。”第二天她走进教室，图文并茂的班报呈现在眼前，王小虎面有愧色地走上来，双手递上一份“检讨书”。

赵老师采用迂回、冷却的处理方法，避开对方短处，抓住对方特长，在学生等待训斥的紧张时刻，出人意料地加以表扬，促使王小虎在赞许声中主动进行自我反省和自我教育。这样做既避免了师生关系恶化，又激活了一个后进生积极向上的进取心。

(2)幽默式语言

说一句或一小段幽默的话，淡化矛盾冲突，使事态缓和平静的教育语言，就是幽默式语言。

一男教师身高1.50米左右，一次刚到教室门口，便听到里面怪笑声中夹杂着“炊饼——炊饼——”的叫卖声，还真有点儿武大郎的味道。他走进教室，不紧不慢地说：“如果我小时候有炊饼吃，一定长得比武大郎高。另外，大家一定知道让我们富起来的邓小平并不高，叱咤风云的法国将军拿破仑也不高。矮人有两大‘优势’，你们知道吗?”同学们回答：“不知道。”“那我告诉你们，一是天塌下来有高个子顶着，砸不着咱；二是做衣服，省布又省钱……”话音未落，教室里已是掌声如雷……

幽默是智慧的表现，它常具有化腐朽为神奇的力量。男老师对恶作剧“幽他一默”，使自己化“险”为“夷”，消除了师生的对立情绪，收到积极的教育效果。

(3)单刀直入式语言

直接指出学生的错误并进行批评教育的语言，就是单刀直入式语言。

要求找准事件要害，批评语紧随其后、切中要害。

师：同学们，今天，我们品德课的内容是“谈理想”，什么是“理想”呢？理想就是我们长大以后很想做的事。现在，谁来说说你长大以后想做什么，也就是你的理想是什么？

生：（数人连续）当科学家，当工程师，当……

莹莹：（极羞涩怕事，举手要求发言。）

师：好！请莹莹说说她的理想是什么？

莹莹：我、我长大以后，嗯……当……嗯……

金金（男）：老师，她长大以后要当人家老婆。嘻……

师：（发窘，控制，果断地）不！金金，你错了，你肯定错了！她长大了要做什么，只有她自己清楚。莹莹，你别慌，慢慢说，你长大以后当什么？

莹莹：当老师。

师：说得真好，以后我们一起当老师。金金，我说你错了，是不是？同学们，金金错在哪里？错在没弄清“理想”是什么意思……

老师遭遇偶发事件，先果断地制止事件的继续发展，而后一针见血地指出学生错误之所在。鲜明的态度、准确的判断、果决的话语，很快就重新控制了场面。

(4)以退求进式语言

老师先退一步，以退求进，用高姿态达到解决问题的语言，就是以退求进式语言。教师纠错的话不宜多，点到为止。

师：妈妈买回一篮子苹果，一共8个，伟伟拿去5个，结果怎样？

生：肯定被爸爸揍了一顿。

（哄堂大笑）

师：（愣了数秒，微笑说）噢，老师问得不好，害你们误会了。应当说：“伟伟拿去5个，还剩多少个？”看来呀，我们说话要很准确，才能让人家听懂。

老师发觉口误之后，主动认错，又用“看来呀……”引申出“说话要很准确”的道理，变被动为主动，较好地处理了因提问不严密导致学生误解而产生的偶发事件。

(5)利用舆论式语言

教师利用舆论使学生认识到自己的行为不受欢迎的语言，就是利用舆论式语言。这种语言能使学生在集体舆论的督促下获得教育。

老师刚进教室，又有人报告说丢东西了。罗老师想了想，就对孩子们说："已经把小偷找到了！"接着就让同学准备对小偷说的话。罗老师把一张椅子放在讲台上，说："小偷已经抓到了，他现在就坐在这把椅子上，虽然我们看不见他，但是他能听到我们的讲话。""哦……"孩子们显然很失望，但还是按小组轮流教训"小偷"：

"小偷啊，我的那本笔记本是一个好朋友送给我的，她现在已经转学到了上海，说不定我们以后再也不能见面了。"

"小偷，你偷走了我一元钱，那是我乘公交车的钱，害得我那一天走路回家，都走了40分钟呢，脚上都有泡了。"

"也许你是我的好朋友，但是你这个伎俩一旦被人戳穿，你肯定没有朋友了。没有朋友的日子是让人无法想象的。"

……

结束时，老师说："刚才同学们都发表了意见，小偷小摸的习惯确实不好。有这样习惯的同学，希望你改正。我不希望今天大家对空椅子说的话，下次是对着你说，如果这样你受得了吗?"

后来班里"拿东西"的现象真的绝迹了。

孩子是纯真的，只是有时候他们分不清是非，或者他们即使知道是非，因为年幼的原因，却控制不住自己。作为老师是不能伤害孩子的，但孩子的行为习惯确实也是要纠正的。用与空椅子的对话去旁敲侧击，既保护了孩子的自尊，又教育了孩子。罗老师恰当地利用了舆论式语言。

三、与家长沟通的教育口语

家长是教师谈话的主要对象之一。教师与家长在对学生的教育目标上达成共识，将有利于促进双方的情感交流，形成最佳的育人环境。教师与家长的谈话包括在家长会或家长代表座谈会上与家长群体的谈话，以及在家访或接待家长来访时与家长的个别谈话。

谈话的主要目的是向家长介绍学校管理的成果与概况，汇报学生在德、智、体、美、劳等方面的情况，转达学校对家长的建议和要求，主动争取家长的支持与配合；了解学生的家庭状况及其在家中的表现，认真听取家长对学校管理的意见和建议；与家长共同研究教育学生的措施和方法，做好学生的思想工作。

与家长进行个别谈话，是连接学校教育与家庭教育的桥梁，是创造良好教育氛围的有效途径。通过家访等一些和家长沟通的方式，达到教师、家长、学生互相信任与支持、密切配合的目的。

与家长谈话的技巧一般包括以下几个方面：

（一）热爱学生，奠定谈话基础

虽然家庭访问的主要谈话对象是家长，但作为教师所关爱的对象还是学生。无论男女、调皮的或文静的、成绩好的或差的、家庭条件优越的或普通的，都应该一样期望他们成为祖国的栋梁之材。有没有这种对所有学生的泛爱之情、关爱之心，影响到一个教师在同家长谈话时的语气、语态及谈话气氛和效果。所以，教师具有的爱心，是能否与学生家长成功沟通的前提条件。

（二）尊重家长，缩短心理距离

根据美国心理学家马斯洛的理论，每个人都有得到他人尊重的需要。教师如果满足家长的这种心理需求，就能够拉近双方的心理距离，达到相融相通。教师需要做到以下几点：

1. 称呼得当。对一个人称呼什么，怎样称呼，看似平常，却蕴含对他人的尊重，也折射出称呼者本人的修养。教师必须重视对学生家长的称谓问题。一个得体恰当的称呼，在家长的心理上会产生一种相知感和亲切感，放松谈话气氛，使进一步展开谈话有一个和谐的开头。

2. 态度诚恳。和家长谈话，要诚恳、热情、亲切、友善、文雅、礼貌、谦虚，而第一要紧的是诚恳。一个人的说话态度如何，反映出说话者本身素质的高低和对他人尊重与否，对听话人的心理也会造成积极或消极的影响，从而产生不同的效果。所以，同家长谈话时，教师应该选择妥当贴切的说话内容，再加上恰如其分的语气语调，符合具体情境的眼神、表情以及得体的动作、姿态等，向家长传递美好的情感倾向。这样，才容易叩开家长的心扉，从而保证谈话顺利通畅。

3. 因人而异。家长作为谈话对象，并不是被动的。在特定的言语环境中，对同一道理，有的需要激发引导，有的只接受事实分析；解决同一问题，有的更想听鼓励、赞扬或激励的话语。不同的家长有各自的喜好。因此，教师必须选择符合家长个性特征、兴趣爱好、知识水平的言语表达方式，给家长以亲切感，才能为彼此创造一个轻松和谐的谈话氛围。否则，会因为“话不投机半句多”，导致谈话不能达到预期的目的，甚至不欢而散。

4. 善于沟通。不少家长因个性、环境等因素的制约，对于同教师的谈话往往持不欢迎的态度，或表现冷漠、不关心，或沉默不语、勉强应付。因此，教师必须主动与家长攀谈。可依据自己平时对家长的了解，从其兴趣爱好入手，找出彼此的共同点或相似之处，主动寻找共同语言，沟通双方心灵的桥梁，从而在融洽的氛围中展开有目的的谈话。

5. 情理结合。教师要与众多不同的家长谈话，难免会出现彼此意见不相吻合的情况。对待意见分歧，固执己见是不可取的。要解决分歧，达到一致，教师应该对家长晓之以理，动之以情。教师通过具体分析，讲清利弊，说明道理，才能在阐明自己观点的同时，达到引导、说服家长接受正确意见的目的。

6. 主动调控。教师与家长的每一次谈话都是事先带着某种目的性的，因此，教师必须始终围绕着它主动调控，才能把握住整个谈话内容不偏离既定目标。

教师的目的若是向家长汇报学生在学校的思想学习、劳动纪律、基本技能等方面的情况，就应该实事求是地介绍，同时还应随时举出事例来给予恰当的评价，让家长信服，还可以在有利于学生成长且对家长负责的前提下，多报喜少报忧，杜绝告状或暗示家长打骂学生的不良做法。

教师的目的若是向家长了解学生在家中的表现或其家庭状况，征求对学校工作的意见和要求，就必须耐心细致地倾听家长的谈话，听清其主要内容，弄清其言外之意、难言之隐；注意问话的形式与方法，启发家长朝着与目的有关的方面谈，引导家长说出教师想知道的内容。若遇到家长的谈话偏离了中心，不要急于打断对方的谈话，而须冷静下来继续倾听，然后选择时机不露痕迹地把家长的谈话重新引导到教师所要了解的内容上。

情景练习

1. 刘亮在小学时是市级“三好学生”，被报送升入重点中学后，学习一直名列前茅，是一个出类拔萃的男孩子。可是，近来他却一直耷拉着脑袋，情绪低落，学习成绩也急剧下降。他究竟出了什么问题？请你对他作一次个别谈话。

2. 班会谈话训练

针对三年级小朋友迷恋电子游戏机或电视影响学习和休息的问题，设计一篇班会活动方案。班主任教育谈话应详写，并参照如下过程进行训练操作：

(1)小组讨论，初拟班会活动程序，重点讨论班主任谈话内容与表达要求。依此每人编写一份教案，交由任课老师评选，确定优秀教案2～3份。

(2)请优秀教案作者主持模拟班会，全班配合，并对模拟情况加以评议改进。

3. 冬天，门窗紧闭，正在安静地上课。突然，不知从谁的书桌里飞出一只小鸟，同学们欢叫起来。惊慌的小鸟左冲右突想逃跑，兴奋的学生前追后堵要捉它，教室里乱成一锅粥。很快，小鸟被重新逮住。老师皱着眉头说："放了它，让它回归大自然！"丁丁心疼地说："不，老师，天这么冷，它会冻死的。"偶发事件又演化为师生观点冲突。

请根据以上材料设计处理这一事件的教育谈话。

4. 模拟电话家访：班上有一位学生常常旷课，而且成绩下降，于是班主任与学生家长通了一次电话。家访目的一是了解情况，二是要求家长配合孩子的教育。训练要求：请学生分角色模拟电话家访。家长抱怨学校教育，试图为孩子和自己开脱；班主任心平气和劝说家长配合教育工作。

附 录 一[①]

一、60 篇朗读作品(注：拼音前加圆点表示轻读)

作品 1 号——《白杨礼赞》

那是力争上游的一种树，笔直的干，笔直的枝。它的干呢，通常是丈把高，像是加以人工似的，一丈以内，绝无旁枝；它所有的桠枝呢，一律向上，而且紧紧靠拢，也像是加以人工似的，成为一束，绝无横斜逸出；它的宽大的叶子也是片片向上，几乎没有斜生的，更不用说倒垂了；它的皮，光滑而有银色的晕圈，微微泛出淡青色。这是虽在北方的风雪的压迫下却保持着倔强挺立的一种树！哪怕只有碗来粗细罢，它却努力向上发展，高到丈许，两丈，参天耸立，不折不挠，对抗着西北风。

这就是白杨树，西北极普通的一种树，然而决不是平凡的树！

它没有婆娑的姿态，没有屈曲盘旋的虬枝，也许你要说它不美丽，——如果美是专指"婆娑"或"横斜逸出"之类而言，那么白杨树算不得树中的好女子；但是它却是伟岸，正直，朴质，严肃，也不缺乏温和，更不用提它的坚强不屈与挺拔，它是树中的伟丈夫！当你在积雪初融的高原上走过，看见平坦的大地上傲然挺立这么一株或一排白杨树，难道你就只觉得树只是树，难道你就不想到它的朴质，严肃，坚强不屈，至少也象征了北方的农民；难道你竟一点儿也不联想到，在敌后的广大土//地上，到处有坚强不屈，就像这白杨树一样傲然挺立的守卫他们家乡的哨兵！难道你又不更远一点儿想到这样枝枝叶叶靠紧团结，力求上进的白杨树，宛然象征了今天在华北平原纵横决荡用血写出新中国历史的那种精神和意志。

节选自茅盾《白杨礼赞》

Zuòpǐn 1 Hào

Nà shì lìzhēng shàngyóu de yī zhǒng shù，bǐzhí de gàn，bǐ zhí de zhī. Tā de gàn ne，tōngcháng shì zhàng bǎ gāo，xiàngshì jiāyǐ réngōng shìde，yī zhàng yǐnèi，juéwú pángzhī；tā suǒyǒu de yāzhī ne，yīlǜ xiàngshàng，érqiě jǐnjǐn kàolǒng，yě xiàngshì jiāyǐ réngōng shìde，chéngwéi yī shù，juéwú héng xié yì chū；tā de kuāndà de yèzi yě

---

① 最新的朗读作品与测试用话题，参见《普通话水平测试实施纲要(2021 年版)》。

shì piànpiàn xiàngshàng，jīhū méi • yǒu xié shēng de，gèng bùyòng shuō dào chuí le；tā de pí，guānghuá ér yǒu yínsè de yùnquān，wēiwēi fànchū dànqīngsè. Zhè shì suī zài běifāng de fēngxuě de yāpò xià què bǎochízhe jué jiàng tǐnglì de yī zhǒng shù！Nǎpà zhǐ yǒu wǎn lái cūxì bà，tā què nǔlì xiàngshàng fāzhǎn，gāo dào zhàng xǔ，liǎng zhàng，cāntiān sǒnglì，bùzhé-bùnáo，duì kàngzhe xīběifēng.

Zhè jiùshì báiyángshù，xīběi jí pǔtōng de yī zhǒng shù，rán'ér jué bù shì píngfán de shù！

Tā méi • yǒu pósuō de zītài，méi • yǒu qūqū pánxuán de qiúzhī，yěxǔ nǐyào shuō tā bù měilì，——Rúguǒ měi shì zhuān zhǐ "pósuō" huò "héng xié yì chū" zhīlèi ér yán，nàme，báiyángshù suàn • bù • dé shù zhōng de hǎo nǚzǐ；dànshì tā què shì wěi'àn，zhèngzhí，pǔzhì，yánsù，yě bù quēfá wēnhé，gèng bùyòng tí tā de jiānqiáng bùqū yǔ tǐngbá，tā shì shù zhōng de wěizhàngfu！Dāng nǐ zài jīxuě chū róng de gāoyuán • shàng zǒuguò，kàn • jiàn píngtǎn de dàdì • shàng àorán tǐnglì zhème yī zhū huò yī pái báiyángshù，nándào nǐ jiù zhǐ jué • dé shù zhǐshì shù，nán dào nǐ jiù bù xiǎngdào tā de pǔzhì，yánsù，jiānqiáng bùqū，zhìshǎo yě xiàngzhēngle běifāng de nóngmín；nándào nǐ jìng yīdiǎnr yě bù liánxiǎng dào，zài díhòu de guǎngdà tǔ//dì • shàng，dàochǔ yǒu jiānqiáng bùqū，jiù xiàng zhè báiyángshù yīyàng àorán tǐnglì de shǒuwèi tāmen jiāxiāng de shàobīng！Nándào nǐ yòu bù gèng yuǎn yīdiǎnr xiǎng dào zhèyàng zhīzhī-yèyè kàojǐn tuánjié，lìqiú shàngjìn de báiyángshù，wǎnrán xiàngzhēngle jīntiān zài Huáběi Píngyuán zònghéng juédàng yòng xuè xiěchū xīn Zhōngguó lìshǐ de nà zhǒng jīngshén hé yìzhì.

Jiéxuǎn zì Máo Dùn《Báiyáng Lǐ Zàn》

作品 2 号——《差别》

两个同龄的年轻人同时受雇于一家店铺，并且拿同样的薪水。

可是一段时间后，叫阿诺德的那个小伙子青云直上，而那个叫布鲁诺的小伙子却仍在原地踏步。布鲁诺很不满意老板的不公正待遇。终于有一天他到老板那儿发牢骚了。老板一边耐心地听着他的抱怨，一边在心里盘算着怎样向他解释清楚他和阿诺德之间的差别。

"布鲁诺先生，"老板开口说话了，"您现在到集市上去一下，看看今天早上有什么卖的。"

布鲁诺从集市上回来向老板汇报说，今早集市上只有一个农民拉了一车土豆在卖。

"有多少？"老板问。

布鲁诺赶快戴上帽子又跑到集上，然后回来告诉老板一共四十袋土豆。

“价格是多少?”

布鲁诺又第三次跑到集上问来了价格。

“好吧,”老板对他说，“现在请您坐到这把椅子上一句话也不要说，看看阿诺德怎么说。”

阿诺德很快就从集市上回来了。向老板汇报说到现在为止只有一个农民在卖土豆，一共四十口袋，价格是多少多少；土豆质量很不错，他带回来一个让老板看看。这个农民一个钟头以后还会弄来几箱西红柿，据他看价格非常公道。昨天他们铺子的西红柿卖得很快，库存已经不//多了。他想这么便宜的西红柿，老板肯定会要进一些的，所以他不仅带回了一个西红柿做样品，而且把那个农民也带来了，他现在正在外面等回话呢。

此时老板转向了布鲁诺，说：“现在您肯定知道为什么阿诺德的薪水比您高了吧!”

节选自张健鹏、胡足青主编《故事时代》中《差别》

Zuòpǐn 2 Hào

Liǎng gè tónglíng de niánqīngrén tóngshí shòu gù yú yī jiā diànpù, bìngqiě ná tóngyàng de xīn • shuǐ.

Kěshì yī duàn shíjiān hòu, jiào Ānuòdé de nàge xiǎohuǒzi qīngyún zhíshàng, ér nàgè jiào Bùlǔnuò de xiǎohuǒzi què réng zài yuándì tàbù. Bùlǔnuò hěn bù mǎnyì lǎobǎn de bù gōngzhèng dàiyù. Zhōngyú yǒu yī tiān tā dào lǎobǎn nàr fā láo • sāo le. Lǎobǎn yībiān nàixīn de tīngzhe tā de bào • yuàn, yībiān zài xīn • lǐ pánsuanzhe zěnyàng xiàng tā jiěshì qīngchu tā hé Ānuòdé zhījiān de chābié.

“Bùlǔnuò xiānsheng,” Lǎobǎn kāikǒu shuōhuà le, “Nín xiànzài dào jíshì • shàng qù yīxià, kànkan jīntiān zǎoshang yǒu shénme mài de.”

Bùlǔnuò cóng jíshì • shàng huí • lái xiàng lǎobǎn huìbào shuō, jīnzǎo jíshì • shàng zhǐyǒu yī gè nóngmín lāle yī chē tǔdòu zài mài. “yǒu duō • shǎo?” Lǎo bǎn wèn.

Bùlǔnuò gǎnkuài dài • shàng màozi yòu pǎodào jí • shàng, ránhòu huí • lái gàosu lǎobǎn yīgòng sìshí dài tǔdòu.

“Jiàgé shì duō • shǎo?”

Bùlǔnuò yòu dì-sān cì pǎodào jí • shàng wènláile jiàgé.

“Hǎo ba,” Lǎobǎn duì tā shuō, “Xiànzài qǐng nín zuòdào zhè bǎ yǐzi • shàng yī jù huà yě bùyào shuō, kànkan Ānuòdé zěnme shuō.”

Ānuòdé hěn kuài jiù cóng jíshì · shàng huí · lái le. Xiàng lǎobǎn huìbào shuō dào xiànzài wéizhǐ zhǐyǒu yī gè nóngmín zài mài tǔdòu，yīgòng sìshí kǒudai，jiàgé shì duōshao duōshao；tǔdòu zhìliàng hěn bùcuò，tā dài huí · lái yī gè ràng lǎobǎn kànkan. Zhège nóngmín yī gè zhōngtóu yǐhòu hái huì nònglái jǐ xiāng xīhóngshì，jù tā kàn jiàgé fēi cháng gōngdao. Zuótiān tāmen pùzi de xīhóngshì mài de hěn kuài，kù cún yǐjing bù //duō le. Tā xiǎng zhème piányi de xīhóngshì，lǎobǎn kěndìng huì yào jìn yīxiē de，suǒyǐ tā bùjǐn dàihuíle yī gè xīhóngshì zuò yàngpǐn，érqiě bǎ nàgè nóng mín yě dài · lái le，tā xiànzài zhèngzài wài · miàn děng huíhuà ne.

Cǐshí lǎobǎn zhuǎnxiàngle Bùlǔnuò，shuō："Xiànzài nín kěndìng zhī · dào wèi shénme Ānuòdé de xīn · shuǐ bǐ nín gāo le ba?"

Jiéxuǎn zì Zhāng Jiànpéng、Hú Zúqīng zhǔbiān《Gùshì Shídài》zhōng《Chābié》

作品 3 号——《丑石》

我常常遗憾我家门前那块丑石：它黑黝黝地卧在那里，牛似的模样；谁也不知道是什么时候留在这里的，谁也不去理会它。只是麦收时节，门前摊了麦子，奶奶总是说：这块丑石，多占地面呀，抽空把它搬走吧。

它不像汉白玉那样的细腻，可以刻字雕花，也不像大青石那样的光滑，可以供来浣纱捶布。它静静地卧在那里，院边的槐阴没有庇覆它，花儿也不再在它身边生长。荒草便繁衍出来，枝蔓上下，慢慢地，它竟锈上了绿苔、黑斑。我们这些做孩子的，也讨厌起它来，曾合伙要搬走它，但力气又不足；虽时时咒骂它，嫌弃它，也无可奈何，只好任它留在那里了。

终有一日，村子里来了一个天文学家。他在我家门前路过，突然发现了这块石头，眼光立即就拉直了。他再没有离开，就住了下来；以后又来了好些人，都说这是一块陨石，从天上落下来已经有二三百年了，是一件了不起的东西。不久便来了车，小心翼翼地将它运走了。

这使我们都很惊奇，这又怪又丑的石头，原来是天上的啊！它补过天，在天上发过热、闪过光，我们的先祖或许仰望过它，它给了他们光明、向往、憧憬；而它落下来了，在污土里，荒草里，一躺就//是几百年了！

我感到自己的无知，也感到了丑石的伟大，我甚至怨恨它这么多年竟会默默地忍受着这一切！而我又立即深深地感到它那种不屈于误解、寂寞的生存的伟大。

节选自贾平凹《丑石》

Zuòpǐn 3 Hào

Wǒ chángcháng yíhàn wǒ jiā mén qián nà kuài chǒu shí：Tā hēiyǒuyǒu de wò zài nàli，niú shìde múyàng；shéi yě bù zhī・dào shì shénme shíhou liú zài zhèli de，shéi yě bù qù lǐhuì tā. Zhǐshì màishōu shíjié，mén qián tānle màizi，nǎinai zǒngshì shuō：Zhèkuài chǒu shí，duō zhàn dìmiàn ya，chōukòng bǎ tā bānzǒu ba.

Tā bù xiàng hànbáiyù nàyàng de xìnì，kěyǐ kèzì diāohuā，yě bù xiàng dà qīngshí nàyàng de guānghuá，kěyǐ gōnglái huànshā chuíbù. Tā jìngjìng de wò zài nàli，yuàn biān de huáiyīn méi・yǒu bìfù tā，huā'ér yě bùzài zài tā shēnbiān shēngzhǎng. Huāngcǎo biàn fányǎn chū・lái，zhīmàn shàngxià，mànmàn de，tā jìng xiùshàngle lǜtái、hēibān. Wǒmen zhèxiē zuò háizi de，yě tǎoyàn・qǐ tā・lái，céng héhuǒ yào bānzǒu tā，dàn lìqi yòu bùzú；suī shíshí zhòumà tā，xiánqì tā，yě wúkě-nàihé，zhǐhǎo rèn tā liú zài nàli le.

Zhōng yǒu yī rì，cūnzili láile yī gè tiānwénxuéjiā. Tā zài wǒ jiā mén qián lùguò，tūrán fāxiànle zhè kuài shítou，yǎnguāng lìjí jiù lāzhí le. Tā zài méi・yǒu líkāi，jiù zhùle xià・lái；yǐhòu yòu láile hǎoxiē rén，dōu shuō zhè shì yī kuài yǔnshí，cóng tiān・shàng luò xià・lái yǐjing yǒu èr-sān bǎi nián le，shì yī jiàn liǎobuqǐ de dōngxi. Bùjiǔ biàn láile chē，xiǎoxīn-yìyì de jiāng tā yùnzǒu le.

Zhè shǐ wǒmen dōu hěn jīngqí，zhè yòu guài yòu chǒu de shítou，yuánlái shì tiān・shàng de a！Tā bǔguo tiān，zài tiān・shàng fāguo rè、shǎnguo guāng，wǒmen de xiānzǔ huòxǔ yǎngwàngguo tā，tā gěile tāmen guāngmíng、xiàngwǎng、chōngjǐng；ér tā luò xià・lái le，zài wū tǔli，huāngcǎoli，yī tǎng jiù //shì jǐbǎi nián le！

Wǒ gǎndào zìjǐ de wúzhī，yě gǎndàole chǒu shí de wěidà，wǒ shènzhì yuànhèn tā zhème duō nián jìng huì mòmò de rěnshòuzhe zhè yīqiè！Ér wǒ yòu lìjí shēnshēn de gǎndào tā nà zhǒng bùqū yú wùjiě、jìmò de shēngcún de wěidà.

Jiéxuǎn zì Jiǎ Píngwā《Chǒu Shí》

作品 4 号——《达瑞的故事》

在达瑞八岁的时候，有一天他想去看电影。因为没有钱，他想是向爸妈要钱，还是自己挣钱。最后他选择了后者。他自己调制了一种汽水，向过路的行人出售。可那时正是寒冷的冬天，没有人买，只有两个人例外——他的爸爸和妈妈。

他偶然有一个和非常成功的商人谈话的机会。当他对商人讲述了自己的“破产史”后，商人给了他两个重要的建议：一是尝试为别人解决一个难题；二是把精力集中在你知道的、你会的和你拥有的东西上。

这两个建议很关键。因为对于一个八岁的孩子而言，他不会做的事情很多。于是他穿过大街小巷，不停地思考：人们会有什么难题，他又如何利用这个机会？

一天，吃早饭时父亲让达瑞去取报纸。美国的送报员总是把报纸从花园篱笆的一个特制的管子里塞进来。假如你想穿着睡衣舒舒服服地吃早饭和看报纸，就必须离开温暖的房间，冒着寒风，到花园去取。虽然路短，但十分麻烦。

当达瑞为父亲取报纸的时候，一个主意诞生了。当天他就按响邻居的门铃，对他们说，每个月只需付给他一美元，他就每天早上把报纸塞到他们的房门底下。大多数人都同意了，很快他有//了七十多个顾客。一个月后，当他拿到自己赚的钱时，觉得自己简直是飞上了天。

很快他又有了新的机会，他让他的顾客每天把垃圾袋放在门前，然后由他早上运到垃圾桶里，每个月加一美元。之后他还想出了许多孩子赚钱的办法，并把它集结成书，书名为《儿童挣钱的二百五十个主意》。为此，达瑞十二岁时就成了畅销书作家，十五岁有了自己的谈话节目，十七岁就拥有了几百万美元。

节选自[德]博多·舍费尔《达瑞的故事》，刘志明译

Zuòpǐn 4 Hào

Zài Dáruì bā suì de shíhou，yǒu yī tiān tā xiǎng qù kàn diànyǐng. Yīn·wèi méi·yǒu qián，tā xiǎng shì xiàng bà mā yào qián，háishì zìjǐ zhèngqián. Zuìhòu tā xuǎnzéle hòuzhě. Tā zìjǐ tiáozhìle yī zhǒng qìshuǐ，xiàng guòlù de xíngrén chūshòu. Kě nàshí zhèngshì hánlěng de dōngtiān，méi·yǒu rén mǎi，zhǐyǒu liǎng gè rén lìwài——tā de bàba hé māma.

Tā ǒurán yǒu yī gè hé fēicháng chénggōng de shāngrén tánhuà de jī·huì. Dāng tā duì shāngrén jiǎngshùle zìjǐ de “pòchǎnshǐ” hòu，shāngrén gěile tā liǎng gè zhòngyào de jiànyì：yī shì chángshì wèi bié·rén jiějué yī gè nántí；èr shì bǎ jīnglì jízhōng zài nǐ zhī·dào de、nǐ huì de hé nǐ yōngyǒu de dōngxi·shang.

Zhè liǎng gè jiànyì hěn guānjiàn. Yīn·wèi duìyú yī gè bā suì de háizi ér yán，tā bù huì zuò de shìqing hěn duō. Yúshì tā chuānguò dàjiē xiǎoxiàng，bùtíng de sīkǎo：rén men huì yǒu shénme nántí，tā yòu rúhé lìyòng zhège jī·huì?

Yī tiān，chī zǎofàn shí fù·qīn ràng Dáruì qù qǔ bàozhǐ. Měiguó de sòngbàoyuán zǒngshì bǎ bàozhǐ cóng huāyuán líba de yī gè tèzhì de guǎnzili sāi jìn·lái. Jiǎrú nǐ xiǎng chuānzhe shuìyī shūshū-fúfú de chī zǎofàn hé kàn bàozhǐ，jiù bìxū líkāi wēnnuǎn de fángjiān，màozhe hánfēng，dào huāyuán qù qǔ．Suīrán lù duǎn，dàn shífēn máfan.

Dāng Dáruì wèi fù・qīn qǔ bàozhǐ de shíhou，yī gè zhǔyì dànshēngle．Dàngtiān tā jiù ànxiǎng lín・jū de ménlíng，duì tāmen shuō，měi gè yuè zhǐ xū fùgěi tā yī měiyuán，tā jiù měitiān zǎoshang bǎ bàozhǐ sāidào tāmen de fángmén dǐ・xià. Dàduōshù rén dōu tóngyì le，hěn kuài tā yǒu //le qīshí duō gè gùkè．Yī gè yuè hòu，dāng tā nádào zìjǐ zhuàn de qián shí，juéde zìjǐ jiǎnzhí shì fēi・shàng le tiān.

Hěn kuài tā yòu yǒule xīn de jī・huì，tā ràng tā de gùkè měitiān bǎ lājīdài fàng zài mén qián，ránhòu yóu tā zǎoshang yùndào lājītǒngli，měi gè yuè jiā yī měiyuán. Zhīhòu tā hái xiǎngchūle xǔduō háizi zhuànqián de bànfǎ，bìng bǎ tā jíjié chéng shū，shūmíng wéi《Értóng Zhèngqián de Èrbǎi Wǔshí gè Zhǔyi》．Wèicǐ，Dáruì shí'èr suì shí jiù chéngle chàngxiāoshū zuòjiā，shíwǔ suì yǒule zìjǐ de tánhuà jiémù，shíqī suì jiù yōngyǒule jǐ bǎi wàn měiyuán.

Jiéxuǎn zì [Dé] Bóduō Shěfèi' ěr《Dáruì de Gùshi》，Liú Zhìmíng yì

作品 5 号——《第一场雪》

这是入冬以来，胶东半岛上第一场雪。

雪纷纷扬扬，下得很大。开始还伴着一阵儿小雨，不久就只见大片大片的雪花，从彤云密布的天空中飘落下来。地面上一会儿就白了。冬天的山村，到了夜里就万籁俱寂，只听得雪花簌簌地不断往下落，树木的枯枝被雪压断了，偶尔咯吱一声响。

大雪整整下了一夜。今天早晨，天放晴了，太阳出来了。推开门一看，嗬！好大的雪啊！山川、河流、树木、房屋，全都罩上了一层厚厚的雪，万里江山，变成了粉妆玉砌的世界。落光了叶子的柳树上挂满了毛茸茸亮晶晶的银条儿；而那些冬夏常青的松树和柏树上，则挂满了蓬松松沉甸甸的雪球儿。一阵风吹来，树枝轻轻地摇晃，美丽的银条儿和雪球儿簌簌地落下来，玉屑似的雪末儿随风飘扬，映着清晨的阳光，显出一道道五光十色的彩虹。大街上的积雪足有一尺多深，人踩上去，脚底下发出咯吱咯吱的响声。一群群孩子在雪地里堆雪人，掷雪球儿。那欢乐的叫喊声，把树枝上的雪都震落下来了。

俗话说，“瑞雪兆丰年”。这个话有充分的科学根据，并不是一句迷信的成语。寒冬大雪，可以冻死一部分越冬的害虫；融化了的水渗进土层深处，又能供应 // 庄稼生长的需要。我相信这一场十分及时的大雪，一定会促进明年春季作物，尤其是小麦的丰收。有经验的老农把雪比做是“麦子的棉被”。冬天“棉被”盖得越厚，明春麦子就长得越好，所以又有这样一句谚语：“冬天麦盖三层被，来年枕着馒头睡。”

我想，这就是人们为什么把及时的大雪称为“瑞雪”的道理吧。

节选自峻青《第一场雪》

Zuòpǐn 5 Hào

Zhè shì rùdōng yǐlái，Jiāodōng Bàndǎo · shàng dì-yī cháng xuě.

Xuě fēnfēn-yángyáng，xià de hěn dà. Kāishǐ hái bànzhe yīzhènr xiǎoyǔ，bùjiǔ jiù zhǐ jiàn dàpiàn dàpiàn de xuěhuā，cóng tóngyún-mìbù de tiānkōng zhōng piāoluò xià · lái. Dìmiàn · shàng yīhuìr jiù báile. Dōngtiān de shāncūn，dàole yèli jiù wànlài-jùjì，zhǐ tīng de xuěhuā sùsù de bùduàn wǎngxià luò，shùmù de kūzhī bèi xuě yāduàn le，ǒu'ěr gēzhī yī shēng xiǎng.

Dàxuě zhěngzhěng xiàle yīyè. Jīntiān zǎochen，tiān fàngqíng le，tài · yáng chū · lái le. Tuīkāi mén yī kàn，hē! Hǎo dà de xuě a! Shānchuān、héliú、shùmù、fángwū，quán dōu zhào · shàngle yī céng hòuhòu de xuě，wànlǐ jiāngshān，biànchéngle fěnzhuāng-yùqì de shìjiè. Luòguāng le yèzi de liǔshù · shàng guàmǎnle máoróngróng liàngjīngjīng de yíntiáor；ér nàxiē dōng-xià chángqīng de sōngshù hé bǎishù · shàng，zé guàmǎnle péngsōngsōng chéndiàndiàn de xuěqiúr. Yī zhèn fēng chuīlái，shùzhī qīngqīng de yáo · huàng，měilì de yíntiáor hé xuěqiúr sùsù de luò xià · lái，yùxiè shìde xuěmòr suí fēng piāoyáng，yìngzhe qīngchén de yáng guāng，xiǎnchū yī dàodào wǔguāng-shísè de cǎihóng.

Dàjiē · shàng de jīxuě zú yǒu yī chǐ duō shēn，rén cǎi shàng · qù，jiǎo dǐ · xià fāchū gēzhī gēzhī de xiǎngshēng. Yīqúnqún háizi zài xuědìli duī xuěrén，zhì xuěqiú. Nà huānlè de jiàohǎnshēng，bǎ shùzhī · shàng de xuě dōu zhènluò xià · lái le.

Súhuà shuō，"Ruìxuě zhào fēngnián". Zhège huà yǒu chōngfèn de kēxué gēnjù，bìng bù shì yī jù míxìn de chéngyǔ. Hándōng dàxuě，kěyǐ dòngsǐ yī bùfen yuèdōng de hàichóng；rónghuàle de shuǐ shènjìn tǔcéng shēnchù，yòu néng gōngyìng //zhuāngjia shēngzhǎng de xūyào. Wǒ xiāngxìn zhè yī cháng shífēn jíshí de dàxuě，yīdìng huì cùjìn míngnián chūnjì zuòwù，yóuqí shì xiǎomài de fēngshōu. Yǒu jīngyàn de lǎonóng bǎ xuě bǐzuò shì "màizi de miánbèi". Dōngtiān "miánbèi" gài de yuè hòu，míngchūn màizi jiù zhǎngde yuè hǎo，suǒyǐ yòu yǒu zhèyàng yī jù yànyǔ："Dōngtiān mài gài sān céng bèi，láinián zhěnzhe mántou shuì."

Wǒ xiǎng，zhè jiùshì rénmen wèishénme bǎ jíshí de dàxuě chēngwéi "ruìxuě" de dào · lǐ ba.

Jiéxuǎn zì Jùn Qīng《Dì-yī Cháng Xuě》

作品 6 号——《读书人是幸福人》

我常想读书人是世间幸福人，因为他除了拥有现实的世界之外，还拥有另一个更为浩瀚也更为丰富的世界。现实的世界是人人都有的，而后一个世界却为读书人所独有。由此我想，那些失去或不能阅读的人是多么的不幸，他们的丧失是不可补偿的。世间有诸多的不平等，财富的不平等，权力的不平等，而阅读能力的拥有或丧失却体现为精神的不平等。

一个人的一生，只能经历自己拥有的那一份欣悦，那一份苦难，也许再加上他亲自闻知的那一些关于自身以外的经历和经验。然而，人们通过阅读，却能进入不同时空的诸多他人的世界。这样，具有阅读能力的人，无形间获得了超越有限生命的无限可能性。阅读不仅使他多识了草木虫鱼之名，而且可以上溯远古下及未来，饱览存在的与非存在的奇风异俗。

更为重要的是，读书加惠于人们的不仅是知识的增广，而且还在于精神的感化与陶冶。人们从读书学做人，从那些往哲先贤以及当代才俊的著述中学得他们的人格。人们从《论语》中学得智慧的思考，从《史记》中学得严肃的历史精神，从《正气歌》中学得人格的刚烈，从马克思学得人世 // 的激情，从鲁迅学得批判精神，从托尔斯泰学得道德的执着。歌德的诗句刻写着睿智的人生，拜伦的诗句呼唤着奋斗的热情。一个读书人，一个有机会拥有超乎个人生命体验的幸运人。

节选自谢冕《读书人是幸福人》

Zuòpǐn 6 Hào

Wǒ cháng xiǎng dúshūrén shì shìjiān xìngfú rén，yīn・wèi tā chúle yōngyǒu xiànshí de shìjiè zhīwài，hái yōngyǒu lìng yī gè gèng wéi hàohàn yě gèng wéi fēngfù de shìjiè. Xiànshí de shìjiè shì rénrén dōu yǒu de，ér hòu yī gè shìjiè què wéi dúshūrén suǒ dúyǒu. Yóu cǐ wǒ xiǎng，nàxiē shīqù huò bù néng yuèdú de rén shì duōme de bùxìng，tāmen de sàngshī shì bùkě bǔcháng de. Shìjiān yǒu zhūduō de bù píngděng，cáifù de bù píngděng，quánlì de bù píngděng，ér yuèdú nénglì de yōngyǒu huò sàngshī què tǐxiàn wéi jīngshén de bù píngděng.

Yī gè rén de yīshēng，zhǐnéng jīnglì zìjǐ yōngyǒu de nà yī fèn xīnyuè，nà yī fèn kǔnàn，yěxǔ zài jiā・shàng tā qīnzì wénzhī de nà yīxiē guānyú zìshēn yǐwài de jīnglì hé jīngyàn. Rán'ér，rénmen tōngguò yuèdú，què néng jìnrù bùtóng shíkōng de zhūduō tārén de shìjiè. Zhèyàng，jùyǒu yuèdú nénglì de rén，wúxíng jiān huòdéle chāoyuè yǒuxiàn shēngmìng de wúxiàn kěnéngxìng. Yuèdú bùjǐn shǐ tā duō shíle cǎo-mù-chóng-yú zhī míng, érqiě kěyǐ shàngsù yuǎngǔ xià jí wèilái, bǎolǎn cúnzài de yǔ fēicúnzài de qífēng-yìsú.

Gèng wéi zhòngyào de shì, dúshū jiāhuì yú rénmen de bùjǐn shì zhīshi de zēngguǎng, érqiě hái zàiyú jīngshén de gǎnhuà yǔ táoyě. Rénmen cóng dúshū xué zuò rén, cóng nàxiē wǎngzhé xiānxián yǐjí dāngdài cáijùn de zhùshù zhōng xuédé tāmen de réngé. Rénmen cóng《Lúnyǔ》zhōng xuédé zhìhuì de sīkǎo, cóng《Shǐjì》zhōng xuédé yánsù de lìshǐ jīngshén, cóng《Zhèngqìgē》zhōng xuédé réngé de gāngliè, cóng Mǎkèsī xuédé rénshì//de jīqíng, cóng Lǔ Xùn xuédé pīpàn jīngshén, cóng Tuō'ěrsītài xuédé dàodé de zhízhuó. Gēdé de shījù kèxiězhe ruìzhì de rénshēng, Bàilún de shījù hūhuànzhe fèndòu de rèqíng. Yī gè dúshūrén, yī gè yǒu jī · huì yōng yǒu chāohū gèrén shēngmìng tǐyàn de xìngyùn rén.

Jiéxuǎn zì Xiè Miǎn《Dúshūrén Shì Xìngfú Rén》

作品 7 号——《二十美金的价值》

一天，爸爸下班回到家已经很晚了，他很累也有点儿烦，他发现五岁的儿子靠在门旁正等着他。

“爸，我可以问您一个问题吗？”

“什么问题？”“爸，您一小时可以赚多少钱？”“这与你无关，你为什么问这个问题？”父亲生气地说。

“我只是想知道，你、请告诉我，您一小时赚多少钱？”小孩儿哀求道。“假如你一定要知道的话，我一小时赚二十美金。”

“哦，”小孩儿低下了头，接着又说，“爸，可以借我十美金吗？”父亲发怒了：“如果你只是要借钱去买毫无意义的玩具的话，给我回到你的房间睡觉去。好好想想为什么你会那么自私。我每天辛苦工作，没时间和你玩儿小孩子的游戏。”

小孩儿默默地回到自己的房间关上门。

父亲坐下来还在生气。后来，他平静下来了。心想他可能对孩子太凶了——或许孩子真的很想买什么东西，再说他平时很少要过钱。

父亲走进孩子的房间：“你睡了吗？”“爸，还没有，我还醒着。”孩子回答。

“我刚才可能对你太凶了，”父亲说，“我不应该发那么大的火儿——这是你要的十美金。”“爸，谢谢您。”孩子高兴地从枕头下拿出一些被弄皱的钞票，慢慢地数着。

“为什么你已经有钱了还要？”父亲不解地问。

“因为原来不够，但现在凑够了。”孩子回答：“爸我现在有 // 二十美金了，我可以向您买一个小时的时间吗？明天请早一点儿回家——我想和您一起吃晚餐。”

节选自唐继柳编译《二十美金的价值》

Zuòpǐn 7 Hào

Yī tiān，bàba xiàbān huídào jiā yǐ · jīng hěn wǎn le，tā hěn lèi yě yǒudiǎnr fán，tā fāxiàn wǔ suì de érzi kào zài mén páng zhèng děngzhe tā.

“Bà，wǒ kěyǐ wèn nín yī gè wèntí ma?”

“Shénme wèntí?” “Bà，nín yī xiǎoshí kěyǐ zhuàn duōshao qián?” “Zhè yǔ nǐ wúguān，nǐ wèishénme wèn zhège wèntí?” Fù · qīn shēngqì de shuō.

“Wǒ zhǐshì xiǎng zhī · dào，qǐng gàosu wǒ，nín yī xiǎoshí zhuàn duōshao qián?” Xiǎoháir āiqiú dào，“Jiǎrú nǐ yīdìng yào zhī · dào de huà，wǒ yī xiǎoshí zhuàn èrshí měijīn.”

“Ò,” Xiǎoháir dīxiàle tóu，jiēzhe yòu shuō，“Bà，kěyǐ jiè wǒ shí měijīn ma?” Fù · qīn fānù le：“Rúguǒ nǐ zhǐshì yào jiè qián qù mǎi háowú yìyì de wánjù de huà，gěi wǒ huídào nǐ de fángjiān shuìjiào · qù. Hǎohǎo xiǎngxiang wèishénme nǐ huì nàme zìsī. Wǒ měitiān xīnkǔ gōngzuò，méi shíjiān hé nǐ wánr xiǎoháizi de yóuxì.”

Xiǎoháir mòmò de huídào zìjǐ de fángjiān guān · shàng mén.

Fù · qīn zuò xià · lái hái zài shēngqì. Hòulái，tā píngjìng xià · lái le. Xīnxiǎng tā kěnéng duì háizi tài xiōng le——huòxǔ háizi zhēnde hěn xiǎng mǎi shénme dōngxi，zài shuō tā píngshí hěn shǎo yàoguo qián.

Fù · qīn zǒujìn háizi de fángjiān：“Nǐ shuìle ma?” “Bà，hái méi · yǒu，wǒ hái xǐngzhe.” Háizi huídá.

“Wǒ gāngcái kěnéng duì nǐ tài xiōng le,” Fù · qīn shuō，“Wǒ bù yīnggāi fā nàme dà de huǒr——zhè shì nǐ yào de shí měijīn.” “Bà，xièxie nín.” Háizi gāoxìng de cóng zhěntou · xià náchū yīxiē bèi nòngzhòu de chāopiào，mànmàn de shǔzhe.

“Wèishénme nǐ yǐ · jīng yǒu qián le hái yào?” Fù · qīn bùjiě de wèn.

“Yīn · wèi yuánlái bùgòu，dàn xiànzài còugòu le.” Háizi huídá：“Bà，wǒ xiànzài yǒu //èrshí měijīn le，wǒ kěyǐ xiàng nín mǎi yī gè xiǎoshí de shíjiān ma? Míngtiān qǐng zǎo yīdiǎnr huíjiā ——wǒ xiǎng hé nín yīqǐ chī wǎncān.”

Jiéxuǎn zì Táng Jìliǔ biānyì《Èrshí Měijīn de Jiàzhí》

作品 8 号——《繁星》

我爱月夜，但我也爱星天。从前在家乡七八月的夜晚在庭院里纳凉的时候，我最爱看天上密密麻麻的繁星。望着星天，我就会忘记一切，仿佛回到了母亲的怀里似的。

三年前在南京我住的地方有一道后门，每晚我打开后门，便看见一个静寂的夜。下面是一片菜园，上面是星群密布的蓝天。星光在我们的肉眼里虽然微小，然而它使我们觉得光明无处不在。那时候我正在读一些天文学的书，也认得一些星星，好像它们就是我的朋友，它们常常在和我谈话一样。

如今在海上，每晚和繁星相对，我把它们认得很熟了。我躺在舱面上，仰望天空。深蓝色的天空里悬着无数半明半昧的星。船在动，星也在动，它们是这样低，真是摇摇欲坠呢！渐渐地我的眼睛模糊了，我好像看见无数萤火虫在我的周围飞舞。海上的夜是柔和的，是静寂的，是梦幻的。我望着许多认识的星，我仿佛看见它们在对我眨眼，我仿佛听见它们在小声说话。这时我忘记了一切。在星的怀抱中我微笑着，我沉睡着。我觉得自己是一个小孩子，现在睡在母亲的怀里了。

有一夜，那个在哥伦波上船的英国人指给我看天上的巨人。他用手指着：// 那四颗明亮的星是头，下面的几颗是身子，这几颗是手，那几颗是腿和脚，还有三颗星算是腰带。经他这一番指点，我果然看清楚了那个天上的巨人。看，那个巨人还在跑呢！

节选自巴金《繁星》

Zuòpǐn 8 Hào

Wǒ ài yuèyè，dàn wǒ yě ài xīngtiān. Cóngqián zài jiāxiāng qī-bāyuè de yèwǎn zài tíngyuànli nàliáng de shíhou，wǒ zuì ài kàn tiān • shàng mìmì-mámá de fánxīng. Wàngzhe xīngtiān，Wǒ jiù huì wàngjì yīqiè，fǎngfú huídàole mǔ • qīn de huáili shìde.

Sān nián qián zài Nánjīng wǒ zhù de dìfang yǒu yī dào hòumén，měi wǎn wǒ dǎkāi hòumén，biàn kàn • jiàn yī gè jìngjì de yè. Xià • miàn shì yī piàn càiyuán，shàng • miàn shì xīngqún mìbù de lántiān. Xīngguāng zài wǒmen de ròuyǎnli suīrán wēixiǎo，rán'ér tā shǐ wǒmen juéde guāngmíng wúchù-bù zài. Nà shíhou wǒ zhèngzài dú yīxiē tiānwénxué de shū，yě rènde yīxiē xīngxing，hǎoxiàng tāmen jiùshì wǒ de péngyou，tāmen chángcháng zài hé wǒ tánhuà yīyàng.

Rújīn zài hǎi • shàng，měi wǎn hé fánxīng xiāngduì，wǒ bǎ tāmen rèn de hěn shú le. Wǒ tǎng zài cāngmiàn • shàng，yǎngwàng tiānkōng. Shēnlánsè de tiānkōngli xuánzhe wúshù bànmíng-bànmèi de xīng. Chuán zài dòng，xīng yě zài dòng，tāmen shì zhèyàng dī，zhēn shì yáoyáo-yù zhuì ne! Jiànjiàn de wǒ de yǎnjing móhu le，wǒ hǎoxiàng kàn • jiàn wúshù yínghuǒchóng zài wǒ de zhōuwéi fēiwǔ. Hǎi • shàng de yè shì róuhé de，shì jìngjì de，shì mènghuàn de. Wǒ wàngzhe xǔduō rènshi de xīng，wǒ fǎngfú kàn • jiàn tāmen zài duì wǒ zhǎyǎn，wǒ fǎngfú tīng • jiàn tāmen zài xiǎoshēng shuōhuà. Zhèshí wǒ wàngjìle yīqiè. Zài xīng de huáibào zhōng wǒ wēixiàozhe, wǒ chénshuìzhe. Wǒ juéde zìjǐ shì yī gè xiǎoháizi, xiànzài shuì zài mǔ · qīn de huáili le.

Yǒu yī yè, nàge zài Gēlúnbō shàng chuán de Yīngguórén zhǐ gěi wǒ kàn tiān · shàng de jùrén. Tā yòng shǒu zhǐzhe: //Nà sì kē míngliàng de xīng shì tóu, xià · miàn de jǐ kē shì shēnzi, zhè jǐ kē shì shǒu, nà jǐ kē shì tuǐ hé jiǎo, háiyǒu sān kē xīng suàn shì yāodài. Jīng tā zhè yīfān zhǐdiǎn, wǒ guǒrán kàn qīngchule nàge tiān · shàng de jùrén. Kàn, nàge jùrén hái zài pǎo ne!

Jiéxuǎn zì Bā Jīn《Fánxīng》

作品 9 号——《风筝畅想曲》

假日到河滩上转转，看见许多孩子在放风筝。一根根长长的引线，一头系在天上，一头系在地上，孩子同风筝都在天与地之间悠荡，连心也被悠荡得恍恍惚惚了，好像又回到了童年。

儿时放的风筝，大多是自己的长辈或家人编扎的，几根削得很薄的篾，用细纱线扎成各种鸟兽的造型，糊上雪白的纸片，再用彩笔勾勒出面孔与翅膀的图案。通常扎得最多的是“老雕”“美人儿”“花蝴蝶”等。

我们家前院就有位叔叔，擅扎风筝，远近闻名。他扎的风筝不只体形好看，色彩艳丽，放飞得高远，还在风筝上绷一叶用蒲苇削成的膜片，经风一吹，发出“嗡嗡”的声响，仿佛是风筝的歌唱，在蓝天下播扬，给开阔的天地增添了无尽的韵味，给驰荡的童心带来几分疯狂。

我们那条胡同的左邻右舍的孩子们放的风筝几乎都是叔叔编扎的。他的风筝不卖钱，谁上门去要，就给谁，他乐意自己贴钱买材料。

后来，这位叔叔去了海外，放风筝也渐与孩子们远离了。不过年年叔叔给家乡写信，总不忘提起儿时的放风筝。香港回归之后，他的家信中说到，他这只被故乡放飞到海外的风筝，尽管飘荡游弋，经沐风雨，可那线头儿一直在故乡和 // 亲人手中牵着，如今飘得太累了，也该要回归到家乡和亲人身边来了。

是的。我想，不光是叔叔，我们每个人都是风筝，在妈妈手中牵着，从小放到大，再从家乡放到祖国最需要的地方去啊！

节选自李恒瑞《风筝畅想曲》

Zuòpǐn 9 Hào

Jiàrì dào hétān · shàng zhuànzhuan, kàn · jiàn xǔduō háizi zài fàng fēngzheng.

Yīgēngēn chángcháng de yǐnxiàn，yītóur jì zài tiān·shàng，yī tóur jìzài dì·shàng，háizi tóng fēngzheng dōu zài tiān yǔ dì zhījiān yōudàng，lián xīn yě bèi yōudàng de huǎnghuǎng-hūhū le，hǎoxiàng yòu huídào le tóngnián.

Érshí fàng de fēngzheng，dàduō shì zìjǐ de zhǎngbèi huò jiārén biānzā de，jǐ gēn xiāo de hěn báo de miè，yòng xì shāxiàn zāchéng gè zhǒng niǎo shòu de zàoxíng，hú·shàng xuěbái de zhǐpiàn，zài yòng cǎibǐ gōulè chū miànkǒng yǔ chìbǎng de tú'àn. Tōngcháng zā de zuì duō de shì “lǎodiāo”“měirénr”“huā húdié” děng.

Wǒmen jiā qiányuàn jiù yǒu wèi shūshu，shàn zā fēngzheng，yuǎn-jìn wénmíng. Tā zā de fēngzheng bùzhǐ tǐxíng hǎokàn，sècǎi yànlì，fàngfēi de gāo yuǎn，hái zài fēngzheng·shàng bēng yī yè yòng púwěi xiāochéng de mópiàn，jīng fēng yī chuī，fāchū “wēngwēng” de shēngxiǎng，fǎngfú shì fēngzheng de gēchàng，zài lántiān·xià bōyáng，gěi kāikuò de tiāndì zēngtiānle wújìn de yùnwèi，gěi chídàng de tóngxīn dàilái jǐfēn fēngkuáng.

Wǒmen nà tiáo hútòngr de zuǒlín-yòushè de háizimen fàng de fēngzheng jīhū dōu shì shūshu biānzā de. Tā de fēngzheng bù mài qián，shuí shàngmén qù yào，jiù gěi shuí，tā lèyì zìjǐ tiēqián mǎi cáiliào.

Hòulái，zhèwèi shūshu qùle hǎiwài，fàng fēngzheng yě jiàn yǔ háizi men yuǎnlí le. Bùguò niánnián shūshu gěi jiāxiāng xiěxìn，zǒng bù wàng tíqǐ érshí de fàng fēngzheng. Xiānggǎng huíguī zhīhòu，tā zài jiāxìn zhōng shuōdào，tā zhè zhī bèi gùxiāng fàngfēi dào hǎiwài de fēngzheng，jǐnguǎn piāodàng yóuyì，jīng mù fēngyǔ，kě nà xiàntóur yīzhí zài gùxiāng hé//qīnrén shǒu zhōng qiānzhe，rújīn piāo de tài lèi le，yě gāi yào huíguī dào jiāxiāng hé qīnrén shēnbiān lái le.

Shìde. Wǒ xiǎng，bùguāng shì shūshu，wǒmen měi gè rén dōu shì fēngzheng，zài māma shǒu zhōng qiānzhe，cóngxiǎo fàngdào dà，zài cóng jiāxiāng fàngdào zǔguó zuì xūyào de dìfang qù a!

Jiéxuǎn zì Lǐ Héngruì《Fēngzheng Chàngxiǎngqǔ》

作品 10 号——《父亲的爱》

爸不懂得怎样表达爱，使我们一家人融洽相处的是我妈。他只是每天上班下班，而妈则把我们做过的错事开列清单，然后由他来责骂我们。

有一次我偷了一块糖果，他要我把它送回去，告诉卖糖的说是我偷来的，说我愿意替他拆箱卸货作为赔偿。但妈妈却明白我只是个孩子。

我在运动场打秋千跌断了腿，在前往医院途中一直抱着我的，是我妈。爸把汽车停在急诊室门口，他们叫他驶开，说那空位是留给紧急车辆停放的。爸听了便叫嚷道："你以为这是什么车？旅游车？"

在我生日会上，爸总是显得有些不大相称。他只是忙于吹气球，布置餐桌，做杂务。把插着蜡烛的蛋糕推过来让我吹的，是我妈。

我翻阅照相册时，人们总是问："你爸爸是什么样子的？"天晓得！他老是忙着替别人拍照。妈和我笑容可掬地一起拍的照片，多得不可胜数。

我记得妈有一次叫他教我骑自行车。我叫他别放手，但他却说是应该放手的时候了。我摔倒之后，妈跑过来扶我，爸却挥手要她走开。我当时生气极了，决心要给他点儿颜色看。于是我马上爬上自行车，而且自己骑给他看。他只是微笑。

我念大学时，所有的家信都是妈写的。他 // 除了寄支票外，还寄过一封短柬给我，说因为我不在草坪上踢足球了，所以他的草坪长得很美。

每次我打电话回家，他似乎都想跟我说话，但结果总是说："我叫你妈来接。"

我结婚时，掉眼泪的是我妈。他只是大声擤了一下鼻子，便走出房间。

我从小到大都听他说："你到哪里去？什么时候回家？汽车有没有汽油？不，不准去。"爸完全不知道怎样表达爱。除非……

会不会是他已经表达了，而我却未能察觉？

节选自[美]艾尔玛·邦贝克《父亲的爱》

Zuòpǐn 10 Hào

Bà bù dǒng · dé zěnyàng biǎodá ài，shǐ wǒmen yī jiā rén róngqià xiāngchǔ de shì wǒ mā. Tā zhǐshì měi tiān shàngbān xiàbān，ér mā zé bǎ wǒmen zuòguo de cuòshì kāiliè qīngdān，ránhòu yóu tā lái zémà wǒmen.

Yǒu yī cì wǒ tōule yī kuài tángguǒ，tā yào wǒ bǎ tā sòng huí · qù，gàosu mài táng de shuō shì wǒ tōu · lái de，shuō wǒ yuàn · yì tì tā chāi xiāng xiè huò zuòwéi péi cháng. Dàn māma què míngbai wǒ zhǐshì gè háizi.

Wǒ zài yùndòngchǎng dǎ qiūqiān diēduànle tuǐ，zài qiánwǎng yīyuàn túzhōng yīzhí bàozhe wǒ de，shì wǒ mā. Bà bǎ qìchē tíng zài jízhěnshì ménkǒu，tāmen jiào tā shǐkāi，shuō nà kōngwèi shì liúgěi jǐnjí chēliàng tíngfàng de. Bà tīngle biàn jiàorǎng dào："Nǐ yǐwéi zhè shì shénme chē? Lǚyóuchē?"

Zài wǒ shēng · rìhuì · shàng，bà zǒngshì xiǎnde yǒuxiē bùdà xiāngchèn. Tā zhǐshì máng yú chuī qìqiú，bùzhì cānzhuō，zuò záwù. Bǎ chāzhe làzhú de dàngāo tuī guò · lái ràng wǒ chuī de，shì wǒ mā.

Wǒ fānyuè zhàoxiàngcè shí，rénmen zǒngshì wèn："Nǐ bàba shì shénme yàngzi de?" Tiān xiǎode! Tā lǎoshì mángzhe tì bié · rén pāizhào. Mā hé wǒ xiàoróng-kějū de yīqǐ pāi de zhàopiàn, duō de bùkě-shèngshǔ.

Wǒ jìde mā yǒu yī cì jiào tā jiāo wǒ qí zìxíngchē. Wǒ jiào tā bié fàngshǒu, dàn tā què shuō shì yīnggāi fàngshǒu de shíhou le. Wǒ shuāidǎo zhīhòu, mā pǎo guò · lái fú wǒ, bà què huīshǒu yào tā zǒukāi. Wǒ dāngshí shēngqì jí le, juéxīn yào gěi tā diǎnr yánsè kàn. Yúshì wǒ mǎshàng pá · shàng zìxíngchē, érqiě zìjǐ qí gěi tā kàn. Tā zhǐshì wēixiào.

Wǒ niàn dàxué shí, suǒyǒu de jiāxìn dōu shì mā xiě de. Tā //chúle jì zhīpiào wài, hái jìguo yī fēng duǎnjiǎn gěi wǒ, shuō yīn · wèi wǒ méi yǒu zài cǎopíng · shàng tī zúqiú le, suǒyǐ tā de cǎopíng zhǎng de hěnměi.

Měi cì wǒ dǎ diànhuà huíjiā, tā sìhū dōu xiǎng gēn wǒ shuōhuà, dàn jiéguǒ zǒngshì shuō: "Wǒ jiào nǐ mā lái jiē."

Wǒ jiéhūn shí, diào yǎnlèi de shì wǒ mā. Tā zhǐshì dàshēng xǐngle yīxià bízi, biàn zǒuchū fángjiān.

Wǒ cóng xiǎo dào dà dōu tīng tā shuō: "Nǐ dào nǎli qù? Shénme shíhou huíjiā? Qìchē yǒu méi · yǒu qìyóu? Bù, bù zhǔn qù." Bà wánquán bù zhī · dào zěnyàng biǎodá ài. Chú fēi……

Huì · bù huì shì tā yǐjing biǎodá le, ér wǒ què wèi néng chájué?

Jiéxuǎn zì [měi] Ài'ěrmǎ Bāngbèikè《Fù · qīn de Ài》

作品 11 号——《国家荣誉感》

一个大问题一直盘踞在我脑袋里：

世界杯怎么会有如此巨大的吸引力？除去足球本身的魅力之外，还有什么超乎其上而更伟大的东西？

近来观看世界杯，忽然从中得到了答案：是由于一种无上崇高的精神情感——国家荣誉感！

地球上的人都会有国家的概念，但未必时时都有国家的感情。往往人到异国，思念家乡，心怀故国，这国家概念就变得有血有肉，爱国之情来得非常具体。而现代社会，科技昌达，信息快捷，事事上网，世界真是太小太小，国家的界限似乎也不那么清晰了。再说足球正在快速世界化，平日里各国球员频繁转会，往来随意，致使越来越多的国家联赛都具有国际的因素。球员们不论国籍，只效力于自己的俱乐部，他们比赛时的激情中完全没有爱国主义的因子。

然而，到了世界杯大赛，天下大变。各国球员都回国效力，穿上与光荣的国旗同样色彩的服装。在每一场比赛前，还高唱国歌以宣誓对自己祖国的挚爱与忠诚。一种血缘情感开始在全身的血管里燃烧起来，而且立刻热血沸腾。

在历史时代，国家间经常发生对抗，好男儿戎装卫国。国家的荣誉往往需要以自己的生命去 // 换取。但在和平时代，唯有这种国家之间大规模对抗性的大赛，才可以唤起那种遥远而神圣的情感，那就是：为祖国而战！

节选自冯骥才《国家荣誉感》

Zuòpǐn 11 Hào

Yī gè dà wèntí yīzhí pánjù zài wǒ nǎodaili：

Shìjièbēi zěnme huì yǒu rúcǐ jùdà de xīyǐnlì？Chúqù zúqiú běnshēn de mèilì zhīwài，háiyǒu shénme chāohūqíshàng ér gèng wěidà de dōngxi？

Jìnlái guānkàn shìjièbēi，hūrán cóngzhōng dédàole dá'àn：Shì yóuyú yī zhǒng wúshàng chónggāo de jīngshén qínggǎn——guójiā róngyùgǎn！

Dìqiú · shàng de rén dōu huì yǒu guójiā de gàiniàn，dàn wèibì shíshí dōu yǒu guójiā de gǎnqíng. Wǎngwǎng rén dào yìguó，sīniàn jiāxiāng，xīn huái gùguó，zhè guójiā gàiniàn jiù biànde yǒu xiě yǒu ròu，àiguó zhī qíng lái de fēicháng jùtǐ. Ér xiàndài shèhuì，kējì chāngdá，xìnxī kuàijié，shìshì shàngwǎng，shìjiè zhēnshì tài xiǎo tài xiǎo，guójiā de jièxiàn sìhū yě bù nàme qīngxī le. Zàishuō zúqiú zhèngzài kuàisù shìjièhuà，píngrìli gè guó qiúyuán pínfán zhuǎnhuì，wǎnglái suíyì，zhìshǐ yuèláiyuèduō de guójiā liánsài dōu jùyǒu guójì de yīnsù. Qiúyuánmen bùlùn guójí，zhǐ xiàolì yú zìjǐ de jùlèbù，tāmen bǐsài shí de jīqíng zhōng wánquán méi · yǒu àiguózhǔyì de yīnzǐ.

Rán'ér，dàole shìjièbēi dàsài，tiānxià dàbiàn. Gè guó qiúyuán dōu huíguó xiàolì，chuān · shàng yǔ guāngróng de guóqí tóngyàng sècǎi de fúzhuāng. Zài měi yī chǎng bǐsài qián，hái gāochàng guógē yǐ xuānshì duì zìjǐ zǔguó de zhì'ài yǔ zhōngchéng. Yī zhǒng xuèyuán qínggǎn kāishǐ zài quánshēn de xuèguǎnli ránshāo qǐ · lái，érqiě lìkè rèxuè fèiténg.

Zài lìshǐ shídài，guójiā jiān jīngcháng fāshēng duìkàng，hǎo nán'ér róngzhuāng wèiguó. Guójiā de róngyù wǎngwǎng xūyào yǐ zìjǐ de shēngmìng qù //huànqǔ. Dàn zài hépíng shídài，wéiyǒu zhè zhǒng guójiā zhījiān dàguīmó duìkàngxìng de dàsài，cái kěyǐ huànqǐ nà zhǒng yáoyuǎn ér shénshèng de qínggǎn，nà jiùshì：Wèi zǔguó ér zhàn！

Jiéxuǎn zì Féng Jìcái《Guójiā Róngyùgǎn》

作品12号——《海滨仲夏夜》

夕阳落山不久，西方的天空，还燃烧着一片橘红色的晚霞。大海，也被这霞光染成了红色，而且比天空的景色更要壮观。因为它是活动的，每当一排排波浪涌起的时候，那映照在浪峰上的霞光，又红又亮，简直就像一片片霍霍燃烧着的火焰，闪烁着，消失了。而后面的一排，又闪烁着，滚动着，涌了过来。

天空的霞光渐渐地淡下去了，深红的颜色变成了绯红，绯红又变成浅红。最后，当这一切红光都消失了的时候，那突然显得高而远了的天空，则呈现出一片肃穆的神色。最早出现的启明星，在这蓝色的天幕上闪烁起来了。它是那么大，那么亮，整个广漠的天幕上只有它在那里放射着令人注目的光辉，活像一盏悬挂在高空的明灯。

夜色加浓，苍空中的“明灯”越来越多了。而城市各处的真的灯火也次第亮了起来，尤其是围绕在海港周围山坡上的那一片灯光，从半空倒映在乌蓝的海面上，随着波浪，晃动着，闪烁着，像一串流动着的珍珠，和那一片片密布在苍穹里的星斗互相辉映，煞是好看。

在这幽美的夜色中，我踏着软绵绵的沙滩，沿着海边，慢慢地向前走去。海水，轻轻地抚摸着细软的沙滩，发出温柔的 // 刷刷声。晚来的海风，清新而又凉爽。我的心里，有着说不出的兴奋和愉快。

夜风轻飘飘地吹拂着，空气中飘荡着一种大海和田禾相混合的香味儿，柔软的沙滩上还残留着白天太阳炙晒的余温。那些在各个工作岗位上劳动了一天的人们，三三两两地来到这软绵绵的沙滩上，他们浴着凉爽的海风，望着那缀满了星星的夜空，尽情地说笑，尽情地休憩。

节选自峻青《海滨仲夏夜》

Zuòpǐn 12 Hào

Xīyáng luòshān bùjiǔ，xīfāng de tiānkōng，hái ránshāozhe yī piàn júhóngsè de wǎnxiá. Dàhǎi，yě bèi zhè xiáguāng rǎnchéngle hóngsè，érqiě bǐ tiānkōng de jǐngsè gèng yào zhuàngguān. Yīn • wèi tā shì huó • dòng de，měidāng yīpáipái bōlàng yǒngqǐ de shíhou，nà yìngzhào zài làngfēng • shàng de xiáguāng，yòu hóng yòu liàng，jiǎnzhí jiù xiàng yīpiànpiàn huòhuò ránshāozhe de huǒyàn，shǎnshuòzhe，xiāoshīle. Ér hòu • miàn de yī pái，yòu shǎnshuòzhe，gǔndòngzhe，yǒngle guò • lái.

Tiānkōng de xiáguāng jiànjiàn de dàn xià • qù le，shēnhóng de yánsè biànchéngle fēihóng，fēihóng yòu biànwéi qiǎnhóng. Zuìhòu，dāng zhè yīqiē hóngguāng dōu xiāoshīle de shíhou，nà tūrán xiǎnde gāo ér yuǎn le de tiānkōng，zé chéngxiàn chū yī piàn sùmù de shénsè. Zuì zǎo chūxiàn de qǐmíngxīng，zài zhè lánsè de tiānmù •shàng shǎnshuò qǐ•lái le. Tā shì nàme dà，nàme liàng，zhěng gè guǎngmò de tiānmù•shàng zhǐyǒu tā zài nàli fàngshèzhe lìng rén zhùmù de guānghuī，huóxiàng yī zhǎn xuánguà zài gāokōng de míngdēng.

Yèsè jiā nóng，cāngkōng zhōng de "míngdēng" yuèláiyuè duōle. Ér chéngshì gè chù de zhēn de dēnghuǒ yě cìdì liàngle qǐ•lái，yóuqí shì wéirào zài hǎigǎng zhōuwéi shānpō•shàng de nà yī piàn dēngguāng，cóng bànkōng dàoyìng zài wūlán de hǎimiàn•shàng，suízhe bōlàng，huàngdòngzhe，shǎnshuòzhe，xiàng yī chuàn liúdòngzhe de zhēnzhū，hé nà yīpiànpiàn mìbù zài cāngqióngli de xīngdǒu hùxiāng huīyìng，shà shì hǎokàn.

Zài zhè yōuměi de yèsè zhōng，wǒ tàzhe ruǎnmiánmián de shātān，yánzhe hǎibiān，mànmàn de xiàngqián zǒu•qù. Hǎishuǐ，qīngqīng de fǔmōzhe xìruǎn de shātān，fāchū wēnróu de//shuāshuā shēng. Wǎnlái de hǎifēng，qīngxīn ér yòu liángshuǎng. Wǒ de xīnli，yǒuzhe shuō•bùchū de xīngfèn hé yúkuài.

Yèfēng qīngpiāopiāo de chuīfúzhe，kōngqì zhōng piāodàngzhe yī zhǒng dàhǎi hé tiánhé xiāng hùnhé de xiāngwèir，róuruǎn de shātān•shàng hái cánliúzhe bái•tiān tài•yáng zhìshài de yúwēn. Nàxiē zài gè gè gōngzuò gǎngwèi•shàng láodòngle yī tiān de rénmen，sānsān-liǎngliǎng de láidào zhè ruǎnmiánmián de shātān•shàng，tāmen yùzhe liángshuǎng de hǎifēng，wàngzhe nà zhuìmǎnle xīngxing de yèkōng，jìnqíng de shuōxiào，jìnqíng de xiūqì.

Jiéxuǎn zì Jùn Qīng《Hǎibīn Zhòngxià Yè》

作品 13 号——《海洋与生命》

生命在海洋里诞生绝不是偶然的，海洋的物理和化学性质，使它成为孕育原始生命的摇篮。

我们知道，水是生物的重要组成部分，许多动物组织的含水量在百分之八十以上，而一些海洋生物的含水量高达百分之九十五。水是新陈代谢的重要媒介，没有它，体内的一系列生理和生物化学反应就无法进行，生命也就停止。因此，在短时期内动物缺水要比缺少食物更加危险。水对今天的生命是如此重要，它对脆弱的原始生命，更是举足轻重了。生命在海洋里诞生，就不会有缺水之忧。

水是一种良好的溶剂。海洋中含有许多生命所必需的无机盐，如氯化钠、氯化钾、碳酸盐、磷酸盐，还有溶解氧，原始生命可以毫不费力地从中吸取它所需要的元素。

水具有很高的热容量，加之海洋浩大，任凭夏季烈日曝晒，冬季寒风扫荡，它的温度变化却比较小。因此，巨大的海洋就像是天然的“温箱”，是孕育原始生命的温床。

阳光虽然为生命所必需，但是阳光中的紫外线却有扼杀原始生命的危险。水能有效地吸收紫外线，因而又为原始生命提供了天然的“屏障”。

这一切都是原始生命得以产生和发展的必要条件。//

节选自童裳亮《海洋与生命》

Zuòpǐn 13 Hào

Shēngmìng zài hǎiyángli dànshēng jué bù shì ǒurán de，hǎiyáng de wùlǐ hé huàxué xìngzhì，shǐ tā chéngwéi yùnyù yuánshǐ shēngmìng de yáolán.

Wǒmen zhī · dào，shuǐ shì shēngwù de zhòngyào zǔchéng bùfen，xǔduō dòngwù zǔzhī de hánshuǐliàng zài bǎi fēn zhī bāshí yǐshàng，ér yīxiē hǎiyáng shēngwù de hánshuǐliàng gāodá bǎi fēn zhī jiǔshíwǔ. Shuǐ shì xīnchén-dàixiè de zhòngyào méijiè，méi · yǒu tā，tǐnèi de yīxìliè shēnglǐ hé shēngwù huàxué fǎnyìng jiù wúfǎ jìnxíng. Shēngmìng yě jiù tíngzhǐ. Yīncǐ，zài duǎn shíqī nèi dòngwù quē shuǐ yào bǐ quēshǎo shíwù gèngjiā wēixiǎn. Shuǐ duì jīntiān de shēngmìng shì rúcǐ zhòngyào，tā duì cuìruò de yuánshǐ shēngmìng，gèng shì jǔzú-qīngzhòng le. Shēngmìng zài hǎiyángli dànshēng，jiù bù huì yǒu quē shuǐ zhī yōu.

Shuǐ shì yī zhǒng liánghǎo de róngjì. Hǎiyáng zhōng hányǒu xǔduō shēngmìng suǒ bìxū de wújīyán，rú lǜhuànà、lǜhuàjiǎ、tànsuānyán、línsuānyán，háiyǒu róngjiěyǎng. Yuánshǐ shēngmìng kěyǐ háobù fèilì de cóngzhōng xīqǔ tā suǒ xūyào de yuánsù.

Shuǐ jùyǒu hěn gāo de rè róngliàng，jiāzhī hǎiyáng hàodà，rènpíng xiàjì lièrì pùshài，dōngjì hánfēng sǎodàng，tā de wēndù biànhuà què bǐjiào xiǎo. Yīncǐ，jùdà de hǎiyáng jiù xiàng shì tiānrán de “wēnxiāng”，shì yùnyù yuánshǐ shēngmìng de wēnchuáng.

Yángguāng suīrán wéi shēngmìng suǒ bìxū，dànshì yángguāng zhōng de zǐwàixiàn què yǒu èshā yuánshǐ shēngmìng de wēixiǎn. Shuǐ néng yǒuxiào xīshōu zǐwàixiàn. Yīn’ér yòu wèi yuánshǐ shēngmìng tígōngle tiānrán de “píngzhàng”.

Zhè yīqiè dōu shì yuánshǐ shēngmìng déyǐ chǎnshēng hé fāzhǎn de bìyào tiáojiàn. //

Jiéxuǎn zì Tóng Chángliàng《Hǎiyáng yǔ Shēngmìng》

作品 14 号 ——《和时间赛跑》

读小学的时候，我的外祖母去世了。外祖母生前最疼爱我，我无法排除自己的忧伤，每天在学校的操场上一圈儿又一圈儿地跑着，跑得累倒在地上，扑在草坪上痛哭。

那哀痛的日子，断断续续地持续了很久，爸爸妈妈也不知道如何安慰我。他们知道与其骗我说外祖母睡着了，还不如对我说实话：外祖母永远不会回来了。

“什么是永远不会回来呢?”我问着。

“所有时间里的事物，都永远不会回来。你的昨天过去，它就永远变成昨天，你不能再回到昨天。爸爸以前也和你一样小，现在也不能回到你这么小的童年了；有一天你会长大，你会像外祖母一样老；有一天你度过了你的时间，就永远不会回来了。”爸爸说。

爸爸等于给我一个谜语，这谜语比课本上的“日历挂在墙壁，一天撕去一页，使我心里着急”和“一寸光阴一寸金，寸金难买寸光阴”还让我感到可怕；也比作文本上的“光阴似箭，日月如梭”更让我觉得有一种说不出的滋味。

时间过得那么飞快，使我的小心眼儿里不只是着急，而是悲伤。有一天我放学回家，看到太阳快落山了，就下决心说：“我要比太阳更快地回家。”我狂奔回去，站在庭院前喘气的时候，看到太阳//还露着半边脸，我高兴地跳跃起来，那一天我跑赢了太阳。以后我就时常做那样的游戏，有时和太阳赛跑，有时和西北风比快，有时一个暑假才能做完的作业，我十天就做完了；那时我三年级，常常把哥哥五年级的作业拿来做。每一次比赛胜过时间，我就快乐得不知道怎么形容。

如果将来我有什么要教给我的孩子，我会告诉他：假若你一直和时间比赛，你就可以成功!

节选自(台湾)林清玄《和时间赛跑》

Zuòpǐn 14 Hào

Dú xiǎoxué de shíhou，wǒ de wàizǔmǔ qùshì le. Wàizǔmǔ shēngqián zuì téng'ài wǒ，wǒ wúfǎ páichú zìjǐ de yōushāng，měi tiān zài xuéxiào de cāochǎng・shàng yī quānr yòu yī quānr de pǎozhe，pǎo de lèidǎo zài dì・shàng，pūzài cǎopíng・shàng tòngkū.

Nà āitòng de rìzi，duànduàn-xùxù de chíxùle hěn jiǔ，bàba māma yě bù zhī・dào rúhé ānwèi wǒ. Tāmen zhī・dào yǔqí piàn wǒ shuō wàizǔmǔ shuìzháole，hái bùrú duì wǒ shuō shíhuà：Wàizǔmǔ yǒng yuǎn bù huì huí・lái le.

“Shénme shì yǒngyuǎn bù huì huí・lái ne?” wǒ wènzhe.

“Suǒyǒu shíjiānli de shìwù，dōu yǒngyuǎn bù huì huí・lái. Nǐ de zuótiān guò・qù，tā jiù yǒngyuǎn biàn chéng zuótiān，nǐ bùnéng zài huídào zuótiān. Bàba yǐqián yě hé nǐ yīyàng xiǎo，xiànzài yě bùnéng huídào nǐ zhème xiǎo de tóngnián le；yǒu yī tiān nǐ huì zhǎngdà，nǐ huì xiàng wàizǔmǔ yīyàng lǎo；yǒu yī tiān nǐ dùguole nǐ de shíjiān，jiù yǒngyuǎn bù huì huí・lái le.” Bàba shuō.

Bàba děngyú gěi wǒ yī gè míyǔ，zhè míyǔ bǐ kèběn・shàng de “Rìlì guà zài qiángbì，yī tiān sī・qù yī yè，shǐ wǒ xīnli zháojí” hé “Yī cùn guāngyīn yī cùn jīn，cùn jīn nán mǎi cùn guāngyīn” hái ràng wǒ gǎndào kěpà；yě bǐ zuòwénběn・shàng de “Guāngyīn sì jiàn，rìyuè rú suō” gèng ràng wǒ juéde yǒu yī zhǒng shuō・bùchū de zīwèi.

Shíjiān guò de nàme fēikuài，shǐ wǒ de xiǎo xīnyǎnrli bù zhǐshì zháojí，háiyǒu bēishāng. Yǒu yī tiān wǒ fàngxué huíjiā，kàndào tài・yáng kuài luòshān le，jiù xià juéxīn shuō：“Wǒ yào bǐ tài・yáng gèng kuài de huíjiā.” Wǒ kuángbēn huí・qù，zhànzài tíngyuàn qián chuǎnqì de shíhou，kàndào tài・yáng //hái lòuzhe bànbiān liǎn，wǒ gāoxìng de tiàoyuè qǐ・lái，nà yī tiān wǒ pǎoyíngle tài・yáng. Yǐhòu wǒ jiù shícháng zuò nàyàng de yóuxì，yǒushí hé tài・yáng sàipǎo，yǒu shí hé xīběifēng bǐ kuài，yǒushí yī gè shǔjià cái néng zuòwán de zuòyè，wǒ shí tiān jiù zuòwánle；nàshí wǒ sān niánjí，chángcháng bǎ gēge wǔ niánjí de zuòyè ná・lái zuò. Měi yī cì bǐsài shèngguo shíjiān，wǒ jiù kuàilè de bù zhī・dào zěnme xíngróng.

Rúguǒ jiānglái wǒ yǒu shénme yào jiāogěi wǒ de háizi，wǒ huì gàosu tā：jiǎruò nǐ yīzhí hé shíjiān bǐsài，nǐ jiù kěyǐ chénggōng!

Jiéxuǎn zì（Táiwān）Lín Qīngxuán《Hé Shíjiān Sàipǎo》

作品 15 号——《胡适的白话电报》

三十年代初，胡适在北京大学任教授。讲课时他常常对白话文大加称赞，引起一些只喜欢文言文而不喜欢白话文的学生的不满。

一次，胡适正讲得得意的时候，一位姓魏的学生突然站了起来，生气地问：“胡先生，难道说白话文就毫无缺点吗?”胡适微笑着回答说：“没有。”那位学生更加激动了：“肯定有！白话文废话太多，打电报用字多，花钱多。”胡适的目光顿时变亮了。轻声地解释说：“不一定吧！前几天有位朋友给我打来电报，请我去政府部门工作，我决定不去，就回电拒绝了。复电是用白话写的，看来也很省字。请同学们根据我这个意思，用文言文写一个回电，看看究竟是白话文省字，还是文言文省字?”胡教授刚说完，同学们立刻认真地写了起来。

十五分钟过去，胡适让同学举手，报告用字的数目，然后挑了一份用字最少的文言电报稿，电文是这样写的：

“才疏学浅，恐难胜任，不堪从命。”白话文的意思是：学问不深，恐怕很难担任这个工作，不能服从安排。

胡适说，这份写得确实不错，仅用了十二个字。但我的白话电报却只用了五个字：

“干不了，谢谢！”

胡适又解释说：“干不了”就有才疏学浅、恐难胜任的意思；“谢谢”既//对朋友的介绍表示感谢，又有拒绝的意思。所以，废话多不多，并不看它是文言文还是白话文，只要注意选用字词，白话文是可以比文言文更省字的。

节选自陈灼主编《实用汉语中级教程》(上)中《胡适的白话电报》

Zuòpǐn 15 Hào

Sānshí niándài chū，Hú Shì zài Běijīng Dàxué rèn jiàoshòu. Jiǎngkè shí tā chángcháng duì báihuàwén dàjiā chēngzàn，yǐnqǐ yīxiē zhǐ xǐhuan wényánwén ér bù xǐhuan báihuàwén de xuésheng de bùmǎn.

Yī cì，Hú Shì zhèng jiǎng de déyì de shíhou，yī wèi xìng Wèi de xuésheng tūrán zhànle qǐ • lái，shēngqì de wèn：“Hú xiānsheng，nándào shuō báihuàwén jiù háowú quēdiǎn ma?” Hú Shì wēixiàozhe huídá shuō：“méi • yǒu.” Nà wèi xuésheng gèngjiā jīdòng le：“Kěndìng yǒu! Báihuàwén fèihuà tài duō，dǎ diànbào yòng zì duō，huāqián duō.” Hú Shì de mùguāng dùnshí biànliàng le. Qīngshēng de jiěshì shuō：“Bù yīdìng ba! Qián jǐ tiān yǒu wèi péngyou gěi wǒ dǎ • lái diànbào，qǐng wǒ qù zhèngfǔ bùmén gōngzuò，wǒ juédìng bù qù，jiù huídiàn jùjué le. Fùdiàn shì yòng báihuà xiě de，kànlái yě hěn shěng zì. Qǐng tóngxuémen gēnjù wǒ zhège yìsi，yòng wényánwén xiě yī gè huídiàn，kànkan jiūjìng shì báihuàwén shěng zì，hái shì wényánwén shěng zì?” Hú jiàoshòu gāng shuō wán，tóngxuémen lìkè rènzhēn de xiěle qǐ • lái.

Shíwǔ fēnzhōng guò • qù，Hú Shì ràng tóngxué jǔshǒu，bàogào yòng zì de shùmù，ránhòu tiāole yī fèn yòng zì zuì shǎo de wényán diànbàogǎo，diànwén shì zhèyàng xiě de：“Cáishū-xuéqiǎn，kǒng nán shèngrèn，bùkān cóngmìng.” Báihuàwén de yìsi shì：Xuéwen bù shēn，kǒngpà hěn nán dānrèn zhège gōngzuò，bùnéng fúcóng ānpái.

Hú Shì shuō，zhè fèn xiě de quèshí bùcuò，jǐn yòngle shí'èr gè zì. Dàn wǒ de báihuà diànbào què zhǐ yòngle wǔ gè zì：

“Gàn • bù liǎo，xièxie!”

Hú shì yòu jiěshì shuō：“Gàn • bù liǎo” jiù yǒu cáishū-xuéqiǎn、kǒng nán shèngrèn de yìsi；"Xièxie" jì //duì péngyou de jièshào biǎoshì gǎnxiè，yòu yǒu jùjué de yìsi. Suǒyǐ，fèihuà duō · bù duō，bìng bù kàn tā shì wényánwén hái shì báihuàwén，zhǐyào zhùyì xuǎnyòng zìcí，báihuàwén shì kěyǐ bǐ wényánwén gèng shěng zì de.

Jiéxuǎn zì Chén Zhuó Zhǔbiān《Shíyòng Hànyǔ Zhōngjí Jiàochéng》(shàng) zhōng《Hú Shì de Báihuà Diànbào》

作品 16 号——《火光》

很久以前，在一个漆黑的秋天的夜晚，我泛舟在西伯利亚一条阴森森的河上。船到一个转弯处，只见前面黑黢黢的山峰下面一星火光蓦地一闪。

火光又明又亮，好像就在眼前……

"好啦，谢天谢地!"我高兴地说，"马上就到过夜的地方啦!"

船夫扭头朝身后的火光望了一眼，又不以为然地划起桨来。

"远着呢!"

我不相信他的话，因为火光冲破朦胧的夜色，明明在那儿闪烁。不过船夫是对的，事实上，火光的确还远着呢。

这些黑夜的火光的特点是：驱散黑暗，闪闪发亮，近在眼前，令人神往。乍一看，再划几下就到了……其实却还远着呢！……

我们在漆黑如墨的河上又划了很久。一个个峡谷和悬崖，迎面驶来，又向后移去，仿佛消失在茫茫的远方，而火光却依然停在前头，闪闪发亮，令人神往——依然是这么近，又依然是那么远……

现在，无论是这条被悬崖峭壁的阴影笼罩的漆黑的河流，还是那一星明亮的火光，都经常浮现在我的脑际，在这以前和在这以后，曾有许多火光，似乎近在咫尺，不止使我一人心驰神往。可是生活之河却仍然在那阴森森的两岸之间流着，而火光也依旧非常遥远。因此，必须加劲划桨……

然而，火光啊……毕竟……毕竟就 // 在前头！……

节选自[俄]柯罗连科《火光》，张铁夫译

Zuòpǐn 16 Hào

Hěnjiǔ yǐqián，zài yī gè qīhēi de qiūtiān de yèwǎn，wǒ fàn zhōu zài Xībólìyà yī tiáo yīnsēnsēn de hé · shàng. Chuán dào yī gè zhuǎnwān chù，zhǐjiàn qián · miàn hēiqūqū de shānfēng xià · miàn，yī xīng huǒguāng mòdì yī shǎn.

Huǒguāng yòu míng yòu liàng，hǎoxiàng jiù zài yǎnqián……

“Hǎo la，xiètiān-xièdì!” Wǒ gāoxìng de shuō，“Mǎshàng jiù dào guòyè de dìfang la!”

Chuánfū niǔtóu cháo shēnhòu de huǒguāng wàngle yī yǎn，yòu bùyǐwéirán de huá · qǐ jiǎng · lái.

“Yuǎnzhe ne!”

Wǒ bù xiāngxìn tā de huà，yīn · wèi huǒguāng chōngpò ménglóng de yèsè，míngmíng zài nàr shǎnshuò. Bùguò chuánfū shì duì de，shìshí · shàng，huǒguāng díquè hái yuǎnzhe ne.

Zhèxiē hēiyè de huǒguāng de tèdiǎn shì：Qū sàn hēi'àn，shǎnshǎn fāliàng，jìn zài yǎnqián，lìngrén shénwǎng. Zhà yī kàn，zài huá jǐ xià jiù dàole……Qíshí què hái yuǎnzhe ne! ……

Wǒmen zài qīhēi rú mò de hé · shàng yòu huále hěn jiǔ. Yīgègè xiágǔ hé xuányá，yíngmiàn shǐ · lái，yòu xiàng hòu yí · qù，fǎng fú xiāoshī zài mángmáng de yuǎnfāng，ér huǒguāng què yīrán tíng zài qiántou，shǎnshǎn fāliàng，lìngrén shénwǎng——yīrán shì zhème jìn，yòu yīrán shì nàme yuǎn……

Xiànzài，wúlùn shì zhè tiáo bèi xuányá qiàobì de yīnyǐng lǒngzhào de qīhēi de héliú，háishì nà yī xīng míngliàng de huǒguāng，dōu jīngcháng fúxiàn zài wǒ de nǎojì，zài zhè yǐqián hé zài zhè yǐhòu，céng yǒu xǔduō huǒguāng，sìhū jìn zài zhǐchǐ，bùzhǐ shǐ wǒ yī rén xīnchí-shénwǎng. Kěshì shēnghuó zhī hé què réngrán zài nà yīnsēnsēn de liǎng'àn zhījiān liúzhe，ér huǒguāng yě yījiù fēicháng yáoyuǎn. Yīncǐ，bìxū jiājìn huá jiǎng……

Rán'ér，huǒguāng a……bìjìng……bìjìng jiù//zài qiántou! ……

Jiéxuǎn zì [É] Kēluóliánkē《Huǒguāng》，Zhāng Tiěfū yì

作品 17 号——《济南的冬天》

对于一个在北平住惯的人，像我，冬天要是不刮风，便觉得是奇迹；济南的冬天是没有风声的。对于一个刚由伦敦回来的人，像我，冬天要能看得见日光，便觉得是怪事；济南的冬天是响晴的。自然，在热带的地方，日光是永远那么毒，响亮的天气，反有点儿叫人害怕。可是，在北方的冬天，而能有温晴的天气，济南真得算个宝地。

设若单单是有阳光，那也算不了出奇。请闭上眼睛想：一个老城，有山有水，全在天底下晒着阳光，暖和安适地睡着，只等春风来把它们唤醒，这是不是理想的境界？小山整把济南围了个圈儿，只有北边缺着点口儿。这一圈小山在冬天特别可爱，好像是把济南放在一个小摇篮里，它们安静不动地低声地说："你们放心吧，这儿准保暖和。"真的，济南的人们在冬天是面上含笑的。他们一看那些小山，心中便觉得有了着落，有了依靠。他们由天上看到山上，便不知不觉地想起：明天也许就是春天了吧？这样的温暖，今天夜里山草也许就绿起来了吧？就是这点儿幻想不能一时实现，他们也并不着急，因为这样慈善的冬天，干什么还希望别的呢！

最妙的是下点儿小雪呀。看吧，山上的矮松越发的青黑，树尖儿上顶 // 着一髻儿白花，好像日本看护妇。山尖儿全白了，给蓝天镶上一道银边。山坡上，有的地方雪厚点儿，有的地方草色还露着；这样，一道儿白，一道儿暗黄，给山们穿上一件带水纹儿的花衣；看着看着，这件花衣好像被风儿吹动，叫你希望看见一点儿更美的山的肌肤。等到快日落的时候，微黄的阳光斜射在山腰上，那点儿薄雪好像忽然害羞，微微露出点儿粉色。就是下小雪吧，济南是受不住大雪的，那些小山太秀气。

节选自老舍《济南的冬天》

Zuòpǐn 17 Hào

Duìyú yī gè zài Běipíng zhùguàn de rén，xiàng wǒ，dōngtiān yàoshì bù guāfēng，biàn juéde shì qíjì；jǐnán de dōngtiān shì méi・yǒu fēngshēng de. Duìyú yī gè gāng yóu Lúndūn huí・lái de rén，xiàng wǒ，dōngtiān yào néng kàn de jiàn rìguāng，biàn juéde shì guàishì；Jǐnán de dōngtiān shì xiǎngqíng de. Zìrán，zài rèdài de dìfang，rìguāng yǒngyuǎn shì nàme dú，xiǎngliàng de tiānqì，fǎn yǒudiǎnr jiào rén hàipà. Kěshì，zài běifāng de dōngtiān，ér néng yǒu wēnqíng de tiānqì，Jǐnán zhēn děi suàn gè bǎodì.

Shèruò dāndān shì yǒu yángguāng，nà yě suàn・bùliǎo chūqí. Qǐng bì・shàng yǎnjing xiǎng：Yī gè lǎochéng，yǒu shān yǒu shuǐ，quán zài tiān dǐ・xià shàizhe yángguāng，nuǎnhuo ānshì de shuìzhe，zhǐ děng chūnfēng lái bǎ tāmen huànxǐng，zhè shì・bùshì lǐxiǎng de jìngjiè? Xiǎoshān zhěng bǎ Jǐnán wéile gè quānr，zhǐyǒu běi・biān quēzhe diǎnr kǒur. Zhè yī quān xiǎoshān zài dōngtiān tèbié kě'ài，hǎoxiàng shì bǎ Jǐnán fàng zài yī gè xiǎo yáolánli，tāmen ānjìng bù dòng de dīshēng de shuō："Nǐmen fàngxīn ba，zhèr zhǔnbǎo nuǎnhuo." zhēn de，Jǐnán de rénmen zài dōngtiān shì miàn・shàng hánxiào de. Tāmen yī kàn nàxiē xiǎoshān，xīnzhōng biàn juéde yǒule zhuóluò，yǒule yīkào. Tāmen yóu tiān・shàng kàndào shān・shàng，biàn bùzhī-bùjué de xiǎngqǐ："Míngtiān yěxǔ jiùshì chūntiān le ba? Zhèyàng de wēnnuǎn，jīntiān yèli shāncǎo yěxǔ jiù lǜqǐ・lái le ba?" Jiùshì zhè diǎnr huànxiǎng bùnéng yīshí shíxiàn，tāmen yě bìng bù zháojí，yīn・wèi zhèyàng císhàn de dōngtiān，gànshénme hái xīwàng biéde ne!

Zuì miào de shì xià diǎnr xiǎoxuě ya. Kàn ba, shān • shàng de ǎisōng yuèfā de qīnghēi, shùjiānr • shàng dǐng//zhe yī jìr báihuā, hǎoxiàng Rìběn kānhùfù. Shānjiānr quán bái le, gěi lántiān xiāng • shàng yī dào yínbiānr. Shānpō • shàng, yǒude dìfang xuě hòu diǎnr, yǒude dìfang cǎosè hái lòuzhe; zhèyàng, yī dàor bái, yī dàor ànhuáng, gěi shānmen chuān • shàng yī jiàn dài shuǐwénr de huāyī; kànzhe kànzhe, zhè jiàn huāyī hǎoxiàng bèi fēng'ér chuīdòng, jiào nǐ xīwàng kàn • jiàn yīdiǎnr gèng měi de shān de jīfū. Děngdào kuài rìluò de shíhou, wēihuáng de yángguāng xié shè zài shānyāo • shàng, nà diǎnr báo xuě hǎoxiàng hūrán hàixiū, wēiwēi lòuchū diǎnr fěnsè. Jiùshì xià xiǎoxuě ba, Jǐnán shì shòu • bùzhù dàxuě de, nàxiē xiǎoshān tài xiùqi.

Jiéxuǎn zì Lǎo Shě《Jǐnán de Dōngtiān》

作品 18 号——《家乡的桥》

纯朴的家乡村边有一条河，曲曲弯弯，河中架一弯石桥，弓样的小桥横跨两岸。

每天，不管是鸡鸣晓月，日丽中天，还是月华泻地，小桥都印下串串足迹，洒落串串汗珠。那是乡亲为了追求多棱的希望，兑现美好的遐想。弯弯小桥，不时荡过轻吟低唱，不时露出舒心的笑容。

因而，我稚小的心灵，曾将心声献给小桥：你是一弯银色的新月，给人间普照光辉；你是一把闪亮的镰刀，割刈着欢笑的花果；你是一根晃悠悠的扁担，挑起了彩色的明天！哦，小桥走进我的梦中。

我在飘泊他乡的岁月，心中总涌动着故乡的河水，梦中总看到弓样的小桥。当我访南疆探北国，眼帘闯进座座雄伟的长桥时，我的梦变得丰满了，增添了赤橙黄绿青蓝紫。

三十多年过去，我带着满头霜花回到故乡，第一紧要的便是去看望小桥。

啊！小桥呢？它躲起来了？河中一道长虹，浴着朝霞熠熠闪光。哦，雄浑的大桥敞开胸怀，汽车的呼啸、摩托的笛音、自行车的叮铃，合奏着进行交响乐；南来的钢筋、花布，北往的柑橙、家禽，绘出交流欢悦图……

啊！蜕变的桥，传递了家乡进步的消息，透露了家乡富裕的声音。时代的春风，美好的追求，我蓦地记起儿时唱 // 给小桥的歌，哦，明艳艳的太阳照耀了，芳香甜蜜的花果捧来了，五彩斑斓的岁月拉开了！

我心中涌动的河水，激荡起甜美的浪花。我仰望一碧蓝天，心底轻声呼喊：家乡的桥啊，我梦中的桥！

节选自郑莹《家乡的桥》

Zuòpǐn 18 Hào

Chúnpǔ de jiāxiāng cūnbiān yǒu yī tiáo hé，qūqū-wānwān，hé zhōng jià yī wān shíqiáo，gōng yàng de xiǎoqiáo héngkuà liǎng'àn.

Měi tiān，bùguǎn shì jī míng xiǎo yuè，rì lì zhōng tiān，háishì yuè huá xiè dì，xiǎoqiáo dōu yìnxià chuànchuàn zújì，sǎluò chuànchuàn hànzhū. Nà shì xiāngqīn wèile zhuīqiú duōléng de xīwàng，duìxiàn měihǎo de xiáxiǎng. Wānwān xiǎoqiáo，bùshí dàngguo qīngyín-dīchàng，bùshí lòuchū shūxīn de xiàoróng.

Yīn'ér，wǒ zhìxiǎo de xīnlíng，céng jiāng xīnshēng xiàngěi xiǎoqiáo：Nǐ shì yī wān yínsè de xīnyuè，gěi rénjiān pǔzhào guānghuī；nǐ shì yī bǎ shǎnliàng de liándāo，gēyìzhe huānxiào de huāguǒ；nǐ shì yī gēn huàngyōuyōu de biǎndan，tiāoqǐle cǎisè de míngtiān！Ò，xiǎoqiáo zǒujìn wǒ de mèng zhōng.

Wǒ zài piāobó tāxiāng de suìyuè，xīnzhōng zǒng yǒngdòngzhe gùxiāng de héshuǐ，mèngzhōng zǒng kàndào gōng yàng de xiǎoqiáo. Dāng wǒ fǎng nánjiāng tàn běiguó，yǎnlián chuǎngjìn zuòzuò xióngwěi de chángqiáo shí，wǒ de mèng biàn de fēngmǎn le，zēngtiānle chì-chéng-huáng-lǜ-qīng-lán-zǐ.

Sānshí duō nián guò・qù，wǒ dàizhe mǎntóu shuānghuā huídào gùxiāng，dì-yī jǐnyào de biànshì qù kànwàng xiǎoqiáo.

À！Xiǎoqiáo ne？tā duǒ qǐ・lái le？Hé zhōng yī dào chánghóng，yùzhe zhāoxiá yìyì shǎnguāng. Ò，xiónghún de dàqiáo chǎngkāi xiōnghuái，qìchē de hūxiào，mótuō de díyīn，zìxíngchē de dīnglíng，hézòuzhe jìnxíng jiāoxiǎngyuè；nán lái de gāngjīn、huā bù，běi wǎng de gānchéng、jiāqín，huìchū jiāoliú huānyuètú……

À！Tuìbiàn de qiáo，chuándìle jiāxiāng jìnbù de xiāoxi，tòulùle jiāxiāng fùyù de shēngyīn. Shídài de chūnfēng，měihǎo de zhuīqiú，wǒ mòdì jìqǐ érshí chàng //gěi xiǎoqiáo de gē，ò，míngyànyàn de tài・yáng zhàoyào le，fāngxiāng tiánmì de huāguǒ pěnglái le，wǔcǎi bānlán de suìyuè lākāi le！

Wǒ xīnzhōng yǒngdòng de héshuǐ，jīdàng qǐ tiánměi de lànghuā. Wǒ yǎngwàng yī bì lántiān，xīndǐ qīngshēng hūhǎn：Jiāxiāng de qiáo a，wǒ mèng zhōng de qiáo！

Jiéxuǎn zì Zhèng Yíng《Jiāxiāng de Qiáo》

作品 19 号——《坚守你的高贵》

三百多年前，建筑设计师莱伊恩受命设计了英国温泽市政府大厅。他运用工程力学的知识，依据自己多年的实践，巧妙地设计了只用一根柱子支撑的大厅天花板。一年以后，市政府权威人士进行工程验收时，却说只用一根柱子支撑天花板太危险，要求莱伊恩再多加几根柱子。

莱伊恩自信只要一根坚固的柱子足以保证大厅安全，他的“固执”惹恼了市政官员，险些被送上法庭。他非常苦恼；坚持自己原先的主张吧，市政官员肯定会另找人修改设计；不坚持吧，又有悖自己为人的准则。矛盾了很长一段时间，莱伊恩终于想出了一条妙计，他在大厅里增加了四根柱子，不过这些柱子并未与天花板接触，只不过是装装样子。

三百多年过去了，这个秘密始终没有被人发现。直到前两年，市政府准备修缮大厅的天花板，才发现莱伊恩当年的“弄虚作假”。消息传出后，世界各国的建筑专家和游客云集，当地政府对此也不加掩饰，在新世纪到来之际，特意将大厅作为一个旅游景点对外开放，旨在引导人们崇尚和相信科学。

作为一名建筑师，莱伊恩并不是最出色的。但作为一个人，他无疑非常伟大。这种//伟大表现在他始终恪守着自己的原则，给高贵的心灵一个美丽的住所，哪怕是遭遇到最大的阻力，也要想办法抵达胜利。

节选自游宇明《坚守你的高贵》

Zuòpǐn 19 Hào

Sānbǎi duō nián qián，jiànzhù shèjìshī Láiyī’ēn shòumìng shèjìle Yīngguó Wēnzé shìzhèngfǔ dàtīng. Tā yùnyòng gōngchéng lìxué de zhīshi，yījù zìjǐ duōnián de shíjiàn，qiǎomiào de shèjìle zhǐ yòng yī gēn zhùzi zhīchēng de dàtīng tiānhuābǎn. Yī nián yǐhòu，shìzhèngfǔ quánwēi rénshì jìnxíng gōngchéng yànshōu shí，què shuō zhǐ yòng yī gēn zhùzi zhīchēng tiānhuābǎn tài wēixiǎn，yāoqiú Láiyī’ēn zài duō jiā jǐ gēn zhùzi.

Láiyī’ēn zìxìn zhǐyào yī gēn jiāngù de zhùzi zúyǐ bǎozhèng dàtīng ānquán，tā de “gùzhi” rěnǎole shìzhèng guānyuán，xiǎnxiē bèi sòng · shàng fǎtíng. Tā fēicháng kǔnǎo；jiānchí zìjǐ yuánxiān de zhǔzhāng ba，shìzhèng guānyuán kěndìng huì lìng zhǎo rén xiūgǎi shèjì；bù jiānchí ba，yòu yǒu bèi zìjǐ wéirén de zhǔnzé. Máodùnle hěn cháng yīduàn shíjiān，Láiyī’ēn zhōngyú xiǎngchūle yī tiáo miàojì，tā zài dàtīngli zēngjiāle sì gēn zhùzi，bùguò zhèxiē zhùzi bìng wèi yǔ tiānhuābǎn jiēchù，zhǐ · bùguò shì zhuāngzhuang yàngzi.

Sānbǎi duō nián guò · qù le，zhège mìmì shǐzhōng méi · yǒu bèi rén fāxiàn. Zhídào qián liǎng nián，shìzhèngfǔ zhǔnbèi xiūshàn dàtīng de tiānhuābǎn，cái fāxiàn Láiyī’ēn dāngnián de “nòngxū-zuòjiǎ”. Xiāoxi chuánchū hòu，shìjiè gè guó de jiànzhù zhuānjiā hé yóukè yúnjí，dāngdì zhèngfǔ duìcǐ yě bù jiā yǎnshì，zài xīn shìjì dàolái zhī jì，tèyì jiāng dàtīng zuòwéi yī gè lǚyóu jǐngdiǎn duìwài kāifàng，zhǐ zài yǐndǎo rénmen chóngshàng hé xiāngxìn kēxué.

Zuòwéi yī míng jiànzhùshī，Láiyī'ēn bìng bù shì zuì chūsè de. Dàn zuòwéi yī gè rén，tā wúyí fēicháng wěidà. Zhè zhǒng //wěidà biǎoxiàn zài tā shǐzhōng kèshǒuzhe zìjǐ de yuánzé，gěi gāoguì de xīnlíng yī gè měilì de zhùsuǒ，nǎpà shì zāoyù dào zuì dà de zǔlì，yě yào xiǎng bànfǎ dǐdá shènglì.

Jiéxuǎn zì Yóu Yǔmíng《Jiānshǒu Nǐ de Gāoguì》

作品 20 号——《金子》

自从传言有人在萨文河畔散步时无意发现了金子后，这里便常有来自四面八方的淘金者。他们都想成为富翁，于是寻遍了整个河床，还在河床上挖出很多大坑，希望借助它们找到更多的金子。的确，有一些人找到了，但另外一些人因为一无所得而只好扫兴归去。

也有不甘心落空的，便驻扎在这里，继续寻找。彼得·弗雷特就是其中一员。他在河床附近买了一块没人要的土地，一个人默默地工作。他为了找金子，已把所有的钱都押在这块土地上。他埋头苦干了几个月，直到土地全变成了坑坑洼洼，他失望了——他翻遍了整块土地，但连一丁点儿金子都没看见。

六个月后，他连买面包的钱都没有了。于是他准备离开这儿到别处去谋生。

就在他即将离去的前一个晚上，天下起了倾盆大雨，并且一下就是三天三夜。雨终于停了，彼得走出小木屋，发现眼前的土地看上去好像和以前不一样：坑坑洼洼已被大水冲刷平整，松软的土地上长出一层绿茸茸的小草。

"这里没找到金子，"彼得忽有所悟地说，"但这土地很肥沃，我可以用来种花，并且拿到镇上去卖给那些富人，他们一定会买些花装扮他们华丽的客厅。如果真是这样的话，那么我一定会赚许多钱。有朝一日我也会成为富人……"

于是他留了下来。彼得花了不少精力培育花苗，不久田地里长满了美丽鲜艳的各色鲜花。

五年以后，彼得终于实现了他的梦想——成了一个富翁。"我是唯一的一个找到真金的人！"他时常不无骄傲地告诉别人，"别人在这儿找不到金子后便远远地离开，而我的'金子'是在这块土地里，只有诚实的人用勤劳才能采集到。"

节选自陶猛译《金子》

Zuòpǐn 20 Hào

Zìcóng chuányán yǒu rén zài Sàwén hépàn sànbù shí wúyì fāxiànle jīnzi hòu，zhèli biàn cháng yǒu láizì sìmiàn-bāfāng de táojīnzhě. Tāmen dōu xiǎng chéngwéi fùwēng，yúshì xúnbiànle zhěnggè héchuáng，hái zài héchuáng • shàng wāchū hěnduō dàkēng，xīwàng jièzhù tāmen zhǎodào gèng duō de jīnzi. Díquè，yǒu yīxiē rén zhǎodào le，dàn lìngwài yīxiē rén yīn • wèi yīwú-suǒdé ér zhǐhǎo sǎoxìng guīqù.

Yě yǒu bù gānxīn luòkōng de，biàn zhùzhā zài zhèli，jìxù xúnzhǎo. Bǐdé Fúléitè jiùshì qízhōng yī yuán. Tā zài héchuáng fùjìn mǎile yī kuài méi rén yào de tǔdì，yī gè rén mòmò de gōngzuò. Tā wèile zhǎo jīnzi，yǐ bǎ suǒyǒu de qián dōu yā zài zhè kuài tǔdì • shàng. Tā máitóu-kǔgànle jǐ gè yuè，zhídào tǔdì quán biànchéngle kēngkēng-wāwā，tā shīwàng le——tā fānbiànle zhěngkuài tǔdì，dàn lián yī dīngdiǎnr jīnzi dōu méi kàn • jiàn.

Liù gè yuè hòu，tā lián mǎi miànbāo de qián dōu méi • yǒu le. Yúshì tā zhǔnbèi líkāi zhèr dào biéchù qù móushēng.

Jiù zài tā jíjiāng líqù de qián yī gè wǎnshang，tiān xiàqǐle qīngpén-dàyǔ，bìngqiě yīxià jiùshì sān tiān sān yè. Yǔ zhōngyú tíngle，Bǐdé zǒuchū xiǎo mùwū，fāxiàn yǎnqián de tǔdì kàn shàng • qù hǎoxiàng hé yǐqián bù yīyàng，kēngkeng-wāwā yǐ bèi dàshuǐ chōngshuā píngzhěng，sōngruǎn de tǔdì • shàng zhǎngchū yī céng lùróngróng de xiǎocǎo.

“Zhèli méi zhǎodào jīnzi，” Bǐdé hū yǒu suǒ wù de shuō，“Dàn zhè tǔdì hěn féiwò，wǒ kěyǐ yònglái zhòng huā，bìngqiě nádào zhèn • shàng qù màigěi nàxiē fùrén，tāmen yīdìng huì mǎi xiē huā zhuāngbàn tāmen huálì de kè//tīng. Rúguǒ zhēn shì zhèyàng de huà，nàme wǒ yīdìng huì zhuàn xǔduō qián，yǒuzhāo-yīrì wǒ yě huì chéngwéi fùrén ……”

Yúshì tā liúle xià • lái. Bǐdé huāle bù shǎo jīnglì péiyù huāmiáo，bùjiǔ tiándìli zhǎngmǎnle měilì jiāoyàn de gè sè xiānhuā.

Wǔ nián yǐhòu，Bǐdé zhōngyú shíxiànle tā de mèngxiǎng——chéngle yī gè fùwēng. “Wǒ shì wéiyī de yī gè zhǎodào zhēnjīn de rén!” Tā shícháng bùwú jiāo’ào de gàosù bié • rén，“Bié • rén zài zhèr zhǎo • bùdào jīnzi hòu biàn yuǎnyuǎn de líkāi，ér wǒ de ‘jīnzi’ shì zài zhè kuài tǔdìli，zhǐyǒu chéng • shí de rén yòng qínláo cáinéng cǎijí dào.”

Jiéxuǎn zì Táo Měng yì《Jīnzi》

作品 21 号——《捐诚》

我在加拿大学习期间遇到过两次募捐，那情景至今使我难以忘怀。

一天，我在渥太华的街上被两个男孩子拦住去路。他们十来岁，穿得整整齐齐，每人头上戴着个做工精巧、色彩鲜艳的纸帽，上面写着“为帮助患小儿麻痹的伙伴募捐”。其中的一个，不由分说就坐在小凳上给我擦起皮鞋来，另一个则彬彬有礼地发问:“小姐，您是哪国人？喜欢渥太华吗?”“小姐，在你们国家有没有小孩儿患小儿麻痹？谁给他们医疗费?”一连串的问题，使我这个有生以来头一次在众目睽睽之下让别人擦鞋的异乡人，从近乎狼狈的窘态中解脱出来。我们像朋友一样聊起天儿来……

几个月之后，也是在街上。一些十字路口处或车站坐着几位老人。他们满头银发，身穿各种老式军装，上面布满了大大小小形形色色的徽章、奖章，每人手捧一大束鲜花，有水仙、石竹、玫瑰及叫不出名字的，一色雪白。匆匆过往的行人纷纷止步，把钱投进这些老人身旁的白色木箱内，然后向他们微微鞠躬，从他们手中接过一朵花。我看了一会儿，有人投一两元，有人投几百元，还有人掏出支票填好后投进木箱。那些老军人毫不注意人们捐多少钱，一直不 // 停地向人们低声道谢。同行的朋友告诉我，这是为纪念二次大战中参战的勇士，募捐救济残废军人和烈士遗孀，每年一次；认捐的人可谓踊跃，而且秩序井然，气氛庄严。有些地方，人们还耐心地排着队。我想，这是因为他们都知道：正是这些老人们的流血牺牲换来了包括他们信仰自由在内的许许多多。

我两次把那微不足道的一点儿钱捧给他们，只想对他们说声“谢谢”。

节选自青白《捐诚》

Zuòpǐn 21 Hào

Wǒ zài Jiānádà xuéxí qījiān yùdàoguo liǎng cì mùjuān，nà qíngjǐng zhìjīn shǐ wǒ nányǐ-wànghuái.

Yī tiān，wǒ zài Wòtàihuá de jiē • shàng bèi liǎng gè nánháizi lánzhù qùlù. Tāmen shí lái suì，chuān de zhěngzhěng-qíqí，měi rén tóu • shàng dàizhe gè zuògōng jīngqiǎo、sècǎi xiānyàn de zhǐmào，shàng • miàn xiězhe “Wèi bāngzhù huàn xiǎo’ér mábì de huǒbàn mùjuān”. Qízhōng de yī gè，bùyóu-fēnshuō jiù zuò zài xiǎodèng • shàng gěi wǒ cā • qǐ píxié • lái，lìng yī gè zé bīnbīn-yǒulǐ de fāwèn：“Xiǎo • jiě，nín shì nǎ guó rén? Xǐhuan Wòtàihuá ma?”“Xiǎo • jiě，zài nǐmen guójiā yǒu méi • yǒu xiǎoháir huàn xiǎo'ér mábì? Shéi gěi tāmen yīliáofèi?” Yīliánchuàn de wèntí，shǐ wǒ zhège yǒushēng-yǐlái tóu yī cì zài zhòngmù-kuíkuí zhīxià ràng bié • rén cā xié de yìxiāngrén，cóng jìnhū lángbèi de jiǒngtài zhōng jiětuō chū • lái. Wǒmen xiàng péngyou yīyàng liáo • qǐ tiānr • lái……

Jǐ gè yuè zhīhòu，yě shì zài jiē • shàng. Yīxiē shízì lùkǒu chù huò chēzhàn zuòzhe jǐ wèi lǎorén. Tāmen mǎntóu yínfà，shēn chuān gèzhǒng lǎoshì jūnzhuāng，shàng • miàn bùmǎnle dàdà-xiǎoxiǎo xíngxíng-sèsè de huīzhāng、jiǎngzhāng，měi rén shǒu pěng yī dà shù xiānhuā. Yǒu shuǐxiān、shízhú、méigui jí jiào • bùchū míngzi de，yīsè xuěbái. Cōngcōng guòwǎng de xíngrén fēnfēn zhǐbù，bǎ qián tóujìn zhèxiē lǎorén shēnpáng de báisè mùxiāng nèi，ránhòu xiàng tāmen wēiwēi jūgōng，cóng tāmen shǒu zhōng jiē guò yī duǒ huā. Wǒ kànle yīhuìr，yǒu rén tóu yī-liǎng yuán，yǒu rén tóu jǐbǎi yuán，hái yǒu rén tāo chū zhīpiào tiánhǎo hòu tóujìn mùxiāng. Nàxiē lǎojūnrén háobù zhùyì rénmen juān duōshao qián，yīzhí bù//tíng de xiàng rénmen dīshēng dàoxiè. Tóngxíng de péngyou gàosu wǒ，zhè shì wèi jìniàn Èr Cì Dàzhàn zhōng cānzhàn de yǒngshì，mùjuān jiùjì cánfèi jūnrén hé lièshì yíshuāng，měinián yī cì；rèn juān de rén kěwèi yǒngyuè，érqiě zhìxù jǐngrán，qì • fēn zhuāngyán. Yǒuxiē dìfang，rénmen hái nàixīn de páizhe duì. Wǒ xiǎng，zhè shì yīn • wèi tāmen dōu zhī • dào：Zhèng shì zhèxiē lǎorénmen de liúxuè xīshēng huànláile bāokuò tāmen xìnyǎng zìyóu zài nèi de xǔxǔ-duōduō.

Wǒ liǎng cì bǎ nà wēibùzúdào de yīdiǎnr qián pěnggěi tāmen，zhǐ xiǎng duì tāmen shuō shēng “xièxie”.

Jiéxuǎn zì Qīng Bái《Juān Chéng》

作品 22 号——《可爱的小鸟》

没有一片绿叶，没有一缕炊烟，没有一粒泥土，没有一丝花香，只有水的世界，云的海洋。

一阵台风袭过，一只孤单的小鸟无家可归，落到被卷到洋里的木板上，乘流而下，姗姗而来，近了，近了！……

忽然，小鸟张开翅膀，在人们头顶盘旋了几圈儿，“噗啦”一声落到了船上。许是累了？还是发现了“新大陆”？水手撵它它不走，抓它，它乖乖地落在掌心。可爱的小鸟和善良的水手结成了朋友。

瞧，它多美丽，娇巧的小嘴，啄理着绿色的羽毛，鸭子样的扁脚，呈现出春草的鹅黄。水手们把它带到舱里，给它“搭铺”，让它在船上安家落户，每天，把分到的一塑料筒淡水匀给它喝，把从祖国带来的鲜美的鱼肉分给它吃，天长日久，小鸟和水手的感情日趋笃厚。清晨，当第一束阳光射进舷窗时，它便敞开美丽的歌喉，唱啊唱，嘤嘤有韵，宛如春水淙淙。人类给它以生命，它毫不悭吝地把自己的艺术青春奉献给了哺育它的人。可能都是这样？艺术家们的青春只会献给尊敬他们的人。

小鸟给远航生活蒙上了一层浪漫色调。返航时，人们爱不释手，恋恋不舍地想把它带到异乡。可小鸟憔悴了，给水，不喝！喂肉，不吃！油亮的羽毛失去了光泽。是啊，我//们有自己的祖国，小鸟也有它的归宿，人和动物都是一样啊，哪儿也不如故乡好！

慈爱的水手们决定放开它，让它回到大海的摇篮去，回到蓝色的故乡去。离别前，这个大自然的朋友与水手们留影纪念。它站在许多人的头上，肩上，掌上，胳膊上，与喂养过它的人们，一起融进那蓝色的画面……

节选自王文杰《可爱的小鸟》

Zuòpǐn 22 Hào

Méi · yǒu yī piàn lǜyè，méi · yǒu yī lǚ chuīyān，méi · yǒu yī lì nítǔ，méi · yǒu yī sī huāxiāng，zhǐyǒu shuǐ de shìjiè，yún de hǎiyáng.

Yī zhèn táifēng xíguò，yī zhī gūdān de xiǎoniǎo wújiā-kěguī，luòdào bèi juǎndào yángli de mùbǎn · shàng，chéng liú ér xià，shānshān ér lái，jìnle，jìnle……

Hūrán，xiǎoniǎo zhāngkāi chìbǎng，zài rénmen tóudǐng pánxuánle jǐ quānr，“pūlā” yī shēng luòdàole chuán · shàng. Xǔ shì lèile? Háishì fāxiànle “xīn dàlù”? Shuǐshǒu niǎn tā tā bù zǒu，zhuā tā，tā guāiguāi de luò zài zhǎngxīn. Kě'ài de xiǎoniǎo hé shànliáng de shuǐshǒu jiéchéngle péngyou.

Qiáo，tā duō měilì，jiāoqiǎo de xiǎozuǐ，zhuólǐzhe lǜsè de yǔmáo，yāzi yàng de biǎnjiǎo，chéngxiàn chū chūncǎo de éhuáng. Shuǐshǒumen bǎ tā dàidào cāngli，gěi tā “dā pù”，ràng tā zài chuán · shàng ānjiā-luòhù，měi tiān，bǎ fēndào de yī sùliàotǒng dànshuǐ yúngěi tā hē，bǎ cóng zǔguó dài · lái de xiānměi de yúròu fēngěi tā chī，tiāncháng-rìjiǔ，xiǎoniǎo hé shuǐshǒu de gǎnqíng rìqū dǔhòu. Qīngchén，dāng dì-yī shù yángguāng shèjìn xiánchuāng shí，tā biàn chǎngkāi měilì de gēhóu，chàng a chàng，yīngyīng-yǒuyùn，wǎnrú chūnshuǐ cóngcóng. Rénlèi gěi tā yǐ shēngmìng，tā háobù qiānlìn de bǎ zìjǐ de yìshù qīngchūn fèngxiàn gěile bǔyù tā de rén. Kěnéng dōu shì zhèyàng? Yìshùjiāmen de qīngchūn zhǐ huì xiàngěi zūnjìng tāmen de rén.

Xiǎoniǎo gěi yuǎnháng shēnghuó méng · shàngle yī céng làngmàn sèdiào，Fǎnháng shí，rénmen àibùshìshǒu，liànliàn-bùshě de xiǎng bǎ tā dàidào yìxiāng. Kě xiǎoniǎo qiáocuì le，gěi shuǐ，bù hē！Wèi ròu，bù chī！Yóuliàng de yǔmáo shīqùle guāngzé. Shì a，wǒ//men yǒu zìjǐ de zǔguó，xiǎoniǎo yě yǒu tā de guīsù，rènhé dòngwù dōu shì yīyàng a，nǎr yě bùrú gùxiāng hǎo！

Cí'ài de shuǐshǒumen juédìng fàngkāi tā，ràng tā huídào dàhǎi de yáolán • qù，huídào lánsè de gùxiāng • qù. Líbié qián，zhège dàzìrán de péngyou yǔ shuǐshǒumen liúyǐng jìniàn. Tā zhàn zài xǔduō rén de tóu • shàng，jiān • shàng，zhǎng • shàng，gēbo • shàng，yǔ wèiyǎngguo tā de rénmen，yīqǐ róngjìn nà lánsè de huàmiàn……

Jiéxuǎn zì Wáng Wénjié《Kě'ài de Xiǎoniǎo》

作品 23 号——《课不能停》

纽约的冬天常有大风雪，扑面的雪花不但令人难以睁开眼睛，甚至呼吸都会吸入冰冷的雪花。有时前一天晚上还是一片晴朗，第二天拉开窗帘，却已经积雪盈尺，连门都推不开了。

遇到这样的情况，公司、商店常会停止上班，学校也通过广播，宣布停课。但令人不解的是，惟有公立小学，仍然开放。只见黄色的校车，艰难地在路边接孩子，老师则一大早就口中喷着热气，铲去车子前后的积雪，小心翼翼地开车去学校。

据统计，十年来纽约的公立小学只因为超级暴风雪停过七次课。这是多么令人惊讶的事。犯得着在大人都无须上班的时候让孩子去学校吗？小学的老师也太倒霉了吧？

于是，每逢大雪而小学不停课时，都有家长打电话去骂。妙的是，每个打电话的人，反应全一样——先是怒气冲冲地责问，然后满口道歉，最后笑容满面地挂上电话。原因是，学校告诉家长：

在纽约有许多百万富翁，但也有不少贫困的家庭。后者白天开不起暖气，供不起午餐，孩子的营养全靠学校里免费的中饭，甚至可以多拿些回家当晚餐。学校停课一天，穷孩子就受一天冻，挨一天饿，所以老师们宁愿自己苦一点儿，也不能停课。//

或许有家长会说：何不让富裕的孩子在家里，让贫穷的孩子去学校享受暖气和营养午餐呢？

学校的答复是：我们不愿让那些穷苦的孩子感到他们是在接受救济，因为施舍的最高原则是保持受施者的尊严。

节选自（台湾）刘墉《课不能停》

Zuòpǐn 23 Hào

Niǔyuē de dōngtiān cháng yǒu dà fēngxuě, pūmiàn de xuěhuā bùdàn lìng rén nányǐ zhēngkāi yǎnjing, shènzhì hūxī dōu huì xīrù bīnglěng de xuěhuā. Yǒushí qián yī tiān wǎnshang háishì yī piàn qínglǎng, dì-èr tiān lākāi chuānglián, què yǐ • jīng jīxuě yíng chǐ, lián mén dōu tuī • bùkāi le.

Yùdào zhèyàng de qíngkuàng, gōngsī、shāngdiàn cháng huì tíngzhǐ shàngbān, xuéxiào yě tōngguò guǎngbō, xuān bù tíng kè. Dàn lìng rén bùjiě de shì, wéi yǒu gōnglì xiǎoxué, réngrán kāifàng. Zhǐ jiàn huángsè de xiàochē, jiānnán de zài lùbiān jiē háizi, lǎoshī zé yīdàzǎo jiù kǒuzhōng pēnzhe rèqì, chǎnqù chēzi qiánhòu de jīxuě, xiǎoxīn-yìyì de kāichē qù xuéxiào.

Jù tǒngjì, shí nián lái Niǔyuē de gōnglì xiǎoxué zhǐ yīn • wèi chāojí bàofēngxuě tíngguo qī cì kè. Zhè shì duōme lìng rén jīngyà de shì. Fàndezháo zài dàrén dōu wúxū shàngbān de shíhou ràng háizi qù xuéxiào ma? Xiǎoxué de lǎoshī yě tài dǎoméile ba?

Yúshì, měiféng dàxuě ér xiǎoxué bù tíngkè shí, dōu yǒu jiāzhǎng dǎ diànhuà qù mà. Miào de shì, měi gè dǎ diànhuà de rén, fǎnyìng quán yīyàng——xiān shì nùqì-chōngchōng de zéwèn, ránhòu mǎnkǒu dàoqiàn, zuìhòu xiàoróng mǎnmiàn de guà • shàng diànhuà. Yuányīn shì, xuéxiào gàosu jiāzhǎng:

Zài Niǔyuē yǒu xǔduō bǎiwàn fùwēng, dàn yě yǒu bùshǎo pínkùn de jiātíng. Hòuzhě bái • tiān kāi • bùqǐ nuǎnqì, gōng • bùqǐ wǔcān, háizi de yíngyǎng quán kào xuéxiàoli miǎnfèi de zhōngfàn, shènzhì kěyǐ duō ná xiē huíjiā dàng wǎncān, xuéxiào tíngkè yī tiān, qióng háizi jiù shòu yī tiān dòng, āi yī tiān è, suǒyǐ lǎoshīmen nìngyuàn zìjǐ kǔ yīdiǎnr, yě bù néng tíngkè. //

Huòxǔ yǒu jiāzhǎng huì shuō: Hé bù ràng fùyù de háizi zài jiāli, ràng pínqióng de háizi qù xuéxiào xiǎngshòu nuǎnqì hé yíngyǎng wǔcān ne?

Xuéxiào de dá • fù shì: Wǒmen bùyuàn ràng nàxiē qióngkǔ de háizi gǎndào tāmen shì zài jiēshòu jiùjì, yīn • wèi shīshě de zuìgāo yuánzé shì bǎochí shòushīzhě de zūnyán.

Jiéxuǎn zì (Táiwān) Liú Yōng《Kè Bùnéng Tíng》

作品 24 号——《莲花和樱花》

十年，在历史上不过是一瞬间。只要稍加注意，人们就会发现：在这一瞬间里，各种事物都悄悄经历了自己的千变万化。

这次重新访日，我处处感到亲切和熟悉，也在许多方面发觉了日本的变化。就拿奈良的一个角落来说吧，我重游了为之感受很深的唐招提寺，在寺内各处匆匆走了一遍，庭院依旧，但意想不到还看到了一些新的东西。其中之一，就是近几年从中国移植来的“友谊之莲”。

在存放鉴真遗像的那个院子里，几株中国莲昂然挺立，翠绿的宽大荷叶正迎风而舞，显得十分愉快。开花的季节已过，荷花朵朵已变为莲蓬累累。莲子的颜色正在由青转紫，看来已经成熟了。

我禁不住想：“因”已转化为“果”。

中国的莲花开在日本，日本的樱花开在中国，这不是偶然。我希望这样一种盛况延续不衰。可能有人不欣赏花，但决不会有人欣赏落在自己面前的炮弹。

在这些日子里，我看到了不少多年不见的老朋友，又结识了一些新朋友。大家喜欢涉及的话题之一，就是古长安和古奈良。那还用得着问吗，朋友们缅怀过去，正是瞩望未来。瞩目于未来的人们必将获得未来。

我不例外，也希望一个美好的未来。

为 // 了中日人民之间的友谊，我将不浪费今后生命的每一瞬间。

节选自严文井《莲花和樱花》

Zuòpǐn 24 Hào

Shí nián，zài lìshǐ · shàng bùguò shì yī shùnjiān. Zhǐyào shāo jiā zhùyì，rénmen jiù huì fāxiàn：Zài zhè yī shùnjiānli，gè zhǒng shìwù dōu qiāoqiāo jīnglìle zìjǐ de qiānbiàn-wànhuà.

Zhè cì chóngxīn fǎng Rì，wǒ chùchù gǎndào qīnqiè hé shú · xī，yě zài xǔduō fāngmiàn fājuéle Rìběn de biànhuà. Jiù ná Nàiliáng de yī gè jiǎoluò lái shuō ba，wǒ chóngyóule wèi zhī gǎnshòu hěn shēn de Táng Zhāotísì，zài sìnèi gè chù cōngcōng zǒule yī biàn，tíngyuàn yījiù，dàn yìxiǎngbùdào hái kàndàole yīxiē xīn de dōngxi. Qízhōng zhīyī，jiùshì jìn jǐ nián cóng Zhōngguó yízhí lái de “yǒuyì zhī lián”.

Zài cúnfàng Jiànzhēn yíxiàng de nàge yuànzili，jǐ zhū Zhōngguó lián ángrán tǐnglì，cuìlǜ de kuāndà héyè zhèng yíngfēng ér wǔ，xiǎnde shífēn yúkuài. Kāihuā de jìjié yǐ guò，héhuā duǒduǒ yǐ biàn wéi liánpéng léiléi. Liánzǐ de yánsè zhèngzài yóu qīng zhuǎn zǐ，kàn · lái yǐ · jīng chéngshú le.

Wǒ jīn · bùzhù xiǎng：“Yīn” yǐ zhuǎnhuà wéi “guǒ”.

Zhōngguó de liánhuā kāi zài Rìběn, Rìběn de yīnghuā kāi zài Zhōngguó, zhè bù shì ǒurán. Wǒ xīwàng zhèyàng yī zhǒng shèngkuàng yánxù bù shuāi. Kěnéng yǒu rén bù xīnshǎng huā, dàn jué bùhuì yǒu rén xīnshǎng luò zài zìjǐ miànqián de pàodàn.

Zài zhèxiē rìzili, wǒ kàndàole bùshǎo duō nián bù jiàn de lǎopéngyou, yòu jiéshíle yīxiē xīn péngyou. Dàjiā xǐhuan shèjí de huàtí zhīyī, jiùshì gǔ Cháng'ān hé gǔ Nàiliáng. Nà hái yòngdezháo wèn ma, péngyoumen miǎnhuái guòqù, zhèngshì zhǔwàng wèilái. Zhǔmù yú wèilái de rénmen bìjiāng huòdé wèilái.

Wǒ bù lìwài, yě xīwàng yī gè měihǎo de wèilái.

Wèi//le Zhōng-Rì rénmín zhījiān de yǒuyì, wǒ jiāng bù làngfèi jīnhòu shēngmìng de měi yī shùnjiān.

Jiéxuǎn zì Yán Wénjǐng《Liánhuā hé Yīnghuā》

作品 25 号——《绿》

梅雨潭闪闪的绿色招引着我们，我们开始追捉她那离合的神光了。揪着草，攀着乱石，小心探身下去，又鞠躬过了一个石穹门，便到了汪汪一碧的潭边了。

瀑布在襟袖之间，但是我的心中已没有瀑布了。我的心随潭水的绿而摇荡。那醉人的绿呀！仿佛一张极大极大的荷叶铺着，满是奇异的绿呀。我想张开两臂抱住她，但这是怎样一个妄想啊。

站在水边，望到那面，居然觉着有些远呢！这平铺着、厚积着的绿，着实可爱。她松松地皱缬着，像少妇拖着的裙幅；她滑滑的明亮着，像涂了"明油"一般，有鸡蛋清那样软，那样嫩；她又不杂些尘滓，宛然一块温润的碧玉，只清清的一色——但你却看不透她！

我曾见过北京什刹海拂地的绿杨，脱不了鹅黄的底子，似乎太淡了。我又曾见过杭州虎跑寺近旁高峻而深密的"绿壁"，丛叠着无穷的碧草与绿叶的，那又似乎太浓了。其余呢，西湖的波太明了，秦淮河的也太暗了。可爱的，我将什么来比拟你呢？我怎么比拟得出呢？大约潭是很深的，故能蕴蓄着这样奇异的绿；仿佛蔚蓝的天融了一块在里面似的，这才这般的鲜润啊。

那醉人的绿呀！我若能裁你以为带，我将赠给那轻盈的 // 舞女，她必能临风飘举了。我若能挹你以为眼，我将赠给那善歌的盲妹，她必明眸善睐了。我舍不得你，我怎舍得你呢？我用手拍着你，抚摩着你，如同一个十二三岁的小姑娘。我又掬你入口，便是吻着她了。我送你一个名字，我从此叫你"女儿绿"，好吗？

第二次到仙岩的时候，我不禁惊诧于梅雨潭的绿了。

节选自朱自清《绿》

Zuòpǐn 25 Hào

Méiyǔtán shǎnshǎn de lǜsè zhāoyǐnzhe wǒmen，wǒmen kāishǐ zhuīzhuō tā nà líhé de shénguāng le. Jiūzhe cǎo，pānzhe luànshí，xiǎo • xīn tànshēn xià • qù，yòu jūgōng guòle yī gè shíqióngmén，biàn dàole wāngwāng yī bì de tán biān le.

Pùbù zài jīnxiù zhījiān，dànshì wǒ de xīnzhōng yǐ méi • yǒu pùbù le. Wǒ de xīn suí tánshuǐ de lǜ ér yáodàng. Nà zuìrén de lǜ ya！Fǎngfú yī zhāng jí dà jí dà de héyè pūzhe，mǎnshì qíyì de lǜ ya. Wǒ xiǎng zhāngkāi liǎngbì bàozhù tā，dàn zhè shì zěnyàng yī gè wàngxiǎng a.

Zhàn zài shuǐbiān，wàngdào nà • miàn，jūrán juézhe yǒuxiē yuǎn ne！Zhè píngpūzhe、hòu jīzhe de lǜ，zhuóshí kě'ài. Tā sōngsōng de zhòuxiézhe，xiàng shàofù tuōzhe de qúnfú；tā huáhuá de míngliàng zhe，xiàng túle "míngyóu" yībān，yǒu jīdànqīng nàyàng ruǎn，nàyàng nèn；tā yòu bù zá xiē chénzǐ，wǎnrán yī kuài wēn rùn de bìyù，zhǐ qīngqīng de yī sè——dàn nǐ què kàn • bùtòu tā！

Wǒ céng jiànguo Běijīng Shíchàhǎi fúdì de lǜyáng，tuō • bùliǎo éhuáng de dǐzi，sìhū tài dàn le. Wǒ yòu céng jiànguo Hángzhōu Hǔpáosì jìnpáng gāojùn ér shēnmì de "lǜbì"，cóngdiézhe wúqióng de bìcǎo yǔ lǜyè de，nà yòu sìhū tài nóng le. Qíyú ne，Xīhú de bō tài míng le，Qínhuái Hé de yě tài àn le. Kě'ài de，wǒ jiāng shénme lái bǐnǐ nǐ ne? Wǒ zěnme bǐnǐ de chū ne? Dàyuē tán shì hěn shēn de，gù néng yùnxùzhe zhèyàng qíyì de lǜ；fǎngfú wèilán de tiān róngle yī kuài zài lǐ • miàn shìde，zhè cái zhèbān de xiānrùn a.

Nà zuìrén de lǜ ya！Wǒ ruò néng cái nǐ yǐ wéi dài，wǒ jiāng zènggěi nà qīngyíng de// wǔnǚ，tā bìnéng línfēng piāojǔ le. Wǒ ruò néng yì nǐ yǐ wéi yǎn，wǒ jiāng zènggěi nà shàn gē de mángmèi，tā bì míngmóu-shànlài le. Wǒ shěbude nǐ；wǒ zěn shěde nǐ ne? Wǒ yòng shǒu pāizhe nǐ，fǔmózhe nǐ，rútóng yī gè shí'èr-sān suì de xiǎo gūniang. Wǒ yòu jū nǐ rù kǒu，biànshì wěnzhe tā le. Wǒ sòng nǐ yī gè míngzi，wǒ cóngcǐ jiào nǐ "nǚ'érlǜ"，hǎo ma?

Dì-èr cì dào Xiānyán de shíhou，wǒ bùjīn jīngchà yú Méiyǔtán de lǜ le.

Jiéxuǎn zì Zhū Zìqīng《Lǜ》

作品 26 号——《落花生》

我们家的后园有半亩空地，母亲说："让它荒着怪可惜的，你们那么爱吃花生，就开辟出来种花生吧。"我们姐弟几个都很高兴，买种，翻地，播种，浇水，没过几个月，居然收获了。

母亲说："今晚我们过一个收获节，请你们父亲也来尝尝我们的新花生，好不好?"我们都说好。母亲把花生做成了好几样食品，还吩咐就在后园的茅亭里过这个节。

晚上天色不太好，可是父亲也来了，实在很难得。

父亲说："你们爱吃花生吗?"

我们争着答应："爱!"

"谁能把花生的好处说出来?"

姐姐说："花生的味美。"

哥哥说："花生可以榨油。"

我说："花生的价钱便宜，谁都可以买来吃，都喜欢吃。这就是它的好处。"

父亲说："花生的好处很多，有一样最可贵：它的果实埋在地里，不像桃子、石榴、苹果那样，把鲜红嫩绿的果实高高地挂在枝头上，使人一见就生爱慕之心。你们看它矮矮地长在地上，等到成熟了，也不能立刻分辨出来它有没有果实，必须挖出来才知道。"

我们都说是，母亲也点点头。

父亲接下去说："所以你们要像花生，它虽然不好看，可是很有用，不是外表好看而没有实用的东西。"

我说："那么，人要做有用的人，不要做只讲体面，而对别人没有好处的人了。"//

父亲说："对。这是我对你们的希望。"

我们谈到夜深才散。花生做的食品都吃完了，父亲的话却深深地印在我的心上。

节选自许地山《落花生》

Zuòpǐn 26 Hào

Wǒmen jiā de hòuyuán yǒu bàn mǔ kòngdì, mǔ · qīn shuō："Ràng tā huāngzhe guài kěxī de, nǐmen nàme ài chī huāshēng, jiù kāipì chū · lái zhòng huāshēng ba." Wǒmen jiě-dì jǐ gè dōu hěn gāoxìng, mǎizhǒng, fāndì, bōzhǒng, jiāoshuǐ, méi guò jǐ gè yuè, jūrán shōuhuò le.

Mǔ · qīn shuō："Jīnwǎn wǒmen guò yī gè shōuhuòjié, qǐng nǐmen fù · qīn yě lái chángchang wǒmen de xīn huāshēng, hǎo · bù hǎo?" Wǒmen dōu shuō hǎo. Mǔ · qīn bǎ huāshēng zuòchéngle hǎo jǐ yàng shípǐn, hái fēn · fù jiù zài hòuyuán de máotíngli guò zhège jié.

Wǎnshang tiānsè bù tài hǎo, kěshì fù · qīn yě láile, shízài hěn nándé.

Fù · qīn shuō："Nǐmen ài chī huāshēng ma?"

Wǒmen zhēngzhe dāying：“Ài!”

“Shéi néng bǎ huāshēng de hǎo • chù shuō chū • lái?”

Jiějie shuō：“Huāshēng de wèir měi.”

Gēge shuō：“Huāshēng kěyǐ zhàyóu.”

Wǒ shuō：“Huāshēng de jià • qián piányi，shéi dōu kěyǐ mǎi • lái chī，dōu xǐhuan chī. Zhè jiùshì tā de hǎo • chù.”

Fù • qīn shuō：“Huāshēng de hǎo • chù hěn duō，yǒu yī yàng zuì kěguì，Tā de guǒshí mái zài dìli，bù xiàng táozi、shíliu、píngguǒ nàyàng，bǎ xiānhóng nènlǜ de guǒshí gāogāo de guà zài zhītóu • shàng，shǐ rén yī jiàn jiù shēng àimù zhī xīn. Nǐmen kàn tā ǎi'ǎi de zhǎng zài dì • shàng，děngdào chéngshú le，yě bùnéng lìkè fēnbiàn chū • lái tā yǒu méi • yǒu guǒshí，bìxū wā chū • lái cái zhī • dào.”

Wǒmen dōu shuō shì，mǔ • qīn yě diǎndiǎn tóu.

Fù • qīn jiē xià • qù shuō：“Suǒyǐ nǐmen yào xiàng huāshēng，tā suīrán bù hǎokàn，kěshì hěn yǒuyòng，bù shì wàibiǎo hǎokàn ér méi • yǒu shíyòng de dōngxi.”

Wǒ shuō：“Nàme，rén yào zuò yǒuyòng de rén，bùyào zuò zhǐ jiǎng tǐ • miàn，ér duì bié • rén méi • yǒu hǎo • chù de rén le.”//

Fù • qīn shuō：“Duì. Zhè shì wǒ duì nǐmen de xīwàng.”

Wǒmen tándào yè shēn cái sàn. Huāshēng zuò de shípǐn dōu chīwán le，fù • qīn de huà què shēnshēn de yìn zài wǒ de xīn • shàng.

Jiéxuǎn zì Xǔ Dìshān《Luòhuāshēng》

作品 27 号——《麻雀》

我打猎归来，沿着花园的林阴路走着。狗跑在我前边。

突然，狗放慢脚步，蹑足潜行，好像嗅到了前边有什么野物。

我顺着林阴路望去，看见了一只嘴边还带黄色、头上生着柔毛的小麻雀。风猛烈地吹打着林阴路上的白桦树，麻雀从巢里跌落下来，呆呆地伏在地上，孤立无援地张开两只羽毛还未丰满的小翅膀。

我的狗慢慢向它靠近。忽然，从附近一棵树上飞下一只黑胸脯的老麻雀，像一颗石子似的落到狗的跟前。老麻雀全身倒竖着羽毛，惊恐万状，发出绝望、凄惨的叫声，接着向露出牙齿、大张着的狗嘴扑去。

老麻雀是猛扑下来救护幼雀的。它用身体掩护着自己的幼儿……但它整个小小的身体因恐怖而战栗着，它小小的声音也变得粗暴嘶哑，它在牺牲自己！

在它看来，狗该是多么庞大的怪物啊！然而，它还是不能站在自己高高的、安全的树枝上……一种比它的理智更强烈的力量，使它从那儿扑下身来。

我的狗站住了，向后退了退……看来，它也感到了这种力量。

我赶紧唤住惊慌失措的狗，然后我怀着崇敬的心情，走开了。

是啊，请不要见笑。我崇敬那只小小的、英勇的鸟儿，我崇敬它那种爱的冲动和力量。

爱，我想，比 // 死和死的恐惧更强大。只有依靠它，依靠这种爱，生命才能维持下去，发展下去。

节选自[俄]屠格涅夫《麻雀》，巴金译

Zuòpǐn 27 Hào

Wǒ dǎliè guīlái，yánzhe huāyuán de línyīnlù zǒuzhe. Gǒu pǎo zài wǒ qián · biān.

Tūrán，gǒu fàngmàn jiǎobù，nièzú-qiánxíng，hǎoxiàng xiùdàole qián · biān yǒu shénme yěwù.

Wǒ shùnzhe línyīnlù wàng · qù，kàn · jiànle yī zhī zuǐ biān hái dài huángsè、tóu · shàng shēngzhe róumáo de xiǎo máquè. Fēng měngliè de chuīdǎzhe línyīnlù · shàng de báihuàshù，máquè cóng cháoli diēluò xià · lái，dāidāi de fú zài dì · shàng，gūlì wúyuán de zhāngkāi liǎng zhī yǔmáo hái wèi fēngmǎn de xiǎo chìbǎng.

Wǒ de gǒu mànmàn xiàng tā kàojìn. Hūrán，cóng fùjìn yī kē shù · shàng fēi · xià yī zhī hēi xiōngpú de lǎo máquè，xiàng yī kē shízǐ shìde luòdào gǒu de gēn · qián. Lǎo máquè quánshēn dàoshùzhe yǔmáo，jīngkǒng-wànzhuàng，fāchū juéwàng、qīcǎn de jiàoshēng，jiēzhe xiàng lòuchū yáchǐ、dà zhāngzhe de gǒuzuǐ pū · qù.

Lǎo máquè shì měng pū xià · lái jiùhù yòuquè de. Tā yòng shēntǐ yǎnhùzhe zìjǐ de yòu'ér……Dàn tā zhěnggè xiǎoxiǎo de shēntǐ yīn kǒngbù ér zhànlìzhe，tā xiǎoxiǎo de shēngyīn yě biànde cūbào sīyǎ，tā zài xīshēng zìjǐ!

Zài tā kànlái，gǒu gāi shì duōme pángdà de guàiwu a! Rán'ér，tā háishì bùnéng zhàn zài zìjǐ gāogāo de、ānquán de shùzhī · shàng……Yī zhǒng bǐ tā de lǐzhì gèng qiángliè de lì · liàng，shǐ tā cóng nàr pū · xià shēn · lái.

Wǒ de gǒu zhànzhù le，xiàng hòu tuìle tuì……kànlái，tā yě gǎndàole zhè zhǒng lì · liàng.

Wǒ gǎnjǐn huànzhù jīnghuāng-shīcuò de gǒu，ránhòu wǒ huáizhe chóngjìng de xīnqíng，zǒukāi le.

Shì a，qǐng bùyào jiànxiào. Wǒ chóngjìng nà zhī xiǎoxiǎo de、yīngyǒng de niǎor，wǒ chóngjìng tā nà zhǒng ài de chōngdòng hé lì · liàng.

Ài，Wǒ xiǎng，bǐ//sǐ hé sǐ de kǒngjù gèng qiángdà. Zhǐyǒu yīkào tā，yīkào zhè zhǒng ài，shēngmìng cái néng wéichí xià · qù，fāzhǎn xià · qù.

Jiéxuǎn zì［É］Túgénièfū《Máquè》，Bā Jīn yì

作品 28 号——《迷途笛音》

那年我六岁。离我家仅一箭之遥的小山坡旁，有一个早已被废弃的采石场，双亲从来不准我去那儿，其实那儿风景十分迷人。

一个夏季的下午，我随着一群小伙伴偷偷上那儿去了。就在我们穿越了一条孤寂的小路后，他们却把我一个人留在原地，然后奔向"更危险的地带"了。

等他们走后，我惊慌失措地发现，再也找不到要回家的那条孤寂的小道了。像只无头的苍蝇，我到处乱钻，衣裤上挂满了芒刺。太阳已经落山，而此时此刻，家里一定开始吃晚餐了，双亲正盼着我回家……想着想着，我不由得背靠着一棵树，伤心地呜呜大哭起来……

突然，不远处传来了声声柳笛。我像找到了救星，急忙循声走去。一条小道边的树桩上坐着一位吹笛人，手里还正削着什么。走近细看，他不就是被大家称为"乡巴佬儿"的卡廷吗？

"你好，小家伙儿，"卡廷说，"看天气多美，你是出来散步的吧？"

我怯生生地点点头，答道："我要回家了。"

"请耐心等上几分钟，"卡廷说，"瞧，我正在削一支柳笛，差不多就要做好了，完工后就送给你吧！"

卡廷边削边不时把尚未成形的柳笛放在嘴里试吹一下。没过多久，一支柳笛便递到我手中。我俩在一阵阵清脆悦耳的笛音//中，踏上了归途……

当时，我心中只充满感激，而今天，当我自己也成了祖父时，却突然领悟到他用心之良苦！那天当他听到我的哭声时，便判定我一定迷了路，但他并不想在孩子面前扮演"救星"的角色，于是吹响柳笛以便让我能发现他，并跟着他走出困境！卡廷先生以乡下人的纯朴，保护了一个小男孩强烈的自尊。

节选自唐若水译《迷途笛音》

Zuòpǐn 28 Hào

Nànián wǒ liù suì. Lí wǒ jiā jǐn yī jiàn zhī yáo de xiǎo shānpō páng，yǒu yī gè zǎo yǐ bèi fèiqì de cǎishíchǎng，shuāngqīn cónglái bùzhǔn wǒ qù nàr，qíshí nàr fēngjǐng shífēn mírén.

Yī gè xiàjì de xiàwǔ, wǒ suízhe yī qún xiǎohuǒbànr tōutōu shàng nàr qù le. Jiù zài wǒmen chuānyuèle yī tiáo gūjì de xiǎolù hòu, tāmen què bǎ wǒ yī gè rén liú zài yuán dì, ránhòu bēnxiàng “gèng wēixiǎn de dìdài” le.

Děng tāmen zǒuhòu, wǒ jīnghuāng-shīcuò de fāxiàn, zài yě zhǎo · bùdào yào huíjiā de nà tiáo gūjì de xiǎodào le. Xiàng zhī wú tóu de cāngying, wǒ dàochù luàn zuān, yīkù · shàng guàmǎnle mángcì. Tài · yáng yǐ · jīng luò shān, ér cǐshí cǐkè, jiāli yīdìng kāishǐ chī wǎncān le, shuāngqīn zhèng pànzhe wǒ huíjiā…… Xiǎngzhe xiǎngzhe, wǒ bùyóude bèi kàozhe yī kē shù, shāngxīn de wūwū dàkū qǐ · lái……

Tūrán, bù yuǎnchù chuán · láile shēngshēng liǔdí. Wǒ xiàng zhǎodàole jiùxīng, jímáng xúnshēng zǒuqù. Yī tiáo xiǎodào biān de shùzhuāng · shàng zuòzhe yī wèi chuīdí rén, shǒuli hái zhèng xiāozhe shénme. Zǒujìn xì kàn, tā bù jiùshì bèi dàjiā chēng wéi “xiāngbalǎor” de Kǎtíng ma?

“Nǐ hǎo, xiǎojiāhuor,” Kǎtíng shuō, “kàn tiānqì duō měi, nǐ shì chū · lái sànbù de ba?”

Wǒ qièshēngshēng de diǎndiǎn tóu, dádào: “Wǒ yào huíjiā le.”

“Qǐng nàixīn děng · shàng jǐ fēnzhōng,” Kǎtíng shuō, “Qiáo, wǒ zhèngzài xiāo yī zhī liǔdí, chà · bùduō jiù yào zuòhǎo le, wángōng hòu jiù sònggěi nǐ ba!”

Kǎtíng biān xiāo biān bùshí bǎ shàng wèi chéngxíng de liǔdí fàng zài zuǐli shìchuī yīxià. Méi guò duōjiǔ, yī zhī liǔdí biàn dìdào wǒ shǒu zhōng. Wǒ liǎ zài yī zhènzhèn qīngcuì yuè'ěr de díyīn//zhōng, tà · shàng le guītú……

Dāngshí, wǒ xīnzhōng zhǐ chōngmǎn gǎnjī, ér jīntiān, dāng wǒ zìjǐ yě chéngle zǔfù shí, què tūrán lǐngwù dào tā yòngxīn zhī liángkǔ! Nàtiān dāng tā tīngdào wǒ de kūshēng shí, biàn pàndìng wǒ yīdìng míle lù, dàn tā bìng bù xiǎng zài háizi miànqián bànyǎn “jiùxīng” de juésè, yúshì chuīxiǎng liǔdí yǐbiàn ràng wǒ néng fāxiàn tā, bìng gēnzhe tā zǒuchū kùnjìng! Jiù zhèyàng, Kǎtíng xiānsheng yǐ xiāngxiàrén de chúnpǔ, bǎohùle yī gè xiǎonánháir qiángliè de zìzūn.

Jiéxuǎn zì Táng Ruòshuǐ yì《Mítú Díyīn》

作品 29 号——《莫高窟》

在浩瀚无垠的沙漠里，有一片美丽的绿洲，绿洲里藏着一颗闪光的珍珠。这颗珍珠就是敦煌莫高窟。它坐落在我国甘肃省敦煌市三危山和鸣沙山的怀抱中。

鸣沙山东麓是平均高度为十七米的崖壁。在一千六百多米长的崖壁上，凿有大小洞窟七百余个，形成了规模宏伟的石窟群。其中四百九十二个洞窟中，共有彩色塑像两千一百余尊，各种壁画共四万五千多平方米。莫高窟是我国古代无数艺术匠师留给人类的珍贵文化遗产。

莫高窟的彩塑，每一尊都是一件精美的艺术品。最大的有九层楼那么高，最小的还不如一个手掌大。这些彩塑个性鲜明，神态各异。有慈眉善目的菩萨，有威风凛凛的天王，还有强壮勇猛的力士……

莫高窟壁画的内容丰富多彩，有的是描绘古代劳动人民打猎、捕鱼、耕田、收割的情景，有的是描绘人们奏乐、舞蹈、演杂技的场面，还有的是描绘大自然的美丽风光。其中最引人注目的是飞天。壁画上的飞天，有的臂挎花篮，采摘鲜花；有的反弹琵琶，轻拨银弦；有的倒悬身子，自天而降；有的彩带飘拂，漫天遨游；有的舒展着双臂，翩翩起舞。看着这些精美动人的壁画，就像走进了 // 灿烂辉煌的艺术殿堂。

莫高窟里还有一个面积不大的洞窟——藏经洞。洞里曾藏有我国古代的各种经卷、文书、帛画、刺绣、铜像等共六万多件。由于清朝政府腐败无能，大量珍贵的文物被外国强盗掠走。仅存的部分经卷，现在陈列于北京故宫等处。

莫高窟是举世闻名的艺术宝库。这里的每一尊彩塑、每一幅壁画、每一件文物，都是中国古代人民智慧的结晶。

节选自小学《语文》第六册中《莫高窟》

Zuòpǐn 29 Hào

Zài hàohàn wúyín de shāmòli, yǒu yī piàn měilì de lǜzhōu, lǜzhōuli cángzhe yī kē shǎnguāng de zhēnzhū. Zhè kē zhēnzhū jiùshì Dūnhuáng Mògāokū. Tā zuòluò zài wǒguó Gānsù Shěng Dūnhuáng Shì Sānwēi Shān hé Míngshā Shān de huáibào zhōng.

Míngshā Shān dōnglù shì píngjūn gāodù wéi shíqī mǐ de yábì. Zài yīqiān liùbǎi duō mǐ cháng de yábì · shàng, záo yǒu dàxiǎo dòngkū qībǎi yú gè, xíngchéngle guīmó hóngwěi de shíkūqún. Qízhōng sìbǎi jiǔshí'èr gè dòngkū zhōng, gòng yǒu cǎisè sùxiàng liǎngqiān yībǎi yú zūn, gè zhǒng bìhuà gòng sìwàn wǔqiān duō píngfāngmǐ. Mògāokū shì wǒguó gǔdài wúshù yìshù jiàngshī liúgěi rénlèi de zhēnguì wénhuà yíchǎn.

Mògāokū de cǎisù, měi yī zūn dōu shì yī jiàn jīngměi de yìshùpǐn. Zuì dà de yǒu jiǔ céng lóu nàme gāo, zuì xiǎo de hái bùrú yī gè shǒuzhǎng dà. Zhèxiē cǎisù gèxìng xiānmíng, shéntài-gèyì. Yǒu címéi-shànmù de pú · sà, yǒu wēifēng-lǐnlǐn de tiānwáng, háiyǒu qiángzhuàng yǒngměng de lìshì……

Mògāokū bìhuà de nèiróng fēngfù-duōcǎi, yǒude shì miáohuì gǔdài láodòng rénmín dǎliè、bǔyú、gēngtián、shōugē de qíngjǐng, yǒude shì miáohuì rénmen zòuyuè、wǔdǎo、yǎn zájì de chǎngmiàn，hái yǒude shì miáohuì dàzìrán de měilì fēngguāng. Qízhōng zuì yǐnrén-zhùmù de shì fēitiān. Bìhuà · shàng de fēitiān，yǒude bì kuà huālán，cǎizhāi xiānhuā；yǒude fǎn tán pí · pá，qīng bō yínxián；yǒude dào xuán shēnzi，zì tiān ér jiàng；yǒude cǎidài piāofú，màntiān áoyóu；yǒude shūzhǎnzhe shuāngbì，piānpiān-qǐwǔ. Kànzhe zhèxiē jīngměi dòngrén de bìhuà，jiù xiàng zǒujìnle//cànlàn huīhuáng de yìshù diàntáng.

Mògāokūli háiyǒu yī gè miànjī bù dà de dòngkū——cángjīngdòng. Dòngli céng cángyǒu wǒguó gǔdài de gè zhǒng jīngjuàn、wénshū、bóhuà、cìxiù、tóngxiàng děng gòng liùwàn duō jiàn. Yóuyú Qīngcháo zhèngfǔ fǔbài wúnéng，dàliàng zhēnguì de wénwù bèi wàiguó qiángdào lüèzǒu. Jǐncún de bùfen jīngjuàn，xiànzài chénliè yú Běijīng Gùgōng děng chù.

Mògāokū shì jǔshì-wénmíng de yìshù bǎokù. Zhèli de měi yī zūn cǎisù、měi yī fú bìhuà、měi yī jiàn wénwù，dōu shì Zhōngguó gǔdài rénmín zhìhuì de jiéjīng.

Jiéxuǎn zì Xiǎoxué《Yǔwén》dì liù cè zhōng《Mògāokū》

作品 30 号——《牡丹的拒绝》

其实你在很久以前并不喜欢牡丹，因为它总被人作为富贵膜拜。后来你目睹了一次牡丹的落花，你相信所有的人都会为之感动：一阵清风徐来，娇艳鲜嫩的盛期牡丹忽然整朵整朵地坠落，铺撒一地绚丽的花瓣。那花瓣落地时依然鲜艳夺目，如同一只奉上祭坛的大鸟脱落的羽毛，低吟着壮烈的悲歌离去。

牡丹没有花谢花败之时，要么烁于枝头，要么归于泥土，它跨越萎顿和衰老，由青春而死亡，由美丽而消遁。它虽美却不吝惜生命，即使告别也要展示给人最后一次的惊心动魄。

所以在这阴冷的四月里，奇迹不会发生。任凭游人扫兴和诅咒，牡丹依然安之若素。它不苟且、不俯就、不妥协、不媚俗，甘愿自己冷落自己。它遵循自己的花期自己的规律，它有权利为自己选择每年一度的盛大节日。它为什么不拒绝寒冷？

天南海北的看花人，依然络绎不绝地涌入洛阳城。人们不会因牡丹的拒绝而拒绝它的美。如果它再被贬谪十次，也许它就会繁衍出十个洛阳牡丹城。

于是你在无言的遗憾中感悟到，富贵与高贵只是一字之差。同人一样，花儿也是有灵性的，更有品位之高低。品位这东西为气为魂为 // 筋骨为神韵，只可意会。你叹服牡丹卓而不群之姿，方知品位是多么容易被世人忽略或是漠视的美。

节选自张抗抗《牡丹的拒绝》

Zuòpǐn 30 Hào

Qíshí nǐ zài hěnjiǔ yǐqián bìng bù xǐhuan mǔdan. Yīn・wèi tā zǒng bèi rén zuòwéi fùguì móbài. Hòulái nǐ mùdǔle yī cì mǔdan de luòhuā, nǐ xiāngxìn suǒyǒu de rén dōu huì wèi zhī gǎndòng：Yī zhèn qīngfēng xúlái，jiāoyàn xiānnèn de shèngqī mǔdan hūrán zhěng duǒ zhěng duǒ de zhuìluò，pūsǎ yīdì xuànlì de huābàn. Nà huābàn luòdì shí yīrán xiānyàn duómù，rútóng yī zhī bèi fèng・shàng jìtán de dàniǎo tuōluò de yǔmáo，dīyínzhe zhuàngliè de bēigē líqù.

Mǔdan méi・yǒu huāxiè-huābài zhī shí，yàome shuòyú zhītóu，yàome guīyú nítǔ，tā kuàyuè wěidùn hé shuāilǎo，yóu qīngchūn ér sǐwáng，yóu měilì ér xiāodùn. Tā suī měi què bù lìnxī shēngmìng，jíshǐ gàobié yě yào zhǎnshì gěi rén zuìhòu yī cì de jīngxīn-dòngpò.

Suǒyǐ zài zhè yīnlěng de sìyuèli，qíjì bù huì fāshēng. Rènpíng yóurén sǎoxìng hé zǔzhòu，mǔdan yīrán ānzhī-ruòsù. Tā bù gǒuqiě、bù fǔjiù、bù tuǒxié、bù mèisú，gānyuàn zìjǐ lěngluò zìjǐ. Tā zūnxún zìjǐ de huāqī zìjǐ de guīlǜ，tā yǒu quánlì wèi zìjǐ xuǎnzé měinián yī dù de shèngdà jiérì. Tā wèishénme bù jùjué hánlěng?

Tiānnán-hǎiběi de kàn huā rén，yīrán luòyì-bùjué de yǒngrù Luòyáng Chéng. Rénmen bù huì yīn mǔdan de jùjué ér jùjué tā de měi. Rúguǒ tā zài bèi biǎnzhé shí cì，yěxǔ tā jiùhuì fányǎn chū shí gè Luòyáng mǔdan chéng.

Yúshì nǐ zài wúyán de yíhàn zhōng gǎnwù dào，fùguì yǔ gāoguì zhǐshì yī zì zhī chā. Tóng rén yīyàng，huā'ér yě shì yǒu língxìng de、gèng yǒu pǐnwèi zhī gāodī. Pǐnwèi zhè dōngxi wéi qì wéi hún wéi//jīngǔ wéi shényùn，zhǐ kě yìhuì. Nǐ tànfú mǔdan zhuó'ěr-bùqún zhī zī，fāng zhī pǐnwèi shì duōme róng・yì bèi shìrén hūlüè huò mòshì de měi.

Jiéxuǎn zì Zhāng Kàngkàng《Mǔdan de Jùjué》

作品 31 号——《“能吞能吐”的森林》

森林涵养水源，保持水土，防止水旱灾害的作用非常大。据专家测算，一片十万亩面积的森林，相当于一个两百万立方米的水库，这正如农谚所说的：“山上多栽树，等于修水库。雨多它能吞，雨少它能吐。”

说起森林的功劳，那还多得很。它除了为人类提供木材及许多种生产、生活的原料之外，在维护生态环境方面也是功劳卓著。它用另一种“能吞能吐”的特殊功能孕育了人类。因为地球在形成之初，大气中的二氧化碳含量很高，氧气很少，气温也高，生物是难以生存的。大约在四亿年之前，陆地才产生了森林。森林慢慢将大气中的二氧化碳吸收，同时吐出新鲜氧气，调节气温：这才具备了人类生存的条件，地球上才最终有了人类。

森林，是地球生态系统的主体，是大自然的总调度室，是地球的绿色之肺。森林维护地球生态环境的这种“能吞能吐”的特殊功能是其他任何物体都不能取代的。然而，由于地球上的燃烧物增多，二氧化碳的排放量急剧增加，使得地球生态环境急剧恶化，主要表现为全球气候变暖，水分蒸发加快，改变了气流的循环，使气候变化加剧，从而引发热浪、飓风、暴雨、洪涝及干旱。

为了 // 使地球的这个“能吞能吐”的绿色之肺恢复健壮，以改善生态环境，抑制全球变暖，减少水旱等自然灾害，我们应该大力造林、护林，使每一座荒山都绿起来。

节选自《中考语文课外阅读试题精选》中《“能吞能吐”的森林》

Zuòpǐn 31 Hào

Sēnlín hányǎng shuǐyuán，bǎochí shuǐtǔ，fángzhǐ shuǐhàn zāihài de zuòyòng fēicháng dà. Jù zhuānjiā cèsuàn，yī piàn shíwàn mǔ miànjī de sēnlín，xiāngdāngyú yī gè liǎngbǎi wàn lìfāngmǐ de shuǐkù，zhè zhèng rú nóngyàn suǒ shuō de：“Shān · shàng duō zāi shù，děngyú xiū shuǐkù. Yǔ duō tā néng tūn，yǔ shǎo tā néng tǔ.”

Shuōqǐ sēnlín de gōng · láo，nà hái duō de hěn. Tā chúle wèi rénlèi tígōng mùcái jí xǔduō zhǒng shēngchǎn、shēnghuó de yuánliào zhīwài，zài wéihù shēngtài huánjìng fāngmiàn yě shì gōng · láo zhuózhù，tā yòng lìng yī zhǒng “néngtūn-néngtǔ” de tèshū gōngnéng yùnyùle rénlèi. Yīn · wèi dìqiú zài xíngchéng zhīchū，dàqì zhōng de èryǎnghuàtàn hánliàng hěn gāo，yǎngqì hěn shǎo，qìwēn yě gāo，shēngwù shì nányǐ shēngcún de. Dàyuē zài sìyì nián zhīqián，lùdì cái chǎnshēngle sēnlín. Sēnlín mànmàn jiāng dàqì zhōng de èryǎnghuàtàn xīshōu，tóngshí tǔ · chū xīn · xiān yǎngqì，tiáojié qìwēn：Zhè cái jùbèile rénlèi shēngcún de tiáojiàn，dìqiú · shàng cái zuìzhōng yǒule rénlèi.

Sēnlín，shì dìqiú shēngtài xìtǒng de zhǔtǐ，shì dàzìrán de zǒng diàodùshì，shì dìqiú de lǜsè zhī fèi. Sēnlín wéihù dìqiú shēngtài huánjìng de zhè zhǒng “néngtūn-néngtǔ” de tèshū gōngnéng shì qítā rènhé wùtǐ dōu bùnéng qǔdài de. Rán’ér，yóuyú dìqiú · shàng de ránshāowù zēngduō，èryǎnghuàtàn de páifàngliàng jíjù zēngjiā，shǐde dìqiú shēngtài huánjìng jíjù èhuà，zhǔyào biǎoxiàn wéi quánqiú qìhòu biàn nuǎn， shuǐfèn zhēngfā jiākuài，gǎibiànle qìliú de xúnhuán，shǐ qìhòu biànhuà jiājù，cóng'ér yǐnfā rèlàng、jùfēng、bàoyǔ、hónglào jí gānhàn.

Wèile//shǐ dìqiú de zhège "néngtūn-néngtǔ" de lǜsè zhī fèi huīfù jiànzhuàng，yǐ gǎishàn shēngtài huánjìng，yìzhì quánqiú biàn nuǎn，jiǎnshǎo shuǐhàn děng zìrán zāihài，wǒmen yīnggāi dàlì zàolín、hùlín，shǐ měi yī zuò huāngshān dōu lǜqǐ • lái.

Jiéxuǎn zì《Zhōngkǎo Yǔwén Kèwài Yuèdú Shìtí Jīngxuǎn》
zhōng《"Néngtūn-Néngtǔ" de Sēnlín》

作品 32 号——《朋友和其他》

朋友即将远行。

暮春时节，又邀了几位朋友在家小聚。虽然都是极熟的朋友，却是终年难得一见，偶尔电话里相遇，也无非是几句寻常话。一锅小米稀饭，一碟大头菜，一盘自家酿制的泡菜，一只巷口买回的烤鸭，简简单单，不像请客，倒像家人团聚。

其实，友情也好，爱情也好，久而久之都会转化为亲情。

说也奇怪，和新朋友会谈文学、谈哲学、谈人生道理等等，和老朋友却只话家常，柴米油盐，细细碎碎，种种琐事。很多时候，心灵的契合已经不需要太多的言语来表达。

朋友新烫了个头，不敢回家见母亲，恐怕惊骇了老人家，却欢天喜地来见我们，老朋友颇能以一种趣味性的眼光欣赏这个改变。

年少的时候，我们差不多都在为别人而活，为苦口婆心的父母活，为循循善诱的师长活，为许多观念、许多传统的约束力而活。年岁逐增，渐渐挣脱外在的限制与束缚，开始懂得为自己活，照自己的方式做一些自己喜欢的事，不在乎别人的批评意见，不在乎别人的诋毁流言，只在乎那一份随心所欲的舒坦自然。偶尔，也能够纵容自己放浪一下，并且有一种恶作剧的窃喜。

就让生命顺其自然，水到渠成吧，犹如窗前的 // 乌桕，自生自落之间，自有一份圆融丰满的喜悦。春雨轻轻落着，没有诗，没有酒，有的只是一份相知相属的自在自得。

夜色在笑语中渐渐沉落，朋友起身告辞，没有挽留，没有送别，甚至也没有问归期。

已经过了大喜大悲的岁月，已经过了伤感流泪的年华，知道了聚散原来是这样的自然和顺理成章，懂得这点，便懂得珍惜每一次相聚的温馨，离别便也欢喜。

节选自（台湾）杏林子《朋友和其他》

Zuòpǐn 32 Hào

Péngyou jíjiāng yuǎn xíng.

Mùchūn shíjié，yòu yāole jǐ wèi péngyou zài jiā xiǎojù. Suīrán dōu shì jí shú de péngyou，què shì zhōngnián nándé yī jiàn，ǒu'ěr diànhuàli xiāngyù，yě wúfēi shì jǐ jù xúnchánghuà. Yī guō xiǎomǐ xīfàn，yī dié dàtóucài，yī pán zìjiā niàngzhì de pàocài，yī zhī xiàngkǒu mǎihuí de kǎoyā，jiǎnjiǎn-dāndān，bù xiàng qǐngkè，dào xiàng jiārén tuánjù.

Qíshí，yǒuqíng yě hǎo，àiqíng yě hǎo，jiǔ'érjiǔzhī dōu huì zhuǎnhuà wéi qīnqíng.

Shuō yě qíguài，hé xīn péngyou huì tán wénxué、tán zhéxué、tán rénshēng dào •lǐ děngděng，hé lǎo péngyou què zhǐ huà jiācháng，chái-mǐ-yóu-yán，xìxì-suìsuì，zhǒngzhǒng suǒshì. Hěn duō shíhou，xīnlíng de qìhé yǐ • jīng bù xūyào tài duō de yán yǔ lái biǎodá.

Péngyou xīn tàngle gè tóu，bùgǎn huíjiā jiàn mǔ • qīn，kǒngpà jīnghàile lǎo • rén •jiā，què huāntiān-xǐdì lái jiàn wǒmen，lǎo péngyou pō néng yǐ yī zhǒng qùwèixìng de yǎnguāng xīnshǎng zhège gǎibiàn.

Niánshào de shíhou，wǒmen chàbuduō dōu zài wèi bié • rén ér huó，wèi kǔkǒu-póxīn de fùmǔ huó，wèi xúnxún-shànyòu de shīzhǎng huó，wèi xǔduō guānniàn、xǔduō chuántǒng de yuēshùlì ér huó. Niánsuì zhú zēng，jiànjiàn zhèngtuō wàizài de xiànzhì yǔ shùfù，kāishǐ dǒngde wèi zìjǐ huó，zhào zìjǐ de fāngshì zuò yīxiē zìjǐ xǐhuan de shì，bù zàihu bié • rén de pīpíng yì • jiàn，bù zàihu bié • rén de dǐhuǐ liúyán，zhǐ zàihu nà yī fèn suíxīn-suǒyù de shūtan zìran. Ǒu'ěr，yě nénggòu zòngróng zìjǐ fànglàng yīxià，bìngqiě yǒu yī zhǒng èzuòjù de qièxǐ.

Jiù ràng shēngmìng shùn qí zìrán，shuǐdào-qúchéng ba，yóurú chuāng qián de// wūjiù，zìshēng-zìluò zhījiān，zì yǒu yī fèn yuánróng fēngmǎn de xǐyuè. Chūnyǔ qīngqīng luòzhe，méi • yǒu shī，méi • yǒu jiǔ，yǒude zhǐshì yī fèn xiāng zhī xiāng zhǔ de zìzài zìdé.

Yèsè zài xiàoyǔ zhōng jiànjiàn chénluò，péngyou qǐshēn gàocí，méi • yǒu wǎnliú，méi • yǒu sòngbié，shènzhì yě méi • yǒu wèn guīqī.

Yǐjing guòle dàxǐ-dàbēi de suìyuè，yǐjing guòle shānggǎn liúlèi de niánhuá，zhī • dàole jù-sàn yuánlái shì zhèyàng de zìrán hé shùnlǐ-chéngzhāng，dǒngde zhè diǎn，biàn dǒngde zhēnxī měi yī cì xiāngjù de wēnxīn，líbié biàn yě huānxǐ.

Jiéxuǎn zì (Táiwān) Xìng Línzǐ《Péngyou hé Qítā》

作品 33 号——《散步》

我们在田野散步：我，我的母亲，我的妻子和儿子。

母亲本不愿出来的。她老了，身体不好，走远一点儿就觉得很累。我说，正因为如此，才应该多走走。母亲信服地点点头，便去拿外套。她现在很听我的话，就像我小时候很听她的话一样。

这南方初春的田野，大块小块的新绿随意地铺着，有的浓，有的淡，树上的嫩芽也密了，田里的冬水也咕咕地起着水泡。这一切都使人想着一样东西——生命。

我和母亲走在前面，我的妻子和儿子走在后面。小家伙突然叫起来："前面是妈妈和儿子，后面也是妈妈和儿子。"我们都笑了。

后来发生了分歧；母亲要走大路，大路平顺；我的儿子要走小路，小路有意思。不过，一切都取决于我。我的母亲老了，她早已习惯听从她强壮的儿子；我的儿子还小，他还习惯听从他高大的父亲；妻子呢，在外面，她总是听我的。一霎时我感到了责任的重大。我想找一个两全的办法，找不出；我想拆散一家人，分成两路，各得其所，终不愿意。我决定委屈儿子，因为我伴同他的时日还长。我说："走大路。"

但是母亲摸摸孙儿的小脑瓜，变了主意："还是走小路吧。"她的眼随小路望去：那里有金色的菜花，两行整齐的桑树，// 尽头一口水波粼粼的鱼塘。"我走不过去的地方，你就背着我。"母亲对我说。

这样，我们在阳光下，向着那菜花、桑树和鱼塘走去。到了一处，我蹲下来，背起了母亲；妻子也蹲下来，背起了儿子。我和妻子都是慢慢地，稳稳地，走得很仔细，好像我背上的同她背上的加起来，就是整个世界。

节选自莫怀戚《散步》

Zuòpǐn 33 Hào

Wǒmen zài tiányě sànbù：Wǒ，wǒ de mǔ • qīn，wǒ de qīzi hé érzi.

Mǔ • qīn běn bùyuàn chū • lái de. Tā lǎo le，shēntǐ bù hǎo，zǒu yuǎn yīdiǎnr jiù juéde hěn lèi. Wǒ shuō，zhèng yīn • wèi rúcǐ，cái yīnggāi duō zǒuzou. Mǔ • qīn xìnfú de diǎndiǎn tóu，biàn qù ná wàitào. Tā xiànzài hěn tīng wǒ de huà，jiù xiàng wǒ xiǎoshíhou hěn tīng tā de huà yīyàng.

Zhè nánfāng chūchūn de tiányě，dàkuài xiǎokuài de xīnlǜ suíyì de pūzhe，yǒude nóng，yǒude dàn，shù • shàng de nènyá yě mìle，tiánli de dōngshuǐ yě gūgū de qǐzhe shuǐpào. Zhè yīqiè dōu shǐ rén xiǎngzhe yī yàng dōngxi——shēngmìng.

Wǒ hé mǔ · qīn zǒu zài qián · miàn，wǒ de qīzi hé érzi zǒu zài hòu · miàn. Xiǎojiāhuo tūrán jiào qǐ · lái：“qián · miàn shì māma hé érzi，hòu · miàn yě shì māma hé érzi.” Wǒmen dōu xiàole.

Hòulái fāshēngle fēnqí：Mǔ · qīn yào zǒu dàlù，dàlù píngshùn；Wǒ de érzi yào zǒu xiǎolù，xiǎolù yǒu yìsi. Bùguò，yīqiè dōu qǔjuéyú wǒ. Wǒ de mǔ · qīn lǎole，tā zǎoyǐ xíguàn tīngcóng tā qiángzhuàng de érzi；Wǒ de érzi hái xiǎo，tā hái xíguàn tīngcóng tā gāodà de fù · qīn；qīzi ne，zài wài · miàn，tā zǒngshì tīng wǒ de. Yīshàshí wǒ gǎndàole zérèn de zhòngdà. Wǒ xiǎng zhǎo yī gè liǎngquán de bànfǎ，zhǎo bù chū；wǒ xiǎng chāisàn yī jiā rén，fēnchéng liǎng lù，gèdé-qísuǒ，zhōng bù yuàn · yì. Wǒ juédìng wěiqū érzi，yīn · wèi wǒ bàntóng tā de shírì hái cháng. Wǒ shuō：“Zǒu dàlù.”

Dànshì mǔ · qīn mōmo sūn'ér de xiǎo nǎoguā，biànle zhǔyi：“háishì zǒu xiǎolù ba.” Tā de yǎn suí xiǎolù wàng · qù：Nàli yǒu jīnsè de càihuā，liǎng háng zhěngqí de sāngshù，//jìntóu yī kǒu shuǐbō línlín de yútáng. “Wǒ zǒu bù guò · qù de dìfang，nǐ jiù bēizhe wǒ.” Mǔ · qīn duì wǒ shuō.

Zhèyàng，wǒmen zài yángguāng · xià，xiàngzhe nà càihuā、sāngshù hé yútáng zǒu · qù，Dàole yī chù，wǒ dūn xià · lái，bēiqǐle mǔ · qīn，qīzi yě dūn xià · lái，bēiqǐle érzi. Wǒ hé qīzi dōu shì mànmàn de，wěnwěn de，zǒu de hěn zǐxì，hǎoxiàng wǒ bèi · shàng de tóng tā bèi · shàng de jiā qǐ · lái，jiùshì zhěnggè shìjiè.

Jiéxuǎn zì Mò Huáiqī《Sànbù》

作品 34 号——《神秘的“无底洞”》

地球上是否真的存在“无底洞”？按说地球是圆的，由地壳、地幔和地核三层组成，真正的“无底洞”是不应存在的，我们所看到的各种山洞、裂口、裂缝，甚至火山口也都只是地壳浅部的一种现象。然而中国一些古籍却多次提到海外有个深奥莫测的无底洞。事实上地球上确实有这样一个“无底洞”。

它位于希腊亚各斯古城的海滨。由于濒临大海，大涨潮时，汹涌的海水便会排山倒海般地涌入洞中，形成一股湍湍的急流。据测，每天流入洞内的海水量达三万多吨。奇怪的是，如此大量的海水灌入洞中，却从来没有把洞灌满。曾有人怀疑，这个“无底洞”，会不会就像石灰岩地区的漏斗、竖井、落水洞一类的地形。然而从二十世纪三十年代以来，人们就做了多种努力企图寻找它的出口，却都是枉费心机。

为了揭开这个秘密，一九五八年美国地理学会派出一支考察队，他们把一种经久不变的带色染料溶解在海水中，观察染料是如何随着海水一起沉下去。接着又察看了附近海面以及岛上的各条河、湖，满怀希望地寻找这种带颜色的水，结果令人失望。难道是海水量太大把有色水稀释得太淡，以致无法发现？//

至今谁也不知道为什么这里的海水会没完没了地“漏”下去，这个“无底洞”的出口又在哪里，每天大量的海水究竟都流到哪里去了？

节选自罗伯特·罗威尔《神秘的“无底洞”》

Zuòpǐn 34 Hào

Dìqiú · shàng shìfǒu zhēn de cúnzài “wúdǐdòng”? Ànshuō dìqiú shì yuán de，yóu dìqiào、dìmàn hé dìhé sān céng zǔchéng，zhēnzhèng de “wúdǐdòng” shì bù yīng cúnzài de，wǒmen suǒ kàndào de gè zhǒng shāndòng、lièkǒu、lièfèng，shènzhì huǒshānkǒu yě dōu zhǐshì dìqiào qiǎnbù de yī zhǒng xiànxiàng. Rán’ér Zhōngguó yīxiē gǔjí què duō cì tídào hǎiwài yǒu gè shēn’ào-mòcè de wúdǐdòng. Shìshí · shàng dìqiú · shàng quèshí yǒu zhèyàng yī gè “wúdǐdòng”.

Tā wèiyú Xīlà Yàgèsī gǔchéng de hǎibīn. Yóuyú bīnlín dàhǎi，dà zhǎngcháo shí，xiōngyǒng de hǎishuǐ biàn huì páishān-dǎohǎi bān de yǒngrù dòng zhōng，xíngchéng yī gǔ tuāntuān de jíliú. Jù cè，měi tiān liúrù dòng nèi de hǎishuǐliàng dá sānwàn duō dūn. Qíguài de shì，rúcǐ dàliàng de hǎishuǐ guànrù dòng zhōng，què cónglái méi · yǒu bǎ dòng guànmǎn. Céng yǒu rén huáiyí，zhège “wúdǐdòng”，huì · bùhuì jiù xiàng shíhuīyán dìqū de lòudǒu、shùjǐng、luòshuǐdòng yīlèi de dìxíng. Rán’ér cóng èrshí shìjì sānshí niándài yǐlái，rénmen jiù zuòle duō zhǒng nǔlì qǐtú xúnzhǎo tā de chūkǒu，què dōu shì wǎngfèi-xīnjī.

Wèile jiēkāi zhège mìmì，yī jiǔ wǔ bā nián Měiguó Dìlǐ Xuéhuì pàichū yī zhī kǎochádui，tāmen bǎ yī zhǒng jīngjiǔ-bùbiàn de dài sè rǎnliào róngjiě zài hǎishuǐ zhōng，guānchá rǎnliào shì rúhé suízhe hǎishuǐ yīqǐ chén xià · qù. Jiēzhe yòu chákànle fùjìn hǎimiàn yǐjí dǎo · shàng de gè tiáo hé、hú，mǎnhuái xīwàng de xúnzhǎo zhè zhǒng dài yánsè de shuǐ，jiéguǒ lìng rén shīwàng. Nándào shì hǎishuǐliàng tài dà bǎ yǒusèshuǐ xīshì de tài dàn，yǐ zhì wúfǎ fāxiàn? //

Zhìjīn shéi yě bù zhī · dào wèishénme zhèli de hǎishuǐ méiwán-méiliǎo de “lòu” xià · qù，zhège “wúdǐdòng” de chūkǒu yòu zài nǎli? měi tiān dàliàng de hǎishuǐ jiūjìng dōu liúdào nǎli qù le?

Jiéxuǎn zì Luóbótè Luówēi’ěr《Shénmì de “Wúdǐdòng”》

作品 35 号——《世间最美的坟墓》

我在俄国见到的景物再没有比托尔斯泰墓更宏伟、更感人的。

完全按照托尔斯泰的愿望，他的坟墓成了世间最美的，给人印象最深刻的坟墓。它只是树林中的一个小小的长方形土丘，上面开满鲜花——没有十字架，没有墓碑，没有墓志铭，连托尔斯泰这个名字也没有。

这位比谁都感到受自己的声名所累的伟人，却像偶尔被发现的流浪汉，不为人知的士兵，不留名姓地被人埋葬了。谁都可以踏进他最后的安息地，围在四周稀疏的木栅栏是不关闭的——保护列夫·托尔斯泰得以安息的没有任何别的东西，惟有人们的敬意；而通常，人们却总是怀着好奇，去破坏伟人墓地的宁静。

这里，逼人的朴素禁锢住任何一种观赏的闲情，并且不容许你大声说话。风儿俯临，在这座无名者之墓的树木之间飒飒响着，和暖的阳光在坟头嬉戏；冬天，白雪温柔地覆盖这片幽暗的圭土地。无论你在夏天或冬天经过这儿，你都想像不到，这个小小的、隆起的长方体里安放着一位当代最伟大的人物。

然而，恰恰是这座不留姓名的坟墓，比所有挖空心思用大理石和奢华装饰建造的坟墓更扣人心弦。在今天这个特殊的日子 // 里，到他的安息地来的成百上千人中间，没有一个有勇气，哪怕仅仅从这幽暗的土丘上摘下一朵花留作纪念。人们重新感到，世界上再没有比托尔斯泰最后留下的、这座纪念碑式的朴素坟墓，更打动人心的了。

节选自［奥］茨威格《世间最美的坟墓》，张厚仁译

Zuòpǐn 35 Hào

Wǒ zài Éguó jiàndào de jǐngwù zài méi·yǒu bǐ Tuō'ěrsītài mù gèng hóngwěi、gèng gǎnrén de le.

Wánquán ànzhào Tuō'ěrsītài de yuànwàng，tā de fénmù chéngle shìjiān zuì měi de、gěi rén yìnxiàng zuì shēnkè de fénmù. Tā zhǐshì shùlín zhōng de yī gè xiǎoxiǎo de chángfāngxíng tǔqiū，shàng·miàn kāimǎn xiānhuā——méi·yǒu shízìjià，méi·yǒu mùbēi，méi·yǒu mùzhìmíng，lián Tuō'ěrsītài zhègè míngzi yě méi·yǒu.

Zhè wèi bǐ shéi dōu gǎndào shòu zìjǐ de shēngmíng suǒ lěi de wěirén，què xiàng ǒu'ěr bèi fāxiàn de liúlànghàn，bù wéi rén zhī de shìbīng，bù liú míngxìng de bèi rén máizàng le. Shéi dōu kěyǐ tàjìn tā zuìhòu de ānxīdì，wéi zài sìzhōu xīshū de mù zhàlan shì bù guānbì de——bǎohù Lièfū Tuō'ěrsītài déyǐ ānxī de méi·yǒu rènhé biéde dōngxi，wéiyǒu rénmen de jìngyì；ér tōngcháng，rénmen què zǒngshì huáizhe hàoqí， qù pòhuài wěirén mùdì de níngjìng.

Zhèli, bīrén de pǔsù jìngù zhù rènhé yī zhǒng guānshǎng de xiánqíng, bìngqiě bù róngxǔ nǐ dàshēng shuōhuà. Fēng'ér fǔ lín, zài zhè zuò wúmíngzhě zhī mù de shùmù zhījiān sàsà xiǎngzhe, hénuǎn de yángguāng zài féntóur xīxì; dōngtiān, báixuě wēnróu de fùgài zhè piàn yōu'àn de guītǔdì. Wúlùn nǐ zài xiàtiān huò dōngtiān jīngguò zhèr, nǐ dōu xiǎngxiàng bù dào, zhège xiǎoxiǎo de、lóngqǐ de chángfāngtǐli ānfàngzhe yī wèi dāngdài zuì wěidà de rénwù.

Rán'ér, qiàqià shì zhè zuò bù liú xìngmíng de fénmù, bǐ suǒyǒu wākōng xīnsi yòng dàlǐshí hé shēhuá zhuāngshì jiànzào de fénmù gèng kòurénxīnxián. Zài jīntiān zhège tèshū de rìzi//li, dào tā de ānxīdì lái de chéng bǎi shàng qiān rén zhōng jiān, méi·yǒu yī gè yǒu yǒngqì, nǎpà jǐnjǐn cóng zhè yōu'àn de tǔqiū·shàng zhāixià yī duǒ huā liúzuò jìniàn. Rénmen chóngxīn gǎndào, shìjiè·shàng zài méi·yǒu bǐ Tuō'ěrsītài zuìhòu liúxià de、zhè zuò jìniànbēi shìde pǔsù fénmù, gèng dǎdòng rénxīn de le.

Jiéxuǎn zì [Ào] Cíwēigé《Shìjiān Zuì Měi de Fénmù》, Zhāng Hòurén yì

作品 36 号——《苏州园林》

我国的建筑，从古代的宫殿到近代的一般住房，绝大部分是对称的，左边怎么样，右边怎么样。苏州园林可绝不讲究对称，好像故意避免似的。东边有了一个亭子或者一道回廊，西边决不会来一个同样的亭子或者一道同样的回廊。这是为什么？我想，用图画来比方，对称的建筑是图案画，不是美术画，而园林是美术画，美术画要求自然之趣，是不讲究对称的。

苏州园林里都有假山和池沼。

假山的堆叠，可以说是一项艺术而不仅是技术。或者是重峦叠嶂，或者是几座小山配合着竹子花木，全在乎设计者和匠师们生平多阅历，胸中有丘壑，才能使游览者攀登的时候忘却苏州城市，只觉得身在山间。

至于池沼，大多引用活水。有些园林池沼宽敞。就把池沼作为全园的中心，其他景物配合着布置。水面假如成河道模样，往往安排桥梁。假如安排两座以上的桥梁，那就一座一个样，决不雷同。

池沼或河道的边沿很少砌齐整的石岸，总是高低屈曲任其自然。还在那儿布置几块玲珑的石头，或者种些花草。这也是为了取得从各个角度看都成一幅画的效果。池沼里养着金鱼或各色鲤鱼，夏秋季节荷花或睡莲开 // 放，游览者看“鱼戏莲叶间”，又是入画的一景。

节选自叶圣陶《苏州园林》

Zuòpǐn 36 Hào

Wǒguó de jiànzhù，cóng gǔdài de gōngdiàn dào jìndài de yībān zhùfáng，jué dà bùfen shì duìchèn de，zuǒ・biān zěnmeyàng，yòu・biān zěnmeyàng. Sūzhōu yuánlín kě juébù jiǎng・jiū duìchèn，hǎoxiàng gùyì bìmiǎn shìde. Dōng・biān yǒule yī gè tíngzi huòzhě yī dào huíláng，xī・biān juébù huì lái yī gè tóngyàng de tíngzi huòzhě yī dào tóngyàng de huíláng. Zhè shì wèishénme? Wǒ xiǎng，yòng túhuà lái bǐfang，duìchèn de jiànzhù shì tú'ànhuà，bù shì měishùhuà，ér yuánlín shì měishùhuà，měishùhuà yāoqiú zìrán zhī qù，shì bù jiǎng・jiū duìchèn de.

Sūzhōu yuánlínli dōu yǒu jiǎshān hé chízhǎo.

Jiǎshān de duīdié，kěyǐ shuō shì yī xiàng yìshù ér bùjǐn shì jìshù. Huòzhě shì chóngluán-diézhàng，huòzhě shì jǐ zuò xiǎoshān pèihézhe zhúzi huāmù，quán zàihu shèjìzhě hé jiàngshīmen shēngpíng duō yuèlì，xiōng zhōng yǒu qiūhè，cái néng shǐ yóulǎnzhě pāndēng de shíhou wàngquè Sūzhōu chéngshì，zhǐ juéde shēn zài shān jiān.

Zhìyú chízhǎo，dàduō yǐnyòng huóshuǐ. Yǒuxiē yuánlín chízhǎo kuānchang，jiù bǎ chízhǎo zuòwéi quán yuán de zhōngxīn，qítā jǐngwù pèihézhe bùzhì. Shuǐmiàn jiǎrú chéng hédào múyàng，wǎngwǎng ānpái qiáoliáng. Jiǎrú ānpái liǎng zuò yǐshàng de qiáoliáng，nà jiù yī zuò yī gè yàng，jué bù léitóng.

Chízhǎo huò hédào de biānyán hěn shǎo qì qízhěng de shí'àn，zǒngshì gāodī qūqū rèn qí zìrán. Hái zài nàr bùzhì jǐ kuài línglóng de shítou，huòzhě zhòng xiē huācǎo. Zhè yě shì wèile qǔdé cóng gègè jiǎodù kàn dōu chéng yī fú huà de xiàoguǒ. Chízhǎoli yǎngzhe jīnyú huò gè sè lǐyú，xià-qiū jìjié héhuā huò shuìlián kāi//fàng，yóulǎnzhě kàn “yú xì lián yè jiān”，yòu shì rù huà de yī jǐng.

Jiéxuǎn zì Yè Shèngtáo《Sūzhōu Yuánlín》

作品 37 号——《态度创造快乐》

一位访美中国女作家，在纽约遇到一位卖花的老太太。老太太穿着破旧，身体虚弱，但脸上的神情却是那样祥和兴奋。女作家挑了一朵花说：“看起来，你很高兴。”老太太面带微笑地说：“是的，一切都这么美好，我为什么不高兴呢?”“对烦恼，你倒真能看得开。”女作家又说了一句。没料到，老太太的回答更令女作家大吃一惊：“耶稣在星期五被钉上十字架时，是全世界最糟糕的一天，可三天后就是复活节。所以，当我遇到不幸时，就会等待三天，这样一切就恢复正常了。”

"等待三天"，多么富于哲理的话语，多么乐观的生活方式。它把烦恼和痛苦抛下，全力去收获快乐。

沈从文在"文革"期间，陷入了非人的境地。可他毫不在意，他在咸宁时给他的表侄、画家黄永玉写信说："这里的荷花真好，你若来……"身陷苦难却仍为荷花的盛开欣喜赞叹不已，这是一种趋于澄明的境界，一种旷达洒脱的胸襟，一种面临磨难坦荡从容的气度，一种对生活童子般的热爱和对美好事物无限向往的生命情感。

由此可见，影响一个人快乐的，有时并不是困境及磨难，而是一个人的心态。如果把自己浸泡在积极、乐观、向上的心态中，快乐必然会 // 占据你的每一天。

节选自《态度创造快乐》

Zuòpǐn 37 Hào

Yī wèi fǎng Měi Zhōngguó nǚzuòjiā，zài Niǔyuē yùdào yī wèi mài huā de lǎotàitai. Lǎotàitai chuānzhuó pòjiù，shēntǐ xūruò，dàn liǎn · shàng de shénqíng què shì nàyàng xiánghé xīngfèn. Nǚzuòjiā tiāole yī duǒ huā shuō："Kàn qǐ · lái，nǐ hěn gāoxìng." Lǎotàitai miàn dài wēixiào de shuō："Shìde，yīqiè dōu zhème měihǎo，wǒ wèishénme bù gāoxìng ne?""Duì fánnǎo，nǐ dào zhēn néng kàndekāi." Nǚzuòjiā yòu shuōle yī jù. Méi liàodào，lǎotàitai de huídá gèng lìng nǚzuòjiā dàchī-yījīng："Yēsū zài xīngqīwǔ bèi dìng · shàng shízìjià shí，shì quán shìjiè zuì zāogāo de yī tiān，kě sān tiān hòu jiùshì Fùhuójié. Suǒyǐ，dāng wǒ yùdào bùxìng shí，jiù huì děngdài sān tiān，zhèyàng yīqiè jiù huīfù zhèngcháng le."

"Děngdài sān tiān"，duōme fùyú zhélǐ de huàyǔ，duōme lèguān de shēnghuó fāngshì. Tā bǎ fánnǎo hé tòngkǔ pāo · xià，quánlì qù shōuhuò kuàilè.

Shěn Cóngwén zài "wén-gé" qījiān，xiànrùle fēirén de jìngdì. Kě tā háobù zàiyì，tā zài Xiánníng shí gěi tā de biǎozhí、huàjiā Huáng Yǒngyù xiěxìn shuō："Zhèli de héhuā zhēn hǎo，nǐ ruò lái……" Shēn xiàn kǔnàn què réng wèi héhuā de shèngkāi xīnxǐ zàntàn bùyǐ，zhè shì yī zhǒng qūyú chéngmíng de jìngjiè，yī zhǒng kuàngdá sǎ · tuō de xiōngjīn，yī zhǒng miànlín mónàn tǎndàng cóngróng de qìdù，yī zhǒng duì shēnghuó tóngzǐ bān de rè'ài hé duì měihǎo shìwù wúxiàn xiàngwǎng de shēngmìng qínggǎn.

Yóucǐ-kějiàn，yǐngxiǎng yī gè rén kuàilè de，yǒushí bìng bù shì kùnjìng jí mónàn，ér shì yī gè rén de xīntài. Rúguǒ bǎ zìjǐ jìn pào zài jījí、lèguān、xiàngshàng de xīntài zhōng，kuàilè bìrán huì//zhànjù nǐ de měi yī tiān.

Jiéxuǎn zì《Tài · dù Chuàngzào Kuàilè》

作品 38 号——《泰山极顶》

泰山极顶看日出，历来被描绘成十分壮观的奇景。有人说：登泰山而看不到日出，就像一出大戏没有戏眼，味儿终究有点儿寡淡。

我去爬山那天，正赶上个难得的好天，万里长空，云彩丝儿都不见。素常，烟雾腾腾的山头，显得眉目分明。同伴们都欣喜地说："明天早晨准可以看见日出了。"我也是抱着这种想头，爬上山去。

一路从山脚往上爬，细看山景，我觉得挂在眼前的不是五岳独尊的泰山，却像一幅规模惊人的青绿山水画，从下面倒展开来。在画卷中最先露出的是山根底那座明朝建筑岱宗坊，慢慢地便现出王母池、斗母宫、经石峪。山是一层比一层深，一叠比一叠奇，层层叠叠，不知还会有多深多奇，万山丛中，时而点染着极其工细的人物。王母池旁的吕祖殿里有不少尊明塑，塑着吕洞宾等一些人，姿态神情是那样有生气，你看了，不禁会脱口赞叹说："活啦。"

画卷继续展开，绿阴森森的柏洞露面不太久，便来到对松山。两面奇峰对峙着，满山峰都是奇形怪状的老松，年纪怕都有上千岁了，颜色竟那么浓，浓得好像要流下来似的。来到这儿，你不妨权当一次画里的写意人物，坐在路旁的对松亭里，看看山色，听听流 // 水和松涛。

一时间，我又觉得自己不仅是在看画卷，却又像是在零零乱乱翻着一卷历史稿本。

节选自杨朔《泰山极顶》

Zuòpǐn 38 Hào

Tài Shān jí dǐng kàn rìchū，lìlái bèi miáohuì chéng shífēn zhuàngguān de qíjǐng. Yǒu rén shuō：Dēng Tài Shān ér kàn · bùdào rìchū，jiù xiàng yī chū dàxì méi · yǒu xìyǎn，wèir zhōngjiū yǒu diǎnr guǎdàn.

Wǒ qù páshān nà tiān，zhèng gǎn · shàng gè nándé de hǎotiān，wànlǐ chángkōng，yúncaisīr dōu bù jiàn. Sùcháng，yānwù téngténg de shāntóu，xiǎn · dé méi · mù fēnmíng. Tóngbànmen dōu xīnxǐ de shuō："Míngtiān zǎo · chén zhǔn kěyǐ kàn · jiàn rìchū le." Wǒ yě shì bàozhe zhè zhǒng xiǎngtou，pá · shàng shān · qù.

Yīlù cóng shānjiǎo wǎngshàng pá，xì kàn shānjǐng，wǒ juéde guà zài yǎnqián de bù shì Wǔ Yuè dú zūn de Tài Shān，què xiàng yī fú guīmó jīngrén de qīnglǜ shānshuǐhuà，cóng xià · miàn dào zhǎn kāi · lái. Zài huàjuàn zhōng zuì xiān lòuchū de shì shāngēnr dǐ nà zuò Míngcháo jiànzhù Dàizōngfāng，mànmàn de biàn xiànchū

Wángmǔchí、Dòumǔgōng、Jīngshíyù. Shān shì yī céng bǐ yī céng shēn，yī dié bǐ yī dié qí，céngcéng-diédié，bù zhī hái huì yǒu duō shēn duō qí. Wàn shān cóng zhōng，shí'ér diǎnrǎnzhe jíqí gōngxì de rénwù. Wángmǔchí páng de Lǚzǔdiànli yǒu bùshǎo zūn míngsù，sùzhe Lǚ Dòngbīn děng yīxiē rén，zītài shénqíng shì nàyàng yǒu shēngqì，nǐ kàn le，bùjīn huì tuōkǒu zàntàn shuō：“Huó la.”

Huàjuàn jìxù zhǎnkāi，lǜyīn sēnsēn de Bǎidòng lòumiàn bù tài jiǔ，biàn láidào Duìsōngshān. Liǎngmiàn qífēng duìzhìzhe，mǎn shānfēng dōu shì qíxíng-guàizhuàng de lǎosōng，niánjì pà dōu yǒu shàng qiān suì le，yánsè jìng nàme nóng，nóng de hǎoxiàng yào liú xià • lái shìde. Láidào zhèr，nǐ bùfáng quándāng yī cì huàli de xiěyì rénwù，zuò zài lùpáng de Duìsōngtíngli，kànkan shānsè，tīngting liú//shuǐ hé sōngtāo.

Yī shíjiān，wǒ yòu juéde zìjǐ bùjǐn shì zài kàn huàjuàn，què yòu xiàng shì zài línglíng-luànluàn fānzhe yī juàn lìshǐ gǎoběn.

Jiéxuǎn zì Yáng Shuò《Tài Shān Jí Dǐng》

作品 39 号——《陶行知的“四块糖果”》

育才小学校长陶行知在校园看到学生王友用泥块砸自己班上的同学，陶行知当即喝止了他，并令他放学后到校长室去。无疑，陶行知是要好好教育这个“顽皮”的学生。那么他是如何教育的呢？

放学后，陶行知来到校长室，王友已经等在门口准备挨训了。可一见面，陶行知却掏出一块糖果送给王友，并说：“这是奖给你的，因为你按时来到这里，而我却迟到了。”王友惊疑地接过糖果。

随后，陶行知又掏出一块糖果放到他手里，说：“这第二块糖果也是奖给你的，因为当我不让你再打人时，你立即就住手了，这说明你很尊重我，我应该奖你。”王友更惊疑了，他眼睛睁得大大的。

陶行知又掏出第三块糖果塞到王友手里，说：“我调查过了，你用泥块砸那些男生，是因为他们不守游戏规则，欺负女生；你砸他们，说明你很正直善良，且有批评不良行为的勇气，应该奖励你啊！”王友感动极了，他流着眼泪后悔地喊道：“陶……陶校长你打我两下吧！我砸的不是坏人，而是自己的同学啊……”

陶行知满意地笑了，他随即掏出第四块糖果递给王友，说：“为你正确地认识错误，我再奖给你一块糖果，只可惜我只有这一块糖果了。我的糖果 // 没有了，我看我们的谈话也该结束了吧！”说完，就走出了校长室。

节选自《教师博览・百期精华》中《陶行知的“四块糖果”》

Zuòpǐn 39 Hào

Yùcái Xiǎoxué xiàozhǎng Táo Xíngzhī zài xiàoyuán kàndào xuésheng Wáng Yǒu yòng níkuài zá zìjǐ bān • shàng de tóngxué，Táo Xíngzhī dāngjí hèzhǐle tā，bìng lìng tā fàngxué shí dào xiàozhǎngshì qù. Wúyí，Táo Xíngzhī shì yào hǎohǎo jiàoyù zhège "wánpí" de xuésheng. Nàme tā shì rúhé jiàoyù de ne?

Fàngxué hòu，Táo Xíngzhī láidào xiàozhǎngshì，Wáng Yǒu yǐ • jīng děng zài ménkǒu zhǔnbèi ái xùn le. Kě yī jiànmiàn，Táo Xíngzhī què tāochū yī kuài tángguǒ sònggěi Wáng Yǒu，bìng shuō："Zhè shì jiǎnggěi nǐ de，yīn • wèi nǐ ànshí láidào zhèli，ér wǒ què chídào le." Wáng Yǒu jīngyí de jiē guo tángguǒ.

Suíhòu，Táo Xíngzhī yòu tāochū yī kuài tángguǒ fàngdào tā shǒuli，shuō："Zhè dì-èr kuài tángguǒ yě shì jiǎnggěi nǐ de，yīn • wèi dāng wǒ bùràng nǐ zài dǎrén shí，nǐ lìjí jiù zhùshǒu le，zhè shuōmíng nǐ hěn zūnzhòng wǒ，wǒ yīnggāi jiǎng nǐ." Wáng Yǒu gèng jīngyí le，tā yǎnjing zhēng de dàdà de.

Táo Xíngzhī yòu tāochū dì-sān kuài tángguǒ sāidào Wáng Yǒu shǒuli，shuō："Wǒ diàocháguo le，nǐ yòng níkuài zá nàxiē nánshēng，shì yīn • wèi tāmen bù shǒu yóuxì guīzé，qīfu nǚshēng；nǐ zá tāmen，shuōmíng nǐ hěn zhèngzhí shànliáng，qiě yǒu pīpíng bùliáng xíngwéi de yǒngqì，yīnggāi jiǎnglì nǐ a!" Wáng Yǒu gǎndòng jí le，tā liúzhe yǎnlèi hòuhuǐ de hǎndào："Táo……Táo xiàozhǎng，nǐ dǎ wǒ liǎng xià ba! Wǒ zá de bù shì huàirén，ér shì zìjǐ de tóngxué a……"

Táo Xíngzhī mǎnyì de xiào le，tā suíjí tāochū dì-sì kuài tángguǒ dìgěi Wáng Yǒu，shuō："Wèi nǐ zhèngquè de rènshi cuò • wù，wǒ zài jiǎnggěi nǐ yī kuài tángguǒ，zhǐ kěxī wǒ zhǐyǒu zhè yī kuài tángguǒ le. Wǒ de tángguǒ//méi • yǒu le，wǒ kàn wǒmen de tánhuà yě gāi jiéshù le ba!" Shuōwán，jiù zǒuchūle xiàozhǎngshì.

Jiéxuǎn zì《Jiàoshī Bólǎn-Bǎiqī Jīnghuá》zhōng《Táo Xíngzhī de "Sì Kuài Tángguǒ"》

作品 40 号——《提醒幸福》

享受幸福是需要学习的，当它即将来临的时刻需要提醒。人可以自然而然地学会感官的享乐，却无法天生地掌握幸福的韵律。灵魂的快意同器官的舒适像一对孪生兄弟，时而相傍相依，时而南辕北辙。

幸福是一种心灵的震颤。它像会倾听音乐的耳朵一样，需要不断地训练。

简而言之，幸福就是没有痛苦的时刻。它出现的频率并不像我们想像的那样少。人们常常只是在幸福的金马车已经驶过去很远时，才拣起地上的金鬃毛说，原来我见过它。

人们喜爱回味幸福的标本，却忽略它披着露水散发清香的时刻。那时候我们往往步履匆匆，瞻前顾后不知在忙着什么。

世上有预报台风的，有预报蝗灾的，有预报瘟疫的，有预报地震的。没有人预报幸福。

其实幸福和世界万物一样，有它的征兆。

幸福常常是朦胧的，很有节制地向我们喷洒甘霖。你不要总希望轰轰烈烈的幸福，它多半只是悄悄地扑面而来。你也不要企图把水龙头拧得更大，那样它会很快地流失。你需要静静地以平和之心，体验它的真谛。

幸福绝大多数是朴素的。它不会像信号弹似的，在很高的天际闪烁红色的光芒。它披着本色的外衣，亲 // 切温暖地包裹起我们。

幸福不喜欢喧嚣浮华，它常常在暗淡中降临。贫困中相濡以沫的一块糕饼，患难中心心相印的一个眼神，父亲一次粗糙的抚摸，女友一张温馨的字条……这都是千金难买的幸福啊。像一粒粒缀在旧绸子上的红宝石，在凄凉中愈发熠熠夺目。

节选自毕淑敏《提醒幸福》

Zuòpǐn 40 Hào

Xiǎngshòu xìngfú shì xūyào xuéxí de，dāng tā jíjiāng láilín de shíkè xūyào tíxǐng. Rén kěyǐ zìrán'érrán de xuéhuì gǎnguān de xiǎnglè，què wúfǎ tiānshēng de zhǎngwò xìngfú de yùnlǜ. Línghún de kuàiyì tóng qìguān de shūshì xiàng yī duì luánshēng xiōngdì，shí'ér xiāngbàng-xiāngyī，shí'ér nányuán-běizhé.

Xìngfú shì yī zhǒng xīnlíng de zhènchàn. Tā xiàng huì qīngtīng yīnyuè de ěrduo yīyàng，xūyào bùduàn de xùnliàn.

Jiǎn'éryánzhī，xìngfú jiùshì méi • yǒu tòngkǔ de shíkè. Tā chūxiàn de pínlǜ bìng bù xiàng wǒmen xiǎngxiàng de nàyàng shǎo. Rénmen chángcháng zhǐshì zài xìngfú de jīn mǎchē yǐ • jīng shǐ guò • qù hěn yuǎn shí，cái jiǎnqǐ dì • shàng de jīn zōngmáo shuō，yuánlái wǒ jiànguò tā.

Rénmen xǐ'ài huíwèi xìngfú de biāoběn，què hūlüè tā pīzhe lù • shuǐ sànfā qīngxiāng de shíkè. Nà shíhou wǒmen wǎngwǎng bùlǚ cōngcōng，zhānqián-gùhòu bù zhī zài mángzhe shénme.

Shì • shàng yǒu yù • bào táifēng de，yǒu yùbào huángzāi de，yǒu yùbào wēnyì de，yǒu yùbào dìzhèn de. Méi・yǒu rén yùbào xìngfú.

Qíshí xìngfú hé shìjiè wànwù yīyàng，yǒu tā de zhēngzhào.

Xìngfú chángcháng shì ménglóng de，hěn yǒu jiézhì de xiàng wǒmen pēnsǎ gānlín. Nǐ bùyào zǒng xīwàng hōnghōng-lièliè de xìngfú，tā duōbàn zhǐshì qiāoqiāo de pūmiàn ér lái. Nǐ yě bùyào qǐtú bǎ shuǐlóngtóu nǐng de gèng dà，nàyàng tā huì hěn kuài de liúshī. Nǐ xūyào jìngjìng de yǐ pínghé zhī xīn，tǐyàn tā de zhēndì.

Xìngfú jué dà duōshù shì pǔsù de. Tā bù huì xiàng xìnhàodàn shìde，zài hěn gāo de tiānjì shǎnshuò hóngsè de guāngmáng. Tā pīzhe běnsè de wàiyī，qīn//qiè wēnnuǎn de bāoguǒqǐ wǒmen.

Xìngfú bù xǐhuan xuānxiāo fúhuá，tā chángcháng zài àndàn zhōng jiànglín. Pínkùn zhōng xiāngrúyǐmò de yī kuài gāobǐng，huànnàn zhōng xīnxīn-xiāngyìn de yī gè yǎnshén，fù・qīn yī cì cūcāo de fǔmō，nǚyǒu yī zhāng wēnxīn de zìtiáo……Zhè dōu shì qiānjīn nán mǎi de xìngfú a. Xiàng yī lìlì zhuì zài jiù chóuzi・shàng de hóngbǎoshí，zài qīliáng zhōng yùfā yìyì duómù.

Jiéxuǎn zì Bì Shūmǐn《Tíxǐng Xìngfú》

作品 41 号——《天才的造就》

在里约热内卢的一个贫民窟里，有一个男孩子，他非常喜欢足球，可是又买不起，于是就踢塑料盒，踢汽水瓶，踢从垃圾箱里拣来的椰子壳。他在胡同里踢，在能找到的任何一片空地上踢。有一天，当他在一处干涸的水塘里猛踢一个猪膀胱时，被一位足球教练看见了。他发现这个男孩儿踢得很像是那么回事，就主动提出要送给他一个足球。小男孩儿得到足球后踢得更卖劲儿了。不久，他就能准确地把球踢进远处随意摆放的一个水桶里。

圣诞节到了，孩子的妈妈说："我们没有钱买圣诞礼物送给我们的恩人，就让我们为他祈祷吧。"

小男孩儿跟随妈妈祈祷完毕，向妈妈要了一把铲子便跑了出去。他来到一座别墅前的花园里，开始挖坑。

就在他快要挖好坑的时候，从别墅里走出一个人来，问小孩儿在干什么，孩子抬起满是汗珠的脸蛋儿，说："教练，圣诞节到了，我没有礼物送给您，我愿给您的圣诞树挖一个树坑。"

教练把小男孩儿从树坑里拉上来，说，我今天得到了世界上最好的礼物。明天你就到我的训练场去吧。

三年后，这位十七岁的男孩儿在第六届足球锦标赛上独进二十一球，为巴西第一次捧回了金杯。一个原来不 // 为世人所知的名字——贝利，随之传遍世界。

节选自刘燕敏《天才的造就》

Zuòpǐn 41 Hào

Zài Lǐyuērènèilú de yī gè pínmínkūli，yǒu yī gè nánháizi，tā fēicháng xǐhuan zúqiú，kěshì yòu mǎi • bùqǐ，yúshì jiù tī sùliàohé，tī qìshuǐpíng，tī cóng lājīxiāngli jiǎnlái de yēzikér. Tā zài hútòngli tī，zài néng zhǎodào de rènhé yī piàn kòngdì • shàng tī.

Yǒu yī tiān，dāng tā zài yī chù gānhé de shuǐtángli měng tī yī gè zhū pángguāng shí，bèi yī wèi zúqiú jiàoliàn kàn • jiàn le. Tā fāxiàn zhège nánháir tī de hěn shì nàme huí shì，jiù zhǔdòng tíchū sònggěi tā yī gè zúqiú. Xiǎonánháir dédào zúqiú hòu tī de gèng màijìnr le. Bùjiǔ，tā jiù néng zhǔnquè de bǎ qiú tījìn yuǎnchù suíyì bǎifàng de yī gè shuǐtǒngli.

Shèngdànjié dào le，háizi de māma shuō："Wǒmen méi • yǒu qián mǎi shèngdàn lǐwù sònggěi wǒmen de ēnrén，jiù ràng wǒmen wèi tā qídǎo ba."

Xiǎonánháir gēnsuí māma qídǎo wánbì，xiàng māma yàole yī bǎ chǎnzi biàn pǎole chū • qù. Tā láidào yī zuò biéshù qián de huāyuánli，kāishǐ wā kēng.

Jiù zài tā kuài yào wāhǎo kēng de shíhou，cóng biéshùli zǒuchū yī gè rén • lái，wèn xiǎoháir zài gàn shénme，háizi táiqǐ mǎn shì hànzhū de liǎndànr，shuō："Jiàoliàn，Shèngdànjié dào le，wǒ méi • yǒu lǐwù sònggěi nín，wǒ yuàn gěi nín de shèngdànshù wā yī gè shùkēng.

Jiàoliàn bǎ xiǎonánháir cóng shùkēngli lā shàng • lái，shuō，wǒ jīntiān dédàole shìjiè • shàng zuìhǎo de lǐwù. Míngtiān nǐ jiù dào wǒ de xùnliànchǎng qù ba.

Sān nián hòu，zhè wèi shíqī suì de nánháir zài dì-liù jiè zúqiú jǐnbiāosài • shàng dú jìn èrshíyī qiú，wèi Bāxī dì-yī cì pěnghuí le jīnbēi. Yī gè yuánlái bù//wéi shìrén suǒ zhī de míngzi——Bèilì，suí zhī chuánbiàn shìjiè.

Jiéxuǎn zì Liú Yànmǐn《Tiāncái de Zàojiù》

作品 42 号——《我的母亲独一无二》

记得我十三岁时，和母亲住在法国东南部的耐斯城。母亲没有丈夫，也没有亲戚，够清苦的，但她经常能拿出令人吃惊的东西，摆在我面前。她从来不吃肉，一再说自己是素食者。然而有一天，我发现母亲正仔细地用一小块碎面包擦那给我煎牛排用的油锅。我明白了她称自己为素食者的真正原因。

我十六岁时，母亲成了耐斯市美蒙旅馆的女经理。这时，她更忙碌了。一天，她瘫在椅子上，脸色苍白，嘴唇发灰。马上找来医生，做出诊断：她摄取了过多的胰岛素。直到这时我才知道母亲多年一直对我隐瞒的疾痛——糖尿病。

她的头歪向枕头一边，痛苦地用手抓挠胸口。床架上方，则挂着一枚我一九三二年赢得耐斯市少年乒乓球冠军的银质奖章。

啊，是对我的美好前途的憧憬支撑着她活下去，为了给她那荒唐的梦至少加一点儿真实的色彩，我只能继续努力，与时间竞争，直至一九三八年我被征入空军。巴黎很快失陷，我辗转调到英国皇家空军。刚到英国就接到了母亲的来信。这些信是由在瑞士的一个朋友秘密地转到伦敦，送到我手中的。

现在我要回家了，胸前佩带着醒目的绿黑两色的解放十字绶 // 带，上面挂着五六枚我终身难忘的勋章，肩上还佩带着军官肩章。到达旅馆时，没有一个人跟我打招呼。原来，我母亲在三年半以前就已经离开人间了。

在她死前的几天中，她写了近二百五十封信，把这些信交给她在瑞士的朋友，请这个朋友定时寄给我。就这样，在母亲死后的三年半的时间里，我一直从她身上吸取着力量和勇气——这使我能够继续战斗到胜利那一天。

节选自［法］罗曼·加里《我的母亲独一无二》

Zuòpǐn 42 Hào

Jìde wǒ shísān suì shí，hé mǔ · qīn zhù zài Fǎguó dōngnán bù de Nàisī Chéng. Mǔ · qīn méi · yǒu zhàngfu，yě méi · yǒu qīnqi，gòu qīngkǔ de，dàn tā jīngcháng néng ná · chū lìng rén chījīng de dōngxi，bǎi zài wǒ miànqián. Tā cónglái bù chīròu，yīzài shuō zìjǐ shì sùshízhě. Rán'ér yǒu yī tiān，wǒ fāxiàn mǔ · qīn zhèng zǐxì de yòng yī xiǎo kuài suì miànbāo cā nà gěi wǒ jiān niúpái yòng de yóuguō. Wǒ míngbaile tā chēng zìjǐ wéi sùshízhě de zhēnzhèng yuányīn.

Wǒ shíliù suì shí，mǔ · qīn chéngle Nàisī Shì Měiméng lǚguǎn de nǚ jīnglǐ. Zhèshí，tā gèng mánglù le. Yī tiān，tā tān zài yǐzi · shàng，liǎnsè cāngbái，zuǐchún fā huī. Mǎshàng zhǎolái yīshēng，zuò · chū zhěnduàn：Tā shèqǔle guòduō de yídǎosù. Zhídào zhèshí wǒ cái zhī · dào mǔ · qīn duōnián yīzhí duì wǒ yǐnmán de jítòng——tángniàobìng.

Tā de tóu wāixiàng zhěntou yībiān，tòngkǔ de yòng shǒu zhuānao xiōngkǒu. Chuángjià shàngfāng，zé guàzhe yī méi wǒ yī jiǔ sān èr nián yíngdé Nàisī Shì shàonián pīngpāngqiú guànjūn de yínzhì jiǎngzhāng.

À, shì duì wǒ de měihǎo qiántú de chōngjǐng zhīchengzhe tā huó xià · qù, wèile gěi tā nà huāng · táng de mèng zhìshǎo jiā yīdiǎnr zhēnshí de sècǎi, wǒ zhǐnéng jìxù nǔlì, yǔ shíjiān jìngzhēng, zhízhì yī jiǔ sān bā nián wǒ bèi zhēng rù kōngjūn. Bālí hěn kuài shīxiàn, wǒ zhǎnzhuǎn diàodào Yīngguó Huángjiā Kōngjūn. Gāng dào Yīngguó jiù jiēdàole mǔ · qīn de láixìn. Zhèxiē xìn shì yóu zài Ruìshì de yī gè péngyou mìmì de zhuǎndào Lúndūn, sòngdào wǒ shǒuzhōng de.

Xiànzài wǒ yào huíjiā le, xiōngqián pèidàizhe xǐngmù de lǜ-hēi liǎng sè de jiěfàng shízì shòu//dài, shàng · miàn guàzhe wǔ-liù méi wǒ zhōngshēn nánwàng de xūnzhāng, jiān · shàng hái pèidàizhe jūnguān jiānzhāng. Dàodá lǚguǎn shí, méi · yǒu yī gè rén gēn wǒ dǎ zhāohu. Yuánlái, wǒ mǔ · qīn zài sān nián bàn yǐqián jiù yǐjing líkāi rénjiān le.

Zài tā sǐ qián de jǐ tiān zhōng, tā xiěle jìn èrbǎi wǔshí fēng xìn, bǎ zhèxiē xìn jiāogěi tā zài Ruìshì de péngyou, qǐng zhège péngyou dìngshí jì gěi wǒ. Jiù zhèyàng, zài mǔ · qīn sǐ hòu de sān nián bàn de shíjiānli, wǒ yīzhí cóng tā shēn · shàng xīqǔzhe lì · liàng hé yǒngqì——zhè shǐ wǒ nénggòu jìxù zhàndòu dào shènglì nà yī tiān.

Jiéxuǎn zì [Fǎ] Luómàn Jiālǐ《Wǒ de Mǔ · qīn Dúyīwú'èr》

作品 43 号——《我的信念》

生活对于任何人都非易事，我们必须有坚韧不拔的精神。最要紧的，还是我们自己要有信心。我们必须相信，我们对每一件事情都具有天赋的才能，并且，无论付出任何代价，都要把这件事完成。当事情结束的时候，你要能问心无愧地说："我已经尽我所能了。"

有一年的春天，我因病被迫在家里休息数周。我注视着我的女儿们所养的蚕正在结茧，这使我很感兴趣。望着这些蚕执著地、勤奋地工作，我感到我和它们非常相似。像它们一样，我总是耐心地把自己的努力集中在一个目标上。我之所以如此，或许是因为有某种力量在鞭策着我——正如蚕被鞭策着去结茧一般。

近五十年来，我致力于科学研究，而研究，就是对真理的探讨。我有许多美好快乐的记忆。少女时期我在巴黎大学，孤独地过着求学的岁月；在后来献身科学的整个时期，我丈夫和我专心致志，像在梦幻中一般，坐在简陋的书房里艰辛地研究，后来我们就在那里发现了镭。

我永远追求安静的工作和简单的家庭生活。为了实现这个理想，我竭力保持宁静的环境，以免受人事的干扰和盛名的拖累。

我深信，在科学方面我们有对事业而不是 // 对财富的兴趣。我的惟一奢望是在一个自由国家中，以一个自由学者的身份从事研究工作。

我一直沉醉于世界的优美之中，我所热爱的科学也不断增加它崭新的远景。我认定科学本身就具有伟大的美。

节选自［波兰］玛丽·居里《我的信念》，剑捷译

Zuòpǐn 43 Hào

Shēnghuó duìyú rènhé rén dōu fēi yì shì，wǒmen bìxū yǒu jiānrèn-bùbá de jīngshén. Zuì yàojǐn de，háishì wǒmen zìjǐ yào yǒu xìnxīn. Wǒmen bìxū xiāngxìn，wǒmen duì měi yī jiàn shìqing dōu jùyǒu tiānfù de cáinéng，bìngqiě，wúlùn fùchū rènhé dàijià，dōu yào bǎ zhè jiàn shì wánchéng. Dāng shìqing jiéshù de shíhou，nǐ yào néng wènxīn-wúkuì de shuō：“Wǒ yǐ·jīng jìn wǒ suǒ néng le.”

Yǒu yī nián de chūntiān，wǒ yīn bìng bèipò zài jiāli xiūxi shù zhōu. Wǒ zhùshìzhe wǒ de nǚ'érmen suǒ yǎng de cán zhèngzài jié jiǎn，zhè shǐ wǒ hěn gǎn xìngqù. Wàngzhe zhèxiē cán zhízhuó de、qínfèn de gōngzuò，wǒ gǎndào wǒ hé tāmen fēicháng xiāngsì. Xiàng tāmen yīyàng，wǒ zǒngshì nài xīn de bǎ zìjǐ de nǔlì jízhōng zài yī gè mùbiāo·shàng. Wǒ zhīsuǒyǐ rúcǐ，huòxǔ shì yīn·wèi yǒu mǒu zhǒng lì·liàng zài biāncèzhe wǒ——zhèngrú cán bèi biāncèzhe qù jié jiǎn yībān.

Jìn wǔshí nián lái，wǒ zhìlìyú kēxué yánjiū，ér yánjiū，jiùshì duì zhēnlǐ de tàntǎo. Wǒ yǒu xǔduō měihǎo kuàilè de jìyì. Shàonǚ shíqī wǒ zài Bālí Dàxué，gūdú de guòzhe qiúxué de suìyuè；zài hòulái xiànshēn kēxué de zhěnggè shíqī，wǒ zhàngfu hé wǒ zhuānxīn-zhìzhì，xiàng zài mènghuàn zhōng yībān，zuò zài jiǎnlòu de shūfángli jiānxīn de yánjiū，hòulái wǒmen jiù zài nàli fāxiàn le léi.

Wǒ yǒngyuǎn zhuīqiú ānjìng de gōngzuò hé jiǎndān de jiātíng shēnghuó. Wèile shíxiàn zhège lǐxiǎng，wǒ jiélì bǎochí níngjìng de huánjìng，yǐmiǎn shòu rénshì de gānrǎo hé shèngmíng de tuōlěi.

Wǒ shēnxìn，zài kēxué fāngmiàn wǒmen yǒu duì shìyè ér bù shì//duì cáifù de xìngqù. Wǒ de wéiyī shēwàng shì zài yī gè zìyóu guójiā zhōng，yǐ yī gè zìyóu xuézhě de shēn·fèn cóngshì yánjiū gōngzuò.

Wǒ yīzhí chénzuì yú shìjiè de yōuměi zhīzhōng，wǒ suǒ rè'ài de kēxué yě bùduàn zēngjiā tā zhǎnxīn de yuǎnjǐng. Wǒ rèndìng kēxué běnshēn jiù jùyǒu wěidà de měi.

Jiéxuǎn zì［Bōlán］Mǎlì Jūlǐ《Wǒ de Xìnniàn》，Jiàn Jié yì

作品 44 号——《我为什么当教师》

我为什么非要教书不可？是因为我喜欢当教师的时间安排表和生活节奏。七、八、九三个月给我提供了进行回顾、研究、写作的良机，并将三者有机融合，而善于回顾、研究和总结正是优秀教师素质中不可缺少的成分。

干这行给了我多种多样的“甘泉”去品尝，找优秀的书籍去研读，到“象牙塔”和实际世界里去发现。教学工作给我提供了继续学习的时间保证，以及多种途径、机遇和挑战。

然而，我爱这一行的真正原因，是爱我的学生。学生们在我的眼前成长、变化。当教师意味着亲历“创造”过程的发生——恰似亲手赋予一团泥土以生命，没有什么比目睹它开始呼吸更激动人心的了。

权利我也有了：我有权利去启发诱导，去激发智慧的火花，去问费心思考的问题，去赞扬回答的尝试，去推荐书籍，去指点迷津。还有什么别的权利能与之相比呢？

而且，教书还给我金钱和权利之外的东西，那就是爱心。不仅有对学生的爱，对书籍的爱，对知识的爱，还有教师才能感受到的对“特别”学生的爱。这些学生，有如冥顽不灵的泥块，由于接受了老师的炽爱才勃发了生机。

所以，我爱教书，还因为，在那些勃发生机的“特 // 别”学生身上，我有时发现自己和他们呼吸相通，忧乐与共。

节选自［美］彼得・基・贝得勒《我为什么当教师》

Zuòpǐn 44 Hào

Wǒ wèishénme fēi yào jiāoshū bùkě? Shì yīn・wèi wǒ xǐhuan dāng jiàoshī de shíjiān ānpáibiǎo hé shēnghuó jiézòu. Qī、bā、jiǔ sān gè yuè gěi wǒ tígōngle jìnxíng huígù、yánjiū、xiězuò de liángjī, bìng jiāng sānzhě yǒujī rónghé, ér shànyú huígù、yánjiū hé zǒngjié zhèngshì yōuxiù jiàoshī sùzhì zhōng bùkě quēshǎo de chéng・fèn.

Gàn zhè háng gěile wǒ duōzhǒng-duōyàng de “gānquán” qù pǐncháng, zhǎo yōuxiù de shūjí qù yándú, dào “xiàngyátǎ” hé shíjì shìjièli qù fāxiàn. Jiàoxué gōngzuò gěi wǒ tígōngle jìxù xuéxí de shíjiān bǎozhèng, yǐjí duōzhǒng tújìng、jīyù hé tiǎozhàn.

Rán’ér, wǒ ài zhè yī háng de zhēnzhèng yuányīn, shì ài wǒ de xuésheng. Xuéshengmen zài wǒ de yǎnqián chéngzhǎng、biànhuà. Dāng jiàoshī yìwèizhe qīnlì “chuàngzào” guòchéng de fāshēng——qiàsì qīnshǒu fùyǔ yī tuán nítǔ yǐ shēngmìng, méi・yǒu shénme bǐ mùdǔ tā kāishǐ hūxī gèng jīdòng rénxīn de le.

Quánlì wǒ yě yǒu le：Wǒ yǒu quánlì qù qǐfā yòudǎo，qù jīfā zhìhuì de huǒhuā，qù wèn fèixīn sīkǎo de wèntí，qù zànyáng huídá de chángshì，qù tuījiàn shūjí，qù zhǐdiǎn míjīn. Háiyǒu shénme biéde quánlì néng yǔ zhī xiāng bǐ ne?

Érqiě，jiāoshū hái gěi wǒ jīnqián hé quánlì zhīwài de dōngxi，nà jiùshì àixīn. Bùjǐn yǒu duì xuésheng de ài，duì shūjí de ài，duì zhīshi de ài，háiyǒu jiàoshī cái néng gǎnshòudào de duì“tèbié” xuésheng de ài. Zhèxiē xuésheng，yǒurú míngwán-bùlíng de níkuài，yóuyú jiēshòule lǎoshī de chì'ài cái bófāle shēngjī.

Suǒyǐ，wǒ ài jiāoshū，hái yīn・wèi，zài nàxiē bófā shēngjī de“tè//bié” xuésheng shēn・shàng，wǒ yǒushí fāxiàn zìjǐ hé tāmen hūxī xiāngtōng，yōu lè yǔ gòng.

Jiéxuǎn zì [Měi] Bǐdé Jī Bèidélè《Wǒ Wèishénme Dāng Jiàoshī》

作品 45 号——《西部文化和西部开发》

中国西部我们通常是指黄河与秦岭相连一线以西，包括西北和西南的十二个省、市、自治区。这块广袤的土地面积为五百四十六万平方公里，占国土总面积的百分之五十七；人口二点八亿，占全国总人口的百分之二十三。

西部是华夏文明的源头。华夏祖先的脚步是顺着水边走的：长江上游出土过元谋人牙齿化石，距今约一百七十万年；黄河中游出土过蓝田人头盖骨，距今约七十万年。这两处古人类都比距今约五十万年的北京猿人资格更老。

西部地区是华夏文明的重要发源地，秦皇汉武以后，东西方文化在这里交汇融合，从而有了丝绸之路的驼铃声声，佛院深寺的暮鼓晨钟。敦煌莫高窟是世界文化史上的一个奇迹，它在继承汉晋艺术传统的基础上，形成了自己兼收并蓄的恢宏气度，展现出精美绝伦的艺术形式和博大精深的文化内涵。秦始皇兵马俑、西夏王陵、楼兰古国、布达拉宫、三星堆、大足石刻等历史文化遗产，同样为世界所瞩目，成为中华文化重要的象征。

西部地区又是少数民族及其文化的集萃地，几乎包括了我国所有的少数民族。在一些偏远的少数民族地区，仍保留 // 了一些久远时代的艺术品种，成为珍贵的“活化石”，如纳西古乐、戏曲、剪纸、刺绣、岩画等民间艺术和宗教艺术。特色鲜明、丰富多彩，犹如一个巨大的民族民间文化艺术宝库。

我们要充分重视和利用这些得天独厚的资源优势，建立良好的民族民间文化生态环境，为西部大开发做出贡献。

节选自《中考语文课外阅读试题精选》中《西部文化和西部开发》

Zuòpǐn 45 Hào

Zhōngguó xībù wǒmen tōngcháng shì zhǐ Huánghé yǔ Qín Lǐng xiānglián yī xiàn yǐxī，bāokuò xīběi hé xīnán de shí'èr gè shěng、shì、zìzhìqū. Zhè kuài guǎngmào de tǔdì miànjī wéi wǔbǎi sìshíliù wàn píngfāng gōnglǐ，zhàn guótǔ zǒng miànjī de bǎi fēn zhī wǔshíqī；rénkǒu èr diǎn bā yì，zhàn quánguó zǒng rénkǒu de bǎi fēn zhī èrshísān.

Xībù shì Huáxià wénmíng de yuántóu. Huáxià zǔxiān de jiǎobù shì shùnzhe shuǐbiān zǒu de；Cháng Jiāng shàngyóu chūtǔguo Yuánmóurén yáchǐ huàshí，jù jīn yuē yībǎi qīshí wàn nián；Huáng Hé zhōngyóu chūtǔguo Lántiánrén tóugàigǔ，jù jīn yuē qīshí wàn nián. Zhè liǎng chù gǔ rénlèi dōu bǐ jù jīn yuē wǔshí wàn nián de Běijīng yuánrén zī · gé gèng lǎo.

Xībù dìqū shì Huá Xià wénmíng de zhòngyào fāyuándì. Qínhuáng Hànwǔ yǐhòu，dōng-xīfāng wénhuà zài zhèli jiāohuì rónghé，cóng'ér yǒule sīchóu zhī lù de tuólíng shēngshēng，fóyuàn shēn sì de mùgǔ-chénzhōng. Dūnhuáng Mògāokū shì shìjiè wénhuàshǐ · shàng de yī gè qíjì，tā zài jìchéng Hàn Jìn yìshù chuántǒng de jīchǔ · shàng，xíngchéngle zìjǐ jiānshōu-bìngxù de huīhóng qìdù，zhǎnxiànchū jīngměi-juélún de yìshù xíngshì hé bódà jīngshēn de wénhuà nèihán. Qínshǐhuáng Bīngmǎyǒng、Xīxià wánglíng、Lóulán gǔguó、Bùdálāgōng、Sānxīngduī、Dàzú shíkè děng lìshǐ wénhuà yíchǎn，tóngyàng wéi shìjiè suǒ zhǔmù，chéngwéi zhōnghuá wénhuà zhòngyào de xiàngzhēng.

Xībù dìqū yòu shì shǎoshù mínzú jíqí wénhuà de jícuìdì，jīhū bāokuòle wǒguó suǒyǒu de shǎoshù mínzú. Zài yīxiē piānyuǎn de shǎoshù mínzú dìqū，réng bǎoliú//le yīxiē jiǔyuǎn shídài de yìshù pǐnzhǒng，chéngwéi zhēnguì de "huó huàshí"，rú Nàxī gǔyuè、xìqǔ、jiǎnzhǐ、cìxiù、yánhuà děng mínjiān yìshù hé zōngjiào yìshù. Tèsè xiānmíng、fēngfù-duōcǎi，yóurú yī gè jùdà de mínzú mínjiān wénhuà yìshù bǎokù.

Wǒmen yào chōngfèn zhòngshì hé lìyòng zhèxiē détiān-dúhòu de zīyuán yōushì，jiànlì liánghǎo de mínzú mínjiān wénhuà shēngtài huánjìng，wèi xībù dà kāifā zuòchū gòngxiàn.

Jiéxuǎn zì《Zhōngkǎo Yǔwén Kèwài Yuèdú Shìtí Jīngxuǎn》
zhōng《Xībù Wénhuà hé Xībù Kāifā》

作品 46 号——《喜悦》

高兴，这是一种具体的被看得到摸得着的事物所唤起的情绪。它是心理的，更是生理的。它容易来也容易去，谁也不应该对它视而不见失之交臂，谁也不应该总是做那些使自己不高兴也使旁人不高兴的事。让我们说一件最容易做也最令人高兴的事吧，尊重你自己，也尊重别人，这是每一个人的权利，我还要说这是每一个人的义务。

快乐，它是一种富有概括性的生存状态、工作状态。它几乎是先验的，它来自生命本身的活力，来自宇宙、地球和人间的吸引，它是世界的丰富、绚丽、阔大、悠久的体现。快乐还是一种力量，是埋在地下的根脉。消灭一个人的快乐比挖掘掉一棵大树的根要难得多。

欢欣，这是一种青春的、诗意的情感。它来自面向着未来伸开双臂奔跑的冲力，它来自一种轻松而又神秘、朦胧而又隐秘的激动，它是激情即将到来的预兆，它又是大雨过后的比下雨还要美妙得多也久远得多的回味……

喜悦，它是一种带有形而上色彩的修养和境界。与其说它是一种情绪，不如说它是一种智慧、一种超拔、一种悲天悯人的宽容和理解，一种饱经沧桑的充实和自信，一种光明的理性，一种坚定 // 的成熟，一种战胜了烦恼和庸俗的清明澄澈。它是一潭清水，它是一抹朝霞，它是无边的平原，它是沉默的地平线。多一点儿、再多一点儿喜悦吧，它是翅膀，也是归巢。它是一杯美酒，也是一朵永远开不败的莲花。

节选自王蒙《喜悦》

Zuòpǐn 46 Hào

Gāoxìng，zhè shì yī zhǒng jùtǐ de bèi kàndedào mōdezháo de shìwù suǒ huànqǐ de qíng · xù. Tā shì xīnlǐ de，gèng shì shēnglǐ de. Tā róng · yì lái yě róng · yì qù，shéi yě bù yīnggāi duì tā shì'érbùjiàn shīzhījiāobì，shéi yě bù yīnggāi zǒngshì zuò nàxiē shǐ zìjǐ bù gāoxìng yě shǐ pángrén bù gāoxìng de shì. Ràng wǒmen shuō yī jiàn zuì róng · yì zuò yě zuì lìng rén gāoxìng de shì ba，zūnzhòng nǐ zìjǐ，yě zūnzhòng bié · rén，zhè shì měi yī gè rén de quánlì，wǒ háiyào shuō zhè shì měi yī gè rén de yìwù.

Kuàilè，tā shì yī zhǒng fùyǒu gàikuòxìng de shēngcún zhuàngtài、gōngzuò zhuàngtài. Tā jīhū shì xiānyàn de，tā láizì shēngmìng běnshēn de huólì，láizì yǔzhòu、dìqiú hé rénjiān de xīyǐn，tā shì shìjiè de fēngfù、xuànlì、kuòdà、yōujiǔ de tǐxiàn. Kuàilè háishì yī zhǒng lì · liàng，shì mái zài dìxià de gēnmài. Xiāomiè yī gè rén de kuàilè bǐ wājuédiào yī kē dàshù de gēn yào nán de duō.

Huānxīn，zhè shì yī zhǒng qīngchūn de、shīyì de qínggǎn. Tā láizì miànxiàngzhe wèilái shēnkāi shuāngbì bēnpǎo de chōnglì，tā láizì yī zhǒng qīngsōng ér yòu shénmì、ménglóng ér yòu yǐnmì de jīdòng，tā shì jīqíng jíjiāng dàolái de yùzhào，tā yòu shì dàyǔ guòhòu de bǐ xiàyǔ háiyào měimiào de duō yě jiǔyuǎn de duō de huíwèi……

Xǐyuè，tā shì yī zhǒng dàiyǒu xíngérshàng sècǎi de xiūyǎng hé jìngjiè. Yǔqí shuō tā shì yī zhǒng qíng • xù，bùrú shuō tā shì yī zhǒng zhìhuì、yī zhǒng chāobá、yī zhǒng bēitiān-mǐnrén de kuānróng hé lǐjiě，yī zhǒng bǎojīng-cāngsāng de chōngshí hé zìxìn，yī zhǒng guāngmíng de lǐxìng，yī zhǒng jiāndìng//de chéngshú，yī zhǒng zhànshèngle fánnǎo hé yōngsú de qīngmíng chéngchè. Tā shì yī tán qīngshuǐ，tā shì yī mǒ zhāoxiá，tā shì wúbiān de píngyuán，tā shì chénmò de dìpíngxiàn. Duō yīdiǎnr，zài duō yīdiǎnr xǐyuè ba，tā shì chìbǎng，yě shì guīcháo. Tā shì yī bēi měijiǔ，yě shì yī duǒ yǒngyuǎn kāi bù bài de liánhuā.

Jiéxuǎn zì Wáng Méng《Xǐyuè》

作品 47 号——《香港：最贵的一棵树》

在湾仔，香港最热闹的地方，有一棵榕树，它是最贵的一棵树，不光在香港，在全世界，都是最贵的。

树，活的树，又不卖何言其贵？只因它老，它粗，是香港百年沧桑的活见证，香港人不忍看着它被砍伐，或者被移走，便跟要占用这片山坡的建筑者谈条件：可以在这儿建大楼盖商厦，但一不准砍树，二不准挪树，必须把它原地精心养起来，成为香港闹市中的一景。太古大厦的建设者最后签了合同，占用这个大山坡建豪华商厦的先决条件是同意保护这棵老树。

树长在半山坡上，计划将树下面的成千上万吨山石全部掏空取走，腾出地方来盖楼，把树架在大楼上面，仿佛它原本是长在楼顶上似的。建设者就地造了一个直径十八米、深十米的大花盆，先固定好这棵老树，再在大花盆底下盖楼。光这一项就花了两千三百八十九万港币，堪称是最昂贵的保护措施了。

太古大厦落成之后，人们可以乘滚动扶梯一次到位，来到太古大厦的顶层，出后门，那儿是一片自然景色。一棵大树出现在人们面前，树干有一米半粗，树冠直径足有二十多米，独木成林，非常壮观，形成一座以它为中心的小公园，取名叫“榕圃”。树前面 // 插着铜牌，说明原由。此情此景，如不看铜牌的说明，绝对想不到巨树根底下还有一座宏伟的现代大楼。

节选自舒乙《香港：最贵的一棵树》

Zuòpǐn 47 Hào

Zài Wānzǎi，Xiānggǎng zuì rènao de dìfang，yǒu yī kē róngshù，tā shì zuì guì de yī kē shù，bùguāng zài Xiānggǎng，zài quánshìjiè，dōu shì zuì guì de.

Shù，huó de shù，yòu bù mài hé yán qí guì? Zhǐ yīn tā lǎo，tā cū，shì Xiānggǎng bǎinián cāngsāng de huó jiànzhèng，Xiānggǎngrén bùrěn kànzhe tā bèi kǎnfá，huòzhě bèi yízǒu，biàn gēn yào zhànyòng zhè piàn shānpō de jiànzhùzhě tán tiáojiàn：Kěyǐ zài zhèr jiàn dàlóu gài shāngshà，dàn yī bùzhǔn kǎn shù，èr bùzhǔn nuó shù，bìxū bǎ tā yuándì jīngxīn yǎng qǐ • lái，chéngwéi Xiānggǎng nàoshì zhōng de yī jǐng. Tàigǔ Dàshà de jiànshèzhě zuìhòu qiānle hétong，zhànyòng zhège dà shānpō jiàn háohuá shāngshà de xiānjué tiáojiàn shì tóngyì bǎohù zhè kē lǎoshù.

Shù zhǎng zài bànshānpō • shàng，jìhuà jiāng shù xià • miàn de chéngqiān-shàngwàn dūn shānshí quánbù tāokōng qǔzǒu，téngchū dìfang • lái gài lóu，bǎ shù jià zài dàlóu shàng • miàn，fǎngfú tā yuánběn shì zhǎng zài lóudǐng • shàng shìde.

Jiànshèzhě jiùdì zàole yī gè zhíjìng shíbā mǐ、shēn shí mǐ de dà huāpén，xiān gùdìng hǎo zhè kē lǎoshù，zài zài dà huāpén dǐ • xià gài lóu. Guāng zhè yī xiàng jiù huāle liǎngqiān sānbǎi bāshíjiǔ wàn gǎngbì，kānchēng shì zuì ángguì de bǎohù cuòshī le.

Tàigǔ Dàshà luòchéng zhīhòu，rénmen kěyǐ chéng gǔndòng fútī yī cì dàowèi，láidào Tàigǔ Dàshà de dǐngcéng，chū hòumén，nàr shì yī piàn zìrán jǐngsè. Yī kē dàshù chūxiàn zài rénmen miànqián，shùgàn yǒu yī mǐ bàn cū，shùguān zhíjìng zú yǒu èrshí duō mǐ，dúmù-chénglín，fēicháng zhuàngguān，xíngchéng yī zuò yǐ tā wéi zhōngxīn de xiǎo gōngyuán，qǔ míng jiào "róngpǔ". Shù qián • miàn//chāzhe tóngpái，shuōmíng yuányóu. Cǐqíng cǐjǐng，rú bù kàn tóngpái de shuōmíng，juéduì xiǎng • bùdào jùshùgēn dǐ • xià háiyǒu yī zuò hóngwěi de xiàndài dàlóu.

Jiéxuǎn zì Shū Yǐ《Xiānggǎng：Zuìguì de Yī Kē Shù》

作品 48 号——《鸟的天堂》

我们的船渐渐地逼近榕树了：我有机会看清它的真面目：是一棵大树，有数不清的丫枝，枝上又生根，有许多根一直垂到地上，伸进泥土里。一部分树枝垂到水面，从远处看，就像一棵大树斜躺在水面上一样。

现在正是枝繁叶茂的时节。这棵榕树好像在把它的全部生命力展示给我们看。那么多的绿叶，一簇堆在另一簇的上面，不留一点儿缝隙。翠绿的颜色明亮地在我们的眼前闪耀，似乎每一片树叶上都有一个新的生命在颤动，这美丽的南国的树！

船在树下泊了片刻，岸上很湿，我们没有上去。朋友说这里是"鸟的天堂"，有许多鸟在这棵树上做窝，农民不许人去捉它们。我仿佛听见几只鸟扑翅的声音，但是等到我的眼睛注意地看那里时，我却看不见一只鸟的影子，只有无数的树根立在地上，像许多根木桩。地是湿的，大概涨潮时河水常常冲上岸去。“鸟的天堂”里没有一只鸟，我这样想到。船开了，一个朋友拨着船，缓缓地流到河中间去。

第二天，我们划着船到一个朋友的家乡去，就是那个有山有塔的地方。从学校出发，我们又经过那“鸟的天堂”。

这一次是在早晨，阳光照在水面上，也照在树梢上。一切都 // 显得非常光明。我们的船也在树下泊了片刻。

起初四周围非常清静。后来忽然起了一声鸟叫。我们把手一拍，便看见一只大鸟飞了起来，接着又看见第二只，第三只。我们继续拍掌，很快地这个树林就变得很热闹了。到处都是鸟声，到处都是鸟影。大的，小的，花的，黑的，有的站在枝上叫，有的飞起来，在扑翅膀。

节选自巴金《小鸟的天堂》

Zuòpǐn 48 Hào

Wǒmen de chuán jiànjiàn de bījìn róngshù le. Wǒ yǒu jī · huì kànqīng tā de zhēn miànmù：Shì yī kē dàshù，yǒu shǔ · bùqīng de yāzhī，zhī · shàng yòu shēnggēn，yǒu xǔduō gēn yīzhí chuídào dì · shàng，shēnjìn nítǔli. Yī bùfen shùzhī chuídào shuǐmiàn，cóng yuǎnchù kàn，jiù xiàng yī kē dàshù xié tǎng zài shuǐmiàn · shàng yīyàng.

Xiànzài zhèngshì zhīfán-yèmào de shíjié. Zhè kē róngshù hǎoxiàng zài bǎ tā de quánbù shēngmìnglì zhǎnshì gěi wǒmen kàn. Nàme duō de lǜ yè，yī cù duī zài lìng yī cù de shàng · miàn，bù liú yīdiǎnr fèngxì. Cuìlǜ de yánsè míngliàng de zài wǒmen de yǎnqián shǎnyào，sìhū měi yī piàn shùyè · shàng dōu yǒu yī gè xīn de shēngmìng zài chàndòng，zhè měilì de nánguó de shù!

Chuán zài shù · xià bóle piànkè，àn · shàng hěn shī，wǒmen méi · yǒu shàng · qù. Péngyou shuō zhèli shì “niǎo de tiāntáng”，yǒu xǔduō niǎo zài zhè kē shù · shàng zuò wō，nóngmín bùxǔ rén qù zhuō tāmen. Wǒ fǎngfú tīng · jiàn jǐ zhī niǎo pū chì de shēngyīn，dànshì děngdào wǒ de yǎnjing zhùyì de kàn nàli shí，wǒ què kàn · bùjiàn yī zhī niǎo de yǐngzi. Zhǐyǒu wúshù de shùgēn lì zài dì · shàng，xiàng xǔduō gēn mùzhuāng. Dì shì shī de，dàgài zhǎngcháo shí héshuǐ chángcháng chōng · shàng àn · qù. “Niǎo de tiāntáng” li méi · yǒu yī zhī niǎo，wǒ zhèyàng xiǎngdào. Chuán kāi le，yī gè péngyou bōzhe chuán，huǎnhuǎn de liúdào hé zhōngjiān qù.

Dì-èr tiān，wǒmen huázhe chuán dào yī gè péngyou de jiāxiāng qù，jiùshì nàgè yǒu shān yǒu tǎ de dìfang. Cóng xuéxiào chūfā，wǒmen yòu jīngguò nà “niǎo de tiāntáng”.

Zhè yī cì shì zài zǎochen，yángguāng zhào zài shuǐmiàn · shàng，yě zhào zài shùshāo · shàng. Yīqiè dōu//xiǎnde fēicháng guāngmíng. Wǒmen de chuán yě zài shù · xià bóle piànkè.

Qǐchū sì zhōuwéi fēicháng qīngjìng. Hòulái hūrán qǐle yī shēng niǎojiào. Wǒmen bǎ shǒu yī pāi，biàn kàn · jiàn yī zhī dàniǎo fēile qǐ · lái，jiēzhe yòu kàn · jiàn dì-èr zhī，dì-sān zhī. Wǒmen jìxù pāizhǎng，hěn kuài de zhège shùlín jiù biànde hěn rènao le. Dàochǔ dōu shì niǎo shēng，dàochǔ dōu shì niǎo yǐng. Dà de，xiǎo de，huā de，hēi de，yǒude zhàn zài zhī · shàng jiào，yǒude fēi qǐ · lái，zài pū chìbǎng.

Jiéxuǎn zì Bā Jīn《Xiǎoniǎo de Tiāntáng》

作品 49 号——《野草》

有这样一个故事。

有人问：世界上什么东西的气力最大？回答纷纭得很，有的说“象”，有的说“狮”，有人开玩笑似的说：是“金刚”，金刚有多少气力，当然大家全不知道。

结果，这一切答案完全不对，世界上气力最大的，是植物的种子。一粒种子所可以显现出来的力，简直是超越一切。

人的头盖骨，结合得非常致密与坚固，生理学家和解剖学者用尽了一切的方法，要把它完整地分出来，都没有这种力气。后来忽然有人发明了一个方法，就是把一些植物的种子放在要剖析的头盖骨里，给它以温度与湿度，使它发芽。一发芽，这些种子便以可怕的力量，将一切机械力所不能分开的骨骼，完整地分开了。植物种子的力量之大，如此如此。

这，也许特殊了一点儿，常人不容易理解。那么，你看见过笋的成长吗？你看见过被压在瓦砾和石块下面的一棵小草的生长吗？它为着向往阳光，为着达成它的生之意志，不管上面的石块如何重，石与石之间如何狭，它必定要曲曲折折地，但是顽强不屈地透到地面上来。它的根往土壤钻，它的芽往地面挺，这是一种不可抗拒的力，阻止它的石块，结果也被它掀翻，一粒种子的力量之大，// 如此如此。

没有一个人将小草叫做“大力士”，但是它的力量之大，的确是世界无比。这种力是一般人看不见的生命力。只要生命存在，这种力就要显现。上面的石块，丝毫不足以阻挡。因为它是一种“长期抗战”的力；有弹性，能屈能伸的力；有韧性，不达目的不止的力。

节选自夏衍《野草》

Zuòpǐn 49 Hào

Yǒu zhèyàng yī gè gùshi.

Yǒu rén wèn：Shìjiè • shàng shénme dōngxi de qìlì zuì dà? Huídá fēnyún de hěn，yǒude shuō “xiàng”，yǒude shuō “shī”，yǒu rén kāi wánxiào shìde shuō：shì “Jīngāng”，Jīngāng yǒu duōshao qìlì，dāngrán dàjiā quán bù zhī • dào.

Jiéguǒ，zhè yīqiè dá’àn wánquán bù duì，shìjiè • shàng qìlì zuì dà de，shì zhíwù de zhǒngzi. Yī lì zhǒngzi suǒ kěyǐ xiǎnxiàn chū • lái de lì，jiǎnzhí shì chāoyuè yīqiè.

Rén de tóugàigǔ，jiéhé de fēicháng zhìmì yǔ jiāngù，shēnglǐxuéjiā hé jiěpōuxuézhě yòngjìnle yīqiè de fāngfǎ，yào bǎ tā wánzhěng de fēn chū • lái，dōu méi • yǒu zhè zhǒng lìqi. Hòulái hūrán yǒu rén fāmíngle yī gè fāngfǎ，jiùshì bǎ yīxiē zhíwù de zhǒngzi fàng zài yào pōuxī de tóugàigǔli，gěi tā yǐ wēndù yǔ shīdù，shǐ tā fāyá. Yī fāyá，zhèxiē zhǒngzi biàn yǐ kěpà de lìliang，jiāng yīqiè jīxièlì suǒ bùnéng fēnkāi de gǔgé，wánzhěng de fēnkāi le. Zhíwù zhǒngzi de lìliang zhī dà，rúcǐ rúcǐ.

Zhè，yěxǔ tèshūle yīdiǎnr，chángrén bù róng • yì lǐjiě. Nàme，nǐ kàn • jiànguo sǔn de chéngzhǎng ma? Nǐ kàn • jiànguo bèi yā zài wǎlì hé shíkuài xià • miàn de yī kē xiǎocǎo de shēngzhǎng ma? Tā wèizhe xiàngwǎng yángguāng，wèizhe dáchéng tā de shēng zhī yìzhì，bùguǎn shàng • miàn de shíkuài rúhé zhòng，shí yǔ shí zhījiān rúhé xiá，tā bìdìng yào qūqū-zhézhé de，dànshì wánqiáng-bùqū de tòudào dìmiàn shàng • lái. Tā de gēn wǎng tǔrǎng zuān，tā de yá wǎng dìmiàn tǐng，zhèshì yī zhǒng bùkě kàngjù de lì，zǔzhǐ tā de shíkuài，jiéguǒ yě bèi tā xiānfān，yī lì zhǒngzi de lìliang zhī dà，//rúcǐ rúcǐ.

Méi • yǒu yī gè rén jiāng xiǎo cǎo jiàozuò “dàlìshì”，dànshì tā de lìliang zhī dà，díquè shì shìjiè wúbǐ. Zhè zhǒng lì shì yībān rén kàn • bùjiàn de shēngmìnglì. Zhǐyào shēngmìng cúnzài，zhè zhǒng lì jiù yào xiǎnxiàn. Shàng • miàn de shíkuài，sīháo bù zúyǐ zǔdǎng. Yīn • wèi tā shì yī zhǒng “cháng qī kàng zhàn” de lì；yǒu tánxìng，néng qū-néngshēn de lì；yǒu rènxìng，bù dá mùdì bù zhǐ de lì.

Jiéxuǎn zì Xià Yǎn《Yěcǎo》

作品 50 号——《一分钟》

著名教育家班杰明曾经接到一个青年人的求救电话，并与那个向往成功、渴望指点的青年人约好了见面的时间和地点。

待那个青年如约而至时，班杰明的房门敞开着，眼前的景象却令青年人颇感意外——班杰明的房间里乱七八糟、狼藉一片。

没等青年人开口，班杰明就招呼道："你看我这房间，太不整洁了，请你在门外等候一分钟，我收拾一下，你再进来吧。"一边说着，班杰明就轻轻地关上了房门。

不到一分钟的时间，班杰明就又打开了房门并热情地把青年人让进客厅。这时，青年人的眼前展现出另一番景象——房间内的一切已变得井然有序，而且有两杯刚刚倒好的红酒，在淡淡的香水气息里还漾着微波。

可是，没等青年人把满腹的有关人生和事业的疑难问题向班杰明讲出来，班杰明就非常客气地说道："干杯。你可以走了。"

青年人手持酒杯一下子愣住了，既尴尬又非常遗憾地说："可是，我……我还没向您请教呢……"

"这些……难道还不够吗？"班杰明一边微笑着，一边扫视着自己的房间，轻言细语地说，"你进来又有一分钟了。"

"一分钟……一分钟……"青年人若有所思地说："我懂了，您让我明白了一分钟的时间可以做许 // 多事情，可以改变许多事情的深刻道理。"

班杰明舒心地笑了。青年人把杯里的红酒一饮而尽，向班杰明连连道谢后，开心地走了。

其实，只要把握好生命的每一分钟，也就把握了理想的人生。

节选自纪广洋《一分钟》

Zuòpǐn 50 Hào

Zhùmíng jiàoyùjiā Bānjiémíng céngjīng jiēdào yī gè qīngniánrén de qiújiù diànhuà, bìng yǔ nàge xiàngwǎng chénggōng、kěwàng zhīdiǎn de qīngniánrén yuēhǎole jiànmiàn de shíjiān hé dìdiǎn.

Dài nàge qīngniánrén rúyuē'érzhì shí，Bānjiémíng de fángmén chǎngkāizhe, yǎnqián de jǐngxiàng lìng qīngniánrén pō gǎn yìwài——Bānjiémíng de fángjiānli luànqībāzāo、lángjí yī piàn.

Méi děng qīngniánrén kāikǒu，Bānjiémíng jiù zhāohu dào："Nǐ kàn wǒ zhè fángjiān, tài bù zhěngjié le，qǐng nǐ zài ménwài děnghòu yī fēnzhōng，wǒ shōushi yīxià，nǐ zài jìn • lái ba." Yībiān shuōzhe，Bānjiémíng jiù qīngqīng de guān • shàngle fángmén.

Bù dào yī fēnzhōng de shíjiān，Bānjiémíng jiù yòu dǎkāile fángmén bìng rèqíng de bǎ qīngniánrén ràngjìn kètīng. Zhèshí，qīngniánrén de yǎnqián zhǎnxiàn chū lìng yī fān jǐngxiàng——fángjiān nèi de yīqiè yǐ biànde jǐngrán-yǒuxù，érqiě yǒu liǎng bēi gānggāng dàohǎo de hóngjiǔ，zài dàndàn de xiāngshuǐ qìxīli hái yàngzhe wēibō.

Kěshì，méi děng qīngniánrén bǎ mǎnfù de yǒuguān rénshēng hé shìyè de yínán wèntí xiàng Bānjiémíng jiǎng chū • lái，Bānjiémíng jiù fēicháng kèqi de shuōdào："Gānbēi. Nǐ kěyǐ zǒu le."

Qīngniánrén shǒu chí jiǔbēi yīxiàzi lèngzhù le，jì gāngà yòu fēicháng yíhàn de shuō："Kěshì，wǒ……wǒ hái méi xiàng nín qǐngjiào ne……"

"Zhèxiē …… nándào hái bùgòu ma?" Bānjiémíng yībiān wēixiàozhe，yībiān sǎoshìzhe zìjǐ de fángjiān，qīngyán-xìyǔ de shuō，"Nǐ jìn • lái yòu yǒu yī fēnzhōng le."

"Yī fēnzhōng……yī fēnzhōng……" Qīngniánrén ruòyǒusuǒsī de shuō，"wǒ dǒng le，nín ràng wǒ míngbaile yī fēnzhōng de shíjiān kěyǐ zuò xǔ//duō shìqing，kěyǐ gǎibiàn xǔduō shìqing de shēnkè dào • lǐ."

Bānjiémíng shūxīn de xiào le. Qīngniánrén bǎ bēili de hóngjiǔ yīyǐn'érjìn，xiàng Bānjiémíng liánlián dàoxiè hòu，kāixīn de zǒu le.

Qíshí，zhǐyào bǎwò hǎo shēngmìng de měi yī fēnzhōng，yě jiù bǎwòle lǐxiǎng de rénshēng.

Jiéxuǎn zì Jì Guǎngyáng《Yī Fēnzhōng》

作品 51 号——《一个美丽的故事》

有个塌鼻子的小男孩儿，因为两岁时得过脑炎，智力受损，学习起来很吃力。打个比方，别人写作文能写二三百字，他却只能写三五行。但即便这样的作文，他同样能写得很动人。

那是一次作文课，题目是《愿望》。他极其认真地想了半天，然后极认真地写，那作文极短。只有三句话：我有两个愿望，第一个是，妈妈天天笑眯眯地看着我说："你真聪明。"第二个是，老师天天笑眯眯地看着我说："你一点儿也不笨。"

于是，就是这篇作文，深深地打动了他的老师，那位妈妈式的老师不仅给了他最高分，在班上带感情地朗读了这篇作文，还一笔一画地批道：你很聪明，你的作文写得非常感人，请放心，妈妈肯定会格外喜欢你的，老师肯定会格外喜欢你的，大家肯定会格外喜欢你的。

捧着作文本，他笑了，蹦蹦跳跳地回家了，像只喜鹊。但他并没有把作文本拿给妈妈看，他是在等待，等待着一个美好的时刻。

那个时刻终于到了，是妈妈的生日——一个阳光灿烂的星期天：那天，他起得特别早，把作文本装在一个亲手做的美丽的大信封里，等着妈妈醒来。妈妈刚刚睁眼醒来，他就笑眯眯地走到妈妈跟前说："妈妈，今天是您的生日，我要 // 送给您一件礼物。"

果然，看着这篇作文，妈妈甜甜地涌出了两行热泪，一把搂住小男孩儿，搂得很紧很紧。

是的，智力可以受损，但爱永远不会。

节选自张玉庭《一个美丽的故事》

Zuòpǐn 51 Hào

Yǒu gè tā bízi de xiǎonánháir，yīn • wèi liǎng suì shí déguo nǎoyán，zhìlì shòu sǔn，xuéxí qǐ • lái hěn chīlì. Dǎ gè bǐfang，bié • rén xiě zuòwén néng xiě èr-sān bǎi zì，tā què zhǐnéng xiě sān-wǔ háng. Dàn jíbiàn zhèyàng de zuòwén，tā tóngyàng néng xiě de hěn dòngrén.

Nà shì yī cì zuòwénkè，tímù shì《Yuànwàng》. Tā jíqí rènzhēn de xiǎngle bàntiān，ránhòu jí rènzhēn de xiě，nà zuòwén jí duǎn. Zhǐyǒu sān jù huà：Wǒ yǒu liǎng gè yuànwàng，dì-yī gè shì，māma tiāntiān xiàomīmī de kànzhe wǒ shuō："Nǐ zhēn cōng • míng，" dì-èr gè shì，lǎoshī tiāntiān xiàomīmī de kànzhe wǒ shuō："Nǐ yīdiǎnr yě bù bèn."

Yúshì，jiùshì zhè piān zuòwén，shēnshēn de dǎdòngle tā de lǎoshī，nà wèi māma shìde lǎoshī bùjǐn gěile tā zuì gāo fēn，zài bān • shàng dài gǎnqíng de lǎngdúle zhè piān zuòwén，hái yībǐ-yīhuà de pīdào：Nǐ hěn cōng • míng，nǐ de zuòwén xiě de fēicháng gǎnrén，qǐng fàngxīn，māma kěndìng huì géwài xǐhuan nǐ de，lǎoshī kěndìng huì géwài xǐhuan nǐ de，dàjiā kěndìng huì géwài xǐhuan nǐ de.

Pěngzhe zuòwénběn，tā xiào le，bèngbèng-tiàotiào de huíjiā le，xiàng zhī xǐ • què. Dàn tā bìng méi • yǒu bǎ zuòwénběnnágěi māma kàn，tā shì zài děngdài，děngdàizhe yī gè měihǎo de shíkè.

Nàge shíkè zhōngyú dào le，shì māma de shēng • rì——yī gè yángguāng cànlàn de xīngqītiān：Nà tiān，tā qǐ de tèbié zǎo，bǎ zuòwénběn zhuāng zài yī gè qīnshǒu zuò de měilì de dà xìnfēngli，děngzhe māma xǐng • lái. Māma gānggāng zhēng yǎn xǐng • lái，tā jiù xiàomīmī de zǒudào māma gēn • qián shuō："māma，jīntiān shì nín de shēng • rì，wǒ yào//sònggěi nín yī jiàn lǐwù."

Guǒrán，kànzhe zhè piān zuòwén，māma tiántián de yǒngchūle liǎng háng rèlèi，yī bǎ lǒuzhù xiǎonánháir，lǒudé hěn jǐn hěn jǐn.

Shìde，zhìlì kěyǐ shòu sǔn，dàn ài yǒngyuǎn bù huì.

Jiéxuǎn zì Zhāng Yùtíng《Yī gè Měilì de Gùshi》

作品 52 号——《永远的记忆》

小学的时候，有一次我们去海边远足，妈妈没有做便饭，给了我十块钱买午餐。好像走了很久，很久，终于到海边了，大家坐下来便吃饭，荒凉的海边没有商店，我一个人跑到防风林外面去，级任老师要大家把吃剩的饭菜分给我一点儿。有两三个男生留下一点儿给我，还有一个女生，她的米饭拌了酱油，很香。我吃完的时候，她笑眯眯地看着我，短头发，脸圆圆的。

她的名字叫翁香玉。

每天放学的时候，她走的是经过我们家的一条小路，带着一位比她小的男孩儿，可能是弟弟。小路边是一条清澈见底的小溪，两旁竹阴覆盖，我总是远远地跟在她后面，夏日的午后特别炎热，走到半路她会停下来，拿手帕在溪水里浸湿，为小男孩儿擦脸。我也在后面停下来，把肮脏的手帕弄湿了擦脸，再一路远远跟着她回家。

后来我们家搬到镇上去了，过几年我也上了中学。有一天放学回家，在火车上，看见斜对面一位短头发、圆圆脸的女孩儿，一身素净的白衣黑裙。我想她一定不认识我了。火车很快到站了，我随着人群挤向门口，她也走近了，叫我的名字。这是她第一次和我说话。

她笑眯眯的，和我一起走过月台。以后就没有再见过 // 她了。

这篇文章收在我出版的《少年心事》这本书里。

书出版后半年，有一天我忽然收到出版社转来的一封信，信封上是陌生的字迹，但清楚地写着我的本名。

信里面说她看到了这篇文章心里非常激动，没想到在离开家乡，漂泊异地这么久之后，会看见自己仍然在一个人的记忆里，她自己也深深记得这其中的每一幕，只是没想到越过遥远的时空，竟然另一个人也深深记得。

节选自苦伶《永远的记忆》

Zuòpǐn 52 Hào

Xiǎoxué de shíhou，yǒu yī cì wǒmen qù hǎibiān yuǎnzú，māma méi • yǒu zuò biànfàn，gěile wǒ shí kuài qián mǎi wǔcān. Hǎoxiàng zǒule hěn jiǔ，hěn jiǔ，zhōngyú dào hǎibiān le，dàjiā zuò xià • lái biàn chīfàn，huāngliáng de hǎibiān méi • yǒu shāngdiàn，wǒ yī gè rén pǎodào fángfēnglín wài • miàn qù，jírèn lǎoshī yào dàjiā bǎ chīshèng de fàncài fēngěi wǒ yīdiǎnr. Yǒu liǎng-sān gè nánshēng liú • xià yīdiǎnr gěi wǒ，hái yǒu yī gè nǚshēng，tā de mǐfàn bànle jiàngyóu，hěn xiāng. Wǒ chīwán de shíhou，tā xiàomīmī de kànzhe wǒ，duǎn tóufa，liǎn yuányuán de.

Tā de míngzi jiào Wēng Xiāngyù.

Měi tiān fàngxué de shíhou，tā zǒu de shì jīngguò wǒmen jiā de yī tiáo xiǎolù，dàizhe yī wèi bǐ tā xiǎo de nánháir，kěnéng shì dìdi. Xiǎolù biān shì yī tiáo qīngchè jiàn dǐ de xiǎoxī，liǎngpáng zhúyīn fùgài，wǒ zǒngshì yuǎnyuǎn de gēn zài hòu·miàn. Xiàrì de wǔhòu tèbié yánrè，zǒudào bànlù tā huì tíng xià·lái，ná shǒupà zài xīshuǐli jìnshī，wèi xiǎonánháir cā liǎn. Wǒ yě zài hòu·miàn tíng xià·lái，bǎ āngzāng de shǒupà nòngshīle cā liǎn，zài yīlù yuǎnyuǎn gēnzhe tā huíjiā.

Hòulái wǒmen jiā bāndào zhèn·shàng qù le，guò jǐ nián wǒ yě shàngle zhōngxué. Yǒu yī tiān fàngxué huíjiā，zài huǒchē·shàng，kàn·jiàn xiéduìmiàn yī wèi duǎn tóufa、yuányuán liǎn de nǚháir，yī shēn sùjing de bái yī hēi qún. Wǒ xiǎng tā yīdìng bù rènshi wǒ le. Huǒchē hěn kuài dào zhàn le，wǒ suízhe rénqún jǐ xiàng ménkǒu，tā yě zǒujìnle，jiào wǒ de míngzi. Zhè shì tā dì-yī cì hé wǒ shuōhuà.

Tā xiàomīmī de，hé wǒ yīqǐ zǒuguò yuètái. Yǐhòu jiù méi·yǒu zài jiànguo//tā le.

Zhè piān wénzhāng shōu zài wǒ chūbǎn de《Shàonián Xīnshì》zhè běn shūli.

Shū chūbǎn hòu bàn nián，yǒu yī tiān wǒ hūrán shōudào chūbǎnshè zhuǎnlái de yī fēng xìn，xìnfēng·shàng shì mòshēng de zìjì，dàn qīngchu de xiězhe wǒ běnmíng.

Xìn lǐ·miàn shuō tā kàndàole zhè piān wénzhāng xīnli fēicháng jīdòng，méi xiǎngdào zài líkāi jiāxiāng，piāobó yìdì zhème jiǔ zhīhòu，huì kàn·jiàn zìjǐ réngrán zài yī gè rén de jìyìli，tā zìjǐ yě shēnshēn jìde zhè qízhōng de měi yī mù，zhǐshì méi xiǎngdào yuèguò yáoyuǎn de shíkōng，jìngrán lìng yī gè rén yě shēnshēn jìde.

Jiéxuǎn zì Kǔ Líng《Yǒngyuǎn de Jìyì》

作品 53 号——《语言的魅力》

在繁华的巴黎大街的路旁，站着一个衣衫褴褛、头发斑白、双目失明的老人。他不像其他乞丐那样伸手向过路行人乞讨，而是在身旁立一块木牌，上面写着："我什么也看不见!"街上过往的行人很多，看了木牌上的字都无动于衷，有的还淡淡一笑，便姗姗而去了。

这天中午，法国著名诗人让·彼浩勒也经过这里。他看看木牌上的字，问盲老人："老人家，今天上午有人给你钱吗?"

盲老人叹息着回答："我，我什么也没有得到。"说着，脸上的神情非常悲伤。

让·彼浩勒听了，拿起笔悄悄地在那行字的前面添上了"春天到了，可是"几个字，就匆匆地离开了。

晚上，让·彼浩勒又经过这里，问那个盲老人下午的情况。盲老人笑着回答说："先生，不知为什么，下午给我钱的人多极了！”让·彼浩勒听了，摸着胡子满意地笑了。

“春天到了，可是我什么也看不见！”这富有诗意的语言，产生这么大的作用，就在于它有非常浓厚的感情色彩。是的，春天是美好的，那蓝天白云，那绿树红花，那莺歌燕舞，那流水人家，怎么不叫人陶醉呢？但这良辰美景，对于一个双目失明的人来说，只是一片漆黑。当人们想到这个盲老人，一生中竟连万紫千红的春天//都不曾看到，怎能不对他产生同情之心呢？

节选自小学《语文》第六册中《语言的魅力》

Zuòpǐn 53 Hào

Zài fánhuá de Bālí dàjiē de lùpáng，zhànzhe yī gè yīshān lánlǚ、tóufa bānbái、shuāngmù shīmíng de lǎorén. Tā bù xiàng qítā qǐgài nàyàng shēnshǒu xiàng guòlù xíngrén qǐtǎo，ér shì zài shēnpáng lì yī kuài mùpái，shàng · miàn xiězhe：“Wǒ shénme yě kàn · bù jiàn!” Jiē · shàng guòwǎng de xíngrén hěn duō，kànle mùpái · shàng de zì dōu wúdòngyúzhōng，yǒude hái dàndàn yī xiào，biàn shānshān ér qù le.

Zhè tiān zhōngwǔ，Fǎguó zhùmíng shīrén Ràng Bǐhàolè yě jīngguò zhèli. Tā kànkan mùpái · shàng de zì，wèn máng lǎorén：“Lǎo · rén · jiā，jīntiān shàngwǔ yǒu rén gěi nǐ qián ma?”

Máng lǎorén tànxīzhe huídá：“Wǒ，wǒ shénme yě méi · yǒu dédào.” Shuōzhe，liǎn · shàng de shénqíng fēicháng bēishāng.

Ràng Bǐhàolè tīng le，náqǐ bǐ qiāoqiāo de zài nà háng zì de qián · miàn tiān · shàngle “chūntiān dào le，kěshì” jǐ gè zì，jiù cōngcōng de líkāi le.

Wǎnshang，Ràng Bǐhàolè yòu jīngguò zhèli，wèn nàge máng lǎorén xiàwǔ de qíngkuàng. Máng lǎorén xiàozhe huídá shuō：“Xiānsheng，bù zhī wèishénme，xiàwǔ gěi wǒ qián de rén duō jí le!” Ràng Bǐhàolè tīng le，mōzhe húzi mǎnyì de xiào le.

“Chūntiān dào le，kěshì wǒ shénme yě kàn · bù jiàn!” Zhè fùyǒu shīyì de yǔyán，chǎnshēng zhème dà de zuòyòng，jiù zàiyú tā yǒu fēicháng nónghòu de gǎnqíng sècǎi. Shìde，chūntiān shì měihǎo de，nà lántiān báiyún，nà lǜshù hónghuā，nà yīnggē-yànwǔ，nà liúshuǐ rénjiā，zěnme bù jiào rén táozuì ne? Dàn zhè liángchén měijǐng，duìyú yī gè shuāngmù shīmíng de rén lái shuō，zhǐshì yī piàn qīhēi. Dāng rénmen xiǎngdào zhège máng lǎorén，yīshēng zhōng jìng lián wànzǐ-qiānhóng de chūntiān//dōu bùcéng kàndào，zěnnéng bù duì tā chǎnshēng tóngqíng zhī xīn ne?

Jiéxuǎn zì Xiǎoxué《Yǔwén》dì liù cè zhōng《Yǔyán de Mèilì》

作品 54 号——《赠你四味长寿药》

有一次，苏东坡的朋友张鹗拿着一张宣纸来求他写一幅字，而且希望他写一点儿关于养生方面的内容。苏东坡思索了一会儿，点点头说："我得到了一个养生长寿古方，药只有四味，今天就赠给你吧。"于是，东坡的狼毫在纸上挥洒起来，上面写着："一曰无事以当贵，二曰早寝以当富，三曰安步以当车，四曰晚食以当肉。"

这哪里有药？张鹗一脸茫然地问。苏东坡笑着解释说，养生长寿的要诀，全在这四句里面。

所谓"无事以当贵"，是指人不要把功名利禄、荣辱过失考虑得太多，如能在情志上潇洒大度，随遇而安，无事以求，这比富贵更能使人终其天年。

"早寝以当富"，指吃好穿好、财货充足，并非就能使你长寿。对老年人来说，养成良好的起居习惯，尤其是早睡早起，比获得任何财富更加宝贵。

"安步以当车"，指人不要过于讲求安逸、肢体不劳，而应多以步行来替代骑马乘车，多运动才可以强健体魄，通畅气血。

"晚食以当肉"，意思是人应该用已饥方食、未饱先止代替对美味佳肴的贪吃无厌。他进一步解释，饿了以后才进食，虽然是粗茶淡饭，但其香甜可口会胜过山珍；如果饱了还要勉强吃，即使美味佳肴摆在眼前也难以 // 下咽。

苏东坡的四味"长寿药"，实际上是强调了情志、睡眠、运动、饮食四个方面对养生长寿的重要性，这种养生观点即使在今天仍然值得借鉴。

节选自蒲昭和《赠你四味长寿药》

Zuòpǐn 54 Hào

Yǒu yī cì，Sū Dōngpō de péngyou Zhāng È názhe yī zhāng xuānzhǐ lái qiú tā xiě yī fú zì，érqiě xīwàng tā xiě yīdiǎnr guānyú yǎngshēng fāngmiàn de nèiróng. Sū Dōngpō sīsuǒle yīhuìr，diǎndiǎn tóu shuō："Wǒ dédàole yī gè yǎngshēng chángshòu gǔfāng，yào zhǐyǒu sì wèi，jīntiān jiù zènggěi nǐ ba." Yúshì，Dōngpō de lángháo zài zhǐ · shàng huīsǎ qǐ · lái，shàng · miàn xiězhe："Yī yuē wú shì yǐ dàng guì，èr yuē zǎo qǐn yǐ dàng fù，sān yuē ān bù yǐ dàng chē，sì yuē wǎn shí yǐ dàng ròu."

Zhè nǎli yǒu yào? Zhāng È yīliǎn mángrán de wèn. Sū Dōngpō xiàozhe jiěshì shuō，yǎngshēng chángshòu de yàojué，quán zài zhè sì jù lǐ · miàn.

Suǒwèi "wú shì yǐ dàng guì"，shì zhǐ rén bùyào bǎ gōngmíng lìlù、róngrǔ guòshī kǎolǜ de tài duō，rú néng zài qíngzhì · shàng xiāosǎ dàdù，suíyù'ér'ān，wú shì yǐ qiú， zhè bǐ fùguì gèng néng shǐ rén zhōng qí tiānnián.

“Zǎo qǐn yǐ dàng fù”，zhǐ chīhǎo chuānhǎo、cáihuò chōngzú，bìngfēi jiù néng shǐ nǐ chángshòu. Duì lǎoniánrén lái shuō，yǎngchéng liánghǎo de qǐjū xíguàn，yóuqí shì zǎo shuì zǎo qǐ，bǐ huòdé rènhé cáifù gèngjiā fùguì.

“Ān bù yǐ dàng chē”，zhǐ rén bùyào guòyú jiǎngqiú ānyì、zhītǐ bù láo，ér yīng duō yǐ bùxíng lái tìdài qímǎ chéngchē，duō yùndòng cái kěyǐ qiángjiàn tǐpò，tōngchàng qìxuè.

“Wǎn shí yǐ dàng ròu”，yìsi shì rén yīnggāi yòng yǐ jī fāng shí、wèi bǎo xiān zhǐ dàitì duì měiwèi jiāyáo de tānchī wú yàn. Tā jìn yī bù jiěshì，èle yǐhòu cái jìnshí，suīrán shì cūchá-dànfàn，dàn qí xiāngtián kěkǒu huì shèngguò shānzhēn；rúguǒ bǎole háiyào miǎnqiǎng chī，jíshǐ měiwèi jiāyáo bǎi zài yǎnqián yě nányǐ//xiàyān.

Sū Dōngpō de sì wèi “chángshòuyào”，shíjì · shàng shì qiángdiàole qíngzhì、shuìmián、yùndòng、yǐnshí sì gè fāngmiàn duì yǎngshēng chángshòu de zhòngyàoxìng，zhè zhǒng yǎngshēng guāndiǎn jíshǐ zài jīntiān réngrán zhíde jièjiàn.

Jiéxuǎn zì Pú Zhāohé《Zèng Nǐ Sì Wèi Chángshòuyào》

作品 55 号——《站在历史的枝头微笑》

人活着，最要紧的是寻觅到那片代表着生命绿色和人类希望的丛林，然后选一高高的枝头站在那里观览人生，消化痛苦，孕育歌声，愉悦世界！

这可真是一种潇洒的人生态度，这可真是一种心境爽朗的情感风貌。

站在历史的枝头微笑，可以减免许多烦恼。在那里，你可以从众生相所包含的甜酸苦辣、百味人生中寻找你自己；你境遇中的那点儿苦痛，也许相比之下，再也难以占据一席之地；你会较容易地获得从不悦中解脱灵魂的力量，使之不致变得灰色。

人站得高些，不但能有幸早些领略到希望的曙光，还能有幸发现生命的立体的诗篇。每一个人的人生，都是这诗篇中的一个词、一个句子或者一个标点。你可能没有成为一个美丽的词，一个引人注目的句子，一个惊叹号，但你依然是这生命的立体诗篇中的一个音节、一个停顿、一个必不可少的组成部分。这足以使你放弃前嫌，萌生为人类孕育新的歌声的兴致，为世界带来更多的诗意。

最可怕的人生见解，是把多维的生存图景看成平面。因为那平面上刻下的大多是凝固了的历史——过去的遗迹；但活着的人们，活得却是充满着新生智慧的，由 // 不断逝去的“现在”组成的未来。人生不能像某些鱼类躺着游，人生也不能像某些兽类爬着走，而应该站着向前行，这才是人类应有的生存姿态。

节选自［美］本杰明·拉什《站在历史的枝头微笑》

Zuòpǐn 55 Hào

Rén huózhe，zuì yàojǐn de shì xúnmì dào nà piàn dàibiǎozhe shēngmìng lǜsè hé rénlèi xīwàng de cónglín，ránhòu xuǎn yī gāogāo de zhītóu zhàn zài nàli guānlǎn rénshēng，xiāohuà tòngkǔ，yùnyù gēshēng，yúyuè shìjiè！

Zhè kě zhēn shì yī zhǒng xiāosǎ de rénshēng tài・dù，zhè kě zhēn shì yī zhǒng xīnjìng shuǎnglǎng de qínggǎn fēngmào.

Zhàn zài lìshǐ de zhītóu wēixiào，kěyǐ jiǎnmiǎn xǔduō fánnǎo. Zài nàli，nǐ kěyǐ cóng zhòngshēngxiàng suǒ bāohán de tián-suān-kǔ-là、bǎiwèi rénshēng zhōng xúnzhǎo nǐ zìjǐ，nǐ jìngyù zhōng de nà diǎnr kǔtòng，yěxǔ xiāngbǐ zhīxià，zài yě nányǐ zhànjù yī xí zhī dì，nǐ huì jiào róng・yì de huòdé cóng bùyuè zhōng jiětuō línghún de lìliang，shǐ zhī bùzhì biànde huīsè.

Rén zhàn de gāo xiē，bùdàn néng yǒuxìng zǎo xiē lǐnglüè dào xīwàng de shǔguāng，hái néng yǒuxìng fāxiàn shēngmìng de lìtǐ de shīpiān. Měi yī gè rén de rénshēng，dōu shì zhè shīpiān zhōng de yī gè cí、yī gè jùzi huòzhě yī gè biāodiǎn. Nǐ kěnéng méi・yǒu chéngwéi yī gè měilì de cí，yī gè yǐnrén-zhùmù de jùzi，yī gè jīngtànhào，dàn nǐ yīrán shì zhè shēngmìng de lìtǐ shīpiān zhōng de yī gè yīnjié、yī gè tíngdùn、yī gè bìbùkěshǎo de zǔchéng bùfen. Zhè zúyǐ shǐ nǐ fàngqì qiánxián，méngshēng wèi rénlèi yùnyù xīn de gēshēng de xìngzhì，wèi shìjiè dài・lái gèng duō de shīyì.

Zuì kěpà de rénshēng jiànjiě，shì bǎ duōwéi de shēngcún tújǐng kànchéng píngmiàn. Yīn・wèi nà píngmiàn・shàng kèxià de dàduō shì nínggùle de lìshǐ——guòqù de yíjì；dàn huózhe de rénmen，huó de què shì chōngmǎnzhe xīnshēng zhìhuì de，yóu//bùduàn shìqù de “xiànzài” zǔchéng de wèilái. Rénshēng bùnéng xiàng mǒu xiē yúlèi tǎngzhe yóu，rénshēng yě bùnéng xiàng mǒuxiē shòulèi pázhe zǒu，ér yīnggāi zhànzhe xiàngqián xíng，zhè cái shì rénlèi yīngyǒu de shēngcún zītài.

Jiéxuǎn zì [Měi] Běnjiémíng Lāshí《Zhàn Zài Lìshǐ de Zhītóu Wēixiào》

作品 56 号——《中国的宝岛——台湾》

中国的第一大岛、台湾省的主岛台湾，位于中国大陆架的东南方，地处东海和南海之间，隔着台湾海峡和大陆相望。天气晴朗的时候，站在福建沿海较高的地方，就可以隐隐约约地望见岛上的高山和云朵。

台湾岛形状狭长，从东到西，最宽处只有一百四十多公里；由南至北，最长的地方约有三百九十多公里。地形像一个纺织用的梭子。

台湾岛上的山脉纵贯南北，中间的中央山脉犹如全岛的脊梁。西部为海拔近四千米的玉山山脉，是中国东部的最高峰。全岛约有三分之一的地方是平地，其余为山地。岛内有缎带般的瀑布，蓝宝石似的湖泊，四季常青的森林和果园，自然景色十分优美。西南部的阿里山和日月潭，台北市郊的大屯山风景区，都是闻名世界的游览胜地。

台湾岛地处热带和温带之间，四面环海，雨水充足，气温受到海洋的调剂，冬暖夏凉，四季如春，这给水稻和果木生长提供了优越的条件。水稻、甘蔗、樟脑是台湾的“三宝”。岛上还盛产鲜果和鱼虾。

台湾岛还是一个闻名世界的“蝴蝶王国”。岛上的蝴蝶共有四百多个品种，其中有不少是世界稀有的珍贵品种。岛上还有不少鸟语花香的蝴 // 蝶谷，岛上居民利用蝴蝶制作的标本和艺术品，远销许多国家。

节选自《中国的宝岛——台湾》

Zuòpǐn 56 Hào

Zhōngguó de dì-yī dàdǎo、Táiwān Shěng de zhǔdǎo Táiwān，wèiyú Zhōngguó dàlùjià de dōngnánfāng，dìchǔ Dōng Hǎi hé Nán Hǎi zhījiān，gézhe Táiwān Hǎixiá hé Dàlù xiāngwàng. Tiānqì qínglǎng de shíhou，zhàn zài Fújiàn yánhǎi jiào gāo de dìfang，jiù kěyǐ yǐnyǐn-yuēyuē de wàng • jiàn dǎo • shàng de gāoshān hé yúnduǒ.

Táiwān Dǎo xíngzhuàng xiácháng，cóng dōng dào xī，zuì kuān chù zhǐyǒu yībǎi sìshí duō gōnglǐ；yóu nán zhì běi，zuì cháng de dìfang yuē yǒu sānbǎi jiǔshí duō gōnglǐ. Dìxíng xiàng yī gè fǎngzhī yòng de suōzi.

Táiwān Dǎo • shàng de shānmài zòngguàn nánběi，zhōngjiān de zhōngyāng shānmài yóurú quándǎo de jǐliang. Xībù wéi hǎibá jìn sìqiān mǐ de Yù Shān shānmài，shì Zhōngguó dōngbù de zuì gāo fēng. Quándǎo yuē yǒu sān fēn zhī yī de dìfang shì píngdì，qíyú wéi shāndì. Dǎonèi yǒu duàndài bān de pùbù，lánbǎoshí shìde húpō，sìjì chángqīng de sēnlín hé guǒyuán，zìrán jǐngsè shífēn yōuměi. Xīnánbù de Ālǐ Shān hé Rìyuè Tán，Táiběi shìjiāo de Dàtúnshān fēngjǐngqū，dōu shì wénmíng shìjiè de yóulǎn shèngdì.

Táiwān Dǎo dìchǔ rèdài hé wēndài zhījiān，sìmiàn huán hǎi，yǔshuǐ chōngzú，qìwēn shòudào hǎiyáng de tiáojì，dōng nuǎn xià liáng，sìjì rú chūn，zhè gěi shuǐdào hé guǒmù shēngzhǎng tígōngle yōuyuè de tiáojiàn. Shuǐdào、gānzhe、zhāngnǎo shì

Táiwān de “sān bǎo”. Dǎo · shàng hái shèngchǎn xiāngguǒ hé yúxiā.

Táiwān Dǎo háishì yī gè wénmíng shìjiè de “húdié wángguó”. Dǎo · shàng de húdié gòng yǒu sìbǎi duō gè pǐnzhǒng, qízhōng yǒu bùshǎo shì shìjiè xīyǒu de zhēnguì pǐnzhǒng. Dǎo · shàng háiyǒu bùshǎo niǎoyǔ-huāxiāng de hú//dié gǔ, dǎo · shàng jūmín lìyòng húdié zhìzuò de biāoběn hé yìshùpǐn, yuǎnxiāo xǔduō guójiā.

Jiéxuǎn zì《Zhōngguó de Bǎodǎo——Táiwān》

作品 57 号——《中国的牛》

对于中国的牛，我有着一种特别尊敬的感情。

留给我印象最深的，要算在田垄上的一次“相遇”。

一群朋友郊游，我领头在狭窄的阡陌上走，怎料迎面来了几头耕牛，狭道容不下人和牛，终有一方要让路。它们还没有走近，我们已经预计斗不过畜牲，恐怕难免踩到田地泥水里．弄得鞋袜又泥又湿了。正踟蹰的时候，带头的一头牛，在离我们不远的地方停下来，抬起头看看，稍迟疑一下，就自动走下田去。一队耕牛，全跟着它离开阡陌，从我们身边经过。

我们都呆了，回过头来，看着深褐色的牛队，在路的尽头消失，忽然觉得自己受了很大的恩惠。

中国的牛，永远沉默地为人做着沉重的工作。在大地上，在晨光或烈日下，它拖着沉重的犁，低头一步又一步，拖出了身后一列又一列松土，好让人们下种。等到满地金黄或农闲时候，它可能还得担当搬运负重的工作；或终日绕着石磨，朝同一方向，走不计程的路。

在它沉默的劳动中，人便得到应得的收成。

那时候，也许，它可以松一肩重担，站在树下，吃几口嫩草。偶尔摇摇尾巴，摆摆耳朵，赶走飞附身上的苍蝇，已经算是它最闲适的生活了。

中国的牛，没有成群奔跑的习 // 惯，永远沉沉实实的，默默地工作，平心静气。这就是中国的牛！

节选自小思《中国的牛》

Zuòpǐn 57 Hào

Duìyú Zhōngguó de niú, wǒ yǒuzhe yī zhǒng tèbié zūnjìng de gǎnqíng.

Liúgěi wǒ yìnxiàng zuì shēn de, yào suàn zài tián lǒng · shàng de yī cì “xiāngyù”.

Yī qún péngyou jiāoyóu，wǒ lǐngtóu zài xiázhǎi de qiānmò · shàng zǒu，zěnliào yíngmiàn láile jǐ tóu gēngniú，xiádào róng · bùxià rén hé niú，zhōng yǒu yīfāng yào rànglù. Tāmen hái méi · yǒu zǒujìn，wǒmen yǐ · jīng yùjì dòu · bù · guò chùsheng，kǒngpà nánmiǎn cǎidào tiándì níshuǐli，nòng de xiéwà yòu ní yòu shī le. Zhèng chíchú de shíhou，dàitóu de yī tóu niú，zài lí wǒmen bùyuǎn de dìfang tíng xià · lái，táiqǐ tóu kànkan，shāo chíyí yīxià，jiù zìdòng zǒu · xià tián qù. Yī duì gēngniú，quán gēnzhe tā líkāi qiānmò，cóng wǒmen shēnbiān jīngguò.

Wǒmen dōu dāi le，huíguo tóu · lái，kànzhe shēnhèsè de niúduì，zài lù de jìntóu xiāoshī，hūrán juéde zìjǐ shòule hěn dà de ēnhuì.

Zhōngguó de niú，yǒngyuǎn chénmò de wèi rén zuòzhe chénzhòng de gōngzuò. Zài dàdì · shàng，zài chénguāng huò lièrì · xià，tā tuōzhe chénzhòng de lí，dītóu yī bù yòu yī bù，tuōchūle shēnhòu yī liè yòu yī liè sōngtǔ，hǎo ràng rénmen xià zhǒng. Děngdào mǎndì jīnhuáng huò nóngxián shíhou，tā kěnéng háiděi dāndāng bānyùn fùzhòng de gōngzuò；huò zhōngrì ràozhe shímò，cháo tóng yī fāngxiàng，zǒu bù jìchéng de lù.

Zài tā chénmò de láodòng zhōng，rén biàn dédào yīngdé de shōucheng.

Nà shíhou，yěxǔ，tā kěyǐ sōng yī jiān zhòngdàn，zhàn zài shù · xià，chī jǐ kǒu nèn cǎo. Ǒu'ěr yáoyao wěiba，bǎibai ěrduo，gǎnzǒu fēifù shēn · shàng de cāngying，yǐjing suàn shì tā zuì xiánshì de shēnghuó le.

Zhōngguó de niú，méi · yǒu chéngqún bēnpǎo de xí//guàn，yǒngyuǎn chénchén-shíshí de，mòmò de gōng zuò，píngxīn-jìngqì. Zhè jiùshì Zhōngguó de niú!

Jiéxuǎn zì Xiǎo Sī《Zhōngguó de Niú》

作品 58 号——《住的梦》

不管我的梦想能否成为事实，说出来总是好玩儿的：

春天，我将要住在杭州。二十年前，旧历的二月初，在西湖我看见了嫩柳与菜花，碧浪与翠竹。由我看到的那点儿春光，已经可以断定，杭州的春天必定会教人整天生活在诗与图画之中。所以，春天我的家应当是在杭州。

夏天，我想青城山应当算作最理想的地方。在那里，我虽然只住过十天，可是它的幽静已拴住了我的心灵。在我所看见过的山水中，只有这里没有使我失望。到处都是绿，目之所及，那片淡而光润的绿色都在轻轻地颤动，仿佛要流入空中与心中似的。这个绿色会像音乐，涤清了心中的万虑。

秋天一定要住北平。天堂是什么样子，我不知道，但是从我的生活经验去判断，北平之秋便是天堂。论天气，不冷不热。论吃的，苹果、梨、柿子、枣儿、葡萄，每样都有若干种。论花草，菊花种类之多，花式之奇，可以甲天下。西山有红叶可见，北海可以划船——虽然荷花已残，荷叶可还有一片清香。衣食住行，在北平的秋天，是没有一项不使人满意的。

冬天，我还没有打好主意，成都或者相当得合适，虽然并不怎样和暖，可是为了水仙，素心腊梅，各色的茶花，仿佛就受一点儿寒 // 冷，也颇值得去了。昆明的花也多，而且天气比成都好，可是旧书铺与精美而便宜的小吃远不及成都那么多。好吧，就暂这么规定：冬天不住成都便住昆明吧。

在抗战中，我没能发国难财。我想，抗战胜利以后，我必能阔起来。那时候，假若飞机减价，一二百元就能买一架的话，我就自备一架，择黄道吉日慢慢地飞行。

节选自老舍《住的梦》

Zuòpǐn 58 Hào

Bùguǎn wǒ de mèngxiǎng néngfǒu chéngwéi shìshí，shuō chū・lái zǒngshì hǎowánr de：

Chūntiān，wǒ jiāng yào zhù zài Hángzhōu. Èrshí nián qián，jiùlì de èryuè chū，zài Xīhú wǒ kàn・jiànle nènliǔ yǔ càihuā，bìlàng yǔ cuìzhú. Yóu wǒ kàndào de nà diǎnr chūnguāng，yǐ・jīng kěyǐ duàndìng，Hángzhōu de chūntiān bìdìng huì jiào rén zhěngtiān shēnghuó zài shī yǔ túhuà zhīzhōng. Suǒyǐ，chūntiān wǒ de jiā yīngdāng shì zài Hángzhōu.

Xiàtiān，wǒ xiǎng Qīngchéng Shān yīngdāng suànzuò zuì lǐxiǎng de dìfang. Zài nàli，wǒ suīrán zhǐ zhùguo shí tiān，kěshì tā de yōujìng yǐ shuānzhùle wǒ de xīnlíng. Zài wǒ suǒ kàn・jiànguo de shānshuǐ zhōng，zhǐyǒu zhèli méi・yǒu shǐ wǒ shīwàng. Dàochù dōu shì lǜ，mù zhī suǒ jí，nà piàn dàn ér guāngrùn de lǜsè dōu zài qīngqīng de chàndòng，fǎngfú yào liúrù kōngzhōng yǔ xīnzhōng shìde. Zhège lǜsè huì xiàng yīnyuè，díqīngle xīnzhōng de wànlǜ.

Qiūtiān yīdìng yào zhù Běipíng. Tiāntáng shì shénme yàngzi，wǒ bù zhī・dào，dànshì cóng wǒ de shēnghuó jīngyàn qù pànduàn，Běipíng zhī qiū biàn shì tiāntáng. Lùn tiānqì，bù lěng bù rè. Lùn chīde，píngguǒ，lí、shìzi、zǎor、pú・táo，měi yàng dōu yǒu ruògān zhǒng. Lùn huācǎo，júhuā zhǒnglèi zhī duō，huā shì zhī qí，kěyǐ jiǎ tiānxià. Xīshān yǒu hóngyè kě jiàn，Běihǎi kěyǐ huáchuán——suīrán héhuā yǐ cán，héyè kě háiyǒu yī piàn qīngxiāng. Yī-shí-zhù-xíng，zài Běipíng de qiūtiān，shì méi・yǒu yī xiàng bù shǐ rén mǎnyì de.

Dōngtiān, wǒ hái méi • yǒu dǎhǎo zhǔyi, Chéngdū huòzhě xiāngdāng de héshì, suīrán bìng bù zěnyàng hénuǎn, kěshì wèile shuǐxiān, sù xīn làméi, gè sè de cháhuā, fǎngfú jiù shòu yīdiǎnr hán//lěng, yě pō zhíde qù le. Kūnmíng de huā yě duō, érqiě tiānqì bǐ Chéngdū hǎo, kěshì jiùshūpù yǔ jīngměi ér piányi de xiǎochī yuǎn • bùjí Chéngdū nàme duō. Hǎo ba, jiù zànshí zhème guīdìng: Dōngtiān bù zhù Chéngdū biàn zhù Kūnmíng ba.

Zài kàngzhàn zhōng, wǒ méinéng fā guónàn cái. Wǒ xiǎng, kàngzhàn shènglì yǐhòu, wǒ bì néng kuò qǐ • lái. Nà shíhou, jiǎruò fēijī jiǎnjià, yī-èr bǎi yuán jiù néng mǎi yī jià de huà, wǒ jiù zìbèi yī jià, zé huángdào-jírì mànmàn de fēixíng.

Jiéxuǎn zì Lǎo Shě《Zhù de Mèng》

作品 59 号——《紫藤萝瀑布》

我不由得停住了脚步。

从未见过开得这样盛的藤萝，只见一片辉煌的淡紫色，像一条瀑布，从空中垂下，不见其发端，也不见其终极，只是深深浅浅的紫，仿佛在流动，在欢笑，在不停地生长。紫色的大条幅上，泛着点点银光，就像迸溅的水花。仔细看时，才知那是每一朵紫花中的最浅淡的部分，在和阳光互相挑逗。

这里除了光彩，还有淡淡的芳香。香气似乎也是浅紫色的，梦幻一般轻轻地笼罩着我。忽然记起十多年前，家门外也曾有过一大株紫藤萝，它依傍一株枯槐爬得很高，但花朵从来都稀落，东一穗西一串伶仃地挂在树梢，好像在察颜观色，试探什么。后来索性连那稀零的花串也没有了。园中别的紫藤花架也都拆掉，改种了果树。那时的说法是，花和生活腐化有什么必然关系。我曾遗憾地想：这里再看不见藤萝花了。

过了这么多年，藤萝又开花了，而且开得这样盛，这样密，紫色的瀑布遮住了粗壮的盘虬卧龙般的枝干，不断地流着，流着，流向人的心底。

花和人都会遇到各种各样的不幸，但是生命的长河是无止境的。我抚摸了一下那小小的紫色的花舱，那里满装了生命的酒酿，它张满了帆，在这 // 闪光的花的河流上航行。它是万花中的一朵，也正是由每一个一朵，组成了万花灿烂的流动的瀑布。

在这浅紫色的光辉和浅紫色的芳香中，我不觉加快了脚步。

节选自宗璞《紫藤萝瀑布》

Zuòpǐn 59 Hào

Wǒ bùyóude tíngzhùle jiǎobù.

Cóngwèi jiànguo kāide zhèyàng shèng de téngluó, zhǐ jiàn yī piàn huīhuáng de dànzǐsè, xiàng yī tiáo pùbù, cóng kōngzhōng chuíxià, bù jiàn qí fāduān, yě bù jiàn qí zhōngjí, zhǐshì shēnshēn-qiǎnqiǎn de zǐ, fǎngfú zài liúdòng, zài huānxiào, zài bùtíng de shēngzhǎng. Zǐsè de dà tiáofú · shàng, fànzhe diǎndiǎn yínguāng, jiù xiàng bèngjiàn de shuǐhuā. Zǐxì kàn shí, cái zhī nà shì měi yī duǒ zǐhuā zhōng de zuì qiǎndàn de bùfen, zài hé yángguāng hùxiāng tiǎodòu.

Zhèli chúle guāngcǎi, háiyǒu dàndàn de fāngxiāng, xiāngqì sìhū yě shì qiǎnzǐsè de, mènghuàn yībān qīngqīng de lǒngzhàozhe wǒ. Hūrán jìqǐ shí duō nián qián, jiā mén wài yě céng yǒuguo yī dà zhū zǐténgluó, tā yībàng yī zhū kū huái pá de hěn gāo, dàn huāduǒ cónglái dōu xīluò, dōng yī suì xī yī chuàn língdīng de guà zài shùshāo, hǎoxiàng zài cháyán-guānsè, shìtàn shénme. Hòulái suǒxìng lián nà xīlíng de huāchuàn yě méi · yǒu le. Yuán zhōng biéde zǐténg huājià yě dōu chāidiào, gǎizhòngle guǒshù. Nàshí de shuōfǎ shì, huā hé shēnghuó fǔhuà yǒu shénme bìrán guānxi. Wǒ céng yíhàn de xiǎng: Zhèli zài kàn · bùjiàn téngluóhuā le.

Guòle zhème duō nián, téngluó yòu kāihuā le, érqiě kāi de zhèyàng shèng, zhèyàng mì, zǐsè de pùbù zhēzhùle cūzhuàng de pánqiú wòlóng bān de zhīgàn, bùduàn de liúzhe, liúzhe, liúxiàng rén de xīndǐ.

Huā hé rén dōu huì yùdào gèzhǒng-gèyàng de bùxìng, dànshì shēngmìng de chánghé shì wú zhǐjìng de. Wǒ fǔmōle yīxià nà xiǎoxiǎo de zǐsè de huācāng, nàli mǎn zhuāngle shēngmìng de jiǔniàng, tā zhāngmǎnle fān, zài zhè//shǎnguāng de huā de héliú · shàng hángxíng. Tā shì wàn huā zhōng de yī duǒ, yě zhèngshì yóu měi yī gè yī duǒ, zǔchéngle wàn huā cànlàn de liúdòng de pùbù.

Zài zhè qiǎnzǐsè de guānghuī hé qiǎnzǐsè de fāngxiāng zhōng, wǒ bùjué jiākuàile jiǎobù.

Jiéxuǎn zì Zōng Pú《Zǐténgluó Pùbù》

作品 60 号——《最糟糕的发明》

在一次名人访问中，被问及上个世纪最重要的发明是什么时，有人说是电脑，有人说是汽车，等等。但新加坡的一位知名人士却说是冷气机。他解释，如果没有冷气，热带地区如东南亚国家，就不可能有很高的生产力，就不可能达到今天的生活水准。他的回答实事求是，有理有据。

看了上述报道，我突发奇想：为什么没有记者问："二十世纪最糟糕的发明是什么？"其实二〇〇二年十月中旬，英国的一家报纸就评出了"人类最糟糕的发明"。获此"殊荣"

的，就是人们每天大量使用的塑料袋。

诞生于上个世纪三十年代的塑料袋，其家族包括用塑料制成的快餐饭盒、包装纸、餐用杯盘、饮料瓶、酸奶杯、雪糕杯，等等。这些废弃物形成的垃圾，数量多、体积大、重量轻、不降解，给治理工作带来很多技术难题和社会问题。

比如，散落在田间、路边及草丛中的塑料餐盒，一旦被牲畜吞食，就会危及健康甚至导致死亡。填埋废弃塑料袋、塑料餐盒的土地，不能生长庄稼和树木，造成土地板结，而焚烧处理这些塑料垃圾，则会释放出多种化学有毒气体，其中一种称为二噁英的化合物，毒性极大。

此外，在生产塑料袋、塑料餐盒的 // 过程中使用的氟利昂，对人体免疫系统和生态环境造成的破坏也极为严重。

节选自林光如《最糟糕的发明》

Zuòpǐn 60 Hào

Zài yī cì míngrén fǎngwèn zhōng，bèi wèn jí shàng gè shìjì zuì zhòngyào de fāmíng shì shénme shí，yǒu rén shuō shì diànnǎo，yǒu rén shuō shì qìchē，děngděng. Dàn Xīnjiāpō de yī wèi zhīmíng rénshì què shuō shì lěngqìjī. Tā jiěshì，rúguǒ méi • yǒu lěngqì，rèdài dìqū rú Dōngnányà guójiā，jiù bù kěnéng yǒu hěn gāo de shēngchǎnlì，jiù bù kěnéng dádào jīntiān de shēnghuó shuǐzhǔn. Tā de huídá shíshì-qiúshì，yǒulǐ-yǒujù.

Kànle shàngshù bàodào，wǒ tūfā qí xiǎng：Wèishénme méi • yǒu jìzhě wèn："Èrshí shìjì zuì zāogāo de fāmíng shì shénme?" Qíshí èr líng líng èr nián shíyuè zhōngxún，Yīngguó de yī jiā bàozhǐ jiù píngchūle "rénlèi zuì zāogāo de fāmíng". Huò cǐ "shūróng" de，jiùshì rénmen měi tiān dàliàng shǐyòng de sùliàodài.

Dànshēng yú shàng gè shìjì sānshí niándài de sùliàodài，qí jiāzú bāokuò yòng sùliào zhìchéng de kuàicān fànhé、bāozhuāngzhǐ、cān yòng bēi pán、yǐnliàopíng、suānnǎibēi、xuěgāobēi，děngděng. Zhèxiē fèiqìwù xíngchéng de lājī，shùliàng duō、tǐjī dà、zhòngliàng qīng、bù jiàngjiě，gěi zhìlǐ gōngzuò dàilái hěn duō jìshù nántí hé shèhuì wèntí.

Bǐrú，sànluò zài tiánjiān、lùbiān jí cǎocóng zhōng de sùliào cānhé，yīdàn bèi shēngchù tūnshí，jiù huì wēijí jiànkāng shènzhì dǎozhì sǐwáng. Tiánmái fèiqì sùliàodài、sùliào cānhé de tǔdì，bùnéng shēngzhǎng zhuāngjia hé shùmù，zàochéng tǔdì bǎnjié. Ér fénshāo chǔlǐ zhèxiē sùliào lājī，zé huì shìfàng chū duō zhǒng huàxué yǒudú qìtǐ，qízhōng yī zhǒng chēngwéi èr'èyīng de huàhéwù，dúxìng jí dà.

Cǐwài，zài shēngchǎn sùliàodài、sùliào cānhé de//guòchéng zhōng shǐyòng de fúlì' áng，duì réntǐ miǎnyì xìtǒng hé shēngtài huánjìng zàochéng de pòhuài yě jíwéi yánzhòng.

Jiéxuǎn zì Lín Guāngrú《Zuì Zāogāo de Fāmíng》

二、说话题目30则

1. 我的学习生活
2. 我的成长之路
3. 我的业余生活
4. 我尊敬的人
5. 童年的记忆
6. 我的家乡(或熟悉的地方)
7. 我的愿望
8. 难忘的旅行
9. 学习普通话的体会
10. 我的朋友
11. 我知道的风俗
12. 我喜欢的明星(或其他知名人士)
13. 我喜爱的文学(或其他)艺术形式
14. 谈谈服饰
15. 谈谈卫生与健康
16. 我喜爱的职业
17. 谈谈科技发展与社会生活
18. 我和体育
19. 我喜爱的动物(或植物)
20. 我喜爱的书刊
21. 谈谈美食
22. 我所在的集体
23. 我向往的地方
24. 我喜欢的季节(或天气)
25. 我的假日生活
26. 我喜欢的节日
27. 谈谈对环境保护的认识
28. 谈谈社会公德(或职业道德)
29. 谈谈个人修养
30. 购物(或消费)的感受

附　录　二

测试样卷

一、读单音节字词(100 个音节，共 10 分，限时 3.5 分钟)

铡	白	杀	鹤	痣	舌	逮	若	池	筛
得	字	给	二	鳃	棉	宰	拣	凹	淋
槽	品	朝	腔	挠	巷	泡	柄	藕	另
邹	氢	轴	腹	岸	努	榄	筑	瘫	哭
判	粗	忍	藏	午	缸	震	纺	挂	忙
耍	憎	祸	乘	索	正	踹	缝	坏	梦
隋	戏	褪	溺	霞	款	颊	环	掖	蒜
谢	弯	爹	舜	飘	损	表	闯	修	撞
玖	童	约	胸	劝	孔	徐	绒	俊	翁
略	宋	群	掘	总	荀	穷	旅	婶	卷

二、读多音节字词语(100 个音节，共 20 分，限时 2.5 分钟)

把手	美妙	盆地	逆流	铁道	强盛	凝结
快速	轮廓	居然	酗酒	略微	穷苦	捐献
雄壮	法郎	配合	号召	约会	北面	反映
一下儿	运动	放心	更加	小孩儿	普遍	亲戚
抓紧	有点儿	讲座	推广	问题	群众	原料
荣辱	闯荡	酸楚	北半球	串供	催促	婶婶
揣测	耍弄	惨败	傻眼	死扣儿	胸有成竹	

三、朗读短文(400 个音节，共 30 分，限时 4 分钟)

对于中国的牛，我有着一种特别尊敬的感情。

留给我印象最深的，要算在田垄上的一次“相遇”。

一群朋友郊游，我领头在狭窄的阡陌上走，怎料迎面来了几头耕牛，狭道容不下人和牛，终有一方要让路。它们还没有走近，我们已经预计斗不过畜牲，恐怕难免踩到田地泥水里．弄得鞋袜又泥又湿了。正踟蹰的时候，带头的一头牛，在离我们不远的地方停下来，抬起头看看，稍迟疑一下，就自动走下田去。一队耕牛，全跟着它离开阡陌，从我们身边经过。

我们都呆了，回过头来，看着深褐色的牛队，在路的尽头消失，忽然觉得自己受了很大的恩惠。

中国的牛，永远沉默地为人做着沉重的工作。在大地上，在晨光或烈日下，它拖着沉重的犁，低头一步又一步，拖出了身后一列又一列松土，好让人们下种。等到满地金黄或农闲时候，它可能还得担当搬运负重的工作；或终日绕着石磨，朝同一方向，走不计程的路。

在它沉默的劳动中，人便得到应得的收成。

那时候，也许，它可以松一肩重担，站在树下，吃几口嫩草。偶尔摇摇尾巴，摆摆耳朵，赶走飞附身上的苍蝇，已经算是它最闲适的生活了。

中国的牛，没有成群奔跑的习 // 惯，永远沉沉实实的，默默地工作，平心静气。这就是中国的牛！

四、命题说话（在下列话题中任选一个，共 40 分，限时 3 分钟）

1. 我喜爱的职业
2. 谈谈美食

后　记

普通话是我们国家的通用语言，大力推广和普及普通话，是我国长期以来坚持的基本语言政策。党的十九届五中全会、国家“十四五”规划纲要、党的二十大报告都明确提出，要加大国家通用语言文字的推广力度。1991年国家教委522号文件明确规定：各级各类师范院校都要开设普通话课程。2001年1月1日，《国家通用语言文字法》在全国正式施行，它规定：凡以普通话为工作语言的岗位，其工作人员应当具备说普通话的能力。同时，教育部门也对教师的普通话等级有了明确的要求：教师必须持普通话等级证书上岗，语文教师要求达到二级甲等，其他学科教师要达到二级乙等以上水平。这些都充分说明了普通话对于教育教学工作的重要性。

本书主要包括两方面的内容：普通话和教师口语。前一部分主要依据教育部、国家语言文字工作委员会印发的《普通话测试大纲》和《普通话水平测试实施纲要》，并结合普通话教学工作和测试实际编撰而成。后一部分针对教师职业语言的特点，注重教师口语技能的培养和提高。它不仅满足了各类普通话应试人员学习的需要，还为广大在职教师及师范院校学生提高自身语言能力提供了很大的帮助。

本书是集体智慧的结晶。在编写过程中，参考了大量语言学、普通话及教师口语方面的著作，吸收了有关研究成果，在此，谨向有关编著者表示由衷的谢意！本书的撰写分工：第一章、第二章由王莉、温延玲撰写；第三章、第四章由赵玲、孙红梅、孙霄撰写；第五章、第六章由卜晓梅撰写。杨乐、肖晓珍、韩佳蔚、邵晶、霍小芳等几位老师也付出了辛勤的劳动，在此一并表示感谢！也特别感谢北京师范大学出版社各位工作人员的支持和帮助！由于编者水平有限，错误在所难免，恳请各位专家及广大读者批评指正！

编　者